中国不怕

CHINESE ARE NOT AFRAID

国防安全新威胁与我们的战略应对

张 民 ◎ 著

中国从来不怕被包围被扼制被威胁
强国强军必须以中国不怕作为精神支撑

一支军队、一个民族，就是要有敢说"不怕"的精神！

罗援、徐光裕将军作序

人民出版社

策划编辑:张文勇
责任编辑:张文勇　高　寅　于　璐　史　伟
特约编辑:黄慎如　于俊道
封面设计:肖　辉

图书在版编目(CIP)数据

中国不怕/张民 著. -北京:人民出版社,2013.10
ISBN 978－7－01－012713－2

Ⅰ.①中… Ⅱ.①张… Ⅲ.①军事实力-研究-中国 Ⅳ.①E27

中国版本图书馆 CIP 数据核字(2013)第 247533 号

中国不怕

ZHONGGUO BUPA

张　民　著

人民出版社 出版发行
(100706　北京市东城区隆福寺街 99 号)

北京爱丽精特彩印有限公司印刷　新华书店经销

2013 年 10 月第 1 版　2013 年 10 月北京第 1 次印刷
开本:710 毫米×1000 毫米 1/16　印张:22.125
字数:385 千字　印数:00,001-20,000 册

ISBN 978－7－01－012713－2　定价:49.80 元

邮购地址 100706　北京市东城区隆福寺街 99 号
人民东方图书销售中心　电话 (010)65250042　65289539

序一

一位老军人的呐喊——中国不怕

罗　援

我的老领导张民部长的大作《中国不怕》即将付梓。他嘱我代序，我岂敢，但是看了他的书，又激动不已，不吐不快。

说中国不怕，其实说这句话的人首先就要不怕。张部长他们这一代人，参加过战争、经历过战争的洗礼和生死的考验，都是天不怕、地不怕，不怕鬼、不信邪的硬汉，他们更能够从心底里说出："中国不怕！"他们也更能够深刻地体认"中国不怕"的真谛。

中国所以不怕，正是由于中国有毛泽东等老一代革命家开创并倡导了"一不怕苦，二不怕死"的革命英雄主义精神，也正是有千千万万老一代赤胆忠心、铮铮铁骨的中国军人践行了这种精神。今天，这种大无畏的革命英雄主义精神，应该在我们这一代和我们的后代身上发扬光大。

中国人做了几代的强国梦，现在这个梦就要在我们这一代或者我们的后代身上实现了。但是，我认为强国必须要强军，军不强，最多是一个富国，而永远也成不了一个强国。强国必须以"中国不怕"作为精神支柱。

历史证明，落后就要挨打。但是这种落后，并非单指经济落后，而主要是指制度落后、军力落后、精神落后。大清帝国，经济并不落后，但屡战屡败，割地赔款，丧权辱国。新中国刚刚诞生之日，经济并不发达，但敢于与世界列强较量，敢于大声地说不怕以美国为首的西方国家的封锁、包围，这主要靠的是最高统帅的决断与胆识，靠的是军队的忠诚与善战，靠的是中国人民的奋发图强。俄罗斯现在经济虽然增长有限，但它的军力仍然是世界一流，谁敢向它叫板！中国现在的GDP已经名列世界第二位了，但我们连国家的统一问题都没有解决，连被邻国蚕食的领土都没有收复，又怎能妄自称之为强国？

革命尚未成功，同志仍需努力！

军力是国家意志力、凝聚力、创新力、决策力、经济力、科技力和战斗力的综合体现，是软实力和硬实力的有机结合。军力既强调武器的作用，更强调人的作用，还强调人和武器的组合，以及最大限度地发挥人和武器的作战效能。

人总是要有一点精神的。在许许多多革命先烈的身上，都可以找到"一不怕苦，二不怕死"的印记。曾经有人做过一个调查，题目是"我们开国元勋身上有多少战创？"调查结果令人震撼。十大元帅，7个受过重伤；10个大将，也有7个受过重伤。军事科学院院史馆的镇馆之宝，则是在火化粟裕大将时从他头颅里发现的3块弹片。我们的江山就是靠着这些先辈流血牺牲打下来的。

在现代条件下，我们更需要提倡这种敢说"不怕"的精神。有了现代化的武器装备，再加上"一不怕苦，二不怕死"的革命传统，必将如虎添翼。但前提条件是，你必须是一只虎，而不能是一只猫，如果你只是一只猫，即便给你插上高科技的翅膀，你仍然是一只猫，最多是一只飞猫。

我认为，尚武精神和大无畏的革命英雄主义气概，应当纳入国民教育体系，成为我们民族精神的一个重要组成部分。尚武并不意味着好战，尚武是为了以战止战，备战是为了慑战，正如《说文》所云："武"字乃"止戈为武"。30年的和平环境，在部分军人中滋长了和平麻痹思想，在部分民众中滋长了泛和平主义思潮，好像什么问题都必须用和平手段来解决，使用非和平手段就大逆不道。这是很危险的。我们千万不要被"和风吹得游人醉"。

树欲静而风不止，我们国家的周边并不太平，还有敌国外患；祖国尚未统一，分裂主义势力仍然对我构成威胁。我们一定要有忧患意识，要居安思危。我们要充分认识到，战略机遇期既是经济发展的战略机遇期，也是国防建设的战略机遇期。如果消极守成，战略机遇期会失之交臂，弄不好，战略机遇期很可能变成战略高危期。

我曾经对某些外国人讲，你们说我们是鹰派，我们不反对，因为我们是军人。军人不言战，谁复言战？军人不积极备战，留着军队干什么？《亮剑》是一部很好的电视剧，一支军队、一个民族就是要有敢于亮剑、敢于说"不怕"的精神。如果军人都变成了鸽派，老百姓花那么多钱养军队干什么？不如省下钱来改善民生。如果前怕狼后怕虎，怕别人给我们戴上"中国军事威胁论"的帽子而畏手畏脚，那这个军队不如改名叫和平基金会。当然，我们欣赏的强硬派应该是理性的强硬派，而非莽撞的强硬派；应该是在服从国家利益大局下的强硬派，而不是一味逞强的强硬派。强硬派不只要拳头硬，还要智商高。

最近，我看到一篇报道，一个日本记者到中国某大学演讲，演讲前他问在座的听众："谁知道黄继光、邱少云？"一名大学生抢答说："我们在座的这些人，都知道这两个傻帽儿。"这个日本人回国后写了一篇文章：《中国青年的堕落》。我在想，若真有这样亵渎我们英雄的无知青年，那将是我们教育最大的悲哀和失败。一个不崇尚英雄的民族，不会是英雄辈出的民族；一个不敢说"不怕"的民族，是没有出息的民族。现在社会上有个不好的现象，叫做阴柔之气上升，阳刚之气下降。如果我们的舆论导向和娱乐指南不是弘扬英雄情怀、爱国情操，而是渲染娘娘腔、脂粉气，那么，一旦国难临头，这个民族是没有凝聚力、战斗力和生命力的。这就是我为什么主张在主流社会教育中，一定要加强爱国主义和革命英雄主义教育的原因所在；也正是基于这种考虑，才促使我为张民部长的新书《中国不怕》喝彩！

序二

要有不怕"狼来了"的坚定自信心

徐光裕

张民将军是一位已经离休的老兵，今年80高龄，但他高度的爱国热情和责任感丝毫未减。离休前他先后担任过军事科学院战略部、战役战术部的领导，主持并亲身从事许多重要课题的学术研究，成果和著作丰盛。离休后仍然勤于动脑、动笔，先后又发表了两部重要著作，《毛泽东是怎样战胜对手的》《周恩来与首都工作组》受到广泛好评。

他最近读了一部《C形包围——内忧外患下的中国突围》的著作，深有感触，认为该书在增强国人忧患意识方面的论述值得人们深思；但对形势的总体评估，特别是对我们自己和强大对手的描述上有失偏颇，可能会带来一些恐惧与悲观。因此觉得有必要从另外一个角度来强调对待危机应有的心态，遂决定出版他酝酿写作已久的《中国不怕》这本书。

我觉得这本书的可贵之处，就是告诉我们，既要有准备"狼来了"的高度警觉性，更要有不怕"狼来了"的坚定自信心，这才是一个发展中的大国国民应有的成熟心态和精神。这样，我们才能"不为任何风险所惧，不被任何干扰所惑"，齐心协力正视内忧外患，建设好我们可爱的祖国，处理好各种国际关系，为我们自己，同时为地区与世界的和平与进步做出我们应有的贡献。

希望广大读者能从本书中获得激励！

目 录
Contents

引　言

说"中国不怕"绝非无的放矢

随着美国把战略重心移到亚洲，近几年来，围绕美国航母进入我东海附近海域、插手中国南海问题以及售台武器等，中美之间摩擦不断。在这样的背景下，日本围绕我钓鱼岛频频挑衅，越南在我南沙附近炫耀武力，非法宣示主权，菲律宾对我黄岩岛口出狂言，小动作不断。美国不仅派遣进攻型核潜艇和航母战斗群在中国海域附近游来荡去，大搞军事演习，而且美国政府、国会以及媒体有些人对中国态度强硬，发表了不少威胁性的言论，从而使许多中国人深感遗憾、警惕和忧虑。

有人认为，由于中国遭到美国的"C形包围"，不仅正面临战争威胁，而且战争已经迫在眉睫，怀疑中国到底有没有自我保卫能力，从而对中美关系和整个国际形势的评估过于严峻，偏重于美国对中国的包围，偏重于美国的海空军、高科技武器如何先进，美国军队如何强大等。

有的人对未来很悲观，认为针对中国的战争已经临近，中国正面临被肢解的命运，正面临第三次被瓜分、被哄抢的危机；认为中国不可能逃过战争的劫难，而且这个劫难就在不远的未来，最多10到20年，并且断言：未来10年惨不忍睹，认为中国尚未意识到危机的逼近。他们甚至危言耸听地说"未来的10到20年，也就是2020年到2030年左右，会有一场针对中国的大屠杀、大哄抢"；说"中国不能摆脱下一场战争的劫难"，"中华民族真的又到了最危险的时候"！

持这些观点的人，似乎只看到了引起战争爆发的因素，而很少分析制约战争的各种因素；对于中国三十多年的经济高速发展和国防现代化建设的成就认识不足。如此把美国说得神乎其神，把我们自己说得微乎其微。这样弄不好就可能走向反面，最终走进害怕美国、害怕战争的死胡同。而这"两怕"是最危险的，在中国共产党的历史中，特别是在新中国成立前后一个时期，我们对这"两怕"有许多深刻的经验教训。

之所以出现这些思想观点，与国际上的大气候是分不开的，而国际上的这种大气候又与中国的发展密切关联。

最近十几年来，由于中国的发展，越来越引起世界范围的热议，议论的中心是中国的发展意味着什么？有关这方面的文章，仅从《参考消息》上随手就可以拣出十几篇来，例如：《西方对中国崛起深怀危机感》《对中国崛起的恐惧》《中国的崛起是否意味着战争？》《中国的崛起意味着美国的覆灭》《中国带来的死亡》《美国可以让中国崛起变得和平》《美国或在全球影响力竞争中败给中国》《2050年谁将统治世界？》《中国快速崛起，西方应该害怕吗？》《中美敌对于双方都不利》，等等。还可以举出许多。这些问题归结到一点，就是发展的中国和美国能不能生活在一个地球上？

有些外国人得出结论：双雄不能并立。

这有点儿类似于中国民间"两个倔骡子"的理论，就是在一个料槽上不能拴"两头倔骡子"。

其实，把两头倔骡子拴在一个料槽上，互相踢踢咬咬是绝对免不了的，但不一定非要咬个你死我活不可。所以，中国一再强调"和平发展""和谐世界"，这也许是近几年我们大力在世界各国宣传儒家思想的初衷吧。

然而，美国和少数西方发达国家的某些人却不这样看，他们按19世纪、20世纪的某些历史逻辑判断：两头倔骡子非要咬倒一个不可。

值得注意的是，那些对华强硬派的能量特别大，他们的观点往往占上风。近些年来所谓"中国威胁论"就是被他们炒作起来的。

且不管"中国威胁论"是怎么来的，它的影响力却不能低估。眼下许多对中国的攻击都由此而发，实际上是美国利用"中国威胁论"来威胁中国。

处于发展中的、经济并不发达的中国，怎么会威胁到美国这样的世界头号强国呢？新中国成立以来，中国一直是在美国的包围、遏制、威胁甚至战争的环境下度过的，中国所表现的只不过是"不怕"和"防御"而已，绝无主动挑战之举，何谈威胁？

其实，美国说中国威胁了他们，不是一点缘由也没有。如果中国真的能够发展成为一个世界强国，那确实会使某些心怀叵测的美国人害怕。

怕与不怕是个老课题

在我们中国，对于外国侵略、强权势力的欺压，是怕，还是不怕，不是今天才有的。自1840年鸦片战争以来，我们伟大的祖国，经历了刻骨铭心的磨难，世界各列强对中国的侵略步步紧逼。祖国山河破碎，战乱不已；人民饥寒交迫，备受奴役。在这一百多年的漫长历史中，我们的民族进行了撼天动地的抗争。在这个过程当中，就存在着许许多多的怕与不怕的人和故事。

今天，我们环顾全球，中国仍然面临诸多挑战，仍然存在许多风险，例如：冷战思维，意识形态的偏见，各种利益的隔阂与争端，尤其是在有关中国的核心利益等重大问题上，与美国时有摩擦。

这些问题聚集到一个焦点上，就是：中国的发展能不能避免与美国和其他强国发生冲突？中国怕不怕遭遇重大风险？

我的回答是：如果中国自己争口气，继续搞好现代化工业和科学技术的发展，成为一个工业化的强国，始终保持高度警惕，继续强化国防和军队建设，人民解放军随时保持良好的战备状态，全国军民按照胡锦涛同志在建党90周年庆祝大会上的讲话中所指出的："永不僵化、永不停滞，不动摇、不懈怠、不折腾，不为任何风险所惧，不被任何干扰所惑。"[1]如此，我们就不怕任何风险！

如果把这个意思再说明白一点，那就是不怕强大的美国，不怕包括军事斗争在内的任何风险！

对于正处在发展阶段的中国来说，这个"不怕"二字相当重要。想想看，90多年来中国共产党是怎么发展壮大起来的：中国共产党从成立那天起，就面对比自己强大不知多少倍的敌人，战胜这些敌人的关键之一，就是不怕。没有这一条，就不会有敢于斗争、敢于胜利的信心。可以这样说，中国共产党积90多年的经验，"不怕强敌"这个精神武器我们永远不能丢！

中国在"文革"时期，有一首"红卫兵"经常唱的"战歌"，我记得开头是这样几句：

东风吹，

---

[1] 胡锦涛：《在庆祝中国共产党成立90周年大会上的讲话》，人民出版社2011年版，第30页。

战鼓擂，

现在世界上究竟谁怕谁，

不是人民怕美帝，

而是美帝怕人民。

"文革"时期的"战歌"虽然有极"左"之嫌，但也不失为从一个侧面对那时中国人心态的某种表达。因为当时朝鲜战争结束不久，越南战争正在进行，而美国在这两场战争中都被打败了；也正在这个时候，中国搞出了两弹一星，所以觉得腰杆子硬了，那时人们的情绪确实是"不怕美帝国主义"。

这几句歌词我最欣赏的是中间那一句，"现在世界上究竟谁怕谁"，直截了当地说，"是美国怕中国，还是中国怕美国"？

"美国中国究竟谁怕谁"也是个老问题了，既有美国怕中国的一面，也有中国怕美国的一面，不然，毛泽东为什么在半个多世纪前就提出"美国是纸老虎"？说明那时有人害怕美国，即所谓"恐美症"。这个问题，甚至可以追溯到一百多年前。那时，许多中国人怕洋鬼子，怕洋枪洋炮，因此，不敢和侵略中国的洋鬼子斗争，而林则徐就不怕，他敢于率兵打败英国侵略军。

"苟利国家生死以，岂因祸福避趋之"，这是林则徐的著名诗句，可见这位大英雄的无畏气概！

可惜呀，那时像林则徐这样的民族英雄太少了。结果中国被英、美、德、法、俄、日等世界列强欺压、瓜分，沦为半殖民地国家。

后来，中国有了共产党和毛泽东等老一代革命家，教育和号召中国人民不要害怕，要敢于斗争，敢于胜利，才打出了一个新中国。但是，害怕美国的问题并没有彻底解决，在不同时期、不同环境下会时不时地冒出来，尤其是最近几年，美国战略东移，拉紧和日本、韩国的同盟关系，在澳大利亚驻军，拉拢印度、菲律宾、越南，加强对中国的包围、遏制、威胁，航母战舰在中国近海游来荡去，致使一些人又害怕起来。

有趣的是，最近几年，有些美国人也越来越害怕中国了。这真是"麻秆打狼，两边害怕"。

美国害怕中国什么呢？无非就是怕中国强大起来。他们一再重复"中国威胁论"，指责中国发展军事不透明，说中国的战略意图不透明，中国的导弹核武器不透明。虽然这是他们的宣传和另有图谋，但是也表明美国对中国确实有其所怕。

说中国军事不透明，其实，这是美国为欺骗世界舆论而故弄玄虚，纯属无稽之谈。我们作为一个有13亿多人口、960多万平方公里陆地面积、473万平方公里海疆面积、1.8万公里海岸线的发展中大国，发展自己相应的军事力量，发展海空军，增强国防，保卫国家的领土主权，这是人所共知的常识，你要我们透明什么？你美国又透明了多少？

说穿了，这是美国对中国核武库"担忧过度"。众所周知，"中国信奉最低限度核威慑"，并且始终奉行"不首先使用核武器"的政策。

中国的核武库比起美国的核武库，简直是乞丐和龙王爷比宝。

对于中美两国的核武器，毛泽东曾经用两个手指头作过形象的比喻。他右手伸出一个小指头说，这是中国的原子弹；同时伸出左手的大拇指说，这是美国的原子弹。我想，多年前毛泽东的这个比喻，现在仍然适用。

说句大实话吧：美国一再要求中国增加军事透明度，一是心虚，对中国的武力没底，特别是对中国的导弹核武器有恐惧感；二是想刺探军情，以便制订相应的计划。

其实，这是美国心虚的自然反应，这种无厘头的心虚和恐惧，也正是美国的一个软肋。

纵观历史，比较弱的国家，在军事上往往要对强国保密；反之，强国往往心里没底而心虚害怕。似乎这就是美国一再高喊中国"威胁"了他们的缘由吧。

说来也怪，有的人总是莫名其妙地心虚。

最近，中国新航母试航，美、日等国家又说三道四，大喊大叫"威胁"了他们。美国国务院发言人指责"中国航母试航缺乏透明度"，并且质问"中国军队究竟意欲何为"？美国有媒体说，"中国航母能同其他军事力量一起，被用来危及美国在亚太地区的安全利益"。与此同时，日本媒体也随声附和，跟着起哄。

真是岂有此理。某些西方政客和某些媒体，仍然保留着100多年前的"殖民主义"思维。他们的历史逻辑和现实心态是，我拿着洋枪洋炮是"合法"的，可以随意威胁你，欺侮你；你拿大刀长矛自卫是非法的，那就不行。

中国发展航母还刚刚在起步阶段，美国和日本就迫不及待地跳起来狂言谰语，再次吹起"中国威胁论"的陈词滥调。若论威胁，拥有11艘航母的美国，对全球的威胁何人可比！日本也有了2艘大型准航母，它对东北亚的威胁也是人所共知的。

新中国成立半个多世纪了，至今军力仍然有待提高。放眼世界，中国海军是落后的。在联合国安理会五个常任理事国之中，唯独中国尚无可用于实战的航母，在全世界共有14个国家拥有航母的前提下，中国建造航母，既是主权范围之内的事，也是合情合理的自主发展，顺理成章，历史必然。中国不仅要有1艘航母，还应该有2艘、3艘……那才是符合大国身份的正常现象呢！

近年来，日本右翼势力再次掀起仇视、攻击中国的浪潮。这些人军国主义恶习不改，不接受战败的教训，以美国为靠山，充当反华马前卒。值得注意的是，2012年4月，日本的自民党推出了新的宪法修正草案。该草案把现在的日本"自卫队"改称为"国防军"，并且增加"紧急事态条款"，在"有事"时（指战争），国民有义务服从政府的指挥；强调"国家意识和传统，优先于人权"。这难道还不值得曾经深受日本军国主义之害的各国人民提高警惕吗？

与此同时，日本右翼势力在钓鱼岛问题上蓄意挑战中国底线，声称要"三度开国"，再演"甲午神奇"。也就是从这时开始，原东京都知事、老右翼分子石原慎太郎和原日本首相野田佳彦，大演"买卖"我国固有领土钓鱼岛的闹剧。

钓鱼岛虽小，但它的意义颇大。对于亚洲来说，第二次世界大战的胜利，是打败了侵略成性的日本军国主义。战后的日本，本应该对其战争罪行和扩张野心进行深刻反省。可是，日本当局却放纵右翼势力为所欲为，这些人竟然冒天下之大不韪，肆无忌惮地挑衅二战受害国，罔顾国际社会早已公认的《开罗宣言》和《波茨坦公告》，妄图永久霸占中国的钓鱼岛。《开罗宣言》明确规定：日本窃取的中国之所有领土，必须归还中国。1945年7月由中、美、英、苏四国首脑制定的《波茨坦公告》是对日本发出的最后通牒，再次宣布：开罗宣言的条款必须实施。一个月后，日本接受《波茨坦公告》，宣布无条件投降。归还"日本所窃取的中国之所有领土"是日本政府在《投降书》中已经承诺的义务。如今，日本政府却不顾中国人民的坚决反对，一意孤行，妄图把窃占中国的钓鱼岛永久地变成他们的领土。

世人应严肃认识到，少数日本政客误判形势，错估中国捍卫领土主权的坚强意志，企图以强占钓鱼岛为突破口，不惜铤而走险，挑战中国和国际社会捍卫世界反法西斯战争胜利成果的决心。历史一再证明，低估中国人民意志和力量的人，必定要碰得头破血流。温家宝同志说得好，"在涉及国家主权领土完整，这些重大问题上要保持铮铮铁骨，毫不退让。一个民族没有比尊严和自主、独立更为重要的了。"①

---

① 《温家宝：钓鱼岛问题上保持铮铮铁骨毫不退让》，2011年9月21日，见http://military.people.com.cn/n/2012/0921/c1011-19068517-2.html。

我们有不怕强敌的光辉历史

历史一再证明这样一个道理：怕就软，软就挨打。

前些年盛行"落后就会挨打"的说法，这只说对了一半，更重要的是"不怕"二字，要有不怕的精神、不怕的劲头，敢于和强敌斗争。这是抗日战争、解放战争和抗美援朝战争证明了的真理。

由此可见，"不怕"是一种精神气概，是我党我军的革命传统精神；"不怕"也是一种自信，是刚毅自信。用现在的话来说，是硬邦邦的"软实力"。国防大学的公方彬教授在答记者问时指出，在可预见的时间内，我国将面临重大挑战。要维护国家和民族利益，没有相适应的军事力量是不行的，而要有效提升我国军事能力，首要因素是人，这就要在全民族中培育英雄气概。

什么叫怕？古文解释，怕，就是"无为"。怕字由心和白组成，心也包括大脑，如用心想一想。白字包含空无所有的意思，如，一穷二白，一张白纸。你一怕，脑子一片空白，脸都吓白了，当然就无所作为了。而不怕，就会有作为，努力想办法克服困难，就会敢于斗争敢于胜利。因此，从根本上说，不怕是积极的，怕是消极的。

我们不怕美国就是从积极方面着想。美国这个超级大国，一心想主宰世界，搞国际强权政治，想当世界唯一的领导者，这点，我们应当看清楚。美国自己也心知肚明，它要达到这个目标，最大的障碍就是中国。所以，近些年来，美国把战略重点移向亚洲，包围中国，妄图挤垮中国，这是不稀奇的。

有那么一些美国人，他们既不回顾历史，也不愿面对现实，总是要按自己的"既定目标"一意孤行。过去，中国共产党和新中国在最困难的时候，美国想压垮中国都没有做到，而如今中国迅速地发展起来了，有些美国人还想如法炮制，并且想出了许多新花招，搞真假两手，软硬兼施。

对于这种人，邓小平曾经作过深刻的批判："少数几个西方发达国家想垄断世界，这点我们看得很清楚。巴黎七国首脑会议就体现出来了，就是在这个会上决定制裁中国。他们使用经济手段，也使用政治手段，如高级官员不接触。这个东西对中国有什么影响？美国也好，法国也好，他们的决策人至少有两点对中国认识不清。第一，中华人民共和国是打了二十二年仗建立起来的，建国后又进行了三年抗美援朝战争。没有广泛的群众基础，不可能取得胜利。这样一个国家随便就能打倒了？不可能。不但国内没有人有这个本领，国际上也没有人有这个本领，超级大国、富国都没有这个本领。第二，世界上最不怕孤立、最不怕封锁、最不怕制裁的就是中国。建国以后，我们处于被孤立、被封锁、被制裁的地位有几十年之久。但归根结底，没有损害我们多少。为什么？因为中国块头这么大，人口这么多，中国共产党有志气，中国人民有志气。还可以加上一点，外国的侵略、威胁，会激发起中国人民团结、爱国、爱社会主义、爱共产党的热情，同时也使我们更清醒。所以，外国的侵略、威胁这一套，在我们看来并不高明，而且使我们可以从中得到益处。"

邓小平指出："事实表明，那些要制裁我们的人也开始在总结经验了。总之，中国人民不怕孤立，不信邪。不管国际风云怎么变幻，中国都是站得住的。"①

在这简短的谈话中，邓小平反复强调"不怕"二字：我们不怕孤立、不怕封锁包围、不怕制裁，中国不信邪、不怕鬼。邓小平的这些话，是多年前针对外国人如何认识中国而发，但就现实来说，也很值得那些看不懂自己国家的中国人好好地想一想。

什么C形包围，什么遏制战略，什么航空母舰，任何威胁也吓不倒中国人民！中国共产党和新中国是在威胁中诞生的，是在威胁中奋斗出来的。现在我们总比过去好得多，有中国共产党领导，中国将巍然屹立于世界的东方！

邓小平有一次会见美国客人时说得好："中国威胁不了美国，美国不应该把中国当作威胁自己的对手。我们没有做任何一件伤害美国的事。"邓小平说："我多次讲过，美国的制度中国不能搬，美国制度究竟好不好，美国人自己说，我们不干预。两国相处，要彼此尊重对方，尽可能照顾对方，这样来解决纠葛。只照顾一方是不行的。双方都让点步，总能找到好的都可以接受的办法。"②

原中国人民解放军总参谋长陈炳德上将访问美国时说，近年来，尽管中国国防和军事现代化建设水平有了很大提高，但是与美军相比仍然有很大差距。中国从来没有挑战美国的意图。同时，陈炳德上将也指出，美国以《与台湾关系法》这种国内法来保证台湾安全，是干涉中国内政，这太霸道了。

现在的国际形势，正在复杂多变的道路上前行，许多问题还要继续观察，

---

① 《邓小平文选》第三卷，人民出版社1993年版，第329页。

② 《邓小平文选》第三卷，人民出版社1993年版，第350～351页。

有些问题不是一下子能看得清楚的，既不能过于乐观，也不能说一片漆黑。中美两国的关系还没有恶化到很快就会爆发战争那么严重的地步，不能把我们说成是处在多么不利、多么危险的地位。

关键是我们把中国自己的事情办好，保持稳定。不要怕外国人说东道西，管他们说什么。多少年来，我们挨骂挨多了，骂倒了吗？总之，中国的事中国人自己办。我们是一个奉行独立自主的和平外交政策和防御性国防战略的大国，只要我们的党和政府稳定而又坚定，人民拥护，那谁也拿我们中国没办法！

西方有一些人想推翻中国的社会主义制度，这只能激起中国人民的反感，使中国人奋发图强。美国时不时地使用"民主"和"人权"两个大棒敲打中国，他们说"民主"和"人权"是"普世价值"，以为我们无法反对。其实，美国的民主并非那么无懈可击，连他们自己也承认"西方民主有缺陷""西方民主变了味儿""西方民主缺乏公正"。2011年8月3日，美国《时代》周刊网站发表文章指出："美国两党就提升政府债务上限问题展开了争吵，这场有伤大雅、令人尴尬的争吵显示，美国政客过于关注个人的政治利益得失和意识形态问题，并没有认真考虑振兴美国疲软的经济。"文章强调："当前欧美的危机表明，西方选举政治已令民主变味，政客们只关注个人选举胜利，而非长期的国家利益，使得民主体系越发缺乏公正。"2012年1月15日，美国《华盛顿邮报》发表文章，题为《美国不再是自由之地的十个理由》。文章认为，美国经常对别国的人权自由评头论足，但事实上，从"9·11"事件后，美国也在一定程度上使公民自由受到严重侵犯，例如，独断专行的司法，未经许可的搜查，无限期拘押，秘密法庭，持续监视公民，等等。看，这就是美国的民主！如今美国仍然标榜自己是自由之地，只不过是自欺欺人。

几乎是与此同时，美国《国家利益》双月刊网站发表美国著名学者哈里·哈丁的文章指出，用推动"民主化"来驯服中国，是一条不通之路。

说来说去，这许许多多的问题，都是与中美关系联系在一起的，中国发展的每一步，都伴随着中美关系的发展变化。在当今的世界上，中美两个大国的关系对世界的影响越来越大。所以，当我们研究国际形势时，离不开中美关系，要研究中美关系，又离不开中美关系在历史上的发展变化，而要研究中国和美国究竟谁怕谁，更需要作历史和现实的深入分析。

遗憾的是，现在有许多人并不怎么了解中美关系的历史。甚至有一些年轻人，他们不知道鸦片战争以来的中国近现代历史，甚至不了解抗美援朝和援越抗美期间，中国和美国打仗的那段历史。正因为如此，加强中美两国关系历史的学习和研究是十分必要的。

历史可以帮助人们鉴古明今。中国古代皇帝唐太宗说过，以古为镜，可以知兴替。

历史是一个民族、一个国家形成、发展及其盛衰兴亡的真实记录，是前人留给后人的宝贵财富。它与民族、国家的成与败、兴与衰、荣与辱、安与危息息相关。只有深入了解和深刻总结历史的经验教训，才能为人们所把握。如果对中国人民的奋斗历史没有全面、深入、具体的了解，甚至遗忘了、淡化了，那就会使许多人在当前世界局势的剧烈变化中被风险吓住了。

习近平同志在中央党校2011年秋季开学典礼的讲话中指出，历史是一个民族、一个国家形成、发展及其盛衰兴亡的真实记录，是前人各种知识、经验和智慧的总汇。重视对历史的学习和对历史经验的总结与运用，善于从不断认识和把握历史规律中找到前进的正确方向和道路，这是我们党90年来之所以能够领导中国革命、建设、改革不断取得胜利的一个重要原因。习近平同志强调，要注重学习鸦片战争以来的中国近现代历史，深入了解我们伟大祖国经历的刻骨铭心磨难、我们伟大民族进行的感天动地奋斗、我们伟大人民创造的彪炳史册伟业。[①]

现在，美国已经把它的战略重点转移到亚洲和西太平洋地区，世界战略格局有了一个新的面目。这当然吓不倒中国，因为我们从来就不怕美国遏制、围堵这一套。

写作这本书的过程中，我一直想，在中国漫长的历史中，从经受一百多年外国侵略者的欺压，到"站起来"，总算有了出头之日。如今，则是如何"站稳"的问题。要想站得稳，就必须夯实中华民族的文化基础。其中很重要的一条，就是加强历史文化教育。

可是，现实社会的历史文化状况却令人忧虑。有的研究生说不清楚"9·18"国耻纪念日"耻"在何处；有的大学生不知道"小米加步枪"的历史传统，奇怪地问，小米装在步枪里怎么能够当子弹？有的主管文化单位的领导干部，在审查历史文章时，莫名其妙地责问，怎么还有"美帝国主义"这样的话？难道回顾"美帝国主义"侵略中国的历史也不行吗？怕什么？

---

① 《习近平出席中央党校2011年秋季学期开学典礼并讲话》，2011年9月1日，见http://www.gov.cn/ldhd/2011-09/01/content_1938705.htm。

第一章
战争危机逼近了中国？

最近，美国宣布把它的战略重心移到亚太地区，它的航母战斗群在中国海域附近游来荡去，耀武扬威，频繁地大搞军事演习。美国在我国周边国家拉关系、搞联盟，包围、遏制中国，对我们国家的核心利益说三道四，时有侵犯。中国面对如此严峻的挑战，既不能掉以轻心，也不能被风云变幻的外部环境所迷惑，以为战争迫在眉睫，神经过于紧张。有些人甚至说"中国面临被瓜分的危机"，"不能摆脱下一场战争的劫难"，说"中国将要遭到大屠杀、大哄抢"，惊呼"中华民族真的又到了最危险的时候"！

这些说法言过其实了！

其实，这样描绘中国临近大战的景象，是某些人害怕敌人、害怕战争的思想结果。

也有人抱怨说："中国之所以没有特别强的危机感，是我们到处喊和谐、和平，把人们麻醉了，大家谁也不愿意想战争了。"这不符合实际情况，看看中央电视台的军事频道就知道了，解放军官兵夜以继日地进行军事训练，苦练杀敌本领，这就是在搞战备。

这是一个关系战争与和平的重大问题，必须作全面、辩证的分析。

我们不能放松警惕，疏于戒备，头脑里始终要有战争这根弦。但是今天的中国，如何讲战争，如何谈战备，要有个适当的尺度，不适当地、过分强调战争、战备，我们有过历史教训，是邓小平费了好大劲才纠正过来，使中国走上正常的"以经济建设为中心"的轨道。胡锦涛同志在庆祝中国共产党成立90周年的讲话中再次强调："今后，我们必须继续牢牢坚持发展是硬道理的战略思想，牢牢扭住经济建设这个中心，决不能有丝毫动摇。"①

关于如何对待战争问题，毛泽东有句名言，叫做"一反对，二不怕"。战争毕竟不是什么好事，要死人，要破坏，所以要反对它，只要有一线和平的希望，就不要用战争解决问题。但同时毛泽东又认为，战争是政治的另一种手段。他说，我们不是敌人的参谋长，世界上有疯子、有狂人，当这些疯子和狂人把政治搞到极端，把你逼到墙角时，战争就是不可避免的了。

用毛泽东的观点，分析我国所处的国际环境，就容易得出明晰的看法。譬如说，要是有那么一天，有人使用武力侵犯我们国家的核心利益，为了保卫国家领土主权，你能不自卫反击吗？到那时，就不能再害怕什么死人、破坏了。必须不惜一切代价捍卫国家主权。这里用得着毛泽东常说的另一句大白话："天要下雨，娘要嫁人"，怕也没用，越怕越被动。所以，战争一旦来临，就要勇敢面对。有了这个思想基础，就不怕任何人威胁恫吓，不怕他们的飞机军舰，敢于和他们进行坚决的斗争。

邓小平讲过这样一段话："小的战争不可避免，现在不发达国家之间的战争，实际上是发达国家的需要。发达国家欺侮落后国家的政策没有变。中国自己要稳住阵脚，否则，人家就要打我们的主意。世界上希望我们好起来的人很多，想整我们的人也有的是。我们自己要保持警惕，放松不得。要维护我们独立自主、不信邪、不怕鬼的形象。我们绝不能示弱。你越怕，越示弱，人家劲头就越大。并不因为你软了人家就对你好一些，反倒是你软了人家就看不起你。我们怕什么？战争我们并不怕。谁敢来打我们，他们进得来出不去。中国有抵御外敌入侵的丰富经验。"②

1. 对"C形包围"不必大惊小怪

"美国对中国搞'C形包围'了！"没错，这是千真万确。但不必大惊小怪。美国包围中国不是一天两天了，何况他们还搞过D形包围。中国对这一类的玩意

---

① 胡锦涛：《在庆祝中国共产党成立90周年大会上的讲话》，人民出版社2011年版，第19页。
② 《邓小平文选》第三卷，人民出版社1993年版，第319～320页。

儿并不陌生。对中国搞强权政治,不承认新中国,孤立、封锁、遏制中国;对中国搞核讹诈。这一切结果如何呢?中国在被包围的年月里,奋发图强,越来越强大了:发展了海空军,有了导弹核武器,国防得到了巩固。中国的发展,改变了世界格局,增强了中国在世界上的影响力,我们的腰杆子越来越硬了!从这个意义上讲,"包围"也是一种动力,它激发斗志,增强民族凝聚力,争一口气振兴中华。半个多世纪的实践证明,对中国的包围,没有使我们屈服,也没有使中国衰弱,相反更加坚强,这是历史发展的逻辑,是客观事实证明了的真理。

中国不怕包围,还因为我们有反包围的经验和智慧。害怕包围的人多半把中国看得太无能了。须知,中国是个大国,不会在包围面前束手无策。真正"包围"中国谈何容易。他手里有包围中国的牌,我手里也有反包围的牌。这样的牌,在历史上几个大国都打过,而且很有效。回顾一下中美苏大三角的历史就明白了。

在世界上,各个大小国家之间的对弈搏杀,明争暗斗,你抢我夺,自古有之,不足为奇。

正是在这个世界大舞台上,中国和美国之间的争斗,是一出始终唱不完的大戏。

美国盯住中国这块肥肉起码有一百多年了吧。在这一百多年以来,美国在明里暗里,阴里阳里,总是想方设法要大咬一口,或妄想把中国这块肥肉整个吞下。然而,总是不怎么顺利就是了。过去(旧中国)那些年代,他们咬了几口,尝到了甜头。可是,后来对新中国就不好下嘴了;有时不小心就咬在骨头上了,硌掉了大牙!

开始,中国人不了解想吃掉自己的美国人,美国人也摸不透中国这块肥肉的脾气,他们不知道中国为什么如此难咬。

慢慢地,互相摸到了彼此的底,知道了各自的秉性脾气。

第二次世界大战结束后,德国、日本被打败,英国、法国被削弱,苏联损失也很大,从而使美国成为世界上唯一的超级大国,腰杆子很硬,当然也就越发神气起来。

有些美国人之所以神气,霸道,从根本上讲,有四个方面的原因:

一是,有强大的经济基础,尤其是具有健全、先进的军事工业。

二是,有强大的军队,特别是有一支始终掌握着先进技术的海军和空军。

三是,有稳定健全的社会基础和战争动员机制。

四是,有优越的地理位置,两次世界大战和许多局部战争,都远离其本土,始终没有受到战火的摧残。

然而，事物都有两面性。某些美国人也有其柔弱之处。用一句土话说，就是身上有怕捅的软肋。

一是，某些美国人优越感太强，过于自信，尤其是过分迷信军事力量，因此，往往过高地估计自己，过低地估计对手。

二是，战线太长，力量分散，难免顾此失彼。

三是，教师爷思想严重，总想教训别人，甚至强制输出其所谓"民主、自由"制度。

四是，霸道，不讲理，到处伸手，干涉别国内政，充当世界警察，动不动就要制裁别人。

五是，怕死人，虽然不怕打仗，但是特别怕死人。

正是因为美国强大、霸道，过分迷信军事力量，过高地估计自己，过低地估计对手，所以，它在第二次世界大战以后，在世界范围内连续发动多次战争，先是侵略朝鲜，接着，入侵越南；后来，又接连发动海湾战争、科索沃战争、伊拉克战争，发动阿富汗"反恐战争"。那真是想打就打，说打就打，毫不在乎。

可是，也正是因为美国有诸多软肋，朝鲜战争它打输了，越南战争它被赶了出来，海湾战争虽然占了点便宜，但科索沃战争它不敢派地面部队参战，只出动空军轰炸，结果最先进的F—117型隐形战斗机被技术落后的地面高射炮击落。至于伊拉克战争，打了近10年，陷入持久战的泥潭，美军被打死几千人，却没有使伊拉克获得真正的和平，只好不光彩地撤兵。阿富汗战争又打了多年，美军已死伤近千人，消耗巨大，结果如何？前景不妙。

伊拉克战争的屁股还没擦干净，阿富汗战争尚未结束，如今美国又跟中国较起劲来，向亚太地区调兵遣将，围绕中国部署兵力，在中国东海、南海大搞军事演习，航空母舰游来荡去，耀武扬威；强化美日、美韩同盟，在东南亚、菲律宾、印度洋和中亚安插军事基地，一时间搞得乌烟瘴气，闹得满楼风雨。

于是，有人惊呼：美国对中国进行"C形包围"了！

其实，这没什么可怕的，也不会有好结果。

20世纪50年代初，美国想从朝鲜半岛威胁中国，结果碰得头破血流。接着，又把手伸进台湾海峡，从东南方向威胁中国，结果被人民解放军炮击金门的绞索套住，想打不敢打，想缩缩不回。20世纪60年代初，美国又侵略越南，从西南方向威胁中国，妄想形成一个由东北亚到中南半岛的所谓"新月形"包围，但是，却被赶出了越南。后来因为苏联与中国关系恶化，美国又拉拢苏联对中国搞"D形包围"。然而,几十年下来它总是处处碰壁,不能得手。

那时,毛泽东就多次表示,可不可能美国和苏联共同对中国开战呢?他们看到用和平演变方法对付不了中国,可不可能试图用战争方法来消灭我们呢?我们对这一点是作了准备的。如果美、苏合作,再加上印度、日本、菲律宾、南朝鲜以及台湾的蒋介石一起来,我们也是作了准备的!

说实在话,新中国诞生后,美国对中国的威胁是够大的了。但是中国共产党人有一个不怕任何强大敌人,"不为任何风险所惧"的特殊本领,善于从黑暗中看到光明,无论在多么严峻的局面下,始终保持必胜的信念。如果没有这个本领的话,中国共产党早就被吓倒了,被毁灭了。想想看,1921年蒋介石对共产党的大屠杀,红军第五次反围剿的失败,万里长征的艰难险阻,蒋介石发动全面内战,进攻延安、追杀毛泽东,等等,共产党没有垮下去,还不就是因为共产党不怕任何艰难险阻,善于在黑暗中看到光明,保持乐观的精神状态,勇往直前。毛泽东在撤出延安时,路遇一个不满16岁的"红小鬼",他掏出一个小笔记本,叫毛泽东给他题字,毛泽东俯下身子在小本子上写了"光明在前"四个大字。这个小八路手举小本子高兴地又跑又跳地追赶队伍去了。

中国共产党和中国人民对于美国的所谓"C形包围""D形包围"这一套早就领教过了。多少年来,美国对中国搞强权政治,不承认新中国,孤立、遏制、包围中国;对新中国搞封锁、禁运;搞"两个中国""一中一台";并且派飞机、军舰侵犯中国领空领海;甚至对中国搞核讹诈,起码有两次策划使用原子弹制服中国。

所有这一切,其结果如何呢?

在中国被包围的年月里,中国人民奋发图强,自力更生,努力建设,使中国越来越强大了:有了可观的经济规模,科学技术得到长足发展,工业现代化水平显著提高,农业稳步发展,使13亿人口的吃饭问题有了很大的改善;国防得到了巩固,有了现代化的陆军,有了已经初步掌握尖端技术的海军和空军,有了战略导弹部队及核武器。促使中华民族凝聚力进一步加强,使国内各阶层群众更加团结,大家都想争一口气,奋发图强,努力发展科学技术,搞好生产建设,很快地使中国强大起来。

半个多世纪的实践经验,证明了美国的包围、遏制并没有使中国屈服,也没有使中国衰弱,相反的,却使中国更加强大,这是历史证明了的真理。

新中国成立以后,毛泽东曾经多次表示:"封锁吧,封锁十年八年,中国的一切问题都解决了。"① 针对当初美国等西方国家对中国搞禁运，毛泽东说："这个东西对于我们的利害究竟怎么样？我看，禁运对我们的利益极大，对于我们的衣食住行以及建设有极大的好处。一禁运，我们得自己想办法。我们就自己搞，搞掉了依赖性，破除了迷信，就好了。"②

邓小平也说过，我们处于被孤立、被封锁、被制裁的地位有几十年之久，但归根结底，没有损害我们多少。为什么？因为中国块头这么大，人口这么多，中国共产党有志气，中国人民有志气。还可以加上一点，外国的侵略、威胁，会激发起中国人民团结、爱国、爱社会主义、爱共产党的热情，同时也使我们更清醒。所以，外国的侵略、威胁这一套，在我们看来并不高明，而且使我们可以从中得到益处。总之，中国人民不怕孤立，不信邪。不管国际风云怎么变幻，中国都是站得住的。

然而，时至今日，有些美国人仍然不认输，不死心，继续施展他们包围、遏制中国的本领，又搞所谓"新军事战略"和"重返亚太"来威胁中国。

2011年2月8日，美国最高军事机构——参谋长联席会议，发表了堪称美军指针的国家新军事战略。这个军事战略以亚洲地区为主轴，确定美国的战略重点和利益。其中有四个要点：

（一）强调战略重心继续移向亚太地区，遏制中国军力。

（二）强化和借助亚太联盟力量，包围、遏制中国；提出除传统伙伴日本、韩国、澳大利亚等国家之外，必须强化与东盟国家和印度的关系。

（三）拉拢俄罗斯，高调评价俄罗斯是亚洲的稳定因素，强调扩大与俄罗斯军方的对话和联系，欢迎他们在维护亚洲安全和稳定上发挥更积极的作用。妄想重演对中国搞D形包围的历史。

（四）强调在"多支点的世界"中，美国军队要确保美国的领袖地位，并且要通过美国的"榜样力量"来推行美国的民主、人权"基本价值观"。

这个军事战略一出笼，立即引起世界舆论的高度关注。

路透社华盛顿2011年2月8日文章指出，美国军方今天发布了7年来首份新的战略报告，将重点从阿富汗战争转移到应对中国的战略挑战上来。

美国《连线杂志》网站也于2月8日发表文章指出，在美国军方今天发表的这个新国家军事战略报告的背后，中国因素是最主要的动因。美军参谋长联席

---

① 《毛泽东选集》第四卷，人民出版社1991年版，第1496页。

② 《毛泽东文集》第七卷，人民出版社1999年版，第410～411页。

会议主席马伦告诉中国，我们将留在你们的后院。报告的字里行间充满对中国的敌视。马伦说，美国在整个东南亚和太平洋地区，将寻求推动更大范围地区安全合作的新途径，包括与越南等国进行合作。美国的长远利益是确保在全球的公共区域，即海上、空中及太空共有区域，以及全球关联区域内的进入和自由调动。

美军新闻处网站指出，这个国家军事战略的最大修改在于，强调加强国际和地区安全合作。按照修订内容，美国在必要时可以单独行事，但未来的希望在于军事联盟。美国将继续在全球范围内部署军力，并能使用外国基地、港口和机场。美国将继续在联盟框架下工作。北约仍将是美国最基本的盟友，但美国也将与非盟、东盟及其他组织合作。

日本媒体称，美军的这个国家军事战略，表示将对日本自卫队扩大国际合作活动能力以及日、韩间防务合作提供支援。基于中国军扩和朝鲜半岛局势，美军将在今后数十年内，维持在东北亚地区的军事力量。同时也暗示，对日本自卫队在地区稳定上承担更大作用的期待。期望日本自卫队能在维护地区稳定方面发挥更大作用，并且愿意协助日本自卫队提升境外作战的能力。

美国参谋长联席会议发表新军事战略仅10个月之后，即2012年1月15日，美国总统奥巴马又罕见地到五角大楼宣布了题为《维持美国的全球领导地位：21世纪国防的优先任务》战略报告，强调美国虽然面临预算压力，但将努力确保其"军事超强"地位，同时把美国的军事重心转向亚太地区，在西太平洋部署强大的海空军，在中国周边寻求更多的"战略伙伴"和军事基地准入权。这次，美国显然意识到它已经无力再奉行"同时打赢两场战争"的战略，不得不改为"确保打赢一场战争，同时遏制另一场战争"的新战略。

综合观察美国先后发表的这两个新战略，其共同点有两个：一是继续加强对中国的包围和遏制，二是强化军事联盟，与各盟国建立更紧密的关系。这是美国一贯的政策。所以如此，正是因为美国人知道自己有一个致命弱点——害怕死人，现在又加一个：差钱。因此，他们要拉一些盟友，必要时替他们分担死人和出资的代价。

可是，美国那些盟友也不是铁板一块。看看被美国视为亚太地区的五大传统盟友各自的心态就明白了。最近澳大利亚有媒体连续报道："澳大利亚被迫'站队'惹争议，担心沦为美国道具"；澳大利亚前陆军司令、国家安全研究所所长彼得·莱希发表文章，标题是《我们绝不要和美国太亲近》。文章说，澳大利亚显著加强与美国的关系，这种做法有可能不恰当地使自己与中国的关系复杂化。要小心确保澳大利亚不被夹在美国和中国之间。澳大利亚作为一个主权国家，应当保持对美国说不，并且保持不参与美国行动的能力。如果与美国过从甚密，那澳大利亚与任何错误都脱不了干系。最近不断有媒体报道："泰国临阵与美国闹别扭，坚持与各大国保持平衡，不做美国的附庸。""韩国担心遭受夹板气，忧虑中美两国在其门前角力，希望东北亚多边安保合作。"只有日本"心甘情愿当棋子"；菲律宾"积极充当马前卒"。然而，日本也面临美军基地搬迁等多重棘手难题，菲律宾民众反美示威频起，这两个"铁杆"盟国的算盘也是难以如愿。

美国这五大盟友如此，其他如印度、越南、新加坡、马来西亚、印度尼西亚等国又有哪个是真正靠得住的？他们无非是相互利用而已。真要是打起来，更不会有几个国家会真的为美国去卖命、出钱。看看朝鲜战争中美国拼凑的所谓"联合国军"就明白了：除英国2个步兵旅和1个步兵师、加拿大1个步兵旅、土耳其1个步兵旅、泰国1个步兵团外，其他出兵都很少，法国和澳大利亚各出1个营，有的仅出1个步兵排，都是一些象征性的所谓出兵，最多只能起个"摇旗呐喊""助威"的作用。

所以，现在美国拼凑一些所谓"盟国"对中国搞包围，只不过是虚张声势而已。

中国人民有抵御外国入侵和威胁的丰富经验，"C形包围"吓不倒我们。我们要扎扎实实干好自己的事，一要富国，二要强军。美国搞的一切遏制、包围、恫吓都会落空。中国人有自信心，自卑没有出路。过去自卑了一个多世纪，一直到新中国成立，在共产党领导下中国人民才站了起来。我们有以少胜多、以弱胜强的传统。

2. "崩溃论"该收场了——第三只眼看中国

"中国10年内将要崩溃！"这是某些外国"预言家"们预言了几十年也无效的预言，结果预言成了"寓言"。为什么？一个关键性因素就是有中国共产党。这里不妨借用一个"第三只眼睛"观察中国的感悟，一位外国评论家说，中国共产党是中国社会稳定的最大保障，它重建了中国的统一，结束了外国侵略和受凌辱的历史；在多年的改革过程中，中国的个人自由得到了大幅度提高，政治色彩淡化，政府对社会生活的干预也减少了，他们从社会氛围的放松中获益匪浅。

有那么一些外国人，他们总是喋喋不休地说什么"中国10年内将要崩溃"！

这些预言家们的类似预言，已经一而再、再而三地说了许多年，结果呢？中国不仅没有像那些预言家们所说的"崩溃"掉，反而更加稳固了，各族人民更加团结了，民族的凝聚力更强了。

其结果是：预言家们的预言成了"寓言"。

日内瓦外交与国际关系学院教授张维为在接受记者采访时说得非常好，过去20年中，西方主流学者对中国作了无数悲观的预测，今天这种西方的"中国崩溃论"已经崩溃。张维为教授又说，一定要加强中国人的自信，沿着自己的成功道路继续往前走。

值得注意的是，最近某些发达国家的舆论媒体又再次鼓噪中国崩溃论，掀起新一轮唱衰中国的声浪，特别是美国和日本的一些媒体，连续发表文章，预言中国未来10年将要"一败涂地"。他们这样做，无非是想抵消和抹杀我国人民的团结、爱党、爱国的坚定信念。

2011年7月6日，美国《福布斯》双周刊网站发表文章，标题是《中国将如何一败涂地》。文章说："中国官员现在陷入了国际象棋棋手很怕出现的一种局面：'迫移'，无论走哪一步，都会让自己处于不利境地。在中国，无论是采取行动还是不作为，可能付出的代价都是崩溃。"

文章耸人听闻地说："中国通货膨胀的问题正迅速加剧，中国政府正拼命给经济踩刹车，但食品价格仍然不断上涨。在美国，食品价格的上涨，可能意味着少去几次餐馆，但中国的食品价格的上涨，会导致人们挨饿！"

文章恶毒地煽动说："随着中国开始控制经济增长的速度，不只一代人的财富和辛劳将付诸东流，这种痛苦会导致动荡。"

美国这篇文章出笼的第二天，日本《读卖新闻》发表文章说："中国的不确定性将进一步加剧，今后20年与过去的10年相当不同，崛起的中国正面临重大问题。"

日本《读卖新闻》的文章以轻蔑的语言攻击说："中国政府和国内经济决策人缺乏牵引力，这必将加剧政策和管理措施的不确定性。中国政府现在不知道今后该怎么办。虽然中国政府宣称进一步加快推进改革，但事实上这5年时间并未发生改变。"

不管美国、日本等发达国家如何唱衰中国，无论中国的问题多么严重，但是有一个事实是任何人也抹杀不了的，那就是新中国诞生至今，60多年过去了，中国并没有崩溃！

2012年1月20日，新加坡《联合早报》发表文章，题目是《中国经济崩溃论可以休矣》！文章指出，这帮人叫唤了至少20年，却也落空了20年。他们越说中国崩溃，结果中国反而发展得更好。眼下，"中国熊"的观点非常时髦，他们绞尽脑汁做空中国，预测中国经济要"硬着陆"，可是，这次中国根本不着陆。那些做空中国的人，只能是竹篮打水一场空。

中国为什么没有像那些"预言家们"说的那样"崩溃"了呢？

其中一个最关键的因素，就是有中国共产党的坚强领导。

这里不妨引用"第三只眼"对这个问题的观察和分析。

西班牙皇家埃尔卡诺研究所网站发表文章，标题是《了解中国共产党的8个关键问题》，作者是西班牙驻华使馆前商务参赞、西中企业家委员会前主席恩里克·凡胡尔。

现摘要如下，以飨读者：

文章指出，中国共产党是中国社会稳定的最大保障，中国共产党重建了中国的统一，结束了外国侵略和中国受凌辱的历史；中国共产党使中国变成一个在国际社会不容忽视、备受尊重的大国；中国共产党是改革和对外开放的党。

文章说，中国共产党与其他国家的政党有许多不同，它是在中国社会中行使政府职能的党。关于"政治演变"的一些常规理论，在中国是行不通的。很多分析家曾经预言，中国经济现代化，一定会带来政治体制的演变。然而，事实却恰恰相反，中国的经济虽然发生了翻天覆地的变化，但政治体制却仍然保留着重要的基础，共产党始终是执政的中心。

文章指出，中国共产党在1949年夺取了政权，其主要目的是，重建中国的国家主权，重建中国的统一，结束外国侵略和中国受凌辱的历史。这个共产党是一个"特殊"的政党，不同于其他国家政党。中国的共产主义包含着中国传统文化的精髓，是变革和社会革命的发动机。中国共产党拥有一个钢铁般的、集中领导的组织。他们有着不同政绩、教育水平和经验，负有治理国家的责任。

文章强调，尽管执政60余年中犯了一些错误，但中国共产党在中国人民心目中仍然是举足轻重的。这是因为它是建立在两个因素的基础上的：一个是"历史"因素。中国共产党实现了国家统一，使中国摆脱了19世纪中叶以来的长期危机状态，变成一个在国际社会不容忽视、备受尊重的大国。第二个因素，与30年来的改革有关。中国共产党正在领导的巨大经济变革进程,使人民生活条件大大改善,扩大了个人自由,摆在公民面前的机遇也成倍增加。

中国共产党是一个改革和对外开放的党。中国在20世纪70年代末,选择的这个新方向,使共产党成为人类历史上最大规模经济革命的主角,因为从来没有一个如此庞大的民族,在这么短时间内,实现物质生活条件如此根本性的改善。

文章说,一些分析家认为,很多中国领导人把新加坡模式看作未来中国的理想目标。这里我们需要提一提中国大陆的3个邻居:日本、中国台湾和韩国都是在外部压力下走向"民主"的,并且都受到美国的深刻影响。很多人简单地认为,中国在经济大变样的同时,政治体制和自由程度并没有发生任何变化。实际上,在多年的改革过程中,中国人民的个人自由条件,得到了大幅度提高。如今,除了政治色彩淡化以外,政府对社会生活的干预也减少了。中国人民从社会氛围的放松中获益匪浅。

文章指出,现在我们没有看到中国演变为另一种政治体制,原因很简单,那就是中国没有一个具有一定重要性的、可以取代中国共产党的政党。

文章说,有人发表文章指出,中国已经涌现出新的专业人士和企业家阶层,这些经济精英支持政治变革。可是,如果你同中国新兴的企业家和专业人士交谈后就会发现,他们普遍对政治体制和中国共产党的地位抱支持态度。这最重要的原因是,这些专业人士和企业家认为,中国共产党是稳定的最大保障。中国面临诸多压力和冲突,如果没有强大的共产党政府,不稳定和混乱的风险将大大增加。

文章说,在中国,当人们谈及民主和民主改革等概念时,人民指的是深化对法律的尊重,执政者对公民的责任心,以及采取措施遏制滥用职权和腐败等现象。实际上,大部分中国人认为,中国的政治制度是民主的,中国人对此持乐观态度。

中国共产党确立了一个重要的权力岗位轮换制度。他们将最有能力的干部提拔上来。几十年来中国的经济成就,在很大程度上应归功于领导人的能力。几十年来,集体执政的形式不断加强。从某种角度来说,中国的民主过渡已经开始了。但与过去苏联和其他东欧国家不同的是,中国的民主过渡不会出现明显的断裂点,它是一个渐进式的、缓慢的、并且仍然是有自身特点的过渡。

文章最后说,中国的经济改革开始于30年前,是一个渐进式的、缓慢的、没有中断的过程。没有出现东欧国家改革过程中的"大爆炸"。中国逐步实现经济制度自由化。中国经济已经从社会主义经济变成了一个有中国特色的社会主义市场经济，尽管政府干预仍很强大。

恩里克·凡胡尔先生的文章，真是一篇全面而论述深刻的好文章啊！

这篇文章刊载于2011年2月9日的《参考消息》上。

无独有偶，23天后，又一个"第三只眼睛"发出同样的感叹。这个"第三只眼睛"是世界知名度颇高的美国《基督教科学箴言报》，其网站于2011年3月2日发表了一篇文章。3月4日《参考消息》以《顺应民意，中共执政根基稳固》为题转载了这篇文章。

文章说，阿拉伯的混乱浪潮不会波及中国的三个原因：西方满怀激动地想象着阿拉伯世界的民众抗议波及中国的景象，但那只是它们一厢情愿。但是，首先也是最明显的原因是，中国在共产党领导下实现了长达30年不间断的经济发展。过去25年GDP以年均10%的速度增长。孩子们的生活条件比父母优越得多，而他们父母的生活条件又比祖父母优越得多。在埃及20%的人口仍然生活在贫困线以下，而中国的这一比例只有3%。

文章指出，同样很明智的是，中国政府把大量新积累的财富，用来建设该国的基础设施。比如，通过人力物力财力投在公路、铁路、电网、电信、教育以及供水设施上，设法改善了人民生活。在这些项目上，中国人看到了一些实实在在的迹象表明，政府正在回馈人民。

文章说，第二个原因是，2011年的中国，已经跻身世界大国行列这一事实——不管是在经济上还是在政治上——令中国人感到极度自豪（想想2008年北京奥运会的开幕式）。记住，就在三十多年前，这个国家还将自己——并被世界很多地方——视为落后国家。人民见证自己的国家成功回到世界舞台，而深深感到的自豪是不能忽视的，这种自豪感可以巩固政府的合法地位，因为毕竟是共产党引导中国走上大国的道路。

文章说，第三个原因是，中国执政党的领导层至少会每隔10年换届。而有的国家政府领导人，完全体现为一个"铁腕人物"，整整30年都是如此。

《基督教科学箴言报》是美国著名的媒体之一，向来注重客观、现实的报道，但是过去它对中国的负面报道也相当多。

3. 中国真的会被"肢解"吗?

对于"中国面临被肢解的命运"这样一个十分严肃、重大的问题,应当做历史和现实的深入具体分析。从几千年前秦始皇统一中国,到唐、宋、元、明、清,其间,虽有过不同朝代的政权分治,但始终没有脱离中国的版图。从19世纪40年代至20世纪初,由于中国统治者腐败无能,被英、法、美、德、日、俄等西方列强不断入侵,割地赔款,达到历史的高潮。中国的台湾、香港、澳门分别被日本、英国、葡萄牙占领,即便如此,中国只不过变成一个"半殖民地"国家,中国本土并没有被肢解。新中国成立后,除中国台湾外,各地区、各民族已达到空前统一团结。如今,有什么人想要肢解中国,只能说是白日做梦。

当我在一本书中看到有人说"2030年中国面临被肢解的命运"时,顿生疑惧。乍一看到这几个血淋淋的大字,真是被惊出一身冷汗。

其实,不过危言耸听。

现在是2013年,如果说2030年中国面临被肢解的命运,那距离现在只有17年了。

这是一个什么样的概念?对于中国面临一个如此天大的灾祸,那短短的17年,可以说是现在就应该进入"临战"状态了。

假如"肢解中国"是用战争方式,那如果不是世界大战的话,也必将是一场有多个国家参加的全面战争。因为要肢解13亿人民、有广阔的国土、有一支强大的军队、有核武器的中国,那可是前两次世界大战都不曾有过的事情。要肢解这样一个大国,必然有一场大战争,敌人必须投入大量地面部队,侵入中国广大国土,否则,光靠在沿海打,或只在空中、海上打,那任何人也实现不了想肢解中国的图谋。

对历史和现实深入分析,可以肯定地说,世界上没有哪一个国家敢于冒险发动这样的战争。过去,在中国贫穷软弱的时候,他们做不到的事,现在,面对一个有雄厚的经济基础,有强大的军队,有战略导弹核武器的中国,他们有胆量有能力发动侵略和肢解中国的战争吗?老实说,他们不敢也打不起这样的战争。

退一步说,就算有人发飙要打,但它绝对不敢自己来打,它一定要联合一些国家和它一起干。可是,它又能说服哪些国家为它卖命呢? 无须赘言,看看前些年美国打过的海湾、科索沃、伊拉克、阿富汗等几个局部战争,就明白了。他们只是拼凑了英国、加拿大、澳大利亚、韩国和欧洲等少数国家和地区,而且除英国外,其他国家都是象征性地出少数军队,而德国这样一些国家就拒绝出兵。

如果说,美国不敢贸然大打出手,那日本等一些所谓盟国,还有它的铁哥们儿英国,又有哪一个愿意冒险和中国较量呢? 尤其是那些邻近的国家,难道他们就不怕吗?

真要是到了要肢解中国的危机时刻,我们面对侵略者,也要拿出自己的绝招,以牙还牙。新中国的历代领导人和人民解放军过去不做、现在也绝不会做宋襄公,死抱着准备了多年的武器不用,而眼睁睁地被人家肢解。

难道想肢解中国的人,就不怕自己挨打吗? 他们的国会,他们的民众会支持他们的总统作出这样冒险的战略抉择吗?

又假如,有人想用"和平演变"的方法"肢解中国",那也是不能得逞的。那个超级大国多次鼓吹的,而且已经多次失败过的所谓"颜色革命"的方式,对中国来说,更是难以奏效的。

现在中国社会虽然有不稳定因素,但是我们国家政权是巩固的,各族人民是爱党、爱国的,是拥护社会主义的。真要有人肢解中国,人民是不会答应的。这种事,过去没有过,现在和将来也不会有。

过去想要肢解中国的人,都没有得逞。

远的不说,解放战争时期,于1947年7月下旬,美国总统杜鲁门派魏德迈率领一个由各界人士组成的所谓"事实调查"团,在上海、南京、北平、天津、武汉、济南、青岛、沈阳、抚顺等地进行了1个多月的考察。魏德迈在给美国政府的报告中认为,东北地区国民党情况恶化,建议将中国东北地区由美、苏、英、法等几个大国"监护",或由联合国托管。

很明显,魏德迈的报告是想把东北地区从中国分离出去。这是一个十分露骨的大阴谋。但是,美国总统杜鲁门看了魏德迈的报告后,命令搁置、封存,他害怕这种根本办不到的事情,一旦泄露出去会惹麻烦。

不久,人民解放军赢得辽沈战役的胜利,东北全境获得解放。魏德迈的报告成为一张废纸。

还有一个人是李登辉,曾经恬不知耻地妄言,应该把中国分成7块,如东北、新疆、西藏等都要分裂出去。看! 这不是想入非非吗? 李登辉是什么人? 众所周知,他是一个傲慢狂妄、嘴无遮拦的"大嘴巴",谁都知道他说的话没什么价值,所以没人搭理他。

公开说出"2030年中国面临被肢解的命运"这样的话,是一个十分严肃、重大的问题,要考虑到它会产生哪些影响,绝不能轻率地信口开河。

人们常说,历史是一面镜子。涉及关系国家命运的大事,首先应当做些历史分析。

古代的中国,从几千年前秦始皇统一中国,到汉、唐、宋、元、明、清,其间,虽然有过魏、蜀、吴三国,西晋、东晋,南北朝等不同朝代政权的分治,但始终没有脱离中国的版图。到了唐朝、北宋朝、明朝,更是形成了统一强大的中国。至于元朝、清朝,虽然属于外部势力入侵中原,但是本质上属于中国内部民族斗争,带有内战的性质,它们仍然是统一强大的中国。

再看中国的近代史,从19世纪40年代至20世纪初期,由于中国政治落后,封建保守,腐败无能,被英、法、美、日、俄等西方列强不断入侵,使中国受尽了凌辱、折磨和摧残,如1857年以前的两次鸦片战争,1884年的中法战争,1894年的中日甲午战争,一直到1900年英、美、德、法、俄、日、意、奥八国联军侵略中国的战争,北京的圆明园被烧毁,割地赔款,外国侵略达到了历史的高潮。这些侵略成性的列强,强行瓜分中国,疯狂地屠杀中国人民,大肆掠夺中国的财富资源,中国的台湾、香港、澳门分别被日本、英国、葡萄牙占领,使中国被人宰割的程度达到了极限。从此,使中国人民陷入深重的灾难,遭受了长达100多年受屈辱的历史。

即便如此,中国只不过变成一个"半殖民地",整个中国大陆并没有被肢解。

这样说,绝不是对中国这段历史轻描淡写,也不是不感到痛心,更不是忘记中华民族的奇耻大辱,深仇大恨。只是想说明,外国列强想要肢解中国,没那么容易。

更何况,现在的新中国和过去的旧中国早已不可同日而语。

还要强调一点,如果想说"2030年中国面临被肢解的命运"这样一个重大问题,一定要摆正自己的立场,树立正确的思想观点,而且要拿出有说服力的依据来,绝不能轻率妄言。

奇怪的是,妄言"中国面临被肢解"的人,似乎总是可以找出一些似是而非的所谓依据:那就是中国没有朋友。说,"环顾中国周边,进入2009年,几乎每个月都有关于中国的不幸消息传来",4月,美、日、印在冲绳岛附近海域大搞联合军演;5月,在中国南海多个国家宣布,"法理拥有"南沙;6月,印度对巴基斯坦几次发出战争威胁,同时搞掉了尼泊尔的亲华总理,印度向藏南增兵6万;7月,美国国务卿希拉里在泰国签署《东南亚友好条约》,公开宣布"美国又回来了";8月,澳大利亚借口"力拓案",从政治上攻击中国,并在其国防白皮书中公开叫嚣准备和中国打一仗;8月,缅甸突然出手,屠杀华人;此时,蒙古国亲西方政府悄悄上台;9月,美国情报部门出台报告,把中国和俄罗斯、伊朗、朝鲜,一起列为危害美国利益的假想敌,美国国防部长公开鼓励研制新轰炸机B-3对付中国;10月,中国台湾突然大规模试射各种导弹;11月,印度怂恿达赖窜访达旺,美国副国务卿去缅甸,日本宣布在冲之鸟礁建海军基地。单个看,每个问题的原因都不一样,整体观察,事态很清楚:那就是中国已被包围了。而在构成这个"包围圈"的国家中,没有一个是中国的"真正的朋友"。

既然这些国家形成了对中国的包围,那构成包围的每一个组成部分,如果说不是敌人,也可以说不是朋友,或者说不是真正的朋友。

问题是,我们应该如何观察敌人和朋友的微妙区别和变化。

世界上早有定论:没有绝对的朋友,也没有绝对的敌人;或者说,没有永远的朋友,也没有永远的敌人。因此,在对于敌人还是朋友这样复杂的国际事务,绝不能简单化,表面化,必须用长远的战略眼光,作深入、全面、具体的分析。

促使"敌""友"转化的主要因素,是"利益"二字。牺牲自己的利益,为别人卖命,这样的国家不多。在利益的驱使下,朋友可以变成敌人,敌人可以成为朋友。第二次世界大战中,这样的案例很多。

在太平洋战争爆发之前的很长一个时期,美国和日本是朋友。可是,日本突然袭击珍珠港,一夜之间,美国和日本变成了死敌。两国互相残杀了几年,美国用原子弹炸死了日本几十万人,彼此成为不共戴天的死敌。

可是,谁会想到,战后不久,在利益的驱使下,美国和日本又变成了朋友。

日、俄两国之间的关系也是如此。在漫长的历史中,日、俄两国互相猜疑、不信任,有过战争。冷战结束后,日俄之间曾一度"友好"。可是,2010年两国因千岛群岛争端,关系陡然紧张起来。于是,日本极力拉拢美国"联合摧毁俄罗斯'鄂霍次克战略基地'",说俄国在北方四岛建设军事基地,不仅日本受到威胁,美国更是受到严重威胁,因为俄核潜艇可以由此进入太平洋,直接对华盛顿进行核攻击。

再看日本和韩国的关系。本来,这两个国家因历史(日本灭亡朝鲜)和现实(竹岛主权)问题,屡有摩擦。可是,2010年因韩国军舰被击沉和朝鲜炮击韩国岛屿，南北朝鲜之间突然剑拔弩张，大有战争一触即发之势。狡猾的日本趁机拉近和韩国的朋友关系，又是联合军演，又是互订安全协议，一时打得火热。此时，日本迫不及待地表示：必要时，日本将派遣自卫队到韩国去"协防"。顿时，惹起韩国民众的强烈反对，也引起韩国政府的警惕。因为，韩国人民对日本侵略韩国的历史，记忆犹新，对日本占领军深恶痛绝。这时，日本不得不对派自卫队一事，予以否认。此后不久，又发生了韩国拒绝日本3名国会议员入境的事件。由此可见，日韩两国的朋友关系并不怎么牢靠。

这些国际政治的演变，足以说明，现在美国包围中国，也不会是铁板一块。进一步说，假如，美国有人要想发动"肢解"中国的战争，究竟会有几个铁哥们跟它一起大干一场呢？

4. 美国肢解了苏联？

苏联的解体，是他们自己在政治和经济上出了严重问题，才导致这场悲剧。说苏联是被美国的"和平演变""军备竞赛"整垮的，这不完全符合事实。道理很简单：外因通过内因才能起作用，适当的温度可以把鸡蛋变成小鸡，却不能把石头变成小鸡。这也就是中国不怕美国"和平演变"的原因之一。中国更不会和美国搞"军备竞赛"，所以，中国不可能遭遇和苏联同样的命运。

自从苏联解体后，国际社会上，特别是美国大力宣扬是他们战胜了共产主义，于是，流传着许多说法：

一说是，美国的里根总统巧施军备竞赛的计策，把苏联拖垮了。

一说是，美国对苏联的遏制、围堵、禁运，瓦解了苏联依赖石油出口的经济，掐断了它的主要外汇来源，引发了苏联的经济危机。

另一种说法是，美国对苏联大搞"和平演变"，支持反对派鼓吹民主自由、人权；支持东欧国家的反苏派、特别是在资金、情报方面大力扶持波兰的团结工会造反夺权，同时，在世界范围内丑化苏联，把苏联挤垮了。

还有一种说法，是马克思的共产主义不可逆转的衰败，促使苏联解体。

……

如此这般，不一而足。

因此,许多人认为,苏联是被美国整垮的。

持这种观点的人,往往拿中国和苏联做类比。他们认为,在美国的虎视眈眈之下,在美国的遏制、围堵、暗算与和平演变之下,中国也逃不脱与苏联同样的命运。

在这里,必须强调的是:中国是中国,苏联是苏联,不能把两者做如此简单的类比。

苏联真的是被美国整垮的吗?

答案是,有这方面的因素,但不全是。

诚然,我们不能否认外部因素对苏联解体的作用,尤其是美国的明攻与暗算,确实对苏联产生了相当大的影响,但是,外部因素之所以能够起作用,归根到底还是因为苏联内部存在许多致命的弱点。诸如,思想僵化、官员腐败、经济模式与结构不合理、不注意改善民生、党内不民主等等。

苏联的解体,不怨天,不怨地,就怪他们自己。道理很简单:外因通过内因才能起作用。适当的温度可以把鸡蛋变成小鸡,它却不能把石头变成小鸡。

那么,苏联到底是怎样垮台的呢?

多年来,我们国内学者作了许多研究,从苏联解体的内部因素来看,是多方面的,说法不一而足,如:"戈尔巴乔夫葬送说""错误路线说""思想僵化说""共产党内讧说""腐败政变说""群众抛弃说""民族矛盾说""经济滞后说""教条、修正说""背叛马列说""和平演变说""军备竞赛说""历史错误说"等等。

这些说法都有道理,说明它不只是哪一种因素造成的。唯物史观认为,重大历史事变,必然是在多种因素作用下促成的,包括历史的和现实的。

在此,不妨让我们简要地做一些回顾吧。

苏共中央在历史上犯过这样那样的许多错误,特别是在斯大林晚年,在政治、经济上思想僵化,不思改革,由此,埋下了祸根。

斯大林去世后,赫鲁晓夫上台。此人在政治上举止轻率、浮躁。他一上台,就大反斯大林,在苏联党内和社会上引起思想混乱。

赫鲁晓夫在经济上瞎指挥,严重影响生产建设,使苏联的经济混乱不堪,工业和农业生产遭到破坏,许多工厂处于停滞状态,人民生活水平下降,群众十分不满。

在国际共产主义运动中,赫鲁晓夫大搞"老子党",挥舞"指挥棒",各国共产党都必须听他的指挥,致使许多国家的共产党对赫鲁晓夫不满,尤其是他轻率地撕毁与中国的经济合同，撤退专家，把中苏关系闹翻了。

更可悲的是，赫鲁晓夫夸夸其谈，盲目吹牛。1958年，他宣称，苏联不久将在世界经济竞赛中埋葬美国，在10年内，苏联共产主义的物质和技术基础，以及人均生产总值，将超过最强大、最富有的美国，到第二个10年，即1980年，共产主义社会将在苏联建成！

这样的自我吹嘘，必然造成国家和社会的思想麻木和混乱。

赫鲁晓夫折腾了几年，被赶下台。

接着，又出现了在勃列日涅夫领导下的、长达20年之久的政治、经济和社会的停滞和僵化。

最初，勃列日涅夫曾经努力加强经济现代化建设，试图使赫鲁晓夫推行的急风暴雨式的改革走向正轨。可是，不久又回到了老路上去。自我封闭，体制僵化。从而使政治、经济、社会逐渐衰退，官僚主义、腐败盛行。

此时此刻的苏联，一方面在盲目乐观中停滞不前，一方面普遍存在官僚主义低效率。在生产建设中浪费现象十分严重，每生产一件产品所消耗的能源，是西欧国家所需能源的2至3倍。

在农业方面，集体化制度造成低效率和浪费。结果是，地广人稀的苏联，反而需要大量进口粮食，因此，不得不对一些食品实行配给制。

那时，苏联的对外贸易也很糟糕。其一半多的外汇收入靠石油和天然气，工业品出口，从1973年的世界排名第11位，降低到1988年的第15位，被韩国、瑞士、中国香港、中国台湾等超过。

在军事方面，不根据自己的经济情况，一味地和美国大搞军备竞赛。有些武器生产过多，消耗了大量资源，拖累了国民经济正常发展。

戈尔巴乔夫上台后，就大搞所谓"公开化"运动，揭露和批判国家机关历史形成的种种弊端，把警察机关和安全部门一些正常性的治安和安全工作，说成是黑暗等等。这种"公开化"运动范围不断扩大，形成对苏联历史的丑化和否定。这种对苏联本身的批判和重新评价，在许多问题上，连戈尔巴乔夫自己也不知道确切的答案，中央政治局更担心，如此全盘否定，必将动摇整个苏维埃制度，结果搞得人心惶惶。

在推进改革方面，戈尔巴乔夫是激进派，他在1988年1月说，改革是我们的最后机会，停止改革就是我们的末日。但是，保守派的阻力很强，主要是来自各加盟共和国及各州的第一书记，这些人在自己的地盘抵制改革。

戈尔巴乔夫在如何改革的问题上，也存在根本性的错误。他说，苏联的改革若要成功，必须改变苏联政治制度本身，实行政治多元化。

这当然遭到国内的保守派和外国一些共产党人激烈反对，给他扣上了"修正主义"的大帽子。

不久，戈尔巴乔夫被赶下台，苏联共产党和苏联政府群龙无首，急剧地陷入大混乱之中，结果，苏维埃联盟解体了。

更为严重的是，此后的俄罗斯，采取了急风暴雨式的激进改革方式，使用所谓"休克"疗法，企图在一夜之间把社会主义的经济，改变成资本主义的私有制。结果，导致社会混乱，民众生活水平急速下降，大量国家财富被少数私人鲸吞。

美国前总统国家安全事务助理布热津斯基，在苏联陷入极度混乱、即将解体之时，按捺不住他内心的兴奋，于1989年4月写了一本名曰《大失败》的书（中文译本书名），系统全面地反映了西方大国灭亡社会主义制度的不死之心。他向世人昭告：美英等大国从来没放弃过敌视和颠覆社会主义制度的根本立场，一直在想方设法地对社会主义国家实行"和平演变"，企图用"没有硝烟、不流血的战争"，肢解或灭亡社会主义国家。

布热津斯基的书，是一本彻头彻尾反共的书，可是，他对中国又不得不另眼看待。

在大量事实面前，布热津斯基只得承认，中国和苏联大不一样。反观中国的改革，则是稳健、有条不紊的。由邓小平总设计师制订的改革开放计划，采取循序渐进的方式，"摸着石头过河"，先农村，后城市，重大问题经过试验，取得经验后逐步展开。

布热津斯基在他的书中说："在改革开放中，中国的国际地位也发生了根本的变化。中国不仅在1978年底全面恢复了与美国的关系，而且中日两国出于对苏联扩张的共同担心，在经济和政治上开始了广泛的合作。与此同时，中国对外关系的转变，也有助于中国放弃他们那种认为战争注定要发生的观点，也有助于他们采取一些新的、更灵活的方针，来指导中国愈来愈频繁的国际贸易和外交活动。"

布热津斯基在书中还分析了中国为什么不会像苏联那样解体。他说："由于中国既未经历斯大林统治下25年之久的强硬的斯大林主义，又未经历勃列日涅夫时代长达20年的僵化的斯大林主义，中国的意识形态不像苏联那样刻板。虽然毛泽东自己的政策也曾经发生过几次重大反复，但根据权力的需要，可以不时地对意识形态进行重新解释。这一切，反过来又为进一步推行务实主义打开了大门。生产率和生产效率这些普遍的经济问题，也可以迫使坚持马克思主义理论的人们，做出愈来愈大的让步。在这个过程中，共产主义理论会被淡化。"

布热津斯基指出："到1987年后期，中国的初步改革已经取得了相当重大的成果。最显著的成就以及理论上最为大胆的创新，都首先在农业领域出现。绝大多数的中国人，摆脱了因一时冲动而建造出来的共产主义樊笼。有权管理他们的土地，有权在市场上按供求规律所决定的价格，自由地出售自己的产品。这对中国的经济是大有裨益的。因此，随着中国整体经济实力的增长，政治上的集中控制放松了。在1987年12月召开的中央全会上，提出了在农村逐步取消集体所有制和解散人民公社的措施。这一措施，极大地促进了生产效率的提高。的确如此，在短短几年之间，中国便由一个纯粹的粮食进口国，变成了一个实际上的粮食输出国。这与它的北方邻国苏联形成了鲜明的对照，这个邻国即使在戈尔巴乔夫的领导下，也仍然紧紧抓住它那个只能造成浪费的集体农庄制度不放。"

布热津斯基说："正如邓小平在1978年所指出的那样，农业和工业现代化是'四个现代化'的关键，这两条战线上的改革，将向世界特别是向发达的西方世界广泛开放。邓小平和他的支持者们认为，由于战略和经济方面的原因，必须实行这种开放。与此同时，中国与美国的政治和战略关系，也得到了审慎的发展，尽管双方在台湾问题上分歧继续存在。但同美国的经济关系发展得很快，同邻国日本的关系更是如此。为了继续发展这种关系，中国领导人再次表现了他们在意识形态方面的灵活性。80年代初，他们在中国的沿海地区，特别是深圳、汕头、珠海和厦门，建立了几个经济特区。通过提供一整套特殊的优惠政策和自主权，把外国人吸引到这些特区里来进行经济活动。"

布热津斯基指出："中国领导人，终于比他们的苏联同事更加敏锐地认识到，国际贸易可能成为国内发展的动力。于是，邓小平试图通过建立经济特区和推进国内改革来做到这一点。到80年代中期，中国沿海地区的经济和生产率出现了一次飞跃，这一地区的城市，也发生了明显和振奋人心的变化。"

布热津斯基在指出中国仍然存在一些问题的同时，也不得不高调评价中国的改革开放。他说："快速进行的变革，意识形态方面的灵活性，势必会造成一些矛盾和困难。因此，在第十三次党的代表大会上，要求党的领导人，不能只计算已经取得的成果，还要正视改革所带来的问题。腐化愈来愈严重，走私、诈骗以及明目张胆地牟取暴利，使国家蒙受了巨大损失；行贿受贿，滥用权力，走后门的现象比比皆是。对于这些问题和困难，各级领导人决不能退缩，必须勇往直前，进行更加宏伟的改革。""事实证明，中国的全面改革是正确的。由于邓小平为中国制定的改革计划深得人心，它预示着中国的明天将会更加美好。这一结果表明，对中国、对共产主义都具有深远意义。中国将加入世界强国之列，从而恢复它自己昔日的泱泱大国的地位。"①

布热津斯基在他的书中，确实说了许多真话，老实话。

20多年前美国出版的这本书，证明布热津斯基对中国的预言是合乎逻辑的，他所说的"中国将加入世界强国之列，从而恢复它自己昔日的泱泱大国的地位"这个目标已经实现。

毫无疑问，今后中国还要在和平发展的道路上继续勇往直前，继续执行改革蓝图，进行更加宏伟的发展；中国的明天会更加美好！

由此，我们有理由相信：中国共产党和中国人民，不会被美国搞的"C形包围"吓倒，美国妄图"肢解"中国的野心也不会得逞！

现在，我们再回过头来看中国社会上近年出现的一些观点，那种所谓"中国海上蓝色大门随时可能被美国关死"，"陆地上正被美国抄后路"，"中国不能摆脱下一场战争的劫难"，"中国正面临第三次被瓜分的危机"，等等。所有这些猜测，都只不过仅仅是"猜测"罢了。

我们可不能被复杂的环境所迷惑啊！

5. 战争离中国到底有多远？

对于战争危险的判断，关系到国家安危，不可不察也。有无战争危险，要看大势，既要看引起战争爆发的因素，也要看到制约战争的因素，不可被眼花缭乱的外部环境所迷惑。首先，要看政治，"战争是政治的继续"的理论没有过时，只有在政治走投无路时，才会用战争解决问题。现在，中美两国在政治上有许多矛盾，但并没有走进死胡同。再看经济，中美两国的经济互相依存，早已是"你

---

① 参见［美］兹·布热津斯基：《大失败——二十世纪共产主义的兴亡》，军事科学院外国军事研究部译，军事科学出版社1989年版，第195～220页。

中有我、我中有你"的局面，和则两利，战则俱伤，这非常重要，美国不可能为经济问题和中国开战；他们也不会为别国因个别无人小岛引起的军事冲突而与中国开战。还要看双方军力，美国的战力全球第一，但中国和美国的差距，已经正在逐步缩小，特别是中国有战略核武器，美国不敢轻易动手。

作为中国这样一个发展中国家，对于战争危险的判断，是关系到国家生死存亡的重大问题。

对战争的正确判断，最基本的着眼点，包括两个方面：一是战争是否会在可预见的时间内或在短时间内即将发生；二是战争在可预见的未来或在一个相当长的时期内会不会发生。对于这两种可能性，无论是哪一种，如果不慎做出错误判断，都会给国家造成损失，甚至灾难。

换句话说，假如战争即将爆发，而做出不会很快爆发的错误判断，就可能遭到敌人的突然袭击，蒙受惨重的损失；反之，假如战争不会在短时间内爆发，而做出即将爆发的错误判断，因此，急忙投入人力物力进行战争准备，就会使国家正常的生产建设受到严重影响，同样会蒙受损失。

二战时，苏联对德国的进攻、美国对日本的进攻，都因为对敌人即将发动的进攻做了否定的判断，结果遭到敌人的突然袭击，给国家造成重大灾难。

20世纪50年代，对于美国入侵朝鲜的战争，中国做出了准确的判断，及时在中朝边境部署军队，从各方面进行了紧急战备。当美国和韩国军队打到鸭绿江边时，中国人民志愿军及时、突然出兵，完全出乎美国的预料，美军和韩军被打得蒙头转向，中国人民志愿军连续获得三次战役的重大胜利。

在20世纪六七十年代一个相当长的时间里，中国一直认为战争不可避免，因此，使国家长期处于临战状态，连年大搞战备，全国到处深挖洞，大搞全民皆兵，大搞三线建设，在深远山区建设了许多一般性的军工厂，制造了大量步枪、手榴弹、炸药等武器弹药，动用了大量国家资源（但那时客观上确因遭到美国、苏联、印度和中国台湾蒋介石的严重威胁和战争挑衅，出于无奈而不得不如此）。

后来，邓小平组织一些专家学者，进行深入分析研究，并且到几个主要国家进行实地考察，专家们得出战争可以避免的结论后，向中央政治局作了全面汇报。

党的十一届三中全会以后，在邓小平主持下，中央军委召开了几次重要会议，对于战争与和平问题有了新的认识，统一了思想，对国防战略和国家经济建设提出了新的思路。最后，由邓小平及时拍板，做出判断：大战在短时间内打不起来,在可预见的未来,即在一个相当长的时期内,中国不会面临战争危险,可以争取到较长的和平时间。因而决定,国防建设和军队建设,在指导思想上实行战略性转变,由准备"早打、大打、打核战争"的临战状态,转移到和平时期现代化建设上来。

据此,党中央及时做出抉择,把全国工作重点转移到经济建设上来,以经济建设为中心,开展"四个现代化"建设(即工业、农业、国防、科学技术现代化)。

正是由于那时做出了战争离中国尚远的正确判断,使全国的工作重点从战备转移到经济建设上来,所以,才有了后来30多年的快速发展,使中国的经济总量接连翻了几番,跃居世界第二。

通过上述分析研究,我们可以知道对战争危险的判断有多么重要。

由此,也可以看出,对战争危险作出准确的判断,是一件极不容易的大事,它既有理论问题,也有实际问题。

现实是历史的发展,未来又是现实的发展。因此,应将历史、现实和未来,作为一个相互关联的过程,既要看到战争爆发的诸多因素,也要看到制约战争的各种因素,进行全面、系统的研究,才能做出科学的预见,预测未来战争可能在什么条件下发生。

人类自古至今,从有战争以来,就有引起战争和制约战争的两种因素同时存在。国际社会发展到今天,制约战争的因素日益增强。从第一次世界大战到第二次世界大战,间隔了20年,而二战结束后至今已近70年,没有发生第三次世界大战。为什么?就是因为制约大战的因素在不断增强,包括政治、经济、军事诸多方面。

首先,要对世界政治形势作深入的分析:冷战结束后,两大阵营对立局面随之消失,各大国从各自利益出发,拉关系,找伙伴,搞"大国外交",国际社会的政治调和能力增强,在这种相对安全的世界格局中,美国和中国也基本相互容忍,斗而不破。

现在美国和中国在政治和经济上有许多矛盾,时常发生摩擦和争端,但是并没有走进死胡同。这些争端主要是我们所关切的核心利益,如台湾问题,南海问题,经济纠纷问题,等等。

台湾问题是中国的核心利益。美国不会轻易放弃台湾。但由于我们采取了和平发展的方针,台海形势已大为缓和。对军售问题,我们始终坚持反对的立场。美国在这个问题上,一方面把台湾作为一张牌,牵制中国,在其军火集团的压力下，不会停止军售；另一方面，在中国的坚决反对下，在军售问题上也不得不有所调整，如在售武时间和品种上要一些花招。

南海问题比较棘手，美国非要把这盆水搅浑，作为它围堵和遏制中国的主要一环。东盟与中国在2002年签署了《南海各方行为宣言》，中国一贯主张通过与有关国家的双边对话解决问题。但美国则鼓吹把南海问题国际化，闹得满城风雨。当然，东盟各国也不是铁板一块，关键是我们如何把越南和菲律宾的工作做好。既坚持原则，又应该表现必要的灵活性。对于保卫国家主权这个根本原则，不能有丝毫动摇，该硬就硬，有恣意侵犯者，该自卫还击就自卫还击，不能手软。但在解决问题的策略上，要运用高度的智慧和灵活性，做到有理、有利、有节。菲律宾和越南相继与中国沟通，包括黄岩岛问题在内，在我国不断努力下，相信可以打开僵持局面。

南海问题虽然复杂难办，但只要我们始终坚持用和平谈判的方法解决争端，就不会使局势失控而爆发战争。一是美国不大可能为南海个别岛屿问题与中国发生大的军事冲突，因为这并非他们的核心利益；二是东盟各国在地缘政治、经济上与中国有千丝万缕的联系，他们不会为这些岛屿的归属问题而轻易与中国彻底翻脸。

至于美国与中国的经济纠纷问题，这些年来中美虽然在汇率、贸易不平衡、反补贴等方面屡屡发生摩擦，有时美国表现很强硬，但在双方共同努力下，还没有发展到爆发贸易战的程度。这是因为，中美两国的经济有互相依存的关系，你中有我，我中有你。和则两利，斗则俱伤。尤其是爆发经济危机以后，在美国经济尚未完全复苏的情况下，不可能因为经济上的一些具体问题与中国闹翻。

经济全球化也是制约战争的一个重要因素。30年来，世界许多国家从中国的高速发展中得到实惠，中国市场的潜力仍然很大，世界各国从其自身利益考量不会轻易丢掉中国这个大市场。

再从军事方面分析，美国是不会轻易和中国大动干戈、打全面战争的，他们更不敢冒冒失失地挑起核战争。

中国古代就产生了对战争要谨慎的思想，诸如："有德不可敌""先人有夺人之心，后人有待其衰。""见可而进，知难而退。""强而避之""稳慎为主""慎静缓图"等等。这些强调谨慎、稳妥的军事思想，美国人也懂。近些年来，他们虽然轻率地接连发动几场小规模局部战争，那是"雷公打豆腐"，对大国就不敢轻举妄动了。

在武器装备方面，美国是世界顶尖的军事大国，它的武器最先进，但世界上没有对付不了的"绝对武器"。从古代几千年以前的大刀长矛，到现在的飞机、军舰、导弹、核武器，都是可以对付的。

比如美国的航空母舰，过去可以说世界无敌，可是，自从中国开始研制专门对付航母的"东风-21D"型弹道导弹以后，他们就要小心了。又比如，中国的潜水艇不如美国的先进，但是数量多。美国许多人就害怕中国海军用"狼群战术"攻击他们的航空母舰。

中国改革开放三十多年来，人民解放军在武器装备方面有许多新发展，陆军的主战装备不断有新的发展，海军、空军等武器装备也不断有新的突破。新型导弹驱逐舰、导弹护卫舰、核潜艇、常规动力潜艇、海军轰炸机、歼击机、岸基和舰载反潜机，以及新型舰对舰、舰对空、空对舰导弹的研制成功并陆续装备部队，第一艘航母已经服役，众所周知，空军的J-10、J-11、预警机、加油机已经形成较强的战斗力，J-20、J-15、重型运输机、隐形战机已经试飞成功。中国的能够携带核弹头的洲际弹道导弹也在不断发展。1980年5月18日，第一枚洲际弹道导弹全程飞行试验圆满成功，这标志着中国的导弹技术达到了一个新水平，战略导弹系列化完成了研制、实验的全过程。1982年10月2日，由核潜艇发射的潜地导弹发射成功，使中国成为世界上第五个拥有潜艇水下发射导弹能力的国家。

人民解放军的武器装备的新发展，极大地提高了中国国防的防御能力，这是制约战争的一个重要因素。就是说，美国要想发动针对中国的战争，他们不可能没有顾虑。

纵观中美关系，风风雨雨，好好坏坏，时好时坏，好也好不到哪里，坏也坏不到哪里去，任何一方都不情愿走得很远。中美关系正常化三十多年来，美国历届总统，无论是共和党人当选，还是民主党人当选，虽然，在选举时往往猛烈攻击中国，态度强硬，但当他们进入白宫后，就不得不回到现实中来。今后，无论哪一位总统上台，也脱离不了这个规律。

这就告诉我们，对于战争有无现实性的危险，专家学者们可以从理论上提出这样那样的看法，但应当结合历史和现实的全面分析研究才好。

第二次世界大战以后至今，美国的军事战略几经调整，20世纪50年代初期推行"遏制战略"，50年代中后期改为"大规模报复战略"，60年代改行"灵活反应战略"，70年代改为"现实威慑战略"，80年代以来又先后推行"新灵活反应战略""核与常规战略""以核武器为后盾的常规战略"等等。

美国国内政治形势的发展变化，也是影响其军事战略调整变化的决定性因素。因为军事战略是美国对外政策的一个重要支柱，也是其历届政府施政纲领的重要内容。因而，每当美国的对外政策有所调整，或者新总统当选，政府领导人更迭的时候，其军事战略也会随之出现变动。美国军事战略的几次大调整，都是在新总统上任不久进行的。

世界政治走向、军事格局变化，特别是大国之间的战略关系，是美国制定军事战略的重要依据。二战后，世界经历过的几次战略格局的变化，都对美国军事战略产生了明显的影响。例如，美国根据欧洲和亚洲战略格局的变化，其军事战略由打"两个半战争"的战略，改变为打"一个半战争"的战略，就是与当时中苏关系恶化和中美关系正常化有关。

军事技术的发展和新式武器的出现，也直接影响美国军事战略的调整。在这个超级大国看来，新式武器和技术装备，是实现其军事战略目标的决定性手段，特别是战略武器系统，对于军事战略具有直接的作用。因而，他们常常利用某种新型武器装备的垄断或领先的有利条件，及时调整其军事战略，以便充分发挥此种武器装备在战略上的作用。譬如，美国的"大规模报复战略"，就是利用它当时垄断了核武器的有利地位提出的。

美国不断大力发展新的军事技术，不断研制新的武器装备，如各类隐形飞机、新型导弹核潜艇、无人驾驶飞机，等等，同时，不断提出新的军事理论，制定新的军事战略，作为其称霸世界的手段。

20世纪六七十年代，继美国、苏联、英国之后，中国有了导弹核武器，世界战略格局发生了重大改变，使霸权主义者不敢轻易对中国发动战争。

别看近些年来，美国在战争问题上说打就打，毫不迟疑，那是对付科索沃、伊拉克、阿富汗的塔利班这样弱小的对手。美国人也懂得，"老头吃柿子，专拣软的捏"。而像对伊朗这样的中等国家，美国就慎之又慎了；对拥有核武器的中国，他们就更得另眼看待了。

在战争问题上，他们在第一、二次世界大战和其后的历次大小战争中，总是表现得十分精明，他们是知道深浅的，绝不轻易盲目地往深水里跳。如，前不久法国和英国带头空袭利比亚，美国就没有打头阵。至于朝鲜战争和越南战争，美国犯了错误，但是当他们发觉对其不利时，很快就停战撤军。

中国有了核武器后，美国就更加谨慎了。

美国的核战略理论认为，在双方的核力量达到"确保相互摧毁"的程度时，单靠使用核武器已经不能决定战争的胜负；任何轻举妄动都会给自己带来严重后果，即使先发制人也不能避免遭到核报复。

因此，主张把核武器作为常规战争的"盾"，在必要时使用核武器作为一种威胁手段，避免打全面核战争和有限核战争。

这方面具有代表性的是，美国的赫尔曼·康恩提出的战争升级理论。他把从武装冲突到全面核大战分成6个门槛和44个阶梯，其中最后一个门槛就是"核门槛"，战争跨过这个门槛就是核战争了。

后来，美国又把战争按强度进行了分类，区分为低强度战争、中强度战争和高强度战争。低强度战争，主要指对付恐怖主义威胁而进行的战争行动。这种战争一开始可能只是所谓"反恐怖战争"，进而，可能演变为以游击战和反游击战为主体的非正规战争或低强度战争。在某种情况下，也可能发展为小规模的常规战争。

中强度战争，主要是指两个或两个以上的国家，或国家集团之间所进行的战争。这种战争的主要标志是，目标有限而又不使用大规模杀伤、破坏性武器。在这种战争中，小规模的常规战争，可能一开始就占主要地位。因此，中强度战争有可能在一定条件下很快结束。然而，一旦战争规模扩大，也可能进一步发展升级为高强度战争。

高强度战争，一开始可能是大规模常规战争，其中也包括低、中强度战争的各种战争样式。一旦使用战术核武器，这种战争有可能演变为战区核战争。如果进一步升级，使用战略核武器，则可能演变成核大战。

美国军方认为，在今后相当长的时间内，爆发低强度战争的可能性最大，也最为频繁。因此，他们把低强度战争作为重点。

同时，美国政府认为，中、高强度的战争，关系到美国的国家命运和最高利益，因此，要慎之又慎，能够避免就尽可能避免。如，美国政府面对棘手的伊朗核问题，虽然多次威胁武力解决，但至今不敢下手；并且严格管束以色列不要随便动手，以防止自己被卷进去。

通过上述对美国军事战略的分析研究，我们可以得出结论：在可预见的未来，美国不可能对中国发动那种"大屠杀、大哄抢"的高强度战争，更不敢轻率地跨越核门槛。

6. 中国奉行防御性的国防政策

所谓"中国没有真正的朋友"，所谓"中国不会遇到战争是以我们的退让作为前提的"，所以有这些似是而非的说法，是因为对中国的大战略缺乏深刻的研究。在关乎中国领土主权等核心利益的重大问题上，中国一向是坚持原则立场，从来不做无原则的退让。中国的大战略是防御性的，始终站在自卫立场上，维护和平，反对战争，决不主动挑起战争。"和平共处五项原则""广交朋友""人不犯我，我不犯人""有理、有利、有节"等等，历来是中国外交和国防政策的中心思想。

有这样一种观点认为："新中国诞生六十多年了，有人说我们的朋友遍天下，可是拿着放大镜在世界地图上找啊找啊找，没有发现真正的朋友，却发现了一个比万里长城长得多的一个包围圈！"

持上述观点的人认为："当年，清朝是通过退让回避战争的，结果从虎门退到北京，丢了江山；中华民国也是如此，从袁世凯的21条，到蒋介石的东三省不抵抗，也是一直退到北京。""现在，我们中国不会遇到战争，其实，也是以我们自己的退让作为前提的。问题是，前车之鉴恍然如昨，退能退到何时，退到哪里？""放眼全世界，只有中国周边才这样；回望历史，只有晚清时候的中国才这样。"

首先，必须指出，所谓"拿着放大镜在世界地图上找啊找啊找，没有发现真正的朋友"这种说法是不是确切？它在国际、国内社会上会起什么作用？

这种说法是不符合实际的。

其实，"我们的朋友遍天下"这是个形象性的说法，它是指我们不仅在亚非拉有许多友好的国家，而且在不友好的国家里，也有许多友好的人士。

"我们的朋友遍天下"这个说法已经延续了五六十年，并不过分。这样说的意思就是，在世界上我们的朋友不少，说"很多"也可以。但你总不能说"一个没有"，即所谓"拿着放大镜在世界地图上也找不到真正的朋友"。这样说是错误的。

在朋友问题上还有一层含义：在非友好国家中往往也会有相当多的朋友。中国的近邻日本就是如此。

在1989年后，美欧等西方国家恶毒攻击我们，制裁我们。制裁措施之一，就是不准高层领导人访问中国。

然而，就在这时，日本以樱内义雄为团长的日本国际贸易促进协会却来中国访问。邓小平在会见访华团成员时高兴地对他们说："在国际垄断资本对我国实行制裁时，你们带了这么大一个代表团来我国访问，这是真正友情的表现。中国有句古话，叫做患难见真情。虽然我们并不算处于患难之中，但你们此时来我国访问的真情是可贵的。现在同情和支持我们的人比要制裁我们的人多得多，我们没有孤立感。"①

邓小平指出："我们两国毕竟是近邻，我对中日友好有一种特殊的感情。即使在日本军国主义发动侵华战争时，也有很多日本人在反对侵略。讲历史要全面，既要讲日本侵华的历史，也要讲日本人民、日本众多友好人士为中日友好奋斗的历史，这些人多得很呐！你们这么大的一个代表团来中国访问，肯定有人会不高兴的，但是你们的勇敢行动证明，日本人民同中国人民一样，是希望中日两国世世代代友好下去的。对一小撮不甘心中日友好的人，唯一的办法就是用不断加强友好、发展合作来回答他们。"②

这个事实告诉我们，在国际交往中，对于国与国之间的朋友关系，不能拿普通个人之间朋友的标准来衡量。在国际关系中，任何时候都有左、中、右之分，有的时候坚持中间立场的"中立国家""中立团体""中立政治家"就可能是我们的朋友。新中国成立以来，中国在亚洲、非洲、拉丁美洲、欧洲都争取到许多这样的朋友；在美国，我们同样争取到一些朋友。

1988年12月，邓小平在会见印度总理拉吉夫·甘地时说，我们主要靠自己，同时不要闭关自守，可以多方面找朋友。我们欢迎发达国家同我们合作，也欢迎发展中国家相互之间的合作，这后一种合作是非常重要的。邓小平强调，中国政府提出，所有发展中国家应该改善相互之间的关系，加强相互之间的合作。③

邓小平在上述谈话中所说的"找朋友"、"国家相互之间的合作"、"改善相互之间的关系"等等，都应当理解为，中国要争取更多的朋友，做到"中国的朋友遍天下"。

试问，我们中国在恢复联合国合法席位的斗争中，如果没有阿尔巴尼亚、

---

① 《邓小平文选》第三卷，人民出版社1993年版，第347页。
② 《邓小平文选》第三卷，人民出版社1993年版，第349页。
③ 《邓小平文选》第三卷，人民出版社1993年版，第282页。

阿尔及利亚等23个国家的提案和76张赞成票（35票反对，17票弃权），我们怎么能够在1971年10月25日联合国大会第26届会议上恢复中国在联合国的一切合法权利呢？不要忘记，这些投赞成票的国家，都是支持我们的朋友啊！当提案获得通过时，那些友好国家的代表们互相拥抱，有的人跳起了胜利舞，全场热烈的气氛达到了高潮。

又如，前些年，美国一再支持中国台湾加入世界卫生组织，不遗余力地为中国台湾拉票，如果没有那些支持中国的朋友投反对票，我们怎么能够挫败美国和中国台湾分裂势力的图谋？

还有，中国举办亚运会、奥运会、世博会等这些渴望已久的国际盛会，如果没有多数友好国家的支持，投赞成票，中国人民的梦想能够成真吗？

因此，那种说中国没有朋友的谬论是站不住脚的。

至于说，那种所谓"现在中国不会遇到战争，其实是以我们自己的退让作为前提的"，并且以清朝政府和蒋介石的历史行径来类比当今的中国，这种说法不符合实际情况。

当年清朝和蒋介石的退让，使中国丢了江山，这是历史事实，无须赘言，尽可以加以批判。可是，如果以此做类比，说现在中国也是以退让作为前提，而没有战争，就是莫名其妙了。

在一本书里这样写道："现在有人说，过去清朝、蒋介石在外敌入侵时搞退让，如今的新中国在外敌还没入侵时，就搞起了退让，所以才没有战争。"

这是什么逻辑！

查查新中国诞生以来的历史，这种论调就会不驳自倒。

仅举下述发生在我国边境的一大一小两个战例：

1950年6月，南、北朝鲜爆发战争，美国军队入侵朝鲜，越过"三八线"，打到中国的边境鸭绿江边，美军使用200多架飞机和大炮，上百次袭击我国境内的城市和乡村，打死打伤中国居民几十人，毁坏房屋数百间，严重地危害了中国的安全。中国政府在多次警告无效的情况下，没有退让，而是拿起武器进行坚决的反击。

为了把美国侵略军从自己的家门口赶走，保家卫国，毅然派出志愿军到朝鲜与美国军队作战，把美军打回到"三八线"以南，挽救了朝鲜，保卫了我们美好的家园。

1969年3月，中国人民解放军边防部队进行了珍宝岛自卫反击战。黑龙江省乌苏里江的珍宝岛地区，历来是中国的领土。自从1967年起，苏联趁中国"文化大革命"的混乱时期,以为有机可乘,多次派军队入侵珍宝岛及其以北的七里沁岛地区,威胁和干扰中国边民正常生活,打死打伤中国许多边民和边防战士。中国政府一再严正警告苏联,要求他们停止挑衅和入侵行动。可是,苏联却对中国的警告置若罔闻。1969年3月2日,苏联出动大批军队,从下米海洛夫卡、库列比亚克依内两个方向,同时侵入我珍宝岛,对正在执行巡逻任务的中国边防战士,进行突然袭击,打死打伤多人。是可忍,孰不可忍。中国边防军被迫进行自卫反击。15日,苏联又出动几十辆坦克、装甲车,在飞机掩护下,再次向珍宝岛发起进攻,并且用重炮轰击中国境内纵深地区,17日,苏联军队第三次出动步兵、坦克,侵入珍宝岛。中国边防部队再次击退了苏军的进攻,狠狠地教训了侵略者,捍卫了中国的领土主权。

这两件事说明,在必要时,中国是毫不犹豫的,本着"人不犯我,我不犯人"的原则,该打就打,决不手软,丝毫没有退让。

在强敌入侵时,中国人民解放军之所以毫不犹豫地奋勇反击,决战决胜,这是中国的"大战略"(国防政策)所决定的。

中国的大战略是防御性的,而且是积极的防御,绝不是消极的,更不是无原则的"退让"。

古往今来,许多著名军事家都主张实行积极防御,反对消极防御。然而,真正把积极防御的思想运用到大战略上,并且多次获得成功经验,创造性地发展了这种理论的,莫过于以毛泽东为代表的中国老一辈革命家。

所以说,中国的防御性大战略,不是世界上一般的军事理论家所说的那种消极的防御战略,中国的防御战略是积极的、包括反击在内的战略。

在世界上,有的军事家曾经把大规模的攻势防御称为积极防御战略。德国著名军事理论家克劳塞维茨,对积极防御这样定义:防御这种作战形式绝不是单纯的盾牌。

中国的积极防御战略,与克劳塞维茨的观点既有共同之处,但也有很大的区别。在中国革命战争中形成和发展起来的积极防御战略。远远不是只把它用于指导战略防御作战,而是把它作为总的战略指导思想,用于统管战争全局,指导战争全过程,包括战争准备和战争实施的各个阶段;在和平时期,它也指导国家与外部敌对势力的军事斗争,指导国家的防务政策,即国家的大战略。

积极防御战略最基本的原则,就是后发制人。始终站在自卫的立场上,维护和平,反对战争,决不主动挑起战争。我们常用的一个通俗说法,就是在战略上不打第一枪。

　　国外有一些不了解实情的人曾经提出，1950年，中国人民志愿军进入朝鲜作战，那不是你们主动进攻、先发制人的吗？

　　不是的，绝对不是。

　　如前所述，朝鲜战争是美国军队打到鸭绿江边，严重地危害中国的安全，并且用飞机和大炮轰击我国境内的城市和乡村，在中国政府多次警告无效的情况下，中国才派出志愿军到朝鲜与美国军队作战的。它清楚地表明，中国是为了维护国家安全，保护人民的和平生活，是不得已而战，是美国逼着我们打的。

　　至于新中国成立后，我们进行的几次小规模的自卫还击作战，谁都知道是对方首先挑起的。他们残暴地大规模驱赶华人，视中国为其"头号敌人"。多次进行武装挑衅，多次武装侵犯中国边境，打死打伤我许多边防军民，使中国边境地区长期陷入不得安宁的紧张状态，那里的人民无法进行和平生活与劳动。中国人民解放军边防部队在忍无可忍的情况下，才被迫奋起还击的，而且我们每次反击都是适可而止，及时敦促对方坐下来谈判。

　　积极防御这个大战略的主要标志，就是"人不犯我，我不犯人，人若犯我，我必犯人"。在这短短的16个字当中，蕴含了极其丰富的内容。它既包含了自卫和防御，也包含了反击和进攻；既包含了克制与忍让，也包含了说话算数、决不软弱可欺；既包含了反对盲目的冒险主义，也包含了反对缺乏胆略、无所作为的保守主义。这是"后发"与"制人"的最好的统一。你不来侵犯我的核心利益，我当然不会无礼地去侵犯你，咱们和平共处，求同存异。

　　假若双方发生争端，应当通过外交谈判，予以公正合理的解决。"和平共处五项原则"是中国倡导的，是中国一贯的对外政策。但是，如果有人不顾后果，肆意侵害我们的核心利益，甚至一而再、再而三地不听规劝和警告，欺人太甚，那我们也就不客气了。

　　中国这样做，在政治上我们是有理的。当对方一旦把战争强加在我们头上，我们就要根据自己利益的需要，采取积极的行动。你可以打进来，我也可以打出去。但目的不是去占领别人的领土，而是对侵犯者的反击和惩罚。

　　所以，我们还有一条，就是"有节"。尽可能节制自己的行动，不使事态过分扩大。例如，在中国历次自卫反击作战的同时，中国政府都严正声明：在给予入侵者以应有的还击之后，中国边防部队将严守祖国边界。同时，建议双方尽快举行谈判，讨论恢复两国边境地区的和平安宁。

　　这里所说的"有节"，包含着必要的妥协、退让。妥协也是一种斗争的方式方法,是斗争的艺术。妥协与退让是一个意思,但又不完全一样,妥协往往是双方达成一致的互相让步;退让,有时是双方相互的,有时则是单方面的;有时是被动的,即消极的退让;有时则可能是主动的、有意的、暗含杀机的,这样的退让是积极的。

因此,退让也可以作为一种策略。譬如,《水浒传》里的那个洪教头,他在柴进家中要打林冲。一开始洪教头气势汹汹,劈头盖脸地打过来,林冲不慌不忙,连连退让了几步,他在退让中看出洪教头的破绽。于是,林冲连喊几个"来,来,来!",结果是退让的林冲一脚踢翻了洪教头。

所以,有的退让,并不表明是软弱。退让也是一种力量和智慧。

在这方面,我党老一辈革命家有丰富的斗争经验,他们经常运用退让的策略取得政治、军事上的胜利。新中国诞生后,在外交斗争中,曾经多次运用妥协、退让的策略赢得胜利。改革开放以来,邓小平亲自制定的"韬光养晦""不搞对抗""不当头"等方针政策,在其丰富的内涵中,都有妥协、让步的策略。

我国进入改革开放的新时期以来,在政治、经济、军事等方面的斗争,大都是软硬兼施,该硬就硬,该软就软。就拿收回香港这件事来说,一开始英国首相撒切尔夫人还想拖延抵赖,但中国毫不让步,邓小平当即把她顶了回去。

收回香港是中国的核心利益,不容拖延,在这个原则问题上必须顶住,但在具体条件上,可以通过谈判,相互做一些妥协、让步。结果,我们取得了斗争的胜利,如期收回香港。

香港问题是历史遗留的问题。这块地方自古以来就是中国的领土。1840年英国发动鸦片战争,强迫清朝政府于1842年签订《南京条约》,永久割让香港岛。1856年英法联军发动第二次鸦片战争,1860年英国迫使清朝政府缔结《中英北京条约》,永久割让部分九龙半岛。1898年英国又乘西方列强在中国划分势力范围之机,逼迫清朝政府签订《展拓香港界址专条》,强行"租借"九龙半岛大片土地以及附近200多个岛屿(后统称"新界"),租期99年,1997年6月30日期满。中国人民一直反对上述三个不平等条约。中国政府的一贯立场是:香港是中国的领土,中国不承认帝国主义强加的三个不平等条约,主张在适当时机通过谈判解决这一问题。

英国想用"主权"来换取"治权"是行不通的。中国一再劝告英方改变态度,以免出现到时候中国不得不单方面公布解决香港问题的局面。我们还考虑了我们不愿意考虑的一个问题,即必要时中国政府将被迫不得不对收回的时间和方式另作考虑。现在时机已经成熟,应该明确肯定,1997年中国将收回香港。

1982年9月，英国首相撒切尔夫人访华，双方就原则程序问题进行会谈。9月24日，邓小平会见撒切尔夫人时表示，中国正式通知英方，中国政府决定在1997年收回整个香港地区，同时阐明中国收回香港后将采取特殊政策，包括设立香港特别行政区，由香港当地中国人管理。

然而，撒切尔夫人则坚持三个不平等条约仍然有效，提出，如中国同意英国1997年后继续管治香港，英国政府可以考虑中国提出的主权要求。

针对撒切尔夫人的言论，邓小平说："关于主权问题，中国在这个问题上没有回旋余地。坦率地讲，主权问题不是一个可以讨论的问题。"

邓小平指出："如果中国在一九九七年，也就是中华人民共和国成立四十八年后还不把香港收回，任何一个中国领导人和政府都不能向中国人民交代，甚至也不能向世界人民交代。如果不收回，就意味着中国政府是晚清政府，中国领导人是李鸿章！"

邓小平强调："我们希望中英两国政府就此进行友好的磋商，我们将非常高兴地听取英国政府对我们提出的建议。""如果说宣布要收回香港就会像夫人说的'带来灾难性的影响'，那我们要勇敢地面对这个灾难，做出决策。"①

可能有人会说，你们对英国这个早已衰落的老牌帝国主义敢顶，对美国你们敢于这样顶吗？

敢！

1958年8月23日，中央政府为了惩罚蒋介石集团对大陆东南沿海地区的武装挑衅和破坏活动，为了表明中国政府反对所谓"台美防御条约"的严正立场，中国人民解放军在福建前线，用500多门大炮轰击金门、大担等岛屿，第一次炮击持续两个多小时，共发射炮弹近3万发。

这一打，美国着急了。立即向台湾海峡调来了7艘航空母舰、3艘重巡洋舰、40余艘驱逐舰，同时，美国空军和海军也向菲律宾增调兵力，美国海军陆战队4000余人在台湾登陆。美国在短时间内，针对中国集中如此强大的兵力，还真是有点吓人呢，他们妄想大动干戈，镇住中国！

中国就是不怕美国这一套，炮击继续进行。

8月23日，美国鹰派人物、国务卿杜勒斯首先发出威胁：如果共产党炮击金门，由此引起局势危急，将导致美国干涉。

① 《邓小平文选》第三卷，人民出版社1993年版，第12~14页。

但是，这仍然没镇住中国。

8月25日，美国总统艾森豪威尔，在白宫召开会议，决定加强对台湾的援助，包括使用导弹，包括派军舰直接给国民党海军护航；同时还表示，如果必要，将不排除使用原子武器的可能。

好家伙！美国要打原子弹了！

可是，中国还是不怕！

9月7日，美国军舰开始给蒋介石的军舰护航。

福建前线指挥员请示中央：美国开来军舰直接介入，我们打不打？

毛泽东当即指示：照打不误！

9月8日，美国第七舰队旗舰"海伦娜"号重巡洋舰亲自出马，率领6艘驱逐舰的特混舰队，护送国民党军运输船队驶向金门料罗湾码头。我人民解放军的几百门大炮向国民党军舰发起压倒性轰击。

在此关键时刻，出现了戏剧性的转变：美国护航舰队一炮未发，在旗舰指挥下，调转船头，向公海逃去。

国民党官兵大骂道，美军胆小鬼，出卖朋友！

中国在当天召开的最高国务会议上，毛泽东指出，美帝国主义已经被他们自己制造的绞索套住了！

还有，在2001年4月，美国侦察机侵入中国海南岛附近上空，与我空军一架战斗机相撞，我机飞行员牺牲，美机严重受损，迫降于我海南岛某机场，其24名机组成员被我军扣押。

一开始，美国态度强硬，要求中国放人。中国政府坚持正义和维护主权的原则立场，予以有力驳斥，提出必须赔偿、道歉，否则，绝不放人。在僵持了一段时间之后，态度强硬、蛮横的小布什总统，只好放下架子软下来，在谈判中表示让步，答应道歉、赔偿的条件，使这场军事纠纷得到合理解决。

上述这些事实说明，中国不怕强权政治，也不怕炮舰外交。

中国积极防御的大战略是一个总方针，在不同时期和阶段，根据国际政治、经济、军事形势发展的需要，灵活地规定具体的方针。在新的历史时期，中国为了集中主要精力把经济搞上去，为了一心一意把自己的事情办好，努力进行现代化建设，需要一个持久的和平与稳定的国际国内环境。因此，应当着重加强国民的国防教育，提高人民的国防观念，努力进行国防现代化建设；应当巩固国防，捍卫国家领土主权的完整，保护国家的核心利益，维护世界和平。

胡锦涛同志曾在回答外国媒体书面采访时强调，坚持走和平发展道路，是中国政府和中国人民向国际社会作出的郑重承诺,是我们长期坚持的对外方针。中国始终坚持独立自主的和平外交政策,坚持在和平共处五项原则的基础上同所有国家发展友好合作。中国致力于和平解决国际争端和热点问题,奉行防御的国防政策,不搞军备竞赛,不对任何国家构成军事威胁,永远不称霸,永远不搞扩张。[1]

这样的大战略,符合中国的社会主义制度和国情。

正因为如此,国人看到我们在对外交往中,无论是在政治、经济、军事上,有时在某些方面作出一些合理、适度的妥协或让步,应当予以理解,而不应大惊小怪,批判为无原则地"退让",甚至在社会上散布一些不理智的过激言论。

7. 美国为什么害怕"没有敌人"

美国有人说中国对亚太地区的和平构成了威胁,损害了他们的利益。这是美国故意虚张声势,制造"敌人",搞紧张空气。其背后是大量的军火买卖。美国假如没有敌人,就意味着军火商赚不到钱,他们的支柱产业就会大量倒闭,成千上万的工人失去工作岗位,政客们拿不到选票,这是美国统治集团最害怕的。

按正常人的心态,朋友越多越好,敌人越少越好,如果能做到一个敌人也没有那就更好了。

可是,世界上有些人却不是这样。

20世纪80年代末、90年代初,苏联和东欧的社会主义国家几乎同时发生动乱,社会上出现了广泛的反对共产党、反对社会主义的浪潮,苏联和东欧各国岌岌可危。美国舆论一致预测,共产主义行将崩溃,美国头号敌人就要垮台。当时的总统国家安全事务助理布热津斯基出版了《大失败》一书,断言:苏联即将解体,东欧各国必然随之改变颜色,华沙条约散伙,持续多年的冷战,也会很快偃旗息鼓。

---

[1] 《胡锦涛主席2011年对美国进行国事访问时的讲话》,人民出版社2011年版,第24～25、13页。

随着"好消息"不断传来,美国和西方国家一片欢呼声,预祝这个所谓"划时代的伟大胜利"即将来临。

就在西方世界大多数人欢呼雀跃之时,美国有些人却有一种莫名其妙的失落感,他们稍加冷静后,很快就明白过来:"没有了敌人,今后怎么办?"甚至有些人陷入迷惘、惊恐之中。

美国国会一些议员和共和党的新保守主义分子,以及好战的鹰派政客,纷纷跳出来大造舆论:"我们不能没有敌人!"

他们为什么如此需要敌人?

答案很简单:在这些人的背后有一个庞大的军火利益集团。军火大亨们影响着美国的经济命脉,一旦他们的军工厂关了门,美国的经济就会陷入停顿,甚至崩溃。

这些人之所以讨好军火集团,其背后还有一层原因:美国许多国会议员,包括总统在内,在选举时需要这些大军火商捐赠大量美元,作为竞选资金。

这些想竞选议员和总统的人,还另有国防部和军队方面的背景。据媒体披露:驻阿富汗美国陆军中将威廉·考德威尔曾经偷偷地对美国高官进行心理战。他指令其部下对前去阿富汗战场视察的美国参众两院议员,以及其他美国重量级人物,施加心理影响,从而使他们支持对阿富汗战争拨款和增兵。这些议员和高官包括:共和党总统提名人约翰·麦凯恩,参谋长联席会议主席迈克·马伦,议员乔·利伯曼、杰克·里德·卡尔·莱文等人。

这些人为了多捞选票,当然要唯命是从了。

这就是美国的"民主"。

只要世界上有敌人、有战争存在,美国的军火集团就不愁赚钱的事。因此,美国官方和媒体大造"战争威胁依然存在"的舆论。

他们把目标瞄准中国。

在当今这个世界上,想找敌人那很容易。新敌人一时找不到,老对手总是有的。

美国人很善于等待机会,在大的战略目标确定后,就会耐心地等着时机的到来,就像经验丰富的老滑头猎人一样,坐在树下,把装好子弹的枪靠在胸前,眯缝着眼,似乎不经意的样子,等待猎物的出现。美国人总是自信会碰到好运气的。

在1989年的那场风波期间,西方新闻媒体大肆渲染,攻击中国政府。

政治风波后,美国政府先后两次宣布对中国采取制裁措施,使中美关系急转直下。

美国政府为什么反应如此之快?

这就是前文提到的,美国早就伺机而动了。

美国众议院多名议员,连续向外交委员会提出三份指责中国的决议草案。

美国总统老布什宣布对中国实行5项制裁措施:

(一)暂停一切已同意的对华武器销售和商业性出口。

(二)暂停美中两国军方领导人互访。

(三)对在美国的中国留学生关于延长在美滞留时间的要求给予同情和考虑。

(四)通过红十字会对受伤人员提供人道主义医疗援助。

(五)在中国的事态不断揭开的同时,重新研究美中关系的其他一些方面。

美国国会众议院、参议院也分别通过谴责中国的决议,支持总统针对中国的制裁措施,支持美国及其主要盟国对中国采取集体军事制裁。

对于美国的无理指责和制裁,中国外交部发言人指出,美国政府对于纯属中国内政的事物横加干涉,这是中国政府所绝对不能接受的。中国政府坚持改革开放的政策和独立自主的和平外交政策,是不会改变的。以任何手段向中国政府施加压力的企图,都是不明智和短视的。

但是,美国政府继续对中国采取一系列制裁举动:

(一)美国格鲁曼飞机公司,终止改良中国55架歼-8型战斗机、价值5亿美元的合同;该公司命令40名中国工程技术人员离开美国。同时,众议院还迫使波音公司终止对中国销售4架波音757—200大型客机,终止6架CH-47"支努干"军用直升飞机的交易。

(二)美国国家科学院通知中国科学院,停止同中国的科学技术交流。

(三)美国商务部决定,取消向中国出售价值达5亿美元的核电厂出口许可证。

(四)纽约、华盛顿宣布中断同北京的友好城市协议。

在政治风波期间,美国媒体对中国反复进行夸大其词的恶意报道,他们的所谓民意测验显示,美国公众对中国持积极态度的人,从两个多月前的72%,下降到31%;只有16%的人认为中国仍然是美国的盟友,而认为中国是敌人的人数,则上升到37%;有62%的公众赞成对中国的全面经济制裁,有52%的人赞成召回美国驻华大使。这就是美国媒体夸大宣传的结果。

但是,这时另有打算的美国总统老布什,与国会的态度不完全一样。老布什和国务卿贝克主张留有余地,呼吁国会议员要通盘考虑美国的总体利益。布什说,不能听从极端主义者所说的召回大使,切断一切同中国的联系。

国务卿贝克在众议院作证时说，美国正确的对华政策，应该是平衡的、两方面都要考虑到的，既要表示愤慨，又要考虑其他的利害关系。

贝克指出，就白宫和波音公司而言，不希望看到美国同中国的经济往来完全断绝，不愿失去中国这样一个有巨大潜在市场的客户。

因此，在美国国务院的支持下，4架波音757客机得到"禁运的豁免权"。

这就是真实的美国：敌而不断，利益为先，骂人可以，生意要做。

可是，由于代表利益集团的背景不同，有些美国国会议员的态度越来越强硬，参议院多数党领袖米切尔用十分激烈的言辞谩骂中国政府。除米切尔外，还有两个人显得特别活跃，一个是美国参议院外交委员会主席赫尔姆斯，另一个是众议院外交委员会主席吉尔曼。这两个共和党人，在国会带头重新提出20世纪50年代美国曾经辩论过的一个问题：是谁失去了中国？那时，这场辩论曾经使共和党参议员麦卡锡臭名远扬，并使美国的对华政策在此后的几十年中充满敌意，直至直接交锋于朝鲜战场。

今天，赫尔姆斯和吉尔曼一类人物，又在美国带头攻击中国，把中国妖魔化，其目的就是人为地树中国为敌。他们操纵美国的宣传机器，大造舆论，煽动反华情绪，不断高喊"中国威胁论"的论调，说："就今天所处的世界环境来看，战争威胁主要来自中国。"他们把中国说成美国的最大、最危险的敌人。

为此，中国的老朋友、美国战略理论家基辛格发表专题文章，题目是《美国与中国对峙，应记取第一次世界大战的教训》。基辛格认为，冷战结束后，美国的"鹰派集团"正在试图把中国作为替代苏联的角色，成为美国的头号敌人。

文章指出，在美国，越来越形成一种"共识"，即中国取代苏联成为美国的主要敌人。美国的这种取向，甚至是不容辩驳的，任何对此抱怀疑态度的人，都被指责为姑息主义者。

接着，基辛格分析了美国那些敌视中国的人有以下三个论点：

第一，中国如同苏联，即使不是主张将世界共产化，也是主张将它自己的周围区域共产化，因此，美国与中国无法共存。美国对这个最后的主要共产主义国家，必须维持压力，直到它转变成为一个和平的、合作的民主社会。

第二，中国的军事扩张加上经济成长，最终不可避免地将对美国在亚洲的利益构成威胁，所以，我们要趁中国茁壮成长起来之前，对它加以压制。

第三，美中双方极可能因台湾问题引发军事冲突，假如美国"承认台湾"，很可能促使中美双方发生军事冲突，那也在所不惜。

从基辛格的文章里不难看出，那些敌视中国的人，他们的思维方式，还完全停留在早已过时的冷战时期；在台湾问题上，他们肆无忌惮地干涉中国内政，是想永远占据台湾，不惜制造"两个中国"。

基辛格说，美国制造"两个中国论"所引发的紧张形势，不禁令人想起1950年的中国介入朝鲜战争前不久的那种景况。

基辛格提醒美国决策者，"一个中国"架构，绝不容轻视。他说，台湾是一个最具爆炸性的问题。如同世界绝大多数军备，假如台湾真的获得美国的正式承认，成为一个"独立国家"，必将导致某种形式的军事冲突，而不论这场冲突的结果如何，中美关系将受到永久性伤害，使美国在亚洲甚至在全世界受到孤立。台湾在这种环境中，它的安全保障只会减少，而不会增加。

基辛格在文章中警告美国当权者，另一场冷战，将会导致典型的没有赢家的局面，而万一走向冲突，美国的欧洲盟邦也会与美国的政策作出区别，并指责是因为美国的傲慢态度而引发冲突，目前世界上的每一个危机点，从朝鲜问题到中东问题，都要因为中美之间的冷战或热战而变得更加严重。

基辛格还告诫美国那些好战的"鹰派"，应该回首两次世界大战的灾难，千万不要一意孤行。他说，要避免预言的自我实现，美国需要某种程度的两党共同努力，而这正是我们目前所欠缺的。未来中美两国一旦走向冲突，再要回头就会变得困难重重，因此，我们应该思考，1914年前那些积极主张开战的政治家们，如果当初他们能够回顾自己对欧洲文明，以及世界和平造成的损害，还会如此一意孤行吗？

读完基辛格的文章，闭目沉思，纵观半个多世纪中美关系的历史，一再发生戏剧性的演变：新中国诞生之初美国孤立中国，两国在朝鲜战争中打个你死我活；美国入侵台湾海峡和侵略越南，中美两国剑拔弩张，美国、苏联和中国台湾的蒋介石一致构成对中国大陆的包围；1972年，毛泽东和尼克松握手言和，尼克松说"改变了世界"，从而形成了中美苏大三角格局。其中的1979年至1989年的10年间，中美两国关系比较密切，美国把一些不重要的武器卖给中国，其目的是想利用中国制衡苏联。

苏联解体后，中国丧失了对美国的战略价值。1989年，以政治风波为开端，美国借机攻击和制裁中国，双方关系跌到谷底。后来逐渐解冻，一直到2001年9月11日，美国因遭恐怖分子袭击，进入"反恐战争"状态，中美关系有所缓和；但是，随着美国从伊拉克撤军，把战略重点移向亚洲，声称要实行"战略再保证""战略再平衡"，于是插手中国南海问题，并且放言钓鱼岛问题包括在美日安全保障框架之内，进一步威胁、遏制中国，中国和美国的关系又陷入了一个新紧张期。

第二章
中国和美国不是简单的谁怕谁的问题

中国和美国谁怕谁的问题，毛泽东、邓小平都有过精辟论述。毛泽东说："中心问题，是否双方都怕？应该是哪个怕哪个多一些，程度上应有多少之别。把谁怕谁当作一个问题辩论一下。要开始想想国际形势。对形势不分析，天天怕人家，如亲美、崇美、恐美之类。抗美援朝战争时，双方都怕，敌人怕我们多一些，他们比我们弱一点。这是我们的估计。根据这一估计来决定我们的政策。但是有时会有变化的。总的来看，说我们怕他们多一些，这不合乎事实。不要悲观，天不怕，地不怕。"毛泽东又说："对美国军队，如果不接触它，就会怕它。我们跟它打了三十三个月，把它的底摸熟了。美帝国主义并不可怕，就是那么一回事。我们取得了这一条经验，这是一条了不起的经验。"毛泽东还说道："帝国主义侵略者应当懂得：现在中国人民已经组织起来了，是惹不得的。如果惹翻了，是不好办的。"

邓小平也说道："什么威胁也吓不倒我们。我们这个党就是在威胁中诞生的，在威胁中奋斗出来的，奋斗了二十八年才真正建立了人民共和国。现在我们总比过去好得多。只要中国社会主义不倒，社会主义在世界将始终站得住。"

这就是老一辈无产阶级革命家对历史作出的回答。

8. 怕与不怕的道理

当今世界上,中国和美国究竟谁怕谁,更是一个比较复杂的问题,想简单地用几句话把它说明白很不容易。

在回答这个问题之前,先从理论上探讨一下很有必要。

众所周知,毛泽东有个"纸老虎"的著名论断,是着重从战略上藐视敌人这个层面说的。为防止由此而产生轻敌思想,同时,毛泽东又强调"纸老虎"也是"真老虎""铁老虎"。

关于"战略上要藐视敌人,战术上要重视敌人"这个军事思想,在军队干部中特别是中高级干部早已经能够正确理解。

但是,关于美国究竟是不是"纸老虎"的问题,在实践中如果要"较真"地回答,却往往发生很大的意见分歧,很难准确地说明白、讲清楚美国到底是"纸老虎"还是"铁老虎"。

同样,关于中国和美国究竟谁怕谁的问题,在实践中要"较真"地回答,也往往产生意见不合,甚至激烈的争论,很难准确地说明白到底谁怕谁;是美国怕中国,还是中国怕美国?是美国怕中国多一点,还是中国怕美国多一点呢?

比较好的回答是:有的时候、在某些事情上,美国怕中国;反之,有的时候、在某些事情上,中国怕美国。

正是因为在人们的社会实践中出现了这种状况,所以,毛泽东在提出"纸老虎"的论述12年之后,又于1958年12月1日,写了一篇文章:《关于帝国主义和一切反动派是不是真老虎的问题》。

文章劈头就说:"这里我想回答帝国主义和一切反动派是不是真老虎的问题。我的回答是,既是真的,又是纸的,这是一个由真变纸的过程的问题。变即转化,真老虎转化为纸老虎,走向反面。一切事物都是如此,不独社会现象而已。我在十几年前已经回答了这个问题,战略上藐视它,战术上重视它。不是真老虎,为什么要重视它呢?看来还有一些人想不通,我们还得做些解释工作。"

毛泽东指出:"同世界上一切事物无不具有两重性(即对立统一规律)一样,帝国主义和一切反动派也有两重性,它们是真老虎又是纸老虎。历史上奴隶主阶级、封建地主阶级和资产阶级,在它们取得统治权力以前和取得统治权力以后的一段时间内, 它们是生气勃勃的, 是革命者, 是先进者, 是真老虎。在随后的一段时间, 由于它们的对立面, 奴隶阶级、农民阶级和无产阶级, 逐步壮大, 并同它们进行斗争, 越来越厉害, 它们就逐步向反面转化, 转化为反动派, 转化为落后的人们, 转化为纸老虎, 终究被或者将被人民所推翻。反动的、落后的、腐朽的阶级, 在面临人民的决死斗争的时候, 也还有这样的两重性。一面, 真老虎, 吃人, 成百万人成千万人地吃。人民斗争事业处在艰难困苦的时代, 出现许多弯弯曲曲的道路。中国人民为了消灭帝国主义、封建主义和官僚资本主义在中国的统治, 花了一百多年时间, 死了大概几千万人之多, 才取得一九四九年的胜利。你看, 这不是活老虎, 铁老虎, 真老虎吗? 但是, 它们终究转化成了纸老虎, 死老虎, 豆腐老虎。这是历史的事实。人们难道没有看见听见过这些吗?"

毛泽东强调:"从本质上看, 从长期上看, 从战略上看, 必须如实地把帝国主义和一切反动派, 都看成纸老虎。从这点上, 建立我们的战略思想。另一方面, 它们又是活的铁的真的老虎, 它们会吃人的。从这点上, 建立我们的策略思想和战术思想。向阶级敌人作斗争是如此, 向自然界作斗争也是如此。"

关于怕不怕老虎(美国)的问题, 毛泽东饶有风趣地结合人们的生活实际说:"怕与不怕, 是一个对立统一法则。一点不怕, 无忧无虑, 真正单纯的乐神, 从来没有。每一个人都是忧患与生俱来。学生们怕考试, 儿童怕父母有偏爱, 三灾八难, 五劳七伤, 发烧四十一度, 以及'天有不测风云, 人有旦夕祸福'之类, 不可胜数。阶级斗争, 向自然界的斗争, 所遇到的困难, 更不可胜数。"

说到此处, 毛泽东话锋一转, 又回到严肃的政治问题上来:"但是, 大多的人类, 首先是无产阶级, 首先是共产党人, 除掉怕死鬼以及机会主义的先生们以外, 总是将藐视一切, 乐观主义, 放在他们心目中的首位的。然后才是重视事物, 重视每件工作, 重视科学研究, 分析事物的每一个矛盾侧面, 钻进去, 逐步地认识自然运动的法则和社会运动的法则。然后就有可能掌握这些法则, 比较自由地运用这些法则, 一个一个地解决人们面临的问题, 处理矛盾, 完成任务, 使困难向顺利转化, 使真老虎向纸老虎转化, 使革命的初级阶段向高级阶段转化……"

毛泽东最后说:"同志们, 我们就是做这些转化工作的。同志们, 可能性同现实性是两件东西, 是统一性的两个对立面。虚假的可能性同现实的可能性又是两件东西, 又是统一性的两个对立面。头脑要冷又要热, 又是统一性的两个对立面。冲天干劲是热。科学分析是冷。在我国, 在目前, 有些人太热了一点。他们不想使自己的头脑有一段冷的时间，不愿意做分析，只爱热。同志们，这种态度是不利于做领导工作的，他们可能跌筋斗，这些人应当注意提醒一下自己的头脑。另有一些人爱冷不爱热。他们对一些事，看不惯，跟不上。对这些人，应当使他们的头脑慢慢热起来。"①

对于怕不怕美国的问题，邓小平曾经有过一段精彩的论述。

那是在解放战争中，因为有少数军队干部怕美国出兵，怕美国的原子弹，以为美国兵凶得很。当时，邓小平在批评这种错误思想时指出："这对一个革命者来说是要不得的。特别是作为共产党员，反帝反封建是我们的革命纲领、革命任务，我们为什么要怕帝国主义？不要说美国出兵不是那样容易，就是出兵，我要反问：你还革命不革命？还要不要反帝这个纲领？还够不够得上是无产阶级的先锋队？"

邓小平接着说："具有优良品质的共产党员，应该回答：和他干，干到底！就要有这个气魄。"

邓小平指出："鲁迅先生常常骂的奴才相，共产党员是不能有的。我们要敢于藐视美帝国主义，鄙视那些怕外国人的奴才相，要发扬正气。"

邓小平强调："美国出兵是世界问题，他叫喊出兵是吓唬人的，我们要从思想上树立明确的观念，他出兵也一样能被打败，我们一样能胜利。我们要敢于胜利，一切右的思想情绪都得加以克服。"②

正是像邓小平这样，中国人民解放军的高级领导人，都在自己所领导的部队里，认真贯彻毛泽东的战略上要藐视敌人这个最基本的战略指导思想，使之深入人心，成为一种巨大的精神力量，不怕任何强大的敌人，最终战胜了蒋介石和他的支持者美帝国主义。

关于美帝国主义是不是"纸老虎"，以及要不要怕它的问题，当初毛泽东是这样提出来的。

那是在解放战争初期，国民党军以压倒优势的兵力向解放区发动全面进攻，气势汹汹的蒋介石狂妄叫嚣道，只需"3～6个月就可以打败共军"。

蒋介石之所以如此狂妄，是因为背后有强大的美国为他撑腰，供给他大量现代化武器装备，给他装备了64个陆军师，组建了近千架飞机的空军；派出一个两千多人的军事顾问团。

---

① 《建国以来毛泽东文稿》第7册，中央文献出版社1992年版，第610～613页。
② 《邓小平文选》第一卷，人民出版社1994年版，第104页。

在蒋介石的嚣张气焰之下，国内外有许多人过高地估计国民党军的力量，他们担心，人民解放军顶不住敌人的猛烈进攻。

当时，人民解放军对国民党的军队倒不怎么怕，可是却有一些人害怕美国出兵。

正是在这种情况之下，在战争打了1个月11天之后，即1946年8月6日，毛泽东在延安杨家岭会见了美国记者、作家安娜·路易斯·斯特朗，和她进行了友好的谈话。

斯特朗问："共产党能支持多久？"

毛泽东答："就我们自己的愿望说，我们连一天也不愿意打。但是如果形势迫使我们不得不打的话，我们是能够一直打到底的。"

问："如果美国人民问到共产党为什么作战，我该怎样回答呢？"

答："因为蒋介石要屠杀中国人民，人民要生存就必须自卫。这是美国人民所能够理解的。"

问："如果美国使用原子炸弹呢？"

答："原子弹是美国反动派用来吓人的一只纸老虎，看样子可怕，实际上并不可怕。当然，原子弹是一种大规模屠杀的武器，但是决定战争胜败的是人民，而不是一两件新式武器。"

毛泽东接着说："一切反动派都是纸老虎。看起来，反动派的样子是可怕的，但是实际上并没有什么了不起的力量。从长远的观点看问题，真正强大的力量不是属于反动派，而是属于人民。"

毛泽东指出："蒋介石和他的支持者美国反动派也都是纸老虎。提起美帝国主义，人们似乎觉得它是强大得不得了的，中国的反动派正在拿美国的'强大'来吓唬中国人民。但是美国反动派也将要同一切历史上的反动派一样，被证明为并没有什么力量。"

毛泽东强调："拿中国的情形来说，我们所依靠的不过是小米加步枪，但是历史最后将证明，这小米加步枪比蒋介石的飞机加坦克还要强些。虽然在中国人民面前还存在着许多困难，中国人民在美国帝国主义和中国反动派的联合进攻之下，将要受到长时间的苦难，但是这些反动派总有一天要失败，我们总有一天要胜利。这原因不是别的，就在于反动派代表反动，而我们代表进步。"①

历史证明了毛泽东的理论是对的。在毛泽东和斯特朗谈话之后3年多，蒋

---

① 《毛泽东选集》第四卷，人民出版社1991年版，第1192~1195页。

介石和他的支持者美帝国主义失败了,中国共产党赢得了战争的胜利。

这里需要特别注意的是,在当今的世界上,中美两国关系已经起了很大变化,中国早已经不是那个时候的中国,美国对中国的一切威胁、恫吓、包围、遏制,在本质上同样是"纸老虎",我们过去不怕,现在就更不怕了。何况,如今的美国在经济和政治上有求于中国。当然,中国的发展也离不开和平的国际环境,也需进一步谋求与世界上最大的经济体——美国的合作与交流,两国应着眼于长远和未来,建设新型的大国关系。因此,中国和美国不再是简单的谁怕谁的问题,而应和平共处、相互尊重、合作共赢。

9. 想起了毛泽东讲不怕鬼的故事

在中国,老幼皆知,过去日本鬼子曾经屠杀和欺压中国人民。人们也都知道,自从1840年鸦片战争至近代,有许多外国鬼子到中国来烧杀抢掠,无恶不作。人们还看到,时至今日,仍然有那么一些不讲理的外国鬼子,还在做昔日殖民主义的美梦。他们把中国的钓鱼岛"买来卖去"。他们丧心病狂地干涉中国内政,攻击、诬蔑、包围、遏制中国,直至把航空母舰开到你的家门口,耀武扬威,搞军事恫吓那一套。

一百多年来,中国人民积累了一条经验,就是对那些屠杀和压迫中国人民的外国鬼子,不能怕他们,你越怕,他就越凶;相反,我们团结起来反抗他,他们也害怕得要死。

20世纪50年代末,毛泽东曾经讲过一个不怕鬼的故事。他首先讲道:"世界上有人怕鬼,也有人不怕鬼。鬼是怕它好呢,还是不怕它好?中国的小说里有一些不怕鬼的故事。""经验证明,鬼是怕不得的。越怕鬼就越有鬼,不怕鬼就没有鬼了。"

接着,毛泽东讲了中国古典小说《聊斋志异》里的一个故事:"有狂生夜坐的故事。有一天晚上,狂生坐在屋子里。有一个鬼站在窗外,把头伸进窗内来,很难看,把舌头伸出来,头这么大,舌头伸得这么长。狂生怎么办呢?他把墨涂在脸上,涂得像鬼一样,也伸出舌头,面向鬼望着,一小时,两小时,三小时望着鬼，后来鬼就跑了。"①

很明显，毛泽东那时讲不怕鬼，主要就是说不要怕美国。而怕不怕美国，说到底就是怕不怕和它打仗的问题。如果不怕和它打仗，那还有什么可怕的呢！

毛泽东不怕美国人是出了名的，这是全中国乃至全世界都公认的。

毛泽东之所以能够领导中国共产党和中国人民打下江山，并且把政权巩固下来，建设成为一个初步繁荣、强大的国家，立于世界大国之林，固然有许多因素，而其中一个重要的因素，就是他不怕各种恶意挑战，不怕霸权主义、强权势力的打压。在一些重大历史关头，能够顶住包括美国在内的各种压力，敢于和他们较量，并且能够战胜他们。

善于用高明的战略战胜强大的对手，是毛泽东的特殊本领；勇于斗争，是毛泽东的特殊性格，他从来不把任何强大对手的挑战看成是一种精神上的压力，相反的倒是把迎接各种挑战看成是一种乐趣。毛泽东有一句名言："与天奋斗，其乐无穷；与地奋斗，其乐无穷；与人奋斗，其乐无穷。"正因为如此，他有一种战胜一切对手的自信心。不管在斗争中遇到什么样的困难和挫折，他都无所畏惧。

在毛泽东的一生中，始终有一股子天不怕地不怕的劲头，他不怕鬼不信邪，从来没有对任何东西表示过害怕。"五四运动"时，青年毛泽东说："天不要怕，鬼不要怕，死人不要怕，官僚不要怕，军阀不要怕，资本家不要怕。"② 在那个时代，有了这六不怕，天底下还有什么可怕的呢！

晚年毛泽东，在《杂言诗·八连颂》中写道："全军民，要自立。不怕压，不怕迫。不怕刀，不怕戟。不怕鬼，不怕魅。不怕帝，不怕贼。奇儿女，如松柏。上参天，傲霜雪。""军民团结如一人，试看天下谁能敌。"③

毛泽东的卫士长李银桥讲过这样一个故事：有一次毛泽东到北戴河海里游泳，当时正刮着七八级大风，毛泽东刚一下海，就被迎面扑来的大浪冲倒，他推开想扶他站起来的卫士，自己顽强地站立起来，一面吐着嘴里的泥沙，一面斜睇着眼睛注视着再次怒吼而来的大浪，用手一指：嘿嘿！还真是个对手呢！李银桥心中暗自叫苦：糟了，毛泽东一旦把谁看作对手，那就非战胜他不可。果然，那天毛泽东在狂风巨浪面前又一次成为胜利者。

---

① 《建国以来毛泽东文稿》第8册，中央文献出版社1992年版，第247页。

② 苏桂主编：《毛泽东诗词大典》，广西人民出版社1993年版，第630页（转引自李锐著《毛泽东早期的革命活动》）。

③ 《建国以来毛泽东军事文稿》下卷，军事科学出版社、中央文献出版社2009年版，第183页。

也许正是这种在一切强大对手面前敢于斗争、敢于胜利的性格，促使毛泽东成为一个伟大的战略家。

毛泽东敢于和美国人交锋，绝对不是他专门和美国人过不去，他对所有欺压中国人的外国势力都是不怕的，包括凶恶的日本侵略者。就是说，毛泽东把美国人作为对手不是无缘无故的，而是美国人自己找上门来无理挑起争端的。

毛泽东所反对的美国人，是那些反华的美国决策者们，其中包括那些不友好的美国政府官员和国会议员，用毛泽东的话说，就是"美帝国主义"。毛泽东历来把当权的美国人和不当权的美国人，反华的美国人和友好的美国人，加以区别对待。

毛泽东那种几乎是与生俱来的不怕鬼、不信邪的性格特点，加上他丰富的政治、军事斗争经验和深厚的唯物辩证法思想，使他胆略过人。他在20世纪五六十年代，针对美帝国主义讲了许多富含哲理的话。

1955年3月，毛泽东在中国共产党全国代表会议上说："帝国主义拿来吓唬我们的原子弹和氢弹，也没有什么可怕。世界上的事情，总是一物降一物，有一个东西进攻，也有一个东西降它。看《封神榜》就知道，哪有一个'法宝'是不能破的呀？那样多的'法宝'都破了。我们相信，只要依靠人民，世界上就没有攻不破的'法宝'。"①

毛泽东指出，所谓困难，无非是敌人和自然界给予我们的。我们可以藐视而且必须藐视人世遭逢的任何巨大困难，把它们放在"不在话下"的位置。这就是我们的乐观主义。这种乐观主义是有科学根据的。

在20世纪60年代前后，毛泽东多次讲不要怕美国人，不要怕战争，你越怕它，它就越欺侮你。他说，敌人越凶越不要怕它。蒋介石过去不凶？美国不凶？具体到每个斗争的方法上就不同了，就要重视它。过去，第一次欧洲大战末期出现坦克，那个时候吓得不得了。现在不同了，什么坦克，什么飞机、军舰这一套，吓不倒人民。

毛泽东还作了一个很有趣的比喻，他说，有一种微生物叫做细菌。细菌虽小，但是，在某一点上它比人厉害，它不讲迷信，它干劲十足，目中无人，天不怕，地不怕，它要吃人，不管你有多大，即使你有八十公斤的体重，你有了病，它也要吃掉你，它的这种天不怕，地不怕的精神，不比某些人强吗！

毛泽东说，我曾经讲过，假如美国人打到北京，你们怎么样？我的主意是上

---

① 《建国以来毛泽东军事文稿》中卷，军事科学出版社、中央文献出版社2009年版，第266页。

其次，从中国战场的实际情况来看，美国不出兵也有好几个理由：

国民党军有绝对优势。国民党军发动全面进攻时，总兵力约430万人，蒋介石在一次军官会议上说，我们有空军、有海军，而且有许多重武器和特种兵，如果能配合得法，运用灵活，就一定能速战速决。

而那时的人民解放军，总兵力约127万人，与国民党军对比，解放军的数量处于1∶3.4的劣势。人民解放军的装备，主要是抗日战争时期缴获日伪军的步兵武器和少量火炮，没有坦克、飞机、军舰。

更重要的是，国民党占有战争资源和工业生产的绝对优势。他们控制着全国的大城市和主要交通线。

共产党和国民党的实力对比相差如此悬殊，当然不需要美国出兵，蒋介石也可以打胜。

然而，战争打了一年，国民党就暴露出致命的弱点：战线长，兵力不足，内部腐败，指挥无能，士气低落，屡战屡败。

就在国民党军攻占共产党首府延安，蒋介石大庆胜利之时，美国却有人看到了不妙的前景。这时，美国政府产生了两种不同意见，一种意见主张暂缓对蒋介石的援助，以促使国民党进行政治、经济改革，否则，"徒有军事力量不能消灭共产主义"。

这种意见遭到国会亲蒋派议员的激烈反对，他们要求立即加大对国民党的援助力度，对蒋介石"在即的胜利"再加一把劲。否则，将对国民党不利，万一毛泽东打胜，"共产党统治下的中国，将对美国利益有极大危害"。亲蒋派议员们明确指出，国民党的反共斗争，是美国推行全球遏制战略的一个重要组成部分，美国必须维持"国民党中国"这个"反共自由堡垒"，"阻止中国共产党赢得胜利"，以维护美国在亚洲的最大战略利益。

正在美国内部争论不休、举棋不定之时，出乎所有人的意料，在短短几个月之内，中国战局急转直下，从1948年秋季开始，人民解放军连续进行了辽沈、淮海、平津三大战役，一举消灭国民党军154万人，国民党的五大战略集团，最大最强的东北、华北、徐州三个集团已经不复存在了。

下一步，人民解放军就要打过长江，解放全国了。

这时，美国不得不考虑执行一种危险的政策，力图阻止人民解放军的进攻，为此，不惜直接出兵介入中国内战。

对于美国出兵的问题，中国共产党作了充分的准备。毛泽东说，人民解放军除了要消灭国民党的残余力量外，还要准备对付美国可能的武装进攻。

其实,毛泽东对美国可能直接出兵介入中国内战的问题,早就有充分的估计,始终没有放松过,他一是不怕,二是作好应战的准备。

此时,美国军方授意蒋介石,在长江以北丢失后,退保中国东南地区及台湾,坚守福州至昆明三角地带,尽可能守住四川。

他们还告诉蒋介石,美国海军将固守青岛基地(1945年8月美军从战败的日军手中接管青岛基地后,一直驻守在这里),以便牵制中共军队,延缓其渡江南进,从而使国民党军有足够时间部署长江以南的防务。

紧接着,美国军方通报国民党政府,美国政府已经增调海军第36特混舰队到青岛,使美国驻青岛的海军实力达到3艘航空母舰、4艘巡洋舰、13艘驱逐舰,并且增派海军陆战队1250人,使美国在华海军陆战队总数达到4850人。

据当时美国的《国际先驱论坛报》报道,这是美国海军陆战队现时在外国土地上集中的最大的一支力量。

随着中国人民解放军渡江作战的临近,美国进一步准备直接出兵干涉中国内战。美国政府派高级官员来华,与其驻华大使司徒雷登和蒋介石进行多次密谈。同时,美国西太平洋海军舰队司令白吉尔在上海正式宣布,即将以军舰运送海军陆战队到上海,声称:在上海市当局不能控制局势时,将由美军出面维持;同时,美国海军陆战队已随时做好准备,在美国侨民的生命财产受到威胁时,立即在上海登陆,保护美国侨民的安全。这种所谓"保护美国侨民的安全"历来是美国军队入侵的借口。

与此同时,美国和英国海军,把它们的十几艘军舰开到上海港和长江口附近,企图伺机干涉人民解放军渡江。

此时此刻,人民解放军百万大军已经列阵长江北岸,随时准备渡江南进,彻底消灭国民党军残余力量,占领南京,推翻国民党政府,解放全中国。

在这个历史关头,美国再次宣称,他们要直接出兵介入中国战争,挽救国民党的败局。

与此同时,人民解放军总部获取情报:美国和英国可能在我军发起渡江作战时,出兵阻止我军渡江。

这时,国内外有些人劝说中国共产党适可而止,不要强渡长江。他们的理由之一,就是害怕美国出兵干涉,万一出现这种局面,已经到手的长江以北的胜利难以保住,弄不好会反胜为败。

面对这些压力,毛泽东认为,决不能因为害怕美国武装干涉而停止军事进攻,中国共产党不信邪,不怕鬼,必须将革命进行到底。

同时，毛泽东认为，我们有能力、有办法挫败美国企图出兵的野心。办法就是做好准备，采取预防性措施。在追击歼灭国民党军队的同时，手里始终掌握强大的战略预备队，以便随时可以应付突然事变的发生。

针对美国的一系列反共表现，特别是针对美国向中国沿海增派海军，准备进行武装干涉的举动，中共中央军委和毛泽东决定采取下列战略措施：

第一，南京解放后，在第三野战军进攻上海的同时，第二野战军主力部队进至浙赣铁路的金华至弋阳之间地区，作为战略预备队，准备对付美国可能的武装进攻。

第二，毛泽东特别交代：第二野战军在向西南进军之前，主要任务是准备协助第三野战军对付美国可能的军事干涉；以后，美国出兵干涉的可能性少了，那时二野就可以西进了。

第三，毛泽东还指示，第三野战军在向福建进军的过程中，要随时准备对付美国可能的军事干涉。

第四，在上海、宁波、福建等处被我军占领后，由第三野战军以一部兵力协助山东部队攻占青岛（假如我军占领上海后，青岛的美军尚未撤退）。青岛被我军占领后，美国出兵干涉的可能性就很小了。

毛泽东说，我们从来就是，将美国直接出兵占领中国沿海若干城市，并和我们作战这样一种可能性，计算在我们的作战计划之内的。这一种计算现在仍然不要放弃，以免在事变万一到来时，我们处于手足无措的境地。

毛泽东指出，中国人民革命力量愈强大，愈坚决，美国进行直接军事干涉的可能性也就将愈减少。

毛泽东还强调，在人民中间，在我们党内，存在着害怕美国武装干涉的思想，必须继续地加以指明和克服，必须在人民和军队中，做好与美军直接交锋的准备。此项准备是必须的，有了此项准备即可制止美国的干涉野心，使美国有所畏惧，而不敢出兵干涉。

在人民解放军向福建进军前夕，为了进一步预防美国可能直接出兵进行武装干涉，毛泽东又签发中央军委电报，做出如下全面战略部署：

（一）近日各帝国主义国家有联合出兵干涉的某些象征，因此，我们应当预筹对策，以期有备无患。对策的主要方面是，我各路野战军按照预定计划前进，歼灭国民党残余力量，使各帝国主义在中国大陆上完全丧失他们的走狗。

（二）第二方面是，力求经济上的自给自足，准备海上被封锁时，我们仍然有办法。

（三）第三方面是，在华北、华东部署充足兵力，以防美国海军协同国民党军向我后方的袭击和扰乱。为此，以第二野战军位于浙赣铁路沿线休整，准备协同第三野战军对付可能向南京、上海进犯的帝国主义武装。

（四）以第二十兵团（原华北第三兵团）及第四野战军炮兵纵队主力，在秦皇岛、塘沽布防，以防美军登陆进攻。

（五）第十九兵团会合第十八兵团和第一野战军主力，在歼灭胡宗南、马步芳集团在陕甘边境的主力后，留在宝鸡、凤翔地区待机，准备增援华北。

（六）第三野战军以1个军附必要数量的炮兵，开往青岛附近，待命夺取青岛，尔后负担青岛的守卫任务，并应加强吴淞、江阴地区的炮台设施。

（七）第四野战军以1个军位于河南，平时担任剿匪，有事时增援华北。

毛泽东之所以一再强调，要警惕美国的武装干涉，并且做出全面、周详的军事部署，这绝非无的放矢。

在人民解放军横渡长江时，帝国主义还真的来了，不过打头阵的不是美国，而是英国。

在人民解放军渡江作战的当天，有4艘英国军舰先后侵入长江，与人民解放军发生激烈炮战。

对于英国军舰的武装进攻，人民解放军毫不畏惧，不管你是美国人还是英国人，我们都不怕！只要不听警告，敢于向中国人民解放军武装挑衅，都给予坚决回击，照打不误。

这次与英国军舰交战，史称"紫石英"号事件。

自从1840年鸦片战争以后，老牌大英帝国在中国土地上横行霸道，向来不把中国人放在眼里。他们误以为现在的中国人、包括人民解放军必然是怕他们的军舰和大炮。这次他们的军舰"紫石英"号，明知中国人民解放军正在渡江作战，却满不在乎地由长江口逆流而上。

1949年4月20日上午，当英国军舰开到镇江以东三江营附近时，人民解放军当即鸣炮警告，但"紫石英"号军舰继续前进，强行突入我军前线地带。

这时，我第三野战军特种兵纵队炮兵第三团立即向英国军舰开炮，于是，双方发生激烈炮战，英舰"紫石英"号中弹30余发，像死猪一样躺在对岸江边，然后悬挂白旗，示意停战，人民解放军停止炮击。

当日下午1时30分，另一艘英国军舰"伴侣"号，从上游武汉方向顺流疾驶而来，增援受伤的"紫石英"号，再次同人民解放军炮兵展开激烈炮战，"伴侣"号中弹数十发，带伤逃走。

英国远东舰队获悉其属下两艘军舰被人民解放军击伤，舰队司令暴跳如雷，大叫："大胆的共军，竟敢向我大英帝国军舰开炮，这还了得！"

于是，英国舰队派其副司令梅登中将，乘旗舰"伦敦"号，率领"黑天鹅"号驱逐舰，沿长江全速西进，驰援受伤的"紫石英"号。

4月21日晨，"伦敦"号和"黑天鹅"号这两艘大型军舰，驶入中国人民解放军防区。

人民解放军炮兵第一团当即向英舰鸣炮示警，英舰自恃船坚炮利，置我军警告于不顾，开炮向我军阵地射击。

英国的两条大型军舰，虽然具有强大火力，但是在狭窄的长江内难以施展，而且他们与我军炮兵的射向处于丁字形的不利位置，宽大的舰体侧面完全暴露在我军强大火力之下。

人民解放军沿岸炮兵，一齐向英国军舰开炮射击，霎时硝烟弥漫，震天动地，雨点般的炮弹飞向敌舰，两只英国军舰各中弹数十发，熊熊烈火吞没了舰体，冒着滚滚浓烟逃出长江口。

据当时上海媒体报道，这次炮战，英国舰队损失惨重，被击伤军舰4艘，其中"紫石英"号负重伤，仍然躺在江边；英国海军官兵被打死42人，伤52人。

事件发生后，英国首相艾德礼在伦敦发表声明说，英国的军舰，有合法权利开进长江，去执行和平使命。

前首相丘吉尔则要求英国政府，派一两艘航空母舰，到中国海上去进行报复。

对于英国军舰的暴行和英国政府的狂言，毛泽东亲自起草了中国人民解放军总部发言人声明，表明了中国人民不怕任何威胁、坚决反对帝国主义侵略的严正立场。

声明指出："丘吉尔先生，你'报复'什么？英国的军舰和国民党的军舰一道，闯入中国人民解放军的防区，并向人民解放军开炮，致使人民解放军的忠勇战士伤亡二百五十二人之多。英国人跑进中国境内做出这样大的犯罪行为，中国人民解放军有理由要求英国政府承认错误，并执行道歉和赔偿。难道你们今后应当做的不是这些，反而是开动军队到中国来向中国人民解放军进行'报复'吗？"

声明接着指出："艾德礼首相的话也是错误的。他说英国有权开动军舰进入中国的长江。长江是中国的内河，你们英国人有什么权利将军舰开进来？没有这种权利。中国的领土主权，中国人民必须保卫，绝对不允许外国政府来侵犯。"

在这个声明中还严正提出："人民解放军要求英国、美国、法国在长江黄浦江和在中国其他各处的军舰、军用飞机、陆战队等项武装力量，迅速撤离中国的领水、领海、领土、领空，不要帮助中国人民的敌人打内战。"[1]

毛泽东起草的这个声明公开发表后，立即引起世界许多国家的关注，特别是美国，它不能不考虑中国人民解放军保卫国家领土主权的坚强决心，它更不能不考虑英国军舰挨打的惨痛教训。

艾德礼和丘吉尔的错误言论，在英国统治集团内部也遭到强烈反对，许多国会议员批评英国政府，不该把军舰开进长江；一些国会议员认为，要派遣航空母舰去报复，更是无稽之谈。

议员们说，过去由于中国缺乏团结，而我们英国又有武器上的优势，所以，一艘炮舰就能在不小的地区内，把中国人吓得手足无措了，但是现在可不能再这样做了。

还有一些议员批评英国政府，不应该也没有必要冒介入中国内战的风险，这是缺乏远见的，应当抛弃旧的"炮舰"观念。

为了解决受伤的"紫石英"号军舰问题，人民解放军代表和英方代表举行谈判，但是谈了3个多月，仍无结果。

这时，"紫石英"号军舰已经修好，9月30日夜，该舰趁一艘客轮驶经此处时，它傍随客轮潜逃。

因为这时上海、江西、浙江、福建已经相继解放，人民解放军正忙于战略追击，没有时间搭理他们，这件事也就不了了之。

这件事虽然发生在英国身上，但是，由于中国人民解放军的有力打击和随即发表的强硬声明，对美国人来说，也是一个不小的震动，使他们受到间接的教训，也使他们知道，中国人民解放军不是好惹的，这也是后来美国未敢直接进行武装干涉的因素之一。

"紫石英"号事件，不过是我军渡江战役中一个小小的插曲，但是，对于这件事，如果从更深一层去看，其中似乎还另有玄机：英国军舰的挑衅，是美国的一种试探，其背后肯定有美国的指使，两家合谋摸解放军的底，不管其真相如何，起码这件事对美国是一个震慑。

试想，如果人民解放军未能痛击英国军舰，而叫它们耀武扬威于人民解放

---

[1] 《毛泽东选集》第四卷，人民出版社1991年版，第1460~1461页。

军阵前,不敢打它,或者打而不痛,或者竟然被吓退,假如出现此种局面,那美国恐怕就要真的出动军队进行武装干涉了。

这段历史证明,美国是不敢轻易对中国动手动脚的,它也有怕中国的一面。

11. 美国为什么敢出兵?

1950年6月25日凌晨,北朝鲜和南朝鲜打起了内战。

战争爆发后的第二天,美国总统杜鲁门宣布派空军和海军直接介入朝鲜的国内战争。

驻在日本的美国远东军总司令麦克阿瑟,奉命立即指令美国驻南朝鲜军事顾问团,在前线开设战地指挥所。几个小时后,美国空军战斗机飞临前线,支援南朝鲜军队作战。

朝鲜人民军最高司令官金日成,获悉美国出兵参战后,决定加快进攻速度,派副帅崔庸健到前线直接指挥作战。人民军于当月28日攻占南朝鲜首都汉城。南朝鲜军队全线溃退,人民军乘胜加速进攻。

仅仅5天之后,即6月30日,美国总统杜鲁门命令美国陆军进入朝鲜作战,同时,授权麦克阿瑟"必要时攻击三八线以北目标",从而使战争升级。

这就奇怪了,就在一年之前,中国的国民党被共产党打得惨败,蒋介石急盼美国出兵直接介入中国内战,打败共产党;美国国内也有人要求美国总统杜鲁门出兵,美国政府也曾经一度想直接出兵。

可是,美国总统杜鲁门犹豫再三,由于害怕陷入中国人民战争的汪洋大海,所以,未敢轻举妄动。一直到国民党军退到长江以南,美国也没敢出兵,眼睁睁地看着蒋介石被赶到台湾去了。

那么,仅仅隔了不足一年,为什么美国就敢于向朝鲜出兵呢?

为什么杜鲁门又是如此之快地做出出兵的决定呢?难道他就不怕中国也出兵援助北朝鲜吗?

那时,美国不害怕中国出兵,有以下几个原因:

(一)新中国刚刚诞生,连续几十年战争的摧残破坏,疮痍满目,百废待兴。长期遭受战争破坏的经济,还没有得到恢复,除少数地区和工业开始建设外,一切还都在计划之中。因此经济困难，各种物资供应十分紧张，尤其是本来就很薄弱的重工业和军事工业，生产能力很低。此时，在经济方面中国正处于艰难、贫弱的过渡阶段，这是美国可乘之机。

（二）中国大部分地区刚刚解放不久，地方政权还正在建设之中，许多党政组织尚待完善；农村的土地改革刚刚起步，城市的工商业刚刚恢复；国民党的潜伏特务、散兵游勇、土匪恶霸以及形形色色的残渣余孽，尚待追剿肃清。因此，就全国来说，在政治方面还不是很巩固。

（三）人民解放军的主力兵团，完成战略追击任务后，分别在中国的东南、华南、西南、西北边远省区休整和剿匪，与朝鲜临近的东北、华北、华东兵力不多。如果把大量兵力向朝鲜前线调运，短时间内难以完成。

（四）美国过低地估计中国的力量，过低地估计中国领导人毛泽东的胆略。他们一直认为，中国不敢出兵。即使出兵，也不过是少数、象征性地在边境附近打几枪，而绝不敢大量出兵到朝鲜纵深地区，与美军打大规模的正规战争。

（五）美国之所以在短短几天就决定出兵，是因为他们认为出现了上述这些极好的机会。一年前，美国政府和鹰派政客们，为"丢失"了中国而懊丧，始终耿耿于怀，他们不甘心在中国的失败，总想找机会把新中国打下去。人们不会忘记，前不久，当蒋介石被赶到台湾时，美国人曾经说，我们现在虽然不指望蒋介石了，但是，美国应当制订相应的计划，并适时做好准备，以便在中国出现机会时加以利用。又说，当中国遇到一系列无法克服的困难时，美国的机会就会到来。现在如此好的机会真的降临了，当然要迫不及待地抓住不放了。

狂妄的麦克阿瑟，神气十足，在其地面部队到达朝鲜之前，他就迫不及待地率先到前线视察，当他惊讶地看到南朝鲜的部队溃不成军，一片狼藉时，当即命令空军增派飞机，对北朝鲜进行全面轰炸，同时，命令海军军舰开到北朝鲜沿海，对岸上城市和重要交通枢纽进行炮击。

麦克阿瑟站在高坡上，一只手指向北方的朝鲜，一只手放在背后，对随行人员满不在乎地说："我只需要用一只手，就可以把他们消灭干净。"

鉴于美国介入战争，金日成决定加速进攻。7月5日，人民军与美军第二十四师先头部队遭遇。士气高昂的人民军直冲敌阵，一举歼灭美军1个步兵营。

美军遭受突然打击后，一时不知所措。原来以为，他们的陆军在战场上一出现，就会扭转战局，迫使人民军后退。但事实恰恰相反，美军像南朝鲜军队一样，被打得狼狈不堪。在短短的几天之内，战局急转直下，人民军占领了南部广大地区。

美国的参战，不仅没有能够像西方世界原来想象的那样，吓退人民军的进攻，反而使人民军的攻势更加猛烈了，解放南朝鲜全境的决心，丝毫没有因美国的出兵而有所动摇。

美国人历来不干傻事，当他发现北朝鲜人民军是个硬钉子时，就想拉别人和他一起来碰。于是，美国授意英、法两国，向联合国安理会提出，组织联军，武装援助韩国，并设立联合国军司令部。

1950年7月7日，安理会在苏联代表缺席的情况下，讨论上述提案。在美国直接操纵下，安理会顺利通过决议：授权由美国组织联合国军最高司令部，统一指挥各参战国的军队。

当天晚上，美国总统杜鲁门就任命麦克阿瑟为联合国军总司令。

7月14日，在美国敦促下，联合国秘书长向52个会员国提出参加联合国军的要求，但是只有21个国家响应，其中，美、英等16个国家决定派遣数量不等的军队，参加所谓"联合国军"。其中：

美国6个陆军师、1个空降团，以及海军第七舰队和远东空军所属各航空队。

英国2个步兵旅、1个步兵师、21艘军舰、80架作战飞机。

加拿大1个步兵旅、3艘军舰、1个空军中队。

法国1个步兵营、1艘驱逐舰。

澳大利亚1个步兵营、3艘军舰、35架作战飞机。

新西兰1个炮兵团、2艘军舰。

土耳其1个步兵旅。

泰国1个步兵团、2艘军舰。

此外，希腊、菲律宾、荷兰、比利时、哥伦比亚、埃塞俄比亚、南非、卢森堡等国，都是象征性地派出1个排至1个营的兵力。

除了派兵的16个国家之外，另有丹麦、瑞典各派遣1艘医疗船，挪威、意大利、印度各派出1个战地医院。

此外，还有南朝鲜军队17个陆军师、46艘军舰、80架作战飞机，统归联合国军总司令部指挥。

这时，金日成决心一鼓作气，攻占南朝鲜全境。为此，从7月中旬至9月中旬，朝鲜人民军又连续发动三次大规模进攻战役，给了号称"不吃败仗"的美军第二十四师以严重打击，活捉了该师师长迪安；重创了南朝鲜军第一、第二军团，攻占了南朝鲜90%的面积，将美军和南朝鲜军压缩到南朝鲜东南角的狭小地区内，眼看就要把敌人赶下海去了。

当朝鲜正在大张旗鼓地宣传胜利的时候，北京的毛泽东却有几分忧虑。他说，现在根本不是谈胜利的时候，朝鲜领导人及人民军应当立即冷静下来。

早在8月初，当朝鲜人民军正在快速南进之时，毛泽东就对朝鲜战局有清醒的分析判断，他指示中央军委各有关部门进行必要的准备，以防不测。

人民军经过近3个月的连续战斗，没有进行休整，部队伤亡过大，相当疲劳，战斗力严重下降，而且后方补给线延长，不能保障向前线及时供给粮弹。

朝鲜领导人在战略指导思想上，本想不给敌人以喘息机会，连续进攻，一鼓作气，一打到底。但却没有充分考虑自己的喘息，没有充分顾及部队的休整和补充，在后方海岸虽加强了兵力部署，但力量仍显空虚。

而这时，美军3个师、英军1个旅先后到达朝鲜前线，它们装备精良，战斗力强。相比之下，对已经十分疲劳的人民军来说，构成了压倒性优势。

8月上旬，毛泽东在中央政治局会议上提出，美国可能在朝鲜后方登陆，进一步扩大战争。他认为，美国决不会甘心南朝鲜的失败，它有海空军优势，很可能在关键时刻进行反扑。

毛泽东特别强调指出，朝鲜人民军孤军突出，后方薄弱，前景并不看好。他认为，朝鲜方面想要速战速决，一鼓而下，把李承晚伪军和美军赶下海，很快结束战争，达到统一朝鲜的目的，实际上是不可能的。战争肯定是持久的、复杂的、艰苦的。

8月23日，毛泽东召开作战会议，当他仔细听取了周恩来及总参谋部作战室主任关于朝鲜战况和美军动态的报告后，对美军可能于9月中旬在仁川登陆作出了肯定的判断。毛泽东当即指示，把对美军可能在仁川登陆的判断，向金日成和斯大林通报，提醒他们注意。希望朝鲜人民军有后撤和在仁川抗击敌人登陆的准备。

同时，毛泽东还指示总参谋部，立即通知中国东北的第十三兵团加紧准备，八、九两个月一旦有事，能够立即行动。

果然，不出毛泽东所料，人们最担忧的事情发生了。

1950年9月15日晨，麦克阿瑟站在"麦金莱峰"号旗舰上，亲自指挥美军7万余人，海军舰艇260余艘，以海军陆战第一师为先锋，在500架飞机的支援下，从朝鲜中部西海岸的仁川港登陆。

因为仁川港的人民军守备部队兵力少，无力坚守，第二天下午，美军就攻占了整个仁川港。

大量美军突然在朝鲜后方登陆,使朝鲜战局发生逆转。

美军占领仁川后,立即向南攻击,抄人民军后路,策应其正面战线反攻。

这时,"联合国军"和南朝鲜军共10个师,在登陆部队配合下全线反攻。

只有不足7个师的朝鲜人民军,在高度现代化的以美军为主的联合国军的前后夹击下,全线撤退。

9月27日,美国政府授权麦克阿瑟,向"三八线"以北进攻,摧毁北朝鲜的武装力量,占领全朝鲜。

10月1日,南朝鲜军首先越过"三八线",并继续向北朝鲜猛烈进攻。

由于战局急剧变化,使人民军来不及在"三八线"组织新的防御,从后方调上来的几个师都是刚组建的新部队,战斗力不强。因此,无法阻挡敌人的强大攻势,使人民军主力被分割包围,许多部队被打散。

这时,金日成命令人民军"以鲜血捍卫每一寸土地"。尽管人民军顽强抵抗,但不能挽救败局。

得意扬扬的麦克阿瑟,命令其部下加速北进,一举占领朝鲜全境。

10月19日,美军攻占朝鲜首都平壤。20日,美军空降兵1个团,在平壤以北的顺川地区空降,切断了由平壤向北撤退的国家机关和部队的退路,造成了很大混乱。22日,美军占领介川,然后继续向鸭绿江进攻。

美国侵略朝鲜的战争,从一开始就把中国考虑在内了。朝鲜内战爆发后的第三天,即6月27日,美国总统杜鲁门在宣布出兵入侵朝鲜的同时,发表声明说,我已命令第七舰队阻止对台湾的任何攻击。台湾未来地位的决定,必须等待太平洋安全的恢复。

杜鲁门发表声明的第二天,毛泽东发表讲话表示,全世界各国的事务应由各国人民自己来管,亚洲的事务由亚洲人民自己来管,而不应由美国来管。美国对亚洲的侵略,只能引起亚洲人民广泛的和坚决的反抗。中国人民既不受帝国主义的利诱,也不怕帝国主义的威胁。

毛泽东号召全国和全世界的人民团结起来,进行充分的准备,打败美帝国主义的任何挑衅。

同日,周恩来发表声明指出,杜鲁门27日的声明和美国海军的行动,乃是对于中国领土的武装侵略,对于联合国宪章的彻底破坏,我国全体人民,必将万众一心,为从美国侵略者手中解放台湾而奋斗到底。

这时,美国海军部长马休斯却跳出来毫不知耻地说,为了和平,我们甘愿偿付任何代价,虽然我们将因此得到侵略战争发动者的称号,但我们可以心安理得地接受。

这位美国高官还算是说了老实话，承认美国为了扩大势力范围而发动侵略战争。

就在美国这位海军部长讲话的第三天，侵略朝鲜的美国战斗机飞到中国东北领空，进行轰炸和扫射，造成许多人员伤亡并炸毁许多房屋。

当天，周恩来代表中国政府致电美国国务卿艾奇逊，严重抗议美国军用飞机侵入中国领空并扫射中国人民的罪行。同时，周恩来致电联合国安理会主席马立克，要求制裁美国飞机侵入中国领空的严重罪行。

种种迹象表明，美国人根本就没有把中国放在眼里。他们认为，中国的内战刚刚结束，经济建设还没有起步，没有力量而且也不敢在朝鲜战场与美国正面交锋。

9月29日，杜鲁门批准了麦克阿瑟提出的作战计划：加速北进，占领整个北朝鲜。

其实，麦克阿瑟早已经命令其部下这样干了，现在只不过是补办一下批准手续而已。

12. 美国给中国出了个难题

在人们的生活中，往往会出现事与愿违的意外情况，在错综复杂的国际环境下，不知道啥时候会冒出一些突发事件。

中国人民好不容易从连年的战乱中熬过来。盼望已久的和平环境终于到来。刚刚诞生的新中国虽然百废待兴，但是人们心情舒畅，到处都在热火朝天地搞战后恢复和重建工作。

这时，中国政府领导人的主要精力，已经从指挥战争转向领导国家经济建设上来。

正在这个青黄不接的紧要时期，我们的近邻朝鲜突然爆发了战争。

战争刚开始时，南朝鲜的军队被金日成的人民军打得落花流水。美国支持的李承晚政府逃出汉城，已不能正常行使权力。

美国对于这个局势的反应相当快。他们毫不迟疑地在四五天之内，从日本等地运来几万军队,越过"三八线",直逼中国和朝鲜的边界线鸭绿江边。

很明显,美国的战略企图是:占领北朝鲜,威胁新中国。

这时,新中国刚刚诞生,连续几十年战争的摧残破坏,到处残垣断壁,国家制订的"三年恢复建设计划"刚刚起步。人民解放军各主力兵团,分别在边远省区忙于休整、剿匪和生产。没有做什么新的战争准备。

这等于美国给中国政府出了个难题,而且必须在极短的时间内做出反应。假如中国害怕美国大兵,对美国的侵略放任不管,不仅有使朝鲜灭亡的危险,而且对新中国的安全将构成巨大威胁。如果要管,就必须出兵朝鲜,和美国军队直接交锋,投入一场大规模战争。

问题的焦点是:有没有和美国打仗的胆量和能力? 集中到一点,就是怕不怕的问题。

面对世界上最强大的美国侵略者,毛泽东高瞻远瞩,为了挽救朝鲜,为了中国的安全,不怕与美国一战。他认为,中朝两国休戚相关,在朝鲜危亡时刻,不能见死不救。出兵朝鲜,对中朝两国乃至对东方和世界都极为有利。如果不出兵,图一时之安,必将后患无穷。

于是,毛泽东以惊人的胆略,及时作出了派遣志愿军,进行抗美援朝、保家卫国的战略决策,下定决心,与美国军队在朝鲜战场上进行一场你死我活的生死较量。

然而,中国做出出兵朝鲜的抉择,那可不是一件容易的事,它关系到国家的生死存亡。出不出兵的关键是,敢不敢直接和美国打一场大规模的战争,怕不怕由此而引起美国直接进攻中国;要打,打胜了那没话说,万一打败了怎么办?

事关如此重大的战略抉择,搁在哪一位国家领导人身上,都会非常沉重。何况,当时中国是一个贫弱的国家,就更是难上加难了。

中国出兵前,本着"先礼后兵""师出有名"的原则,首先做出一系列外交努力。

1950年9月30日,周恩来对美国提出严正警告:"中国人民热爱和平,但是为了保卫和平,从来也永远不害怕反抗侵略战争。中国人民决不能容忍外国的侵略,也不能听任帝国主义者对自己的邻人肆行侵略而置之不理。"[①]

10月3日,周恩来约见印度驻华大使潘尼迦,请印度政府向美国传话。周恩

---

① 中国人民抗美援朝总会宣传部:《伟大的抗美援朝运动》,人民出版社1954年版,第27页。

来说:"美国军队正企图越过'三八线',扩大战争。美国军队果真如此的话,我们不能坐视不顾,我们要管。""我们主张朝鲜事件应该和平解决。朝鲜战事必须即刻停止,侵朝军队必须撤退。"①

当天,印度政府将中国这个警告转达给了美国政府。

但是,美国无视中国的警告,把这些警告看成是"虚声恫吓"。

侵朝美军总司令麦克阿瑟,狂妄地向金日成发出"最后通牒",要朝鲜人民军"放下武器,停止战斗"。

为了进一步判明中国出兵的可能性,美国总统杜鲁门偕同一批高级军政官员,于10月15日从华盛顿飞到太平洋中部的威克岛,同麦克阿瑟举行秘密会议。这次会议讨论的结果是,依然轻视中国的力量,认为中国出兵参战的"可能性很小",即使出兵也是象征性的,可能是一个团,充其量也不过是派五六万人进入朝鲜。

美国还认为,即使中国和苏联联合起来对朝鲜战争进行干预,用苏联的飞机来支援中国的地面部队,也不足为患。

麦克阿瑟向杜鲁门保证,北朝鲜的战斗可以在感恩节(11月23日)前结束,这次战争是赢定了,能够在圣诞节前把第八集团军撤回日本。

麦克阿瑟从威克岛回到日本后,气焰更加嚣张,下令美军加速进攻。与此同时,美国空军更加频繁地出动飞机,轰炸、扫射中国东北边境地区的辑安、安东、长甸河口、拉古哨等城市和乡村,中国的安全受到了严重的威胁。

这时,朝鲜民主主义人民共和国已经处于生死存亡的最后关头。

朝鲜乃是中国唇齿相依的友好邻邦,古语云,"唇亡齿寒,户破堂危"。如果朝鲜被美国占领,中国的东北地区就被置于美国大兵的枪口底下,他们随时可以踢门而入。

在朝鲜战场万分危急的时刻,朝鲜劳动党中央委员会委员长、政府首相金日成,于9月30日召见中国驻朝鲜大使倪志亮,提出了中国出兵朝鲜的请求,希望中国集结在鸭绿江边的第十三兵团尽快过江作战。

10月1日,金日成派特使朴宪永(副首相兼外务相)携带求援信件到达北京。朴宪永将金日成的信当面交给毛泽东。

金日成在信中说,自9月中旬美军在仁川登陆后,我方遭受极大损失。局势

---

① 军事科学院军事历史研究部:《中国人民志愿军抗美援朝战史》,军事科学出版社1988年版,第10页。

对我们已造成了很不利的影响。敌人利用约千架各种作战飞机，不分昼夜地轰炸我们的前方与后方，使我们的兵力和物资受到了难以估量的损失。情况是非常严重的。目前，敌人的主要登陆部队已经与其南线部队连为一体，切断了我们的南北部队和物资供应线。如果敌人继续进攻"三八线"以北地区，只靠我们自己的力量是难以抵挡的。因此，我们不得不请求您给予我们以特别的援助，在敌人进攻"三八线"以北地区的情况下，我们希望中国人民解放军能直接出动，赴朝参战，援助我军作战。急盼您的答复。

同一天，毛泽东还收到斯大林请中国出兵的电报。

面对即将燃烧到中国东北边境的战火，面对美国军队的侵略，面对朝鲜民主主义人民共和国将被完全占领，面对朝鲜人民急切盼望中国出兵支援的要求，中国到底应该怎么办？是出兵，还是不出兵？

这个关系朝鲜生死存亡，关系中国安危的重大战略抉择问题，已经刻不容缓地摆在新中国的领袖——毛泽东的面前。

这次毛泽东要作出的战略决策，与以往国内战争时期的任何一次战略决策都不同，因为它具有更大的风险性。中国派兵入朝参战，必将和美国直接交战，这就要冒和美国进行全面战争的风险，对中国国内局势乃至整个世界形势都将产生重大影响，弄不好就会引火烧身，使战火蔓延到中国东北和沿海地区，刚刚成立的新中国，就要再次遭受战争的苦难。

由于共产党已经成为中国的执政党，因此，毛泽东要从整个国家的利益考虑许多问题，出兵到外国打仗的决心确实一时难下。后来人们才知道，毛泽东作出最后抉择的整个过程，真可以说是一波三折。

毛泽东经过多少个不眠之夜，他反复思考，从政治、经济、军事、地理多方面权衡出兵的利害关系；中朝两国都是共产党领导的社会主义国家，政治、经济关系密切，两个国家隔江相望，一衣带水，休戚相关，唇齿相依。唇亡则齿寒，户破则堂危！

实际上，在金日成向中国提出派兵援助之前，毛泽东就已经在考虑出兵朝鲜的问题，只是定下最后决心和出兵时机问题还要再作深入、周详的思考，并且还需要听取各方面意见，还需要中央政治局开会讨论，作出决议。

据聂荣臻回忆，早在8月4日，毛泽东在中央政治局会议上就曾经明确表示，如美帝得胜，就会得意，就会威胁我们。对朝鲜不能不帮，必须帮助。是否出兵和出动时机，当然还要选择，我们不能不有所准备。

正因为毛泽东有了全面深入的考量，并且多次与周恩来等高层领导人反复磋商，使他有了一个比较成熟的腹案，所以，当他收到金日成和斯大林请中国出兵的函电后，能够很快地作出回应。

10月2日凌晨2时，毛泽东发特急电报给高岗（东北军区司令员兼政委）、邓华（东北边防军即十三兵团司令员兼政委），电报有3个内容：

（一）请高岗同志接电后立即动身来京开会。

（二）请邓华同志令边防军提前结束准备工作，随时待命出动，按原定计划与新的敌人作战。

（三）请邓华将准备情况及是否可以立即出动即行电告。

这是在紧急情况下，毛泽东给高岗、邓华下达的预先号令，以便使志愿军能够做到一声令下，立即出动。

从电报简短的三个内容可以看出，情况的紧急与迫切。

为了及时答复斯大林请中国出兵的电报，毛泽东在写完给高岗和邓华的电报后，虽然已经连续工作十几个小时了，但他来不及休息，立即又提笔起草发给斯大林的电报。毛泽东在电报中首先说明，出兵朝鲜的必要性和所要达到的目的，以及可能出现的复杂局面。

毛泽东在给斯大林的电报中说，我们决定，用志愿军名义，派一部分军队到朝鲜境内，和美国及其走狗李承晚的军队作战，援助朝鲜同志。我们认为，这样做是必要的。因为，如果让整个朝鲜被美国人占去了，朝鲜革命力量受到根本的失败，则美国侵略者将更为猖獗，于整个东方都是不利的。

毛泽东接着指出，我们认为，既然决定出动中国军队到朝鲜和美国人作战，第一，就要能解决问题，即要准备在朝鲜境内，歼灭和驱逐美国及其他国家的侵略军。第二，既然中国军队在朝鲜境内和美国军队打起来（虽然我们用的是志愿军名义），就要准备美国宣布和中国进入战争状态，就要准备美国至少可能使用其空军轰炸中国的许多大城市及工业基地，使用海军攻击沿海地带。这两个问题中，首先的问题是，中国的军队能否在朝鲜境内歼灭美国军队，有效地解决朝鲜问题。只要我军能够在朝鲜境内歼灭美国军队，主要的是歼灭其第八军（美国的一个战斗力很强的老牌部队），则第二个问题（美国和中国宣战）的严重性虽然依然存在，但是，那时的形势，就变为于革命阵线和中国都是有利的了。这就是说，朝鲜问题，既以战胜美军的结果而在事实上结束了（在形式上可能还未结束，美国可能在一个相当长的时期内不承认朝鲜的胜利），那么，即使美国已经和中国公开作战，这个战争也就可能规模不会很大，时间不会很长了。

毛泽东强调指出,我们认为,最不利的情况是,中国军队在朝鲜境内不能大量歼灭美国军队,两军相持成为僵局,而美国又已经和中国公开进入战争状态,使中国现在已经开始的经济建设计划归于破坏,并引起民族资产阶级及其他一部分人民对我们不满(他们很怕战争)。

在这个电报中,毛泽东还向斯大林说明了志愿军作战的初步设想,同时,为了争取苏联方面的武器援助,毛泽东还简要说明了美军和中国军队在装备上的差距。电文说,在目前的情况下,我们决定将预先调至东北的12个师,于10月15日开始出动,位于北朝鲜的适当地区(不一定到"三八线"),一面和敢于进攻"三八线"以北的敌人作战,第一个时期只打防御战,歼灭小股敌人,弄清各方面情况;一面等候苏联武器到达,并将我军装备起来,然后配合朝鲜同志举行反攻,歼灭美国侵略军。

毛泽东在电报中还说,根据我们所知的材料,美国一个军共有7至24厘米口径的各种炮1500门,而我们的一个军只有这样的炮198门。敌军有制空权,而我们开始训练的一批空军,要等到1951年2月才有300多架飞机可以用于作战。因此,我军目前尚无一次歼灭美国一个军的把握。而既已决定和美国人作战,就应准备当美国集中一个军和我军作战时,我军能够有4倍于敌人的兵力和一倍半至两倍于敌人的火力,才有把握歼灭敌人的一个军。除上述12个师外,我们还正在从长江以南及陕甘区域调动24个师位于陇海、津浦、北宁诸线,作为援助朝鲜的第二批及第三批兵力,预计在明年的春季及夏季,按照当时的情况逐步使用上去。

从毛泽东这个电报中不难看出,他对出兵朝鲜,以及到朝鲜后的作战预案,已经早就胸有成竹了。

但是,中国军队究竟何时出动,这时毛泽东还没有作出最后决定。第一,他令高岗立即到北京开会,这说明有关出兵的问题还需要进一步在会议上讨论决定;第二,他给邓华的命令是"随时待命出动",而不是马上出动;第三,他在给斯大林的电报中说,位于东北的12个师"于10月15日开始出动",从10月2日他写电报时起,到15日,尚有13天的时间;第四,他在定下出兵的最后决心之前,还需要召开中央政治局会议,集体讨论作出决议,同时,也需要进一步听取各方面意见,特别是要听取不同的意见,以便争取党内在这一事关全局的重大问题上,达到思想认识和行动上的统一。这是毛泽东历来作出重大决策都要采取的必要步骤。

那么,毛泽东为什么在作出出兵的最后决定之前,就急于给斯大林拍发出兵朝鲜的电报呢?

这就是毛泽东的高明之处,就是说,他预先采取这一步骤,是想促使斯大林尽快向中国军队提供武器装备,尽快派出空军支援中国军队作战。这也是为什么毛泽东把给斯大林的电报写得那么详细、具体,甚至把美军和中国军队火炮数量对比,都一一列举的主要原因。

10月2日下午,毛泽东在中南海颐年堂主持中央书记处扩大会议,讨论出兵援助朝鲜问题。出席会议的有朱德、刘少奇、周恩来、高岗、聂荣臻等。毛泽东首先说明了朝鲜形势的严重情况,提出了出兵的意见。

由于出兵的风险太大,在中央书记处会议上,有人不同意中国出兵朝鲜。因为未能达成共识,所以还不能作出出兵朝鲜的决议。

由于中央书记处会议对出兵朝鲜尚有相当顾虑,会后,毛泽东约见了苏联大使罗申,请他转告斯大林,我们原计划当敌人前进到"三八线"的时候,派几个师的志愿军,到北朝鲜为朝鲜同志提供帮助。然而,经过全面考虑,我们现在认为,采取这样的行动可能会承担极其严重的后果。第一,派几个师的兵力解决朝鲜问题非常困难(我们的部队装备很差,与美国军队作战没有取得军事胜利的把握),敌人可能会迫使我们后退。第二,这样做很可能会导致美国与中国的公开冲突,其结果,苏联也会被拖进战争。这样,问题就变得十分严重了。因此,中共中央的许多同志认为,对出兵问题表示谨慎是必要的。

同时,毛泽东又对罗申大使说,当然,不派军队援助朝鲜,对于正处在如此困难之中的朝鲜同志也是很不利的,我们自己也强烈地感受到这一点。但是,如果我们派去几个师,敌人又迫使我们后退,同时还导致美国与中国公开冲突,那么,我们整个和平恢复的计划,就会遭到彻底毁灭,这会引起国内很多人的不满(人民受到的战争创伤还没有恢复,我们需要和平)。因此,目前最好还是耐心一些,暂时不作派出军队的最后决定。

为了最后地争取和平解决朝鲜问题,以尽可能避免中国出兵,同时也为了警告美国适可而止,不要得寸进尺,继续向"三八线"以北进攻,中国继续做出外交努力。

10月3日深夜1时,周恩来再次紧急约见印度驻华大使潘尼迦,请印度方面通过英国转告美国,第一,美军企图越过"三八线",以扩大战争,我们要管,这是美国政府造成的严重局面。第二,我们主张朝鲜事件应和平解决,不但朝鲜战争必须即刻停止,侵朝军队必须撤退,而且有关国家必须在联合国内会商和平解决办法。

第二天, 美国通过印度驻中国大使转达美国政府的答复, 一方面表示美国无意与中国冲突, 不会危及中国的安全, 另一方面又威胁说, 中国不要低估美国全力支持太平洋地区国际和平的决心。

其实, 美国人根本不了解毛泽东不怕鬼、不信邪的倔脾气, 他们最后这句威胁性的话, 正好起了相反的作用, 它进一步促使毛泽东拿定主意, 非管不可, 非要"低估"你美国一下不可, 坚决出兵朝鲜, 和美国较量一下。

13. 艰难的抉择

1950年10月4日, 毛泽东主持召开中央政治局扩大会议, 讨论出兵援助朝鲜问题, 中央党、政、军各部门负责同志和各大区负责同志全部到会。会议开始时, 毛泽东表示, 这是个诸葛亮会, 请大家着重摆一摆出兵的不利条件, 说说出兵后会有什么困难的问题。希望大家放开说, 这样做便于中央吸取群众的智慧, 丰富决策的依据。

与会者畅所欲言, 各抒己见, 充分发表各种不同看法, 其中, 包括相当一部分同志主张不出兵或暂时不出兵的意见, 他们摆出了出兵的许多不利因素。这些人在发言时反复斟酌, 认真思考, 他们提出的意见, 对完善出兵决策很有好处。

许多发言者从国内战后恢复经济建设的需要出发, 从中国当时的财力、物力状况考虑, 认为新中国刚刚建立不久, 长期战争造成的创伤还未恢复, 许多有关国计民生的问题还没有解决, 财政十分困难, 经济建设还是个烂摊子。而且国内还有一些边远地区和沿海岛屿尚未解放, 国民党残余部队和土匪还没有肃清, 这些敌对势力还在疯狂地袭击和破坏地方政权, 新的政权还不够巩固。一些同志发出疑问: 在这种情况下, 我们再出去打仗, 能顾得过来吗?

有的人提出, 我们从十年内战、八年抗战到解放战争, 已经打了几十年的仗, 人心思安, 现在再出国打仗, 恐怕不得人心。

还有一部分同志从军事方面提出一些问题, 他们认为, 中美双方军队的武器装备、技术水平相差悬殊。我军武器装备陈旧, 尚未改装, 更没有空军; 同时, 在国外作战与国内作战条件有很大不同, 因此, 认为出兵朝鲜确实有困难。

还有的人提出, 我军不但武器装备相当落后, 而且训练也不够好, 缺乏现代化作战技能，对国民党军作战我们有把握，打美国，他们是世界上最现代化的军队，武器精良，训练有素，而且有原子弹，我们行吗？如果真的要打，平心而论，确实要冒很大风险，希望中央要慎重考虑，稳妥行事。

说来说去，就是一个"怕"字。

在参加会议的人员中，彭德怀因稍后才从西安赶到会场，尚未来得及发言，大家对他的态度极其关注。因为他是军方重要人物之一，当时任中央军委副主席、中共西北局第一书记、第一野战军司令员兼政委，坐镇西安。

第一天的会议结束之前，毛泽东简短地讲了几句话：你们说的都有理由，但是当别人处于国家危急的时刻，我们站在旁边看，不论怎么说，心里也难过。

毛泽东这短短几句语重心长、情真意切的话，对与会者触动很大。

会后，毛泽东和彭德怀作了简短的交谈，向他介绍了朝鲜的情况和苏联的态度。

彭德怀说，苏联完全洗手不干，我们装备差得很远，只好让朝鲜亡国，那是很痛心的。

后来彭德怀回忆说，那天晚上我怎么也睡不着，以为睡沙发床不习惯，享不了那个福，下床躺在地毯上，还是睡不着。心想，美国占领朝鲜后，与我国隔江相望，威胁我东北；美国又把他们的第七舰队开到台湾海峡，控制我台湾，威胁我上海、华南。他们要发动侵华战争，随时都可以找到借口。

天已经快亮了，彭德怀还是翻来覆去睡不着，他想，老虎是要吃人的，什么时候吃，决定于它的胃口，向它让步是不行的。美国既要来侵略，我们就要反侵略。不同美帝国主义见个高低，我们要建设社会主义是困难的。如果美国决心同中国打仗，它利速决，我利持久；它利正规战，我利于对付日本鬼子那一套。我有全国政权，有苏联援助，比抗日战争时期有利得多。

关于出兵理由，彭德怀回忆说："为本国建设前途着想，我们也应当出兵。人们常说，以苏联为首的社会主义阵营，要比资本主义阵营强大得多，如果我们不出兵救援朝鲜，那又怎么显得出强大呢？为了鼓励殖民地人民反对帝国主义，为了鼓励民族民主革命的国家反对侵略者，为了扩大社会主义阵营的威力也要出兵。"

彭德怀回忆说："我把主席的话，反复念了几十遍，体会到这是一个国际主义和爱国主义相结合的指示。'你们说的都有理由'，但如果不把它同朝鲜处于危急时刻联系起来考虑，那就是狭隘的民族主义，而不是国际主义者。"

彭德怀说："我想到这里，认为出兵援朝是正确的，是必要的，是英明的决策,而且是迫不及待的。我想通了,拥护毛主席这一英明决策。"[1]

10月5日下午,政治局扩大会议继续开会。

会上,彭德怀发言时讲了几句很有分量的话。他说,出兵援朝是必要的,打烂了,等于解放战争晚胜利几年。如果美军摆在鸭绿江岸和台湾,它要发动侵略战争,随时都可以找到借口。

彭德怀的坚定态度,对参加会议的人影响很大。散会后有人边走边对他说,彭总,看来你还不服老哟!

事关天下大事、牵动人心的政治局扩大会议结束前,毛泽东作了总结讲话,表明他已经下定出兵朝鲜的决心。

毛泽东说,同志们! 我这个决心可是不容易下的,别的不说,此举关系到三军数十万战士的性命,打得好那没什么说的,打不好,有可能危及国内政局,甚至断送国家的前途江山,那我毛泽东对历史、对人民都没法子交代。

毛泽东指出,会上,大家的担忧都是有道理的。不过,朝鲜亡国了,我们会怎么样? 我们是一荣俱荣,一损俱损。再说,中朝是邻邦,唇齿相依,一衣带水。我们要是不管,那社会主义阵营还不是一句空话。

毛泽东讲到这里,有人插话问,那苏联方面会出兵配合我们吗?

毛泽东继续讲道,这个问题我们已经跟斯大林谈好了,苏联方面答应空中由他们负责,地面由我们负责,而我们的陆军是没有问题的。

毛泽东接着指出,我们国内当前存在着一些困难,这是事实,但我认为今天老彭的发言是一针见血,很有说服力。现在是美国人逼着我们打这一仗的,犹豫退缩、担心、害怕都没有用,这些心理和情绪正是敌人所希望的。现在我们只有一条路,就是在敌人进占平壤之前,不管冒多大风险,有多大困难,必须立刻出兵朝鲜。

毛泽东的基本思想就是"不要那么多怕"。但是,他不是简单的"不怕",而是全面分析了客观条件。

毛泽东在充分估计困难的同时,也看到了有利的方面。他说,目前的国际形势和国内形势对我们有利,对侵略者不利。这场战争,尽管我们有不少柔弱之处,但我们可以以柔克刚,以己之长,击敌之短。

毛泽东指出,美国侵略朝鲜,有其不可克服的弱点:

第一,美国的战线太长,从大西洋、波罗的海、地中海、印度洋、太平洋,一

---

[1]　《彭德怀自述》,人民出版社1981年版,第258页。

直搞到东方来，战线从西欧拉到东亚，比当年希特勒和日本的战线都长。美国在全世界搞军事基地，好比10个指头按跳蚤，动弹不得。

第二，美国距离自己的后方太远，必须横渡太平洋，才能到朝鲜来。

第三，美国进行的是一场不义之战，多行不义必自毙。侵略别国，失道寡助。

第四，美国的士兵是骄娇二气缠身，美国在朝鲜的部队，大都是驻日本的占领军，过惯了舒服日子，据说都是些"榻榻米"部队，离开温暖的被窝，士气必然不高。而且美国的同盟国都不强，可派的兵也寥寥无几。

当时，有许多人最害怕美国的原子弹，对此，毛泽东不屑一顾。他说："这种担心是不必要的。美国的原子弹没有什么了不起。他有他的原子弹，我有我的手榴弹。""你打你的，我打我的，你打原子弹，我打手榴弹，抓住弱点，跟着你，最后打败你。"①

结果，志愿军的手榴弹把美国的将军们打得一筹莫展。

毛泽东指出，有些人只看到美国的原子弹在广岛爆炸的厉害，不懂得归根结底不是原子弹消灭人民，而是人民消灭原子弹。我坚信，原子弹无非是纸老虎。而且原子弹也并非美国他一家独有，苏联也掌握了原子弹，这就打破了美国的核讹诈。

毛泽东接着谈了中国自己的有利条件。他说，以上所谈几点，都是敌人的弱点，这也正是我们的优势。说到底，决定战争胜负的关键因素是人，而不是一两件新式武器，我们虽然有许多困难，但也有许多有利条件。我们有了统一的国家政权，地大物博，人口众多。由人民解放军组成的志愿军，有丰富的作战经验，由于刚打败由美国支持的蒋介石，所以士气高昂，可以在兵力的数量上和战斗精神上压倒敌人。同时，朝鲜的地理条件对志愿军有利，山多林密，便于隐蔽。再加上志愿军善于夜战和近战，可以弥补劣势装备的弱点。

毛泽东最后说，关于由谁挂帅的问题，既然林彪说他有病要到苏联去养病，我提议彭德怀同志率领志愿军入朝，协助朝鲜人民军抗击敌人。至于志愿军入朝的具体部署和细节，会后我们再和彭德怀同志研究。

对于由谁统帅中国志愿军出国的问题，最初，毛泽东曾考虑派粟裕去，但粟裕有病正在青岛休养，而且后来朝鲜战局日趋严重，已经不是派几个军就能奏效的问题。这样，毛泽东又考虑派林彪去。他认为林彪是最合适的人选，因

---

① 军事科学院军事历史研究部：《中国人民志愿军抗美援朝战史》，军事科学出版社1988年版，第7页。

为第一批入朝的都是原来第四野战军的部队，是林彪的部下，同时，志愿军的后方就在东北，是解放战争时期四野的老根据地，各方面情况林彪都比较熟悉。从长远看，志愿军还要逐步扩大到几个兵团，只有一个战略区指挥员去才能胜任。在几个战略区指挥员中林彪最年轻，当时只有44岁，而且以能打仗、花样多而著称，在党内军内有很高的威望，毛泽东一直很器重他，说他打仗的特点是又狠又刁。在众人心目中，选林彪去当志愿军统帅是很理想的人物。

可是没想到，当毛泽东提出要他领兵出征时，他却借故推托，要到苏联去养病，拒绝任职。而且在几天的会议中，表现情绪低沉，发言的调子也不对头，说了一些不该他说的话（如害怕美国的原子弹等），竟然成了反对出兵的代表人物。

对于林彪的这种表现，毛泽东很失望，所以改派彭德怀挂帅出征。毛泽东对周恩来说，我们的彭大将军，可说是受命于危难之时啊！相信他一定能够打好这次抗美援朝、保家卫国的战争！

在党内召开会议的前后，毛泽东还找一些党外人士征求出兵的意见，但几乎都是持否定态度。在当时那种环境下，敢于同美国直接交锋，确实要有相当大的胆略。几乎所有的人都认为中国没有力量同美国这样强大的对手打仗。

自己人也好，朋友也好，都认为中国出兵朝鲜有很大困难。他们担心、疑虑。而美国人则轻视中国，不把中国放在眼里。他们不相信中国会出兵，认为即使出兵，也不过是象征性的，派少数部队在边境附近打一下就撤回去。

众所周知，美国是当时世界上实力最强的国家，具有世界上最大的军事工业生产能力，它的军队装备着各种最先进的武器；太平洋战争结束后，其指挥机构和大部分军队仍留驻在日本和亚洲其他一些地区，其后方补给不算太远。

而中国，无论在经济、军事实力上，还是在军工生产能力上，简直无法与美国相比。当时美国钢的年产量为8770多万吨，而中国钢的年产量仅有61万吨。旧中国十分落后的经济，加之长期遭受战争的严重破坏，那真是百废待兴啊！

中国军队的数量虽然占很大优势，但武器装备大部分是缴获日本和国民党的陈旧杂式武器，解放战争缴获的美式装备仅占一部分，而且重型武器数量少，弹药缺乏。

当时，苏联虽然是社会主义阵营最强大的国家，但因其在第二次世界大战中损失太大，尚未完全恢复，所以不愿意因援助朝鲜而冒和美国交战的风险。最初，斯大林也没有估计到中国敢于单独出兵和美国打仗。

然而，出乎中国和世界上许多人的意料，毛泽东最终做出了出兵朝鲜的决断，用志愿军的名义进行"抗美援朝、保家卫国"的战争。

在美国不听中国的警告, 指挥它的军队继续向鸭绿江进攻的紧急情况下, 毛泽东于10月8日发出了组成中国人民志愿军入朝作战的命令:

（一）为了援助朝鲜人民的解放战争, 反对美帝国主义及其走狗们的进攻, 借以保卫朝鲜人民、中国人民及东方各国人民的利益, 着将东北边防军改为中国人民志愿军, 迅即向朝鲜境内出动, 协同朝鲜同志向侵略者作战并争取光荣的胜利。

（二）中国人民志愿军辖十三兵团及所属之三十八军、三十九军、四十军、四十二军及边防炮兵司令部与所属之炮兵一师、二师、八师。上述各部须立即准备完毕, 待令出动。

（三）任命彭德怀同志为中国人民志愿军司令员兼政治委员。

（四）中国人民志愿军以东北行政区为总后方基地, 所有一切后方工作供应事宜, 以及有关援助朝鲜同志的事务, 统由东北军区司令员兼政治委员高岗同志调度指挥并负责保证之。

（五）我中国人民志愿军进入朝鲜境内, 必须对朝鲜人民、朝鲜人民军、朝鲜民主政府、朝鲜劳动党（即共产党）、其他民主党派及朝鲜人民的领袖金日成同志表示友爱和尊重, 严格地遵守军事纪律和政治纪律, 这是保证完成军事任务的一个极重要的政治基础。

（六）必须深刻地估计到各种可能遇到和必然会遇到的困难情况, 并准备用高度的热情, 勇气, 细心和刻苦耐劳的精神去克服这些困难。只要同志们坚决勇敢, 善于团结当地人民, 善于和侵略者作战, 最后胜利就是我们的。

组成志愿军的命令虽然下达了, 但是身系国家安危的毛泽东, 几天来寝食更加不安, 他仍在思前想后。此时, 他想得最多的是志愿军进入朝鲜后的作战和安全保障问题。

在发出命令的同一天, 毛泽东派周恩来到苏联去同斯大林会谈, 商讨出兵朝鲜后请苏联尽快提供武器和空军支援问题。周恩来走后, 毛泽东一直焦急地等候周恩来的回音。

10月8日和9日, 彭德怀在沈阳召开会议, 向东北军区和十三兵团的干部传达毛泽东关于出兵朝鲜的决策及有关指示, 并听取出兵朝鲜准备情况的汇报。他发现部队虽然备战数月, 但仍有许多问题没有解决好, 特别是不少干部对出兵朝鲜仍有顾虑, 思想深处有一个"怕"字。

彭德怀在回忆录中这样写道: 会议结束后, 有好几个同志找我说, 高岗也不愿出兵, 你在西北为什么赞成出兵呢? 我说, 这不能分东北和西北, 这是中国解放大陆后能否巩固和发展、以及建设社会主义问题。美国不仅把军队摆在鸭绿江南岸、威胁东北，而且把军队摆在台湾威胁华东，他们可以随时找借口同中国打仗。我们现在不要怕打烂，要有打烂后再建设的精神准备，要准备长期战争，准备打烂。我们有这样的精神准备，就会取得最后胜利。

彭德怀在回忆录中说，他们提出的另一个问题是，害怕失败，说在朝鲜我们打不赢怎么办？我说，就是我们打输了，可是美国欠了债。我们准备好了时，就可以随时打过鸭绿江，如果让美国军队占了北朝鲜，我们又没有出兵，那时再打过去，世界舆论会责备我们发动战争。现在美国发动了战争，他输了理。他们又问，美国打到东北来了怎么办？我说，那当然不好，破坏了我们东北，应当尽力把它阻止在北朝鲜山区。万一打得不好，被美国打过鸭绿江，那我们把美国长期拖在中国，削弱它，对美国来说，是最不利的，也是他们最怕的。

从彭德怀回忆的这些情况可以看出，当时志愿军不仅武器装备差，而且思想上的弯子还没有转过来，"怕"的问题没有解决，有多方面的顾虑。

但是，尽管如此，中国人民的军队还是听党指挥的。只要一声令下，即使赴汤蹈火也在所不辞，他们会毫不迟疑地抛头颅，洒热血，勇往直前，去争取胜利。这是为后来的历史事实证明了的。

从彭德怀的这些话中可以看出，毛泽东、彭德怀他们出兵朝鲜的决心是相当坚定的，他们有"四不怕"：一不怕打不赢被赶回来；二不怕美国宣布同中国进入全面战争；三不怕打烂了；四不怕苏联不援助，不依赖于苏联的空军和武器，横下一条心，定要同美国人较量一番。这充分体现了伟大战略家和伟大统帅的非凡胆略和气魄。

从彭德怀的这些话中还可以看得出来，毛泽东、彭德怀这些老一辈革命家有两大突出的特点：一是，过人的胆识，不怕困难，不怕强敌；二是，对近邻国家人民的深情厚谊，为了援助朝鲜人民，宁可自己吃亏受难在所不辞。

人们最担心的事情终于发生了，到苏联去谈判的周恩来遇到了麻烦。

周恩来从莫斯科发急电向毛泽东报告，斯大林开始虽然答应可以向中国提供武器装备援助，但是，他在关于出动空军支援这个关键问题上，却退缩了，推托说苏联方面尚未准备好，无法出动。而实际上，飞机调动转场并不需要多长时间，斯大林其实是害怕苏联空军在中、朝边境地区参战，会把苏联引进战争的漩涡，并由此诱发世界大战。在这种情况下，中苏会谈达成暂不出兵的初步意见。请中央对出兵问题再作考虑。

毛泽东接到周恩来的电报后，感到事关重大，应该慎重对待。他随即决定召开中央政治局会议，再次讨论是否出兵的问题。鉴于志愿军已如箭在弦上，毛泽东于10月12日紧急致电彭德怀和高岗：（一）10月9日命令暂不实行，十三兵团各部仍旧原地进行训练，不要出动。（二）请高岗、德怀二同志明日或后日来京一谈。

10月13日下午，毛泽东主持中央政治局紧急会议，讨论在无苏联空军支援的情况下是否出兵的问题。经过长时间的反复讨论，权衡利弊，会议逐步统一了思想，认为不能再变。

这时，毛泽东拍板定案：即使没有苏联空军支援，也必须立即出兵援助朝鲜。要发扬我军以劣势装备战胜优势装备敌人的优良传统，不怕强敌，克服各种困难，战胜敌人。

据时任解放军代总参谋长的聂荣臻回忆，对于打不打的问题，毛泽东同志也是左思右想，想了很久。那时部队已经开到鸭绿江边，邓华的先遣队已经做好过江的准备，毛泽东又让我给邓华发电报，让他慢一点，再停一下，还要再三斟酌斟酌，最后才下了决心。毛泽东对这件事确实是思之再三，煞费心血的。

10月13日夜，中央政治局会议刚一结束，毛泽东立即给仍然在莫斯科等待消息的周恩来发出急电，告诉他中央的最新、最后决定：坚决出兵！

毛泽东在电报中说："（一）与政治局同志商量结果，一致认为我军还是出动到朝鲜为有利。在第一时期可以专打伪军，我军对付伪军是有把握的，可以在元山、平壤线以北大块山区打开朝鲜的根据地，可以振奋朝鲜人民重组人民军。在第一时期，只要能歼灭几个伪军的师团，朝鲜局势即可起一个对我们有利的变化。（二）我们采取上述积极政策，对中国、对朝鲜，对东方，对世界都极为有利，而我们不出兵，让敌人压至鸭绿江边，国内、国际反动气焰增高，则对各方面都不利，首先是对东北更不利，整个东北边防军将被吸住，南满电力将被控制。总之，我们认为应当参战，必须参战，参战利益极大，不参战损害极大。"①

至此，毛泽东关于出兵朝鲜的战略抉择，才最后成为定局。

10月14日，毛泽东和彭德怀仔细研究了志愿军过江的具体时间安排，并且商讨了进入朝鲜境内第一步作战方案，确定志愿军于10月19日开动，全军12个步兵师、3个炮兵师，共26万人，于10月28日渡江完毕；并在德川、宁远线以南地区开始构筑防御工事，准备在11月，当敌人进攻德川时打一个胜仗。

次日，彭德怀飞回沈阳，紧急部署志愿军入朝前的临战准备。并与金日成派

---

① 《毛泽东军事文集》第六卷，军事科学出版社、中央文献出版社1993年版，第117页。

来的副首相兼外相朴宪永会面,告之中国方面已最后决定志愿军自10月19日开始进入朝鲜作战。

10月16日,彭德怀在安东召开志愿军师以上干部会议,传达中央出兵援朝的决策,部署渡江后的作战任务。18日,彭德怀赶到北京,参加中央会议,听取刚从苏联回国的周恩来汇报和斯大林会谈情况,并对入朝作战有关事项再做进一步安排。

没想到,这时准备入朝的部队又出现了新的情况,许多中高级干部对装备不足,又无空军支援很有顾虑,提出推迟入朝的意见。在这种情况下,第十三兵团司令员邓华、副司令员洪学智等兵团领导干部致电彭德怀。他们在电报中说,昨日渡江部署会议结束后,经过讨论,许多同志表示,现在部队高射炮太少,又无空军支援,敌人可集中大量飞机、大炮、坦克,毫无顾虑地向我阵地进行大规模攻击。而朝鲜多为山地水田,天寒地冻,工事不好挖,如敌大举进攻则很难坚持。大家认为我军各项准备工作也不充分,政治思想未普遍深入动员,建议待度过冬季,于明春再出动为宜。

由此可见,直到临战之前,在部队干部中仍然存在对美国军队"怕"的问题。

这怎么能行!彭德怀把电报转给毛泽东,同时表明了自己的态度:不要怕这怕那,横下一条心来——打!

毛泽东作出最后决断:志愿军出兵援朝不能再变,时间也不能再推迟。

10月18日21时,毛泽东直接给第十三兵团司令员兼政委邓华、副司令员洪学智、韩先楚、参谋长解方发出特急绝密电报:4个军及3个炮师决按预定计划进入朝北作战,自明19日晚从安东和辑安线开始渡鸭绿江。为严格保守秘密,渡江部队每日黄昏开始至翌晨4时即停止,5时以前隐蔽完毕并须切实检查。为取得经验,第一晚(19日晚)准备渡2个至3个师,第二晚再增加或减少,再行斟酌情形。

1950年10月19日晚8时,是一个值得纪念的时刻。中国人民志愿军高举抗美援朝、保家卫国的伟大旗帜,兵分四路,从安东、长甸、河口、辑安,雄赳赳气昂昂地跨过了鸭绿江,奔赴朝鲜战场。

彭德怀于当晚8时20分随渡江部队进入朝鲜。

从毛泽东决策的过程来看,最后定下出兵朝鲜的决心确实很不容易啊!这可能是毛泽东在他指导战争中最艰难的一次战略抉择。

14. 骁勇善战者胜

美国军队占领平壤以后，麦克阿瑟更加趾高气扬。为了达到在感恩节前占领全朝鲜这一目标，他命令东西两线部队加快进攻速度，以团、营为单位，车载步兵多路向中朝边境推进，企图首先控制边境要点，堵住朝鲜人民军的退路，并防止中国军队进入朝鲜。

傲气十足的麦克阿瑟，一再督令部下加速进攻，从而使朝鲜战局呈现异常紧张的状态。

麦克阿瑟是个什么样的人物？他是美国陆军五星上将，老牌军人，参加过两次世界大战，也算得上是美国的一位名将。入侵朝鲜那年已是70岁高龄，仍不服老。他1880年出生于美国一个军人世家，19岁入美国陆军军官学校（西点军校），毕业后在工程兵部队任职，赴菲律宾执行勤务，并随其父亲到日本、中国、印度等亚洲国家考察军事。回国后曾一度任美国总统随从副官，1912年调陆军部任职。1917年任陆军师参谋长，赴法国参加第一次世界大战。1925年任美国第三军区司令，1930年任美国陆军参谋长。第二次世界大战爆发后，于1941年任远东美军司令，不久，出任西南太平洋盟军总司令。他强调太平洋战争的重要性，多次运用"蛙跳"战术指挥两栖登陆作战。1945年8月被任命为盟军最高统帅，代表盟国接受日本投降，独揽大权。

同麦克阿瑟对阵的彭德怀，是中国人民解放军的创建人和领导人之一，是很有名望的军事家。入朝那年，彭德怀52岁，比麦克阿瑟小18岁，作为战场统帅来说，正值盛年气旺，相比之下，麦克阿瑟不免有点暮霭黄昏了。这两个人虽然都是老资格军人，但是，他们有着不同的经历。彭德怀是从一名士兵扛枪打仗开始，一步一步地成长起来的，从班长到营长，从团长、师长、军长到军团长、方面军司令员、红军前敌总指挥，一直到人民解放军副总司令，这样一级一级地打出来的，可以说是披坚执锐，身经百战。从红军时期开始，就以英勇善战著称，是一员猛将。而麦克阿瑟则是军中幕僚出身，但他具有指挥现代化陆海空军联合作战的经验，在打败日本军队的太平洋战争中立了汗马功劳。正因为如此，麦克阿瑟才忘乎所以，骄横跋扈，甚至不把美国总统放在眼里。"骄兵必败"，这是中国古已有之的一个规律。相比之下，彭德怀勇而不骄，为人忠厚正直, 诚恳谦虚; 他尊重毛泽东, 尊重金日成, 爱护士兵, 尊重朝鲜人民。

中国志愿军入朝之前, 彭德怀按照毛泽东的战略意图, 决定进入朝鲜后首先采取阵地防御的作战方针, 即先敌赶到平壤、元山以北组织防御, 制止敌人进攻。待苏军装备到达后, 改装训练完毕, 再攻击平壤、元山等处, 即六个月以后再考虑进攻问题。

但是, 当志愿军入朝时, 敌人已经超越了志愿军的预定防御线。

毛泽东根据敌人前进迅猛的情况, 于10月21日一天内连续四次致电彭德怀, 要他放弃原定组织防御的计划, 改取在运动中歼敌的方针。

毛泽东在电报中说, 截至此刻, 美伪均未料到我志愿军会参战, 故敢于分散为东西两路, 放胆前进。此次是歼灭伪军三几个师争取出国第一个胜仗, 开始转变朝鲜战局的极好机会。

毛泽东强调指出, 现在是争取战机问题, 是在几天之内完成战役部署以便几天之后开始作战的问题, 而不是先有一个时期部署防御然后再谈攻击的问题。如何部署, 望彭、邓精心计划实施之。这一仗可能要打7至10天时间(包括追击)才能结束, 我军是否带有干粮? 望鼓励全军, 不惜牺牲, 不怕艰苦, 争取全胜。

10月23日, 毛泽东再次电示彭德怀, 敌进甚急, 捕捉战机最关重要。首战一定要对准态势突出而战斗力较弱的南朝鲜第二军团。

毛泽东在给彭德怀的电报中还提出, 要将熙川、温井、龟城川一线以南地区让给敌人, 诱敌深入山区, 然后围歼之。可选定博川、军隅里以北山区为歼敌战场。

毛泽东还指示彭德怀, 开进时必须避开定州、博州、军隅里一线及其以北约20公里地区, 以免过早被敌发觉, 使敌停止前进, 或竟缩回去, 在打法上, 总以利于主力插到敌人的后面和侧面, 全歼敌人为原则; 要注意诱敌深入山地然后围歼之。

10月23日这一天, 毛泽东又连续给彭德怀发了四份电报, 其中有一份比较长的电报。毛泽东在电报中说:"你的方针是稳当的, 我们应当从稳当的基点出发, 不做办不到的事。朝鲜战局, 就军事方面来说决定于下列几点。第一是目前正在部署的战役, 是否能利用敌人完全没有料到的突然性, 全歼两至三个甚至四个伪军师。此战如果是一个大胜仗, 则敌人将作重新部署, 新义州、宣川、定州等处至少在一个时期内不会来占, 伪首、伪三两师将从咸兴一带退回元山地区, 而长津可保, 新安州、顺川两点是否保守也可能成问题, 成川至阳德一段铁路无兵保守,向我敞开一个大缺口,在现有兵力的条件下,敌人将立即处于被动地位。如果这次突然性的作战胜利不大,伪六、七、八师主力未被迅速歼灭,或被逃脱,或竟固守待援,伪一、伪首及美军一部增援到达,使我不得不于阵前撤退,则战局将改到于敌有利,熙川、长津两处的保守也将发生困难。第二是敌人飞机杀伤我之人员、妨碍我之活动究竟有多大。如果我能利用夜间行军作战,做到很熟练的程度,敌人虽有大量飞机,仍不能给我太大的杀伤和妨碍,则我军可以继续进行野战及打许多孤立据点。即是说,除平壤、元山、汉城、大丘、釜山等大城市及其附近地区我无飞机无法进攻外,其余地方的敌人,都可能被我军各个歼灭。即使美国再增几个师来,我也可各个歼灭之。如此便有迫使美国和我进行外交谈判的可能。或者待我飞机大炮的条件具备之后,把这些大城市逐一打开。如果敌人飞机对我的伤亡和妨碍,大得使我无法进行有利的作战,则在我飞机条件尚未具备的半年至一年内,我军将处于很困难的地位。第三,如果美国再调五至十个师来朝鲜,而在这以前,我军又未能在运动战中及打孤立据点的作战中,歼灭几个美国师及几个伪军师,则形势也将于我不利。如果相反,则对我有利。以上这几点,均可于此次战役及尔后几个月内获得经验和证明。我认为我们应当力争此次战役的完满胜利,力争在敌机炸扰下仍能保持旺盛的士气,进行有力的作战,力争在敌人从美国或他处增调兵力到朝鲜以前,多歼灭几部分敌人的兵力,使其增补赶不上损失。总之,我们应当在稳当可靠的基础上,争取一切可能的胜利。"[1]

毛泽东在这个电报中,对抗美援朝战争初期阶段可能出现的基本形势做了全面的分析判断。在此基础上,对战略和战役的指导方针、兵力部署、作战方法等都做了明确、详细的规定,这对于志愿军争取初战胜利具有重要意义。

毛泽东还决定将志愿军十三兵团领导机关改组为志愿军领导机关,任命邓华、朴一禹、洪学智、韩先楚为志愿军副司令员,解方为参谋长。调位于天津地区的第六十六军入朝,作为志愿军预备队。

志愿军司令员彭德怀按照毛泽东确定的作战方针和部署,发起了入朝后的第一次战役。

这次战役于1950年10月25日打响。后来,将这一天定为志愿军入朝作战纪念日。

25日上午,南朝鲜军第六师1个加强步兵营在北进中进入志愿军第一一八

---

① 《毛泽东军事文集》第六卷,军事科学出版社、中央文献出版社1993年版,第140~141页。

师伏击阵地, 志愿军经一个多小时激烈战斗, 将该敌全部歼灭, 并乘胜攻占温井。

26日, 各路敌军继续北进。其先头部队南朝鲜军第六师的第七团已占领鸭绿江边的楚山。

彭德怀命令第四十军第一一八师向该敌逼近。令第三十八军迅速向熙川前进, 歼击熙川之敌。同时命令第三十九军阻击云山之敌向熙川增援。

28日, 毛泽东致电彭德怀, 目前全战役的关键有两点: 一是确实抓住古场、楚山之伪七团不使逃脱, 如此则伪一、六、八师非增援不可, 有仗可打; 二是我3个主力军全部到齐并完成战役展开, 如此则我攻击时猛速有力, 保证歼敌。

28日晚, 志愿军第四十军对温井以东之敌发起攻击, 经一夜激烈战斗, 歼灭南朝鲜军4个营, 缴获榴弹炮20余门, 汽车60余辆, 俘敌400余人。

29日晚, 志愿军第一一八师向由楚山逃回古场之南朝鲜军第七团发起攻击, 将其击溃。此后志愿军的4个军进展都很顺利, 其中第四十军主力继续向南进攻, 第三十八军占领熙川后继续向球场洞方向进攻, 第三十九军对云山之敌构成了三面包围。

这时, 美国已经发现志愿军入朝, 但是仍然认为是象征性出兵, 兵力不大。因此, 敌人继续向北冒进。并将美军骑兵第一师从平壤调到云山、龙山洞地区, 以加强其西线进攻兵力。原位于西线的英军第二十七旅、美军第二十四师分别进至郭山、龟城地区。

根据敌军继续分兵冒进的有利时机, 彭德怀决心集中兵力各个歼灭云山、泰川、球场地区之敌, 并上报毛泽东。毛泽东当即复电彭德怀: 你们的部署是很好的。我方对敌人数量、位置、战斗力和士气等项均已明了, 我军已全部到齐展开, 士气高涨, 而敌人对我方情况则至今不明了 (只模糊地知道我军有四至六万人)。因此, 你们以全部歼灭当面敌人为目标是完全正确的, 只要我三十八军全军及四十二军一个师能确实切断敌人清川江后路, 其他各军师能勇敢穿插至各部分敌人的侧后, 实行分割敌人而各个歼灭之, 则胜利必能取得。

11月2日, 第三十九军攻占云山, 歼灭美骑一师第八团一部, 并在云山以南将美骑一师第八团直属队和第三营共700余人包围, 战至3日晚将该敌全歼。同时歼灭前来增援的美骑一师第五团一部。

我第三十九军在这次云山战斗中共歼灭美骑一师第八团大部、第五团一部和南朝鲜军1个团一部, 共2000余人, 缴获飞机4架, 击落飞机3架, 击毁和缴获坦克28辆、汽车170余辆、各种炮119门。

美军遭受这次打击后，撤退至清川江以南。

鉴于歼敌机会已失，而且所携粮弹已消耗将尽，彭德怀决定于5日结束战役。

此次战役共歼敌1.5万余人。其中俘虏敌人5268人（其中美军527人），缴获坦克12辆、汽车650辆、飞机4架、各种炮529门、各种枪4530支（挺）。

第一次战役很好地发挥了突然性的作用，打得敌人蒙头转向，措手不及，仅仅12天，就把"联合国军"从鸭绿江边打退到清川江以南，初步稳定了朝鲜战局。志愿军在朝鲜站住了脚，为朝鲜人民军赢得了整顿时间，并取得了同美军作战的初步经验。

志愿军出国后第一仗的胜利，在政治上和军事上产生了极好的影响，毛泽东深为欣慰，他致电前线将士，表示祝贺。

第一次战役结束后，敌人仍然对志愿军力量估计不足，麦克阿瑟企图集中兵力发动一次总攻势，以实现其在圣诞节之前占领全朝鲜的梦想。

针对敌人的企图，彭德怀决定举行第二次战役，并决定采取诱敌深入，集中优势兵力，各个歼灭进攻之敌的作战方针。

为增强志愿军作战力量，毛泽东决定调志愿军第九兵团入朝参加第二次战役。这样，志愿军总兵力达到9个军30个师，共38万人，在数量上已多于敌军。

战役开始前，毛泽东致电彭德怀，对第二次战役的作战方针、任务、部署以及应注意的事项等作了全面指示。毛泽东指出："德川方面甚为重要，我军必须争取在元山、顺川铁路线以北区域创造一个战场，在该区域消耗敌人的兵力，把问题摆在元山、平壤线的正面，而以德川、球场、宁边以北以西区域为后方，对长期作战方为有利。"①

毛泽东还指示彭德怀，以诱敌深入、集中绝对优势兵力各个歼灭敌人为方针，战前要充分作好战役准备。毛泽东说，美军陆战第一师战斗力据说是美军中最强的，我军以四个师围歼其两个团，似乎还不够，应以一个至两个师做预备队，九兵团的第二十六军应靠近前线，作战准备必须充分，战役指挥必须是精心组织的。发起攻击后，应估计到美军第二师、骑一师向东增援的极大可能性，当然也有继续北进或原地停止及退据清川江桥头阵地的几种可能。应充分注意敌空降部队在我后方降落。

---

① 军事科学院军事历史研究部：《抗美援朝战争史》第二卷，军事科学出版社2000年版，第77页。

毛泽东还特别叮嘱彭德怀要注意防空，保障领导机关的安全。

"联合国军"在清川江南岸稍加整顿后，于11月6日开始以部分兵力作试探性进攻。

志愿军以少部兵力与敌人保持接触，边打边撤，有意示弱，造成敌人的错觉，诱使敌人进入志愿军预定作战地区。

11月24日，敌人在其统帅麦克阿瑟亲自飞临前线指挥下，向志愿军发起所谓"圣诞节前结束战争的总攻势"。

进攻的前一天，正好是美国人的传统节日——感恩节。麦克阿瑟指令各部队进行节日聚餐，也是预祝这次进攻的胜利。前线各部队官兵分享了一顿丰盛的节日饭菜，据当时美国新闻媒体报道，其美味超过国内任何别的美国人。许多人喝得酩酊大醉。这与其说是为了节日的快乐，倒不如说是明天不知死活的伤感。

在麦克阿瑟看来，打到鸭绿江是一件富于象征意义的胜利，他要向东方巨龙和毛泽东炫耀美国的力量。

24日天一亮，麦克阿瑟向其所属各部队发布了一份早已准备好的公报：联合国军在北朝鲜对共产军的压缩包围，现在已临近关键时刻，今天上午，钳形攻势的西段发动了总攻，以完成包围并夹紧钳子。倘若能够成功，这实际上将结束战争，恢复韩国的和平与统一，使联合国军迅速撤离，并使韩国得以享有全部主权和国际的平等。我们就是为此而战。

麦克阿瑟的话说得倒也冠冕堂皇，充满必胜信念，这正是他一贯的习性。

公报发布后，麦克阿瑟立即登上"盟军最高司令号"座机，由日本飞到南朝鲜，前往第八集团军指挥部。

年已70高龄的麦克阿瑟，不顾寒风和疲劳，乘坐吉普车视察前线达5个小时。他对美军第二十四师的指挥官宣称，我已经向小伙子们的妻子和母亲打了保票，她们的丈夫和儿子将在圣诞节回家，可别让我当骗子。打到鸭绿江，我就放你们走。

可是这些美国大兵们哪里知道，麦克阿瑟正在把他们驱向死亡。

"联合国军"按照麦克阿瑟的命令，在飞机、坦克掩护下浩浩荡荡向北进发。

志愿军为了诱敌深入，有的打几枪就撤，有的干脆提前撤退，沿路故意扔些破旧装备、鞋子等，迷惑敌人，促使敌人放胆前进。

第一天，敌人还有点缩手缩脚，边搜索边前进。

第二天则加快速度，向北直冲。

可是一整天都没有看见志愿军的影子。

快天黑时，各路敌军照例安营扎寨，准备次日再进。他们刚拿起面包和香肠狼吞虎咽地吃了几口，突然周围传来了震耳欲聋的枪炮声。

这时，敌人才知道他们已经陷入志愿军的口袋阵。

25日黄昏，彭德怀指挥西线志愿军2个军向敌人侧后迂回穿插，同时用4个军从正面攻击敌人。我第三十八军和第四十二军，分别向德川、宁远迂回包围，将南朝鲜军两个师大部歼灭，打开战役缺口。我第四十军迅速插入敌人纵深，将敌人防御部署割裂。我第三十九军、第五十军和第六十六军向正面之敌发起进攻后，各歼灭了一部分撤退之敌。

26日，我第三十八军和第四十二军迅速向敌人后方实施战役迂回。敌人因害怕被歼灭纷纷后退。我第三十八军沿公路猛攻，粉碎了土耳其旅的阻击，在瓦院与美军展开激战。此时，该军第一一三师沿小路向敌纵深三所里前进。该师克服一切阻碍，14个小时前进70余公里，于28日8时进至三所里地区，紧接着又主动抢占龙源里要点，切断了价川之敌的退路。

29日，敌人开始全线撤退。被截断退路的美军第二师在飞机和坦克掩护下，向志愿军第一一三师阵地猛攻，妄想夺路而逃，同时美骑一师、英二十九旅由南向北接应，企图打开由价川南逃的通路。

志愿军第一一三师在优势之敌南北夹击之下，虽然伤亡很大，但仍顽强战斗，使南北之敌相距仅1公里而始终未能会合。

有一位美国随军记者作了这样的描述，美国第八集团军陷入混乱，11月26日这一天，第八集团军开始土崩瓦解。联合国军司令部指挥的不再是一场协同密切的攻势，它们被蜂拥而至的中国人四面包围，与上级指挥部的联系中断。美军第二师的指挥官，直到26日午后才知道该师溃败的严重程度。该师第三十八团团长佩普里上校，从他的指挥所看到，韩国军队的一个整团，正穿越美军阵地溃逃。这个韩国师已被中国人打散，他们的指挥官命令士兵逃到美军阵地，以保全性命。

这位随军战地记者继续写道，麦克阿瑟将军为了堵住战线突然出现的缺口，把几天前才来到朝鲜的5000人的土耳其旅紧急派往那里。此举就好像是用一个阿斯匹林药瓶的软木塞，去堵一个啤酒桶的桶口。这个可怜的土耳其旅，被匆匆地投入战斗，结果大部分人阵亡。美军第二师在其轮子无法转动的地区不能机动，在这些山岭中无法观察或联络，它遭到痛击，濒于死亡。这时，麦克阿瑟的目标显然已不再是抵达鸭绿江，他现在必须竭尽全力把第八集团军从灭顶之灾中解救出来。

美国这位战地记者的报道，真是妙笔生花，翔实可信，精彩动人。

说起第八集团军，它是美国的精锐部队，下辖骑兵第一师、陆战第一师、步兵第二、第三、第七、第二十四、第二十五师和一个空降团，共12.5万人。该集团军经过第二次世界大战锻炼，其陆战第一师和骑兵第一师是它的主力，战斗力最强，这两个师都是美国南北战争时期的老牌部队，至今仍沿用那时的老番号。

12月1日，敌人开始向三八线以南实行总退却。被我第一一三师截断退路的美军第二师，看到向南突围已经没有希望，即丢掉大量重型武器装备向西突围，除一部被歼灭外，其余分散逃跑。

我志愿军立即展开全线追击，于12日6日在追击中收复朝鲜首都平壤。

在西线激战的同时，东线志愿军第九兵团于11月27日黄昏发起进攻。第二十军、第二十七军在新兴里地区各歼敌一部，并在新兴里、柳潭里地区将敌分割包围。被围之敌大部被歼灭，残敌突围逃跑。

第九兵团在进攻中给美军陆战第一师和第七师以严重打击，歼敌1.3万余人。

第二次战役共歼敌3.6万余人，其中俘虏敌人8943人（其中美、英、法军3375人），缴获飞机6架、坦克78辆、汽车65辆、各种炮529门、各种枪11848支(挺)。

经过第二次战役，志愿军收复了"三八线"以北（除襄阳外）全部朝鲜领土。

在这次战役中，志愿军第三十八军对战役的胜利起了重要作用，打得英勇顽强。彭德怀在贺电最后特意加写了一句："三十八军万岁！"

经过两次战役的较量，中国人民志愿军发现美军的指挥并不怎么高明，甚至可以说十分笨拙。那位自以为了不起的麦克阿瑟，更是有点稀里糊涂，连战场上的基本情况都搞不清楚，直到这时，他仍然以为中国人民志愿军的司令员是林彪，而且以为林彪的指挥部在中国东北的长春市。

麦克阿瑟遭受中国人民志愿军连续两次打击之后，原先那种耀武扬威、不可一世的样子不见了。

美国各大报纸纷纷发表评论，惊呼："灾难降临了！""美国在朝鲜遭遇的是世界一流的军队"，"是继珍珠港事件后，美国最惨重的失败"。

美国舆论认为，美国在军事上和政治上都已经处于十分不利的地位。

15. 休想在中国面前耍花招

为了挽救败局，美国一方面命令麦克阿瑟在"三八线"进行新的防御部署，阻止志愿军继续进攻，另一方面向朝鲜战场增派新的力量，企图再次发动攻势。

这时，美国总统杜鲁门宣布，全国处于紧急状态，实行经济动员。

经济动员曾经是美国参加两次世界大战前的一个重要步骤。这一举动说明，美国看到了朝鲜战争的严重性，依靠现有力量想在短时间内结束战争是不可能的了。

但是，这一切都需要时间。美国害怕在完成新的部署之前，中国志愿军再次发动进攻，那他们可就顶不住了。

于是，美国阴谋策划了一个缓兵之计。

12月7日，印度驻华大使奉命向中国外交部转达信息：印度等13个国家，在数日内将向联合国安理会提出一个议案，即"交战双方先在'三八线'停战，以便能进行协商。如中国宣布不越过'三八线'，则可以得到这些国家的支持。"

毛泽东对周恩来说，很明显，这是美英等国在背后搞的一个小动作，没有什么诚意可言，把它顶回去！

战场打了胜仗，在外交上当然就更加硬气、自信了。

12月11日，周恩来针对13国提案表明了中国的立场：美军既然已经越过了"三八线"，因此"三八线"已被麦克阿瑟破坏而不复存在。

周恩来的言外之意很清楚：你美国休想在中国面前耍花招。既然你们挑起了战争，我们就要打下去，打到何时何地为止，那就由不得你们了。中国人民志愿军不能承诺不越过"三八线"。

美国见小动作不起作用，接着，又搞了一个大动作。

12月14日，第五届联合国大会在美国操纵下，通过决议：成立"朝鲜停火三人委员会"，用它来"确定满意的停火基础"，企图用这个办法强迫中国接受停火。

12月22日，周恩来就此发表声明指出："美国在侵略失败以后，赞成停战。远在朝鲜战事初起，中国政府就再三提议，一切外国军队撤出朝鲜，然而美国政府不但拒绝了这种提议，而且悍然不顾任何警告，趾高气扬地越过'三八线'。既然如此，为什么美国政府又表示愿意举行谈判解决朝鲜战事呢？不难了解，当美军登陆仁川港、越过'三八线'逼近鸭绿江的时候，他们不会赞成停战，只有在美国侵略军失败的今天，他们才会要求停战，这是为了使美国可以取得喘息时间，准备再战，至少可以保持现有侵略阵地，准备再进。""中华人民共和国中央人民政府郑重声明：中国人民亟望朝鲜战事能得到和平解决。我们坚持以一切外国军队撤出朝鲜及朝鲜内政由朝鲜人民自己解决为和平解决朝鲜问题的谈判基础。美国侵略军必须退出台湾，中华人民共和国的代表必须取得联合国的合法地位。这几点不但是中国人民和朝鲜人民的合理要求，也是全世界一切进步舆论的迫切愿望。朝鲜问题和亚洲重要问题的和平解决，离开这几点是不可能的。"①

美国政府万万没有想到，它本来是想用一个小小的"停火"饵料，诱使中国上钩，结果不但被中国揭露其阴谋诡计，反而使中国得到一个机会，向全世界宣示，他们对于全面解决朝鲜、中国台湾乃至亚洲问题的一大堆条件。

美国自找没趣，花招没耍成，反倒被中国扯掉了遮羞布，只好缩了回去。

毛泽东深深懂得，和美国这样的对手打交道，光靠打嘴仗不行，必须真正打痛了它，它才会老实一些。

于是，毛泽东命令志愿军继续向南进攻。

毛泽东在发给彭德怀的电报中说："目前美英各国正要求我军停止于'三八线'以北，以利其整军再战。因此我军必须越过'三八线'。如到'三八线'以北即停止，将给政治上以很大的不利。此次南进，希望在开城南北地区，即离汉城不远的一带地区，寻歼几部分敌人。"②

彭德怀收到毛泽东的电报后，一时陷入两难之中：从前线的实际情况考虑，不应该马上打第三次战役，因为志愿军入朝一个多月，已经连续打了两个战役，打到了"三八线"，战局发展之快，出乎所料。但是后勤保障等许多工作一时难以跟上，部队连续行军作战，严重减员，也很疲劳，需要经过休整补充后再战。从军事上讲，马上打不利。但是，从政治上考虑，需要马上再打一仗，把战线推到"三八线"以南更为有利。

怎么办？彭德怀经过反复思考，权衡利弊，认为军事要服从政治。应当动员各部队克服一切困难，咬咬牙再打一仗。

---

① 中国人民抗美援朝总会宣传部：《伟大的抗美援朝运动》，人民出版社1954年版，第82~83页。

② 《毛泽东军事文集》第六卷，军事科学出版社、中央文献出版社1993年版，第239页。

彭德怀向其他几位领导人说，既然毛主席下了命令要我们打，政治形势需要我们打，那我们就坚决打。但是，困难确实很多，所以一要打好，二要特别慎重，适可而止。

志愿军几位副司令员都同意彭德怀的意见。于是决定，放弃原来的休整过冬计划，立即发动第三次战役，打过"三八线"去。

彭德怀立即致电毛泽东，向他报告举行第三次战役的作战计划。彭德怀在电报中说，朝鲜战争仍然是相当长期的、艰苦的。敌人由进攻转入防御，战线缩短，兵力集中。我军目前仍应采取稳进的方针。为此建议：以4个军首先歼灭南朝鲜第一师，并相机打第六师，如果战役发展顺利，再打春川之南朝鲜第三军团。如不顺畅即适时收兵。

毛泽东复电同意彭德怀的意见，并指出，你对敌情的估计是正确的，必须作长期打算，速胜的观点是有害的。但是此时越过"三八线"再打一仗，然后进行休整是必要的。在战役发起前，只要有可能，即应休息几天，恢复疲劳（体力），然后投入战斗。总之，主动权在我们手里，不顺利则适时收兵，到适当地点休整，然后再战。

12月26日，毛泽东再次致电彭德怀，指出，南朝鲜军和美军一部已在北纬37度线至"三八线"之间站住脚，组成防线，我们不用走很远便能寻敌作战，这就应该改变原定朝鲜人民军两个军团深入敌后，分散敌人兵力的计划。因为南朝鲜军集中对我有利，分散则于我不利。如果人民军插入敌后，使敌人变更部署，不敢在37度线以北建立防线，而美军则可能放弃汉城，集中大田、大丘一带。那样，将使我作战发生很大困难，不易各个歼灭敌人。因此，不但人民军不要深入南部，而且志愿军主力也应当后退几十公里进行休整，以使敌人感到安全，以利尔后作战。

彭德怀按照毛泽东的指示定下战役决心：集中志愿军6个军实施进攻，并建议人民军以3个军团同时进攻，击破敌人在"三八线"的防御阵地，歼灭临津江东岸至北汉江西岸地区南朝鲜3个师，如发展顺利，占领汉城。

12月31日17时，志愿军和人民军共27个步兵师、2个炮兵师共30万人，在约200公里的正面上发起全线进攻，迅速突破了"三八线"敌之防御阵地，在歼灭南朝鲜军数千人之后，继续向敌纵深进攻。右翼集团第三十九军、第五十军、第三十八军、人民军第一军团正面的敌人纷纷向南撤退，志愿军展开全线追击。

左翼突击集团第四十二军不顾敌机轰炸，白天继续进攻。于1951年1月1日中午迂回到敌人战线纵深，切断了南朝鲜军第二师退路，协同第六十六军歼灭了南朝鲜军第二师和第五师共3个团。

敌人溃不成军，一片混乱。

时任美军第八集团军司令的李奇微在回忆录中这样写道，元旦上午，我驱车由北面出了汉城，结果见到了一幅令人沮丧的景象。韩国士兵乘着一辆辆卡车，正川流不息地向南涌去，他们没有秩序，没有武器，没有领导，完全是在全面败退。有些士兵是依靠步行或者乘着各种征用的车辆逃到这里来的。他们只有一个念头——逃得离中国军队愈远愈好。他们扔掉了自己的步枪和手枪，丢弃了所有的火炮、迫击炮、机枪以及数人操作的武器。我知道，要想制止这些连我的话都听不懂的、吓破了胆的士兵大规模溃逃，那是枉费心机。

李奇微在他的回忆录中还说，美军第十九步兵团的一个营，在其友邻韩国部队崩溃之后，也被卷入了无秩序的退却，我找这个营的伤员谈了话，发觉他们的情绪十分低落，没有美国士兵在伤势不太严重时通常所表现的那种重返部队的迫切心情。

李奇微心有余悸地回忆说，我当时的处境非常危险，在我的背后，是无法徒涉的汉江。我们有10多万联合国军和韩国军队，连同他们的全部装备拥挤在汉江北岸的一个狭小的桥头堡内。我感到压力很大的问题是，有可能很快出现这种情况，即数千名惊惶失措的难民会冲倒我们守桥的警卫部队，令人绝望地将桥梁阻塞。

无须多说，李奇微在他的回忆录中已经为我们勾画了当时敌人悲惨、混乱的景象。

中朝军队战斗至1月2日，向南推进数十公里，将敌人的防御部署全部打乱，敌人全线撤退，志愿军和人民军立即展开追击。

志愿军右翼集团在向汉城方向追击中，第五十军全歼英军第二十九旅1个营及1个坦克中队。第三十九军歼灭英军第二十九旅两个连。

1月4日，志愿军占领汉城，5日渡过汉江，继续追击逃敌。

志愿军左翼集团第四十二军于横城西北歼灭美军第二师1个连。第六十六军占领洪川，朝鲜人民军占领横城。

1月7日，敌人退至37度线南北地区。志愿军和人民军占领仁川、水源、骊川、原州一线。

这时，彭德怀觉察到敌人似乎是在有计划地撤退，以诱使我军深入其纵深，然后实施侧后登陆，南北夹击。

为了避免因南进太远而陷入不利地位，彭德怀当即决定停止追击。同时彭德怀也考虑到我军连续作战,部队极度疲劳,极需休整补充。如果再继续南进,使后方运输线进一步延长,可能要遇到更大的困难。

于是,彭德怀命令于1月8日结束战役。

第三次战役共歼敌1.9万人,其中俘虏敌人6334人(其中美军366人),缴获坦克25辆、汽车190辆,各种炮398门、各种枪6670支(挺)。

通过这次战役,在政治上,打破了敌人策划停火喘息、防止我军打过"三八线"的阴谋诡计;在军事上,粉碎了敌人固守"三八线",调整部署,然后继续北进,挽回败局的企图。同时进一步扩大了中国在国际上的影响。

中国人民志愿军和朝鲜人民军在短短的两个多月时间里,连续进行了3次进攻战役,歼敌7万余人,把"联合国军"从鸭绿江边打退到北纬37度线附近,并且攻占了汉城(今首尔)。

16. 美国低估中国的力量,陷入战争泥潭

中国志愿军第三次战役结束后,美国总统杜鲁门心中暗暗叫苦,他已经陷入无底的战争泥潭。

早在朝鲜内战爆发的第二天,美国总统杜鲁门就迫不及待地命令空军和海军介入朝鲜战争,第三天,他又操纵联合国安理会通过决议,向南朝鲜提供军事援助。同一天,杜鲁门通知国会两党领袖,说他已经命令美国部队进入韩国并支持到底。6月28日和30日,先后命令麦克阿瑟占领釜山,并授予他使用其所有部队的全权。7月1日,美国陆军第二十四师先头部队进入南朝鲜参加作战。这一切才仅仅用了6天,杜鲁门就麻利地干了一件惊天动地的大事。

而更使杜鲁门洋洋得意的是,他巧妙地绕过美国国会和避开了苏联在安理会的否决权,操纵联合国通过出兵朝鲜的决议。如果他不搞这两手不光彩的把戏,无论如何都不可能那么快地以联合国的名义出兵朝鲜。

按当时美国法律程序,发动一场大规模的战争,必须由国会授权宣战,而杜鲁门在作出决定并下达出兵命令之后,才向国会领袖说明情况。就连目空一切、抗命不从的麦克阿瑟,当时都感到吃惊。后来,麦克阿瑟在回忆这段历史时写道:杜鲁门总统"对作出关于朝鲜战争的重大决定的方式我很吃惊。没有

征询有宣战权的国会的意见，甚至没有同有关军事指挥官磋商"。

联合国宪章规定，禁止联合国讨论只关系一个国家内部两个集团间的冲突，因为这属于干涉任何国家的内政。所以，由美国炮制的联合国干预朝鲜内战的决议，是非法的，是对联合国宪章的公然破坏。当然，这样的决议需要有"巧妙"的手段才能获得通过。杜鲁门利用具有否决权的苏联缺席和六月份是蒋介石的代表担任"联合国朝鲜委员会"轮值主席的良机。当时，安理会5个常任理事国是：中国（蒋介石的代表）、苏联、美国、英国、法国。苏联代表因为驱逐蒋介石代表的提案被美国否决，从1950年1月30日起拒绝继续出席会议，而不能行使否决权（应当说这是个教训）。6个非常任理事国有印度、南斯拉夫、埃及、挪威、古巴（革命前）、厄瓜多尔。结果以7票对1票（南斯拉夫投了反对票，埃及和印度弃权）通过了杜鲁门想要的决议。

杜鲁门虽然"巧妙"地达到了出兵朝鲜的目的，但是他却犯了考虑不周、仓促决策的错误。他低估了中国的决心和力量，以为用不了多少兵力，在很短的时间内就可能占领全朝鲜而结束战争。杜鲁门没有想到，在毛泽东和中国人民面前会碰这样一个硬钉子，使美国陷入了消耗巨大的长期战争的泥潭。

提起哈里·杜鲁门，他高中毕业后当过银行职员，经营过农场，后来从军。第一次世界大战期间，当过炮兵连长，大战结束时，晋升为少校。复员后从政，1935年，当选为参议员，1945年（60岁）当选为美国副总统。当年4月，罗斯福总统去世，他成为美国第33任总统。

杜鲁门的经历，使他性格刚强、自信，易冲动，既善于独断专行，又喜好玩弄权术。在他的桌子上常年摆放着一块"决断在我"的字牌，作为座右铭。他是一个常常以实用主义对待国际事务的美国总统。

下令向日本广岛投下原子弹的是杜鲁门，搞美、日、蒋联合对付中国共产党的是杜鲁门，支持蒋介石打内战的是杜鲁门，在台湾问题上出尔反尔，抛出台湾"地位未定论"的也是杜鲁门，命令美国第七舰队进入台湾海峡的还是杜鲁门。

那时，一说杜鲁门，所有中国人就会咬牙切齿！

1946年12月28日，延安的新华社发表周恩来就杜鲁门的对华政策答该社记者问。周恩来说，杜鲁门露骨的援助蒋介石打内战的政策，其目的是想压服中国人民，使中国完全变成美国的附庸。

周恩来指出，不管杜鲁门如何强辩，实际上他是中国内战的制造者与鼓舞者。

1948年2月22日，新华社发表电文《中共中央发言人驳斥杜鲁门援蒋咨文》，痛斥杜鲁门援助蒋介石是为了延长中国内战。中共发言人指出："杜鲁门这只狼，现在还要披上羊皮说，美国是关怀中国的。"

就是这样一个坏上加坏的美国总统，在朝鲜问题上又一再表演他的拿手好戏。演出了一场猪八戒倒打一耙的丑剧。

人们都知道，《西游记》里的猪八戒手拿九齿钉耙，惯用倒打的把戏，殊不知，那大老美也有这一手呢！

1951年2月1日，也就是在志愿军第三次战役胜利结束后不到一个月，杜鲁门又利用手中操纵的联合国表决机器，通过了由美国提出的诬蔑中华人民共和国为"侵略者"的非法决议案。

这是最典型的倒打一耙、反咬一口的卑鄙行为。明明是美国出兵侵略朝鲜在先，中国志愿军为了抗美援朝、保家卫国在后，结果反倒是他们成了被侵略者，真是太荒唐了。

当联合国正式宣布中华人民共和国为"侵略者"之后，立即引起中国和国际社会的强烈反应：公理何在？正义何在？

2月2日，周恩来代表中国政府发表声明，全面驳斥了美国的提案。周恩来说，"联合国"竟然通过美国诬蔑我国的提案，显然是非法的，诽谤的，无效的。中国人民坚决表示反对。美国这一提案完全是颠倒是非，混淆黑白。明明是美国侵略朝鲜，侵略中国的台湾，却反说中国侵略朝鲜。明明是全世界爱好和平民主的人民主张制裁美国侵略，要求美军撤出朝鲜和中国台湾，而美国提案却反而要求对中国人民抗美援朝保家卫国的正义行动采取措施，反而要求中国人民志愿军自朝鲜撤退。美国提案号召其帮凶国家给它以一切援助，而不给中国以什么"任何援助"。中国人民从来就没有指望过美国及其帮凶国家的任何援助。相反，中国人民从此倒更清楚地认识美帝国主义的侵略野心，会更坚定自己以行动击败侵略者的决心，会更懂得为了对付美国及其帮凶们的扩大战争企图而采取一切必要的措施。

就杜鲁门的提案和联合国的决议案问题，苏联元首斯大林回答记者提问时说，我认为这是一个可耻的决定。确实，如果一个人断言侵占了中国领土台湾，并且侵入朝鲜的美国是自卫的一方，而保卫它的边境并力求光复被美国侵占的台湾的中华人民共和国倒是侵略者，那他必定是丧尽天良的了。

印度总理尼赫鲁也义正词严地说，正在为求得谈判解决而作各种努力的时候，通过这一决议，似乎是不明智的。因此，印度反对这个决议。

几个月后，联合国又通过一个由美国提出的决议案。对中华人民共和国和朝鲜民主主义人民共和国实行禁运。

美国如此步步紧逼，中国必须作出全面反击，进一步动员全国力量，给予美帝国主义更大、更狠的打击，否则，杜鲁门是不会善罢甘休的。

2月18日，毛泽东号召全国进一步掀起抗美援朝运动。他指出，必须在全国范围内继续推行抗美援朝的宣传教育运动。已推行者深入之，未推行者普及之，务使全国每处每人都受到这种教育。

紧接着，《人民日报》连续发表社论，指出，中国人民在抗美援朝期间已经兴起了空前高涨的爱国运动。只要四亿七千五百万中国人民一致团结起来，美帝国主义在朝鲜的侵略战争计划是完全能够打败的。全国人民必须再接再厉，把抗美援朝的伟大斗争继续进行到美国政府愿意和平解决的时候为止。

3月1日，毛泽东提出志愿军采取轮番作战的方针。他说，从目前朝鲜战场最近进行的战役中可以看出，敌人不被大部消灭，是不会退出朝鲜的，而要大部消灭这些敌人，则需要时间。因此，朝鲜战争有长期化的可能，至少我们应当作两年的准备。为粉碎敌人的企图，坚持长期作战，达到逐步歼灭敌人之目的，我中国人民志愿军拟采取轮番作战的方针。

其实，毛泽东在作出这个决策之前，就已经从西北、西南、华北等地区抽调9个军，编成第二番作战部队。

5月26日，毛泽东根据历次战役经验，提出对美、英军的作战方针。他指出，现在我第一线有8个军，每个军歼敌1个整营，共有8个整营，这就给敌以很大的打击了。假如每次每军能歼敌2个整营，共有16个整营，那对敌人打击就更大了。这样，再打三四个战役，即每个美、英师，都再有三四个整营被干净歼灭，则其士气非降低不可，其信心非动摇不可，那时就可以作一次歼敌一个整师，或两个三个整师的计划了。至于打的地点，只要敌人肯进，越在北面一些越好。

从毛泽东这三个指示可以看得出来，这是针对美国战线长，兵力不足，害怕死人的致命弱点，充分发挥志愿军人多，并且有广大的后方支援的优势，准备和美国长期干下去。首先把全国人民彻底动员起来，万众一心，投入抗美援朝运动中去；再把中国志愿军的强大后备力量编成多个集团，轮番作战，不急于求成，每次歼灭美、英军十几个营，用过去打日本鬼子的方法，集小胜为大胜，看你美国有多少人往这个没有底的泥潭里填，看你美国有多大力量能和伟大的中国人民长期较量！

17. 究竟谁怕原子弹?

经过两个半月的军事、政治较量,经过你死我活的激烈拼杀,中国人民志愿军把美国兵打得丢盔弃甲,被赶到"三八线"以南。

美国不仅在战场上连连失败,在政治上的"花招"和"倒打一耙""反咬一口"种种阴谋伎俩也被一个个揭穿了。于是,他们恼羞成怒,不惜要打原子弹了!

美国的一些人在失败后发出种种威胁。杜鲁门公开发表声明说,必要时可考虑使用原子弹来挽救危机,他想用核威胁来吓退中国人民志愿军。

对此,毛泽东一笑置之。

11月30日,杜鲁门发表了一个"关于朝鲜战争局势的声明"。他说,我们可能要节节败退,就像我们前次所遭受的失败一样,但联合国部队不打算放弃他们在朝鲜的使命。他同时表示:"我们一直在积极考虑使用它(指原子弹)。"

12月30日,麦克阿瑟向美国参谋长联席会议提出一个扩大战争的四点建议:

(一)封锁中国海岸。

(二)动用海军和空军轰炸摧毁中国的军事工业。

(三)调派台湾国民党军队加入朝鲜战争。

(四)要蒋介石指挥他的军队对中国大陆进行牵制性进攻。

当总参作战室的参谋人员将这些情报材料送呈毛泽东时,他看后随手掷于桌上,哈哈大笑,当即表示,我们的对手实在不高明,又来玩弄这老一套把戏了。美国这个靠发战争财,靠在世界大战中捡洋落儿起家的暴发户,它的领导人全是些一触即跳的家伙,没什么了不起。杜鲁门和麦克阿瑟的那些话都是吓唬人的,他们想靠扩大战争和使用原子弹搞讹诈,其结果只能使美国更加孤立,搬起石头砸自己的脚。

在座的周恩来说,以美国为首的联合国军绝不是铁板一块,杜鲁门如果真的要打核战争,恐怕他的伙伴不会那么死心塌地地跟他合作。

果然,美国的核恐吓没有吓倒中国的毛泽东,反而吓坏了他们的盟友。

杜鲁门发表想使用原子弹的声明后,立即遭到英、法等国的激烈批评,一时闹得满城风雨,吵得不可开交。

英国人担心，朝鲜战争失败将损害其自身利益，因此，公开提出"不应使美国的政策把英联邦牵累太深"，主张同中国谈判解决朝鲜问题。

英国议会下院工党100多名议员签名表示抗议。他们说，如果艾德礼政府对杜鲁门想使用原子弹的声明予以默认，他们就退出工党，使政府垮台。

一向积极反共的英国右翼集团，也一反常态，他们提出要结束朝鲜战争，要求英国政府和美国举行谈判，以限制联合国军在朝鲜的军事行动。

许多英国朝野知名人士，唯恐美国使朝鲜战争突然激化，把西方的主要力量陷在远东，而无力保护欧洲。丘吉尔在议会警告艾德礼：英国政府应当意识到我们及我们的盟国不要深陷于中国的问题之中，因为当前欧洲的危险无疑是我们面临的最大问题。

在艾德礼政府内部，也有许多人主张英国在远东问题上"应实行摆脱美国的独立政策"。

这时，英国首相艾德礼再也坐不住了，急忙跑到美国和杜鲁门举行会谈。艾德礼表示，我们应当从朝鲜和中国台湾撤退，并把联合国的中国席位还给共产党中国，可以将它带到正常的谈判中来，从而实现朝鲜停火，这不算是过高的代价。

而美国国务卿艾奇逊则反驳说，不相信中国人会停火，不能让大陆中国取得联合国席位，美国在台湾问题上绝对不能让步，美国的安全更为重要。

杜鲁门说，我们将在朝鲜继续打下去，如果我们得到别人支持那很好，倘若得不到，无论如何我们也要打下去。

很明显，杜鲁门在说大话，如果没有英、法等国家的支持，美国单独在朝鲜打下去，不仅政治上会更加孤立，军事和经济上它也消耗不起。

杜鲁门和艾德礼会谈争论很激烈。

然而，英国毕竟比美国矮一截，艾德礼未能说服杜鲁门。

艾德礼因拗不过杜鲁门而有点窝火，但他也达到了一个目的，杜鲁门答应："在没有与英国事先磋商之前，美国不会单方面决定使用核武器。"

艾德礼回到伦敦后，许多人对他与杜鲁门的会谈结果很不满意，认为他没有达到英国政府所希望的全部目的。因此，他们继续向艾德礼政府施加压力，要求他设法摆脱美国。

英国政府为了缓解国内压力，指示其常驻联合国代表，在安理会否决了台湾国民党代表提出的一项议案。该议案要求成立一个联合国委员会，用以调查蒋介石指控苏联通过支持和操纵中国共产党威胁远东地区的和平。

美国对英国在安理会投否决票这一举动大为恼火。

傲气十足的美国人怕打败仗，一打败仗其内部就乱套。

朝鲜战场上的失败，使美国统治集团内部的矛盾进一步加剧。杜鲁门要打原子弹和扩大战争的威胁，没有吓倒毛泽东，反而吓坏了他们美国人。

以美国共和党领袖塔夫脱为代表的一些人，抨击民主党的杜鲁门政府奉行"使美国在世人眼中威信扫地的政策"，招致"美国从来没有遭受过的最严重的失败"。

此时，美国社会舆论也出现了激烈的反战情绪，他们对美国总统和麦克阿瑟鼓吹使用原子弹及扩大战争的言论十分不满。许多报刊发表文章质问："这是一场私人战争吗？"

但是，美国一些好战分子的态度依然强硬。美国国会一些议员提出，"在中国开辟第二战场"，由国民党军从台湾向大陆进攻。与此同时，共和党领导人斯坦森专程到日本去会见麦克阿瑟，两个人秘谈后向新闻界发表讲话说，应向中国发出无条件停火的最后通牒，并在48小时内生效。如果中国不同意，就授权麦克阿瑟实行报复，他可以用任何方式攻击无论在朝鲜或在中国大陆的军事目标。

当有记者问是否可以使用原子弹时，斯坦森回答，我说的是以任何方式攻击任何军事目标，这包括了一切。

在这种情况下，美国总统杜鲁门认为失败似乎是无可奈何的了，但是他仍然主张，必须保持美国在亚洲的地位。

不久，麦克阿瑟发表了一个具有挑衅、讥讽意味的声明，说他随时都可以同敌人的总司令会晤，协商停战问题，如果他们在这一问题上不节外生枝，台湾问题和中国在联大席位问题，以及实现停战并非难事。接着麦克阿瑟又轻蔑地说，现在敌人一定已痛心地意识到，如果联合国不把战争只局限于朝鲜境内，而允许我们攻击中国的沿海和内陆基地，那么红色中国就会马上完蛋。

麦克阿瑟的声明一发表，立即引起世界许多国家的反对。就连一向不敢招惹美国的印度总理尼赫鲁也忍不住了，他表示，在印度，没有一个战场上的司令官能够为政府制定政策。相反，政策都是由政府自己制定的。

英国政府则正式通知美国政府：联合国军应该在"三八线"停下来。

英国外交大臣莫里森发表谈话说，和谈的适当时机已经到来，而麦克阿瑟却认为现在正是发动进攻的适当时机。

在各方的指责之下，美国国务卿艾奇逊同杜鲁门商议之后指出，麦克阿瑟对政治的参与已经"超越了他作为战场总司令的权限"。

这时，美英两国政府都有许多人要求撤销麦克阿瑟的职务。

当时，在美国毕竟是反共的主战派占多数。在国会山上，有人要求在中国开辟第二战场，由蒋介石从台湾向大陆进攻。麦克阿瑟当然支持这种扩大战争的主张。第八集团军司令李奇微也表示，这次悲惨的撤退，应该使国内那些麻木不仁的人猛醒过来。

此时，就连那个没有多少本钱向国际社会说话的韩国总统李承晚，也厚着脸皮叫唤："军队是想打仗的，大韩民国没有教会士兵后退，他们不懂得撤退的战术。但是，他们收到的命令却是后退再后退。这次从汉城撤退是不明智的，因此韩国有6名上校自杀，抗议从防御线撤退的命令。"

这个李承晚也算得上一个吹牛大王了。就在他讲话的前不久，美军第二师的指挥官还指责韩国军队一个整团从前线溃退下来，穿过美军阵地而制止不住的惨况。至于李承晚说的那自杀的6名上校，天晓得是自杀还是在逃跑时被追击的志愿军打死的。

这时的美国总统杜鲁门，进退两难，被弄得里外不是人。朝鲜战场上不断传来的坏消息，使他心惊肉跳；更糟糕的是后院起火，使他日夜不得安宁。

杜鲁门领导的美国政府处于两派内讧状态，国内的反对派势不可挡。共和党在国会选举中的胜利，使他失去了执政的根基。落选的参议员包括他在国会中3名最有力的支持者。而与之相反的是，共和党在国会中增加了一些强硬反共派和支持蒋介石的人物。理查德·尼克松便是其中之一。他们把1949年的所谓"丢失"中国的责任归罪于杜鲁门，要对美国国务院进行大扫除。这些人极力支持麦克阿瑟关于扩大朝鲜战争的主张。

由于朝鲜战争屡战屡败，由于国内政坛和社会舆论对朝鲜战争政策的不一致，杜鲁门政府也遭到民主党内许多人的非议和反对。在这样的政治背景下，杜鲁门只能沿着既不扩大对中国的战争，又要在朝鲜争取胜利，以谋求体面停战的路线走下去。

美国政府为了贯彻上述政策，在其国内积极扩大军事力量，扩大征兵范围，延长服役期限，增编现役部队，加紧向朝鲜增兵和运送各种作战物资。新上任的美第八集团军司令李奇微，在加紧布置纵深防线，以作退守之计的同时，积极整顿组织，调整部署，加强侦察，准备一旦有适当时机便立即发动攻势。

第三次战役结束后，志愿军和朝鲜人民军以部分兵力在汉城以南地区组织防御，掩护主力在"三八线"附近地域集结休整。

但是，仅休整一个星期，即从1月15日起，"联合国"军便开始进行试探性进攻，而且逐步扩大进攻的范围。经过不断侦察和反复试探，他们发现志愿军由于运输线延长，粮弹补给困难，已经到了不能有效作战的地步。按照这个判断，麦克阿瑟眼睛一亮：哈哈机会来了！感谢上帝，总算找到了挽救败局的出路，乘志愿军疲劳、补给困难之际，杀他一个回马枪，重新打回"三八线"，说不定这回可以捡个大便宜呢！

于是，从1月25日开始，"联合国"军在全线发起了大规模的进攻。

根据这个情况变化，彭德怀决定停止休整，进行第四次战役。

"联合国"军这次进攻，集中了5个军共16个师、3个旅、1个空降团，并集中了全部炮兵、坦克兵、航空兵，仅地面部队就有23万人的兵力。这次进攻的特点是：为了防止志愿军和人民军实施反击，造成被分割包围的状态，采取各部队互相靠拢，齐头并进，稳扎稳打的战法，力求东西呼应，互相支援，保持一条连续、完整的战线。针对中朝军队装备劣势和后方保障困难的情况，采取"磁性战术""火海战术"，始终与志愿军和人民军保持接触和猛烈的火力高压，以增加中朝军队的消耗。同时，加紧对朝鲜北方的交通运输线进行空中封锁和破坏。

志愿军和朝鲜人民军连续进行三次战役后的疲劳状况尚未得到改善，损失的大量兵员还没来得及补充。在这种情况下，毛泽东指示彭德怀，第四次战役应采取力争阻止敌人前进，稳步打开战局，一切作长期、艰苦打算的方针。

根据这一方针，彭德怀决定，采取"西顶东放"的作战方针，即以一部兵力在西线组织防御，牵制敌人主要进攻集团；在东线（南汉江以东）则让敌人深入，然后，集中主力进行反击，争取歼敌1至2个师，进而向敌纵深发展突击，从翼侧威胁西线敌人主要进攻集团，动摇其部署，制止其进攻。

由于情况异常复杂，随时可能出现意想不到的情况变化，为保证部队的稳定性，彭德怀和朝鲜人民军最高司令官金日成商定，把志愿军与人民军组成西、中、东三个集团。

中部和东部集团首先采取机动防御，诱使敌人冒进突出。然后，以中部集团在横城地区进行反突击，歼敌一部后，在东部集团配合下，向敌纵深发展，从翼侧威胁西线进攻之敌。

在东线，美军第二师、第七师、空降第一八七团及5个南朝鲜师分别向砥平里、横城、襄阳方向突击。志愿军第四十二军第一二五师及人民军第五军团节节阻击，且战且退。

2月9日，敌人进到砥平里、横城、乌项里、广川一线，其中进至横城以北的南朝鲜军第八师、第五师态势突出，兵力分散，利于我志愿军实施反突击。

于是，彭德怀决定向冒进突出之敌发起反击。

2月11日17时，志愿军第四十二军第一二四师迅速打开了反击突破口，向敌人纵深发展进攻。配属该军的第三十九军第一一七师，从第一二四师打开的突破口突入敌人纵深，然后，从西向东横插进去，截断了南朝鲜第八师的退路，对该敌形成包围。

2月12日，志愿军第四十二军、第四十军、第六十六军和第三十九军的第一一七师向被围敌军发起猛烈攻击，一举全歼了南朝鲜军第八师3个团，并歼灭了美军第二师和南朝鲜军第三、第五师各一部，另外还歼灭了4个炮兵营，共1.2万余人，其中俘虏7800余人。

这次反击的辉煌战果，可以从李奇微的回忆录中得到证实。李奇微说，中共军队发起了第四阶段的攻势，企图把我们撵入大海，我们被迫又放弃一些地区。在中共军队的进攻面前，美军第二师又一次首当其冲，遭受重大损失，尤其是火炮的损失更为严重。这些损失主要是由于韩国第八师仓皇撤退所造成的。该师在敌人的一次夜间进攻面前彻底崩溃，致使美军第二师的翼侧暴露无遗。韩国军队在中国军队打击下损失惨重，他们往往对中共士兵怀有非常畏惧的心理，几乎把这些人看成了天兵天将。脚踏胶底鞋的中共士兵，如果突然出现在韩国军队阵地上，总是把许多韩国士兵吓得头也不回地飞快逃命。

李奇微承认美军"遭受重大损失"，还算是说了老实话。但是，作为一个美国堂堂高级将领，也有不诚实的地方，他三番五次地把美军的失败归罪于韩国军队的仓皇撤退，不免给人一种推卸责任的感觉，此其一；其二，美国高级指挥官为什么总是叫韩国军队打头阵，把它们部署在一线或翼侧，来保护美军的安全呢？这一点美国人心里明白。

3月31日，中朝军队逐步转移至三八线附近地区，坚决抗击敌人继续前进。战至4月21日，最后将敌人阻止在开城、高浪浦里、三串里、文惠里、华川、杨口、元通里、杆城一线。

这时，敌人发觉志愿军第三兵团、第九兵团、第十九兵团已经到达"三八线"以北地区，他们随即停止进攻。

4月21日，第四次战役结束。

从1月25日开始到4月21日止，中朝军队在历时87天的防御作战中，共歼敌7.8万余人，其中俘虏敌人8984人（其中美军1214人），缴获坦克13辆，汽车619

辆、各种炮288门、各种枪6799支（挺）。

在近3个月的时间里，敌人只前进不足100公里，平均每天要付出900人的伤亡代价，才前进1.3公里。

与此形成鲜明对比的是，我志愿军向南进攻时，同样的距离，只用8天就打过去了。

在这次防御作战中，由于敌人采取"磁性战术"和"火海战术"，紧紧地同中朝军队保持接触，空中大量的飞机轮番轰炸、扫射，地面大量坦克掩护步兵连续攻击，进行没完没了的消耗战，使中朝军队的防御战打得十分艰苦，伤亡也较大（全战役共伤亡4.2万人）。但是由于中朝军队发扬了勇敢顽强的战斗作风，硬是和敌人顶了近3个月的时间，以较小的空间换取了较多的时间，掩护新入朝的志愿军各部队在"三八线"以北完成了集结和临战准备，为进行下一次战役创造了有利条件。

18. 讨价还价

第四次战役结束的第二天，即4月22日，志愿军又发起了第五次战役。

这次战役，中朝军队经过50天连续战斗，于6月10日战役结束。共歼敌8.2万余人，其中俘虏敌人7306人（其中美、英、法军2073人）。志愿军也付出了7.5万人的代价。

在第五次战役中，英军第二十九旅损失惨重。该旅的"皇家格洛斯特团"及配属该团的1个炮兵队、1个重坦克连被志愿军歼灭。其中，打死打伤第一营营长以下官兵129名（外国媒体报道59名英军被打死），俘虏卡恩斯团长以下818人；缴获各种炮26门，坦克18辆，汽车48台及大批军用物资。

英军第二十九旅，是英国饶有名气的一个战斗力颇强的部队，它曾经是蒙哥马利元帅麾下的一支精锐部队，参加过第一、第二次世界大战，历经数百次战役战斗，立下赫赫战功；第二次世界大战时参加了著名的诺曼底登陆作战，打得英勇顽强。可是，这次在中国人民志愿军面前却被打得落花流水，昔日的威风荡然无存。

当卡恩斯中校和另外两名军官被押送到志愿军第一九四师司令部作战科

时（笔者时任作战参谋，在现场参加审问俘虏），该师政委陈亚夫、政治部主任刘绍先直接用英语向他们讲解俘虏政策，卡恩斯连连点头，紧张害怕的神态渐渐消失，并伸手要香烟吸，要炒面吃。而且表示，没有想到共产党的师一级军官能够用英语和他们对话，令他们惊讶不已。

刚上任的"联合国"军总司令李奇微，对英军第二十九旅的惨败十分伤心和惋惜，同时他又一次把责任推卸在南朝鲜军队身上。

李奇微说，中国军队以一次突然的打击，把韩国军第一师赶到了后方，从而暴露了英军第二十九旅的左翼。尽管美军一再设法援救格洛斯特团的第一营，但该营仍被敌军切断后路而打垮，卡恩斯中校（他在该团服役已达20年之久）和他的部队在自己的阵地上英勇顽强地坚守了好几天，直至弹尽粮绝，后来该营仅有少数士兵跑回联合国军一边。

值得一提的是，事隔59年后，2010年11月11日，英国首相卡梅伦访问韩国时，专程到首尔以北临津江畔的"格洛斯特"山谷，敬献花圈并默哀。媒体报道说，在朝鲜战争中，发生于1951年5月的一次残酷战役中，英国军队被中国军队打败，大约59名英国军人在保卫阵地时阵亡。为纪念阵亡的英国军人，英、韩两国把这次战斗的遗址命名为"格洛斯特山谷"。

中朝军队并肩作战，从1950年10月下旬至1951年6月上旬，8个月内连续进行五次大规模战役，共歼敌23万余人，其中俘虏敌人36835人（其中美军6319人，英法等国军队1238人，南朝鲜军29278人）；缴获坦克187辆、汽车4954辆、装甲车5辆、飞机10架、各种炮3133门、各种枪4.5万支（挺）。

经过8个月作战，把以美国为首的"联合国"军从鸭绿江边打退到"三八线"，收复了朝鲜民主主义人民共和国的领土，为抗美援朝战争的胜利奠定了基础。

在第五次战役结束时，中国志愿军和"联合国"军将战线稳定在"三八线"附近。

在东线，"联合国军"多占了一些地盘；在西线，中国志愿军多占了一些地盘。相比之下，我们多占了一点便宜，韩国吃了一点亏，因为原属于韩国的西部重要城市开城，归属于朝鲜了。

这时，美国同英、法等参战国家之间以及美国统治集团内部，在要不要再次越过"三八线"和用什么方式结束朝鲜战争问题上，又发生了争吵。

英、法等国把重新回到"三八线"看作是结束朝鲜战争的"心理时机"，希望在"三八线"上实现停火，以谋求通过谈判解决朝鲜问题。

美国统治集团内部分成两派，一派倾向于英、法等国的主张，而另一派则坚持以军事手段解决朝鲜问题，一直打到建立美国控制下的"统一的韩国"为止，而且不惜为此把战争扩大到中国。

"联合国"军总司令麦克阿瑟竭力坚持后一种主张。

美国总统杜鲁门和国务卿艾奇逊都认为，"联合国"军好不容易才打回到"三八线"附近，这是进行一次"讨价还价"的最好时机。因为战前态势实际上已经恢复，美军在实力上同中国志愿军几乎旗鼓相当，现在"联合国"军可以用"平等的条件"进行讨价还价了。杜鲁门说，为了他们（中国）的利益（其程度至少同我们一样），也应该停止战斗了。

基于这样的考量，美国政府拟订了一个总统声明文稿，大意是：联合国统一指挥部准备进行能终止战争并保证不再发生战争的部署，其中包括外国军队撤出朝鲜。声明稿宣称：迅速解决朝鲜问题，就能大大地为减轻远东国际紧张局势而开辟道路，应按照联合国宪章中所规定的和平解决争端的程序来考虑这一地区的其他问题。

杜鲁门决定，在将这项声明文稿送交英、法及有关国家审查的同时，通知麦克阿瑟。

3月20日，美国参谋长联席会议致电麦克阿瑟，大意是：国务院正草拟一项总统声明，其要点是，联合国已肃清了韩国大部分地区的入侵者，现在准备讨论解决朝鲜问题的条件。联合国认为，在大军向"三八线"以北挺进以前，应进一步作外交上的努力，以便取得和解。这就需要时间来判断外交上的反应，并等待新的谈判的发展。鉴于"三八线"并没有军事意义，国务院已问过参谋长联席会议，你具有什么样的条件才能在以后几星期内取得充分的行动自由，以便保证联合国军的安全并与敌人保持接触。希望你表示意见。

第二天，麦克阿瑟复电国务院，对于叫他表示意见的要求不予理睬，只是再次抱怨对他指挥权的限制，使他根本无法扫清北朝鲜的敌人，或者不能做出任何明显的努力来达到这一目的。

又过了两天，更大的麻烦发生了。正当美国政府同其他国家政府商谈声明文稿时，麦克阿瑟却突然于3月24日自作主张地抢先发表声明。这个声明与杜鲁门总统准备发表的声明背道而驰，而且针对中国肆意进行挑衅和讥讽，如此，必然激怒中国。

麦克阿瑟尖刻地说，我作为司令官，在我的权限之内，我随时都可以和敌军司令员在战场上会谈，寻求不再继续流血而实现联合国在朝鲜的政治目标。

联合国在朝鲜的政治目标是任何国家都没有理由反对的。

美国国务卿艾奇逊指出,麦克阿瑟对政治的参与已经超越了他作为战地司令官的权限。总统的和平倡议本来是可以促使中国人作出积极反应的。而麦克阿瑟信口开河,他的声明无论如何也无法使人接受。各盟国认为这是一种难以置信的情况,他们不知道是谁在主管美国政府,他们怀疑这是有意的欺骗。

美国国防部长马歇尔愤怒地指责麦克阿瑟,说他给盟国造成一个非常严重的局面,使他们对我们美国如何行事完全摸不着头脑。杜鲁门总统想调整与盟国取得一致行动,但这一过程还未作完,战地司令官又提出另一套东西来,使总统的努力付诸东流。我尤其认为,麦克阿瑟造成了政府领导的信任危机。

在杜鲁门看来,由谁来主管美国的对外政策这件事,远比麦克阿瑟的声明所引起的这场外交风波更为重要。他认为,麦克阿瑟是对他这个总统和美军最高统帅的公然违抗,是对总统权力的挑战。

正在美国政府考虑如何将麦克阿瑟撤职之时,这个傲慢的总司令又扔出两个政治炸弹。他在同英国《每日电讯报》军事记者谈话时,对美国政府和国会露骨地表示不满。他说,我被束缚在一张人为的罗网之中,在他的军事生涯中第一次在打一场没有明确目标的战争,在"三八线"问题上是政客们侵犯了军人的职权范围。他所辖部队每月6000至7000人是在白白地送死和受伤。

几天之后,众议院共和党领袖约瑟夫·马丁,在众议院发言时,宣读了麦克阿瑟写给他的一封信。马丁的原信是说不在朝鲜利用蒋介石的军队简直是愚蠢透顶,麦克阿瑟在复信中赞扬说,你关于利用台湾的国民党军队的意见既符合逻辑,也符合传统。

马丁本来是想利用麦克阿瑟的信来增加自己发言的说服力,万万没有想到,杜鲁门总统听了之后立即满腔怒火,对麦克阿瑟大加指责,说他早已被清楚地告知,政府为什么不能利用蒋介石的军队,而现在他赞许马丁的话,等于是说我这个总统的政策不符合逻辑和违背传统。

当天晚上,杜鲁门在日记中写道:"麦克阿瑟通过马丁又扔出了一颗政治炸弹,这看来像是最后的致命一击,是卑鄙下流的抗命不从。"

第二天,在杜鲁门召开的政府高级会议上,国防部长马歇尔表示,麦克阿瑟早就该革职了。

参谋长联席会议主席布莱德雷说,参谋长联席会议一致认为,麦克阿瑟应该滚蛋。

于是,杜鲁门总统于4月10日签署了对麦克阿瑟的解职命令,同时任命李奇微接替他的职务。

杜鲁门在命令中说，我以总统和美军最高统帅的名义，非常遗憾地免去阁下的驻日盟军总司令、联合国军总司令、远东美军总司令、远东美国陆军司令的职务。请阁下将指挥权立即移交给李奇微将军。詹姆斯·范佛里特接替李奇微任第八集团军司令。

在美国国内和国外，有许多人为麦克阿瑟被解职而拍手称快，认为这是为避免朝鲜战争无限扩大而割掉的一个毒瘤。

可是，也有人为麦克阿瑟叫屈，李奇微就是一个。他哀叹道，麦克阿瑟将军被罢免了。事情是这样的突然，这样的不可抗拒，而且，还这样毫无必要地以粗鲁的罢免方式来公然伤害将军的自尊心。

李奇微还说，麦克阿瑟将军参加过第一和第二次世界大战，堪称是一位了不起的名将。

不管李奇微说的是真心话也好，表面文章也好，或两者兼而有之也好，这个我们无需多加考究，但是人们可以从李奇微的这段话里看到一个事实，即麦克阿瑟的结局是悲惨的。

麦克阿瑟之所以落得个如此下场，有两点是十分重要的：

一是，麦克阿瑟一再主张把朝鲜战争扩大到中国，反对美国政府主张在"三八线"上与中国谈判结束朝鲜战争。

二是，麦克阿瑟主张利用台湾的国民党军队，在中国大陆开辟第二战场，或者直接到朝鲜参战。

在这两个问题上，美国政府不同意麦克阿瑟的主张，并不是他们发某种善心，不想扼杀新中国，而是他们已经逐步认识到，新中国是扼杀不了的，那样做对美国反而不利。他们害怕在亚洲投入更多的力量会影响欧洲的安全，而且一旦把战争扩大到中国大陆，他们必将陷入人民战争的汪洋大海，掉进无底深渊，而苏联则可以乘机渔利。

关于利用台湾蒋介石的军队问题，美国政府认为，那些早就没有多少战斗力的国民党军，无论是进攻大陆，还是投入朝鲜战场，非但无济于事，反而会激发中共军队的斗志，如果这些国民党军队在朝鲜被消灭，台湾更加难保。

麦克阿瑟被撤职后，美国政府同英、法等国经过多次磋商后决定：在不扩大战争范围的前提下，稳步向朝鲜北部推进，待占领有利地区后，以实力政策为基础，或进行外交谈判，或继续其军事行动，以取得在军事上和政治上的有利地位。

很明显，这时美国政府的基本政策是，尽快从朝鲜战场脱身，以便在更大的范围内遏制共产主义。

此时，美国深恐战争长期化，因为他们虽然打着"联合国军"的旗号，有16个国家参战，但是除英国出兵较多外，其他国家都是象征性的出兵，在军事上实际意义不大。在前线真刀真枪地和中国军队打仗的是美国军队，蒙受损失最大的也是美国自己。老实说，这是美国最不愿意干的事。

如果战争长期拖下去，美国难以维持与英、法两国的联合局面，因为这两个欧洲国家更害怕因久陷朝鲜战场而丢掉自己的巢穴。所以美国急于寻找借口，选择对其有利的途径，与中国进行谈判议和，以便早日从朝鲜脱身。

这时，美国总统杜鲁门似乎正逐渐清醒过来。他意识到，美国如此把主要人力、物力长期陷在朝鲜战场，同其以欧洲为重点的全球战略是矛盾的。他没有忘记美国的主要对手是苏联，不能在苏联没有参战的情况下，把美国的力量全部消耗掉。同时，美国政府和军方已经感觉到，美军同中国人民志愿军交战8个月，打得难分难解，如果再这样长期打下去，将对美国更加不利。

在这种情形之下，美国统治集团已经认识到，单纯依靠军事手段解决朝鲜问题是不可能的。因此，美国政府开始谋求停战谈判。

19. 美国人撞了墙也得回头

中国有句俗话：不撞南墙不回头。美国人也是如此。

一开始，美国人就吹嘘要打到鸭绿江、攻占全朝鲜，结果尝到了撞墙的滋味，他们不得不回头了。

中国人民志愿军与"联合国军"在朝鲜战场经过五个回合的较量，双方大体上在"三八线"形成了战略相持局面。这时，战争双方的综合军事力量基本上旗鼓相当。

古往今来，战争双方一旦形成军事上的平衡、相持局面，往往是举行停战谈判的最佳时机。

此时，美国虽然急于同中国进行谈判议和，以便早日从朝鲜脱身，可是，他们又想保住自己的面子，妄图重演昔日帝国主义逼使中国签订不平等条约的美梦。

美国的企图是，在谈判中以其海空军的优势地位压中国屈服。

中国领导人毛泽东根本不买账。他的对策是：要谈就谈，要打就打；打谈结合，双管齐下；以打促谈，争取和，不怕打，不怕拖。

毛泽东的这一整套谈判策略是够厉害的，其中"打"和"谈"的辩证关系更是奥妙无穷，如此美国人怎么能不怕呢！

美国人撞了墙，很想回头，可是，一向以世界头号强国自居的美国，想和中国、朝鲜这样的弱国、小国在战场上平起平坐的谈判停战问题，他们怎么张嘴呢？他们既放不下架子，又拉不下脸来，也没有现成的沟通渠道，一时遇到了难题。

美国总统杜鲁门把寻找谈判门路的担子压在了国务卿艾奇逊的肩上。艾奇逊决定找一个中间人传话给中国，找谁呢？

后来艾奇逊承认："是啊，于是我们就像一群猎狗那样，到处去寻找线索。"

艾奇逊首先通过巴黎—柏林—莫斯科的秘密渠道试探，结果毫无反应；又通过美国—瑞典—莫斯科的渠道试探，同样没有回音。看来走莫斯科这条路是行不通了。

艾奇逊忽然醒悟过来：也许应当直接找中国，才能解开这道难题。于是，艾奇逊派国务院主管亚洲事务的一名官员，去香港寻找接触中国外交人员的机会，但是，仍然没有成功。

美国政府正在一筹莫展之时，艾奇逊忽然想起了国务院的顾问凯南。此人过去在苏联工作很长时间，对美苏关系颇有研究，同苏联驻联合国代表马立克很熟悉。凯南既不是政府官员，又与国务院保持密切联系，由他出面试探具有便利条件。

凯南受命后，立即致信马立克，要求作为朋友前去做私人拜访。

1951年5月31日，凯南和马立克两个人在纽约会面，几句客套和闲聊之后，很快转入正题。

作为一个外交家，马立克敏锐地感觉到，凯南似乎不是为了看望老朋友而来，但又不好明说。就这样，他们两个人进行了一次有趣的"私人"谈话。

凯南单刀直入：我们两国在朝鲜问题上，似乎正在走向一场可能是危险的冲突。这肯定不是美国的行动和政策的目的。我们也很难相信这会是苏联所希望的。

此时马立克全明白了，他开门见山地反问：既然美国的行动和政策会造成这样的危险,难道不应该改变你们的行动和政策吗?

凯南见谈话已进入正题,便慢条斯理地说:看来,中国人所引导的航向,不可避免地会导致这样的结果。不管北京是否希望这样,但对我们两国来说,似乎是要引向这样一种趋势。

马立克:是这样吗?我们曾经不止一次提出过解决朝鲜问题唯一办法,那就是双方停止敌对行动,撤出一切外国军队,朝鲜问题在没有外国干涉的条件下,由朝鲜人民自己去解决。

马立克指出:至于中国的行动,你们知道,中国曾经多次提出,朝鲜问题应该和平解决。而且当你提到中国时,难道你不应该回顾一下,杜鲁门总统去年6月27日的声明吗?你们派第七舰队进入台湾海峡,构成对中国的侵略,你们还剥夺中国在联合国的合法席位。

马立克一双锥子似的眼睛盯着凯南说:你应该知道,中国人民志愿军是在美军逼近鸭绿江直接威胁到它的安全时才进入朝鲜的。

凯南也是一个老资格外交官,反应极快:我说的是现在,即目前的危险趋势应该得到制止。而制止这种趋势的唯一办法,是双方的司令官进行停战和停火的谈判。我们很想知道,莫斯科对于这一形势的看法,也想知道如果有什么建议的话,那将是什么样的建议?

你来我往,两位外交官谈起话来,满嘴外交辞令,同时又十分准确,滴水不漏。

马立克沉着应对:你知道,苏联并没有介入朝鲜战场上的作战。

好一个厉害的凯南,寸步不让:是的,苏联介入还是没有介入,或者是以某种不同方式介入和介入多少,你比我更清楚一些。但这不是我们今天要探讨的主题。

马立克问道:那么你要说的主题是什么呢?

凯南回答:美国准备在联合国,或在任何一个委员会,或是以其他任何方式与中国共产党人会面,讨论结束朝鲜战争问题。

马立克又问:是恢复朝鲜战争战前的状态吗?

凯南答:是的,各自回到战前的位置。

马立克进一步说:一切外国军队应该立即从朝鲜撤离。你应该知道,立即撤退一切外国军队的问题,是没有商量余地的,但将来可以进行逐步从朝鲜撤退外国军队的讨论。

马立克指出:朝鲜问题是同整个远东问题连在一起的,美国的政策造成了一系列严重后果,它不仅是朝鲜问题,还有台湾问题,中国在联合国的席位问题,对日和约问题等等,都必须得到解决。

凯南强调:考虑到美国在日本和远东的一般利益,出于安全的考虑,美国不能容忍朝鲜落在美国敌对者的手中,同样的道理,我们也不能同意整个南北朝鲜落在共产党手中。

凯南加重语气,一句一顿地强调:在朝鲜停止军事行动的问题,应当作为一个单独的问题来解决,与其他广泛的远东问题无关。关于在联合国的席位,目前不可能谈及这些问题,包括整个朝鲜的前途问题,只能以后讨论。

马立克毫不让步:那是你们单方面的立场,这些问题必须列入讨论范围。

凯南摊开双手,耸了耸肩:很遗憾,今天我们两个人在这里无法讨论更多的问题。

说到这里,两个人的谈话就这样结束了。

马立克心里十分清楚,这位老朋友是奉命而来,而且是做了充分准备的。

凯南很兴奋,因为他要说的话全都说出来了,心里有一种完成外交使命的满足感。于是他匆匆飞回华盛顿。

两天后,凯南同马立克的谈话内容经由莫斯科传到了北京。

毛泽东立即召集周恩来等政治局常委商讨对策。

毛泽东表示,我们从来不拒绝谈判,问题是谈判的时机和条件是否对我们有利。看来,这件事还需要同朝鲜同志商量。

1951年6月3日,金日成应邀到达北京,同毛泽东、周恩来深入地讨论了事态的发展和应当采取的对策。双方一致认为,既然美国政府已经表示愿意举行停战谈判,我方不宜拒绝。但条件是,需要讨论撤退外国军队和朝鲜的前途问题。我们的基本方针是,充分准备持久作战,争取用和谈的方式结束战争。

于是,通过和平谈判解决朝鲜问题就这样开始运转起来。

6月23日,苏联驻联合国代表马立克在联合国发表谈话。他说,解决朝鲜的武装冲突,必须各方有和平解决问题的意愿。第一个步骤是,交战双方应该通过谈判,达成停火、休战的协议,双方把军队撤离"三八线"。

6月25日,美国总统杜鲁门发表演说,表示"愿意参加朝鲜问题的和平解决"。

6月25日、7月3日,北京的《人民日报》两次发表社论,明确阐述了中国政府的立场:中国历来主张、现在仍然主张和平解决朝鲜问题。我们完全赞同苏联驻联合国代表马立克提出的和平解决朝鲜问题的建议。

《人民日报》社论指出,显然,目前美国要扩大战争是力不从心的;如果他们愿意停止战争,就应当迅速按照中国和苏联迭次提出的公正合理的办法,和平解决朝鲜问题。

《人民日报》社论明确表示,毫无疑问,作为和平解决朝鲜问题的第一个步骤,马立克的提议是公平而又合理的。中国完全支持马立克的建议,并愿意为其实现而努力。

6月29日,美国国家安全委员会给联合国军总司令李奇微发去一个供他发表的声明文稿,并指示他必须一字不差地准确执行。

声明文稿的全文是:"奉总统指示,你应在30日,星期六,东京时间上午8时,经广播电台将下述文件向朝鲜的共军司令发出,同时向新闻界发布:'本人以联合国军总司令的资格,奉命与贵军谈判下列的事项:因为我得知贵方可能希望举行停战会议,以停止朝鲜的一切敌对行为及武装行动,并愿意适当保证此停战协议的实施。我在获得贵方对本文的答复以后,将派出我方代表并提出会议的日期,以便与贵方代表会晤。我更提议,此会议可在元山港一只丹麦伤兵船上举行。'联合国军总司令李奇微(签字)。"①

7月1日,北京中央人民广播电台播发了朝鲜人民军最高司令官金日成、中国人民志愿军司令员彭德怀给李奇微的复电:"联合国军总司令李奇微将军:你在本年6月30日关于和平谈判的声明收到了。我们受权向你声明,我们同意为举行关于停止军事行动和建立和平的谈判而和你的代表会晤。会晤地点,我们建议在'三八线'上的开城地区。若你同意,我们的代表准备于1951年7月10日至15日和你的代表会晤。"②

通过电文交往商谈,双方顺利达成如下协议:

(一)谈判地点:选定在"三八线"上的开城。

(二)谈判日期:从1951年7月10日开始。

7月10日上午10时,双方代表在谈判桌旁就座。

会谈一开始,美方就回避讨论主要问题,只是在谈判议程、记者采访、国际红十字会访问俘房营等一些枝节问题上绕圈子,并且提出:"会议所讨论之范围,只限于有关韩国境内纯粹的军事问题。"

而中朝方面一开始就提出了三项实质性的主要议题:

① 军事科学院军事历史研究部:《抗美援朝战争史》第三卷,军事科学出版社2000年版,第50~51页。
② 军事科学院军事历史研究部:《抗美援朝战争史》第三卷,军事科学出版社2000年版,第51页。

（一）双方同时下令停止一切军事行动。

（二）确定"三八线"为军事分界线，双方武装部队应同时撤离到距"三八线"10公里以外地区，"三八线"附近的民政，恢复1950年6月25日以前的原状。

（三）应在尽可能短的时间内撤退一切外国军队。

通过对议程的谈判，人们发现美方似乎并不想真正停止战争。就是说，美国还想再打一下。本来，在5月底凯南找马立克时，美国请苏联向中国转达美国的意向时，明显地急于谈判停火，而现在真的坐到谈判桌边来，他们又变卦了。

这真是一种奇怪的现象：打时想谈，谈时想打。为什么会出现这种现象呢？说穿了，就是火候还不到。

中国有句老话，叫做"瓜熟蒂落"。现在，朝鲜战场这个瓜似乎还没有熟透，还得再打下去。

这又是为什么呢？这就是美国固有的恃强凌弱的心态在作怪。有那么一些美国人，总觉得他们太亏了：作为世界头号强国，难道就这样同中国和朝鲜平起平坐地达成停战协定吗？这太有损于美国的体面了。因此，他们想继续进行战场较量，等到获得他们所希望的有利的战争局面，然后，以胜利者的姿态，在谈判桌上逼迫中朝方面签订对他们有利的停战协议。

20. 无理搅三分，图穷匕首见

果然如此，刚进入第二项议程（确定"三八线"为军事分界线）的谈判就卡壳了。中朝方面提出了一个原则性建议：以"三八线"为军事分界线，双方各自后退5公里，建立非军事区，脱离接触。

但是，美方不同意中朝方面提出的方案。他们提出一个反建议。

美国这个反建议一提出，简直是惊呆了中朝方代表。

美国建议，把军事分界线建立在志愿军防御阵地的后方，即开城以北至伊川、通川一线。

这真是离奇的方案，如果按照他们提出的这个方案划分军事分界线，志愿军和人民军就要从现有阵地后撤38～68公里。就是说，他们不打一枪，不伤亡一个人，就可以白白地从中朝方面获得12000多平方公里的地盘。

美方提出这种蛮横无礼的方案有什么理由吗？

一向傲慢不羁的美国人，为了他们光灿的脸面，为了他们常常挂在嘴边的所谓"国家利益"，还有什么理可讲。

中国有句大俗话："无理搅三分。"如今坐在谈判桌旁的美国代表就是这号人。既然是"无理搅三分"嘛，总是要找一点"理由"来搅一下，哪怕它是荒谬到见不得人的程度，也在所不惜。

请看谈判桌上一段精彩的对话：

美国代表霍治："我们所以反对以'三八线'为军事分界线，因为它只不过是一个地球上的纬度线，没有军事意义，没有可利用的地形，以它为军事分界线不利于建立防御阵地，也不利于部队的安全。根据地理条件，我方在东线后撤之后，难以重新攻取；而你方在西线后撤之后，则容易重新攻取。"

志愿军代表解方当即严词批驳："我们在这里到底是在讨论停止战争，以和平方式解决朝鲜问题，还是在讨论停一下火，然后再打更大的战争呢？"

这一质问，弄得美方代表张口结舌，无言以对。

然而，美国代表却继续狡辩，他们用更加荒谬的理由坚持自己提出的方案。

美方代表说："战场上的实际，除了有一个地面战线以外，还有一个海上和空中战线，地面战线仅仅是双方地面部队力量的反映。联合国军的海空力量占优势，所以，确定停战的军事分界线，只能在地面战线和海空战线之间来划定。我方占有海空军优势，必须在划定军事分界线时得到补偿。"

美方这种荒谬绝伦的理由是经不住驳斥的。

志愿军代表解方立即给予回击："凡是有一点军事常识的人都应该知道，朝鲜战场上的地面战线，是在敌我两军多次较量中形成的结果，它是双方综合军事力量的反映。你们的海空军力量占优势，而我方地面力量占有绝对优势。如果没有你们的海空优势，地面上早已经没有你方存在的余地了。如果说你方的海空军优势需要补偿，那么，我方地面部队的优势要不要补偿呢？"①

谈判会场突然沉寂下来，时间、空气似乎都凝固了。

美国和韩国代表表情尴尬，不知所措。

当美方的"海空优势补偿论"被驳倒以后，他们理屈词穷，好长时间说不

---

① 参见柴成文、赵勇田：《板门店谈判》，解放军出版社1989年版，第177页。（柴成文时任朝鲜停战谈判代表团秘书长、朝鲜军事停战委员会委员）

出话来。

于是，图穷匕首见，狰狞面目终于暴露出来。

美方代表霍治突然站立起来大叫："那就让飞机、大炮去辩论吧！炸弹、炮弹会说服你们的！"

霍治的话音刚落，美方几名代表夹起皮包退出会场。

正式谈判的第一天，就这样被美国代表闹得不欢而散。

第二天，"联合国军"总司令李奇微在东京的记者会上也发表威胁性的言词，他在回答记者提问时说："用我们联合国军的威力，可以达到我方代表所要求的军事分界线的位置。"

这么一来，那还有什么好谈的！

好吧！只能在战场上再分高低了。

从1951年8月18日开始，美方先后动用美军2个师、南朝鲜军5个师，在东线向朝鲜人民军80公里的防御正面，发动了大规模的所谓"夏季攻势"。

朝鲜人民军第一线6个师进行了顽强的抗击，经过3天激战，美军和南朝鲜军仅攻占前沿阵地几个小山头。3天后，敌人被迫从全面进攻改为重点进攻。

李奇微十分焦急。他命令美军第二师集中兵力，在强大炮兵和航空兵火力掩护下，采用多梯队轮番攻击战术，强攻朝鲜人民军几个阵地。

战斗非常激烈，有的阵地反复争夺十几次，最后终于打退了敌人的进攻。

人民军趁进攻之敌疲惫和立足未稳的有利时机，用两个师进行反击，夺回失守的阵地。

敌人为了挽救进攻的失败，从第二线调来美军战斗力最强的陆战第一师和南朝鲜军第五师，增强进攻力量。

从9月1日起，敌人用整营整团的兵力，发动所谓"对有限目标进行一连串的攻击"。

针对美军的强攻战术，朝鲜人民军采取"昼失夜反"的战术，不仅给予敌人大量杀伤，而且保住了阵地。

美军和南朝鲜军连续进攻4天，毫无进展。

这时，美军的指挥官有点沉不住气了，他们集中美军陆战第一师和南朝鲜军第八师，在大量飞机和炮兵的支援下，向人民军防御阵地12公里的狭窄正面连续猛攻。

坚守阵地的人民军，誓与阵地共存亡。他们的口号是："向中国志愿军战友学习！""杀退美国侵略军，保卫祖国每一寸土地！"

坚守851高地的朝鲜人民军战士们,英勇顽强,死打硬拼,与敌人反复争夺每一寸阵地。

美军陆战第一师在人民军阵地前面倒下大量尸体,寸步未进。

美军在无可奈何之下,又把进攻正面的宽度由12公里缩小到4公里,每天用4~5个营的兵力轮番攻击,又打了4天,仍然是寸步未进。

美军士兵悲哀地说,这个久攻不下的851高地,真是个"伤心岭"啊。

与朝鲜人民军在东线抵抗美军进攻的同时,中国志愿军为了配合人民军作战,在中线和西线进行了反击战,给予敌人大量杀伤。

从8月18日到9月18日,整整一个月,美军发动的"夏季攻势"被粉碎了。美军和南朝鲜军除了向后方运回一批批尸体和伤兵外,一点便宜也没有捞到。

中国志愿军和朝鲜人民军英勇奋战一个月,共打死打伤和俘虏敌人7.8万余人。

这就是美方谈判代表所叫嚷的"让飞机大炮辩论"的结果。

美军发动"夏季攻势",本来是想夺取东部战线大片土地,妄想把东部战线向北推移数十公里,以实现他们吹嘘的"用武力达到美方谈判代表所要求的军事分界线的位置"。结果,损失7万多人,寸土未得。这个结果,使美国人大丢面子。

但是,美军不甘心失败,又在9月底发动了更大规模的"秋季攻势"。

美军发动的这次"秋季攻势",有两个明显特点:一是把进攻目标集中在西线和东线的中国志愿军阵地;二是由美军和英军打头阵,没有使用多少南朝鲜军。

从9月29日开始,美军第三师,在飞机大炮掩护下,用60辆坦克开路,向铁原以西的志愿军第四十七军阵地猛烈进攻。

志愿军顽强抗击,打死打伤美军800多人,而他们只攻占志愿军1个排坚守的小山头,其余阵地屹立未动。

从10月3日起,美军加大了进攻强度,集中美军骑一师、第三师、英军第一师、泰国军第二十一团,在200多辆坦克、300多门大炮和大量飞机支援下,向西线的志愿军第六十四军和第四十七军正面40公里的防御阵地猛烈进攻。

志愿军第六十四军防守的马良山阵地,争夺最为激烈。在这个前线的骨干阵地上,志愿军与英国陆军第一师反复争夺,激战5天,阵地5次易手,最终英军第一师因伤亡过大(死伤2600余人),被迫停止进攻,马良山阵地寸土未失。

在志愿军第四十七军一个团的防御阵地前,美军骑一师和第三师重点进攻天德山阵地。经过三天激战，前沿阵地的一个山头被炸成焦土，志愿军战士大部伤亡，最后只剩下1名副团长带领十几名轻伤员坚守阵地。他们在杀伤大量敌人后，主动撤离阵地。美军在这个阵地前，倒下了4500多个伤兵和尸体。

美军在西线碰壁后，又转向东线志愿军第六十七军和第六十八军正面进攻。

美军第二师和1个法国营及1个南朝鲜师，在40多辆坦克掩护下，运用所谓"坦克劈开战术"猛烈突击。

中国志愿军第六十八军第二〇四师，集中全师反坦克火器，计76.2毫米野炮12门、57毫米无后坐力炮和90毫米火箭筒49门以及1个工兵连，组成反坦克大队，在4天的战斗中，共击毁敌人坦克18辆，击伤8辆，打破了敌人的"坦克劈开战术"。

有一个志愿军战士名叫胡连，潜伏在公路旁的丛林中，隐蔽、沉着地与敌人坦克缠斗，创造了用无后坐力炮一天击毁敌人坦克4辆的纪录，荣立特等功。

美军向志愿军第六十八军的进攻受阻后，又集中美军第七师和第二十四师及南朝鲜两个师，在14个炮兵营、200多辆坦克及大量飞机支援下，向金城以南的志愿军第六十七军阵地进攻，每天向志愿军阵地发射炮弹5万至10万发。

志愿军顽强阻击，同敌人反复争夺每一个阵地。他们采取边打边补充，白天抗击、夜间反击的战法，给予敌人大量杀伤。美军第七师只打了3天，因伤亡惨重而败下阵去。

中国志愿军经过近一个月的浴血奋战，至10月22日，粉碎了美军的"秋季攻势"，共打死打伤和俘虏敌人近8万人，击毁击伤敌人坦克47辆。

就这样，美方在1951年8月23日破坏停战谈判后，企图"用飞机大炮辩论"的方法，强行获得谈判桌上得不到的东西，结果碰得头破血流，到10月22日损失兵力达15万人。

敌人的"夏季攻势"和"秋季攻势"两次进攻彻底失败后，不仅前线官兵灰心丧气，也引起了美国高层的忧虑。美国参谋长联席会议主席布莱德雷不满地说：这种攻势在战略上是失败的，"李奇微所实行的占领个别高地的战术，不符合美国在远东的全盘战略。用这种战法，李奇微至少要用20年的光景才能到达鸭绿江。"

这真是对李奇微的无情批判。一些西方媒体抓住这个亮点，重新拿出李奇微在东京的记者会上发表的威胁性言词，大做文章。有的战地记者讥讽说，李奇微在差一天不到两个月前回答记者提问时说："用我们联合国军的威力，可以达到我方代表所要求的军事分界线的位置。"这只不过是又说了一次空话。

从此以后，"联合国军"在朝鲜战场上，就再也没有敢于发动这种全线性的大规模进攻。英国《星期日泰晤士报》11月18日发表文章评论道："美国谈判代表愈来愈明白，联军已经真的不能再用继续作战的办法，来获得进一步的利益了。"

21. 一波未平, 一波又起

由于美方在战场上一输再输，不得不重新回到谈判桌上来。

早在1951年9月中旬，敌人的"夏季攻势"遭到惨败时，美方对谈判的态度就开始有所转变，表示愿意恢复谈判。

1951年10月25日，中断了两个多月的谈判，终于在板门店复会了。

谈判虽然复会了，但是美方一再设置障碍，总想多占便宜，中朝方面当然不能轻易让步，于是，反反复复，一波未平，一波又起。

恢复谈判后的第一天，重新讨论关于军事分界线问题。

当双方代表坐定后，美方代表霍治又重新提出海空军优势需要补偿问题，想以此来表示他们在两个多月的战场上"飞机大炮的辩论"没有输。

志愿军代表解方当即把他顶了回去："我劝你还是不要再搞那套刺激感情的'补偿论'吧! 现在的问题是，我们决不能接受你方的无理主张，难道我们就这样僵持下去，无所作为了吗?"①

结果会谈又处于僵持状态。

其实，双方代表都有自己的底牌，但是谁也不肯把它先亮出来。

这时，奇怪而有趣的现象再次出现在会场上。

有点不善于辞令，但是倒也心直口快的美国将军霍治，出了一个可笑的主意。他说："我建议咱们现在丢硬币吧，各自选择一面，以其结果如何来确定谁先走下一步。"

当霍治看到中朝方面的代表们嘴角上略显冷笑之意后，不好意思地缩了

---

① 柴成文、赵勇田:《板门店谈判》，解放军出版社1989年版，第183页。

回去。

这是一种比"耐心"的竞赛。

在谈判桌上,虽然不能轻易让步,但是,为了早日获得和平,中朝方面不愿这样把时间让对方如此浪费下去。在经过几天试探之后,中朝代表团于10月31日提出一个"就地停战、稍加调整、确定军事分界线"的方案。

平心而论,这个方案合情合理,应该说可以达成协议了。

可是,美方仍然不死心,还想再占点什么便宜。

几天后,美方又提出一个所谓"针对中朝方案的折中方案"。

这个方案的核心,就是要求中朝方面把开城划到南朝鲜一边去。理由是,开城对汉城构成威胁,并说,如果开城不是在中立区之内的话,"联合国军"早就把它占领了。

这个所谓"理由",真是既荒唐又蛮横。

正像人们熟悉的那样:美国人很傲慢,也很霸道,凡是可以不讲理的地方他们就一定不讲理。

看来,还没有把美方打痛,所以,在谈判桌上他们是不会老实的。

为了加强对美方的军事压力,促进谈判,回击美国人的蛮横与嚣张,趁敌人夏季和秋季两次攻势刚刚失败之际,志愿军举行全线战术反击。

从1951年10月30日开始,志愿军第一线6个军,分别在各自正面选择敌人孤立突出的防御阵地,进行猛烈攻击。

至11月底,志愿军和朝鲜人民军在一个月的作战中,共歼灭敌人1万多人,攻占阵地21处,经过反复争夺,最后占领9处。

与此同时,志愿军第六十五军,在靠近板门店的开城以南地区,进行了两次扫荡作战,驱逐了盘踞在开城以南、汉江口以北地区的南朝鲜军,将志愿军阵地向前推进了280余平方公里,控制了汉江口北岸、临津江和砂川河西岸广大地区,扩大了我军开城前线防区(东部前沿阵地距板门店约2公里),使开城市更加安全。

在同一时间内,志愿军第五十军和人民军海防部队,在志愿军空军支援下,在西海岸进行了渡海攻岛作战,先后攻占了18个岛屿,清除了侵占朝鲜西部海域的敌人。

这些战场上的有力打击,使美方的态度软了下来。

其实,美国人内心也明白,他们想平白无故地要走开城是没有道理的。

当双方代表再次坐回到谈判桌边时,经中方代表严厉批驳后,美方放弃了对开城的要求，基本接受了中朝方面关于划定军事分界线的方案。

11月22日，按中朝方面提出的方案略作修改后，达成协议。

这个协议，就是以双方现有接触线为军事分界线。但是有效期为30天，如果在30天内停战协定未能签字，则由双方再次确定那时的接触线为临时军事分界线。说白了，就是30天以后如果未实现停战，不管是哪一方攻占了对方的阵地，都要按新的战线划分军事分界线。

值得注意的是，这个"30天有效期"的限制，是美方提出来的。这是因为他们过高地估计自己的力量，总以为依靠他们的海空军优势，可以把战线再向北推进几十公里。这也是美国人习惯性傲慢的自然反映。

然而，没过多久，他们就后悔了，因为后来的战线，不是向北而是向南推移，到停战协定签字前夕，原来的军事分界线已经做了3次使美国丢脸的调整。

军事分界线问题达成协议后，接着，谈判停战监督问题。

中国和朝鲜方面原以为这个问题比较好解决，没想到美方再次设置障碍，他们想通过监督来干涉朝鲜内政。

美方提出，对朝鲜的后方应进行空中和地面的自由视察，并且禁止朝鲜对飞机场和航空设备的恢复、扩充及新建。

对于这样一个重大原则问题，任何一个主权国家都不能接受。

严重的争论，再次使谈判陷入危机。

一方要干涉内政，一方坚决反对干涉内政，于是，双方在谈判桌边展开了针锋相对的斗争。

据历史资料记载，双方围绕主权问题出现了一场十分精彩的舌战：

志愿军代表：我们不能同意你方限制机场和航空设备的恢复、扩充及新建的建议，我们在这个问题上决不能让步，我方的内政不应受到干涉。

美方代表：现在我们正在用军事力量干涉你们的内政，你们修飞机场，修好了，我们给你们炸掉，你们再修，我们再炸。

志愿军代表：你们这种好战的理论荒谬到不值一驳，你们应该知道，即使你们使用空军狂轰滥炸，这也吓不倒我们，绝不允许你们侵犯我们的主权，干涉我们的内政。

美方代表：现在世界上没有什么完整的主权，完整的主权既不存在，又何必斤斤计较主权的完整和内政的不可干涉呢？

志愿军代表：这正是你们美国企图称霸世界的露骨表现，你们侵略别的国家，就是一再证明你们否认世界各国应该具有的主权。

美方代表：你们应当忘记主权、忘记内政这些支离破碎的名词。

志愿军代表：确实有些国家在你们美国的侵略和压迫下，已经没有了完整的主权，但是你们不要忘记，你们这种称霸世界的行为已经在世界不少地方碰壁。全世界爱好和平的人民为了国家的主权完整和独立，反对外来干涉而进行着英勇的斗争。

美方代表：停战总是要放弃一部分主权的，你们既然建议保证不从朝鲜境外进入任何军事人员、作战飞机、装甲车辆、武器和弹药，并邀请中立国家代表到双方同意的后方口岸进行视察，事实上就已经同意了我方对你方内政的干涉。

志愿军代表：这是一种荒谬的推理，是故意抹杀这样的事实：限制从朝鲜境外进入任何军事力量，并由与朝鲜战争无关的中立国家来进行监察，这本身就是限制外来力量干涉朝鲜的内政。我们这个建议严格地区分了朝鲜的对外关系与内政，它既能保证稳定的军事停战，而又不涉及双方内政的唯一办法。①

就这样，双方你来我往，互不相让，使停战监督问题一直僵持到1952年4月初仍未解决。

这时，美方开始要赖了。他们采取"到会即休会"的办法，阻挠谈判的正常进行。每次开会，不等我方代表坐稳，他们就宣布"建议休会"，并立即起身退出会场，有时进入会议帐篷不到半分钟，他们只说一声"休会"，扭头就走。

这恐怕是美国人创造的国际会议时间最短的纪录了。

与停战监督问题僵持的同时，战俘问题也开始在小组会议上讨论。

出乎许多人意料的是，战俘问题比停战监督问题阻力更大，以致成为停战谈判的最大障碍。

1951年12月11日，中朝方面按照国际惯例和《关于战俘待遇之日内瓦公约》，提出"停战后双方应迅速遣返全部战俘"的原则建议。

但是，美方却提出所谓"自愿遣返""一对一交换"的方案，企图扣留朝鲜和中国的战俘。他们提出所谓"一对一交换"方法。即如果一方交换完了，出现战俘名额不够时，就用平民顶替，再不够，就让那些无人交换的战俘自愿选择去向。

美方为什么提出这种稀奇古怪的遣返战俘方法呢？因为美军在仁川登陆后，截断了朝鲜人民军后路，他们俘虏的朝鲜人民军数量较多，而且有许多平民也被他们当作战俘拘留起来。美方想借此机会扣留一部分朝鲜战俘，补充韩国军队。另外，他们还想扣留一些志愿军战俘，送给台湾的国民党军队。

在我方战俘收容所的美、英战俘，当获悉美国提出这种"一对一"交换方

---

① 柴成文、赵勇田：《板门店谈判》，解放军出版社1989年版，第196~197页。

法后极为愤慨。他们向全世界发表公开信说："美方提案使渴望早日重返家园的美、英战俘陷入极大的失望，使战俘家属痛苦不安。虽然现在已经是20世纪，但在我们看来，我们却是被当作放在拍卖台上的商品进行买卖交换。"

在这里有必要引述早已被世界各国承认并成为国际惯例的《关于战俘待遇之日内瓦公约》。

《关于战俘待遇之日内瓦公约》规定："战争结束后，战俘应该毫不迟延地释放并遣返"，"在任何情况下，战俘不得放弃公约所赋予他们的权利之一部或全部"，这是世界各国公认的有效法律，可是，美国却肆意加以破坏。

于是，在谈判桌上一场新的唇枪舌剑之争又开始了：

志愿军代表："一对一交换"等于是人口买卖。

美方代表：我们可以让步，把"一对一"改为"同等数量交换"。

志愿军代表："同等数量交换"和"一对一交换"是一回事，其本质都是"自愿遣返"。所谓"自愿遣返"，是戕害战俘的真正的自由意志，是干预战俘们的政治信仰，违反了日内瓦战俘公约全部遣返战俘的规定。

美方代表：我们可以做些让步，把"自愿遣返"改为"不得强迫遣返"。

志愿军代表：严格按照日内瓦公约办事，是所有签字国必须遵守的义务，怎么能把它污蔑为"强迫遣返"呢？[1]

会场一片沉寂。

美方代表被驳斥得张口结舌，一时无言以对，他们在正义面前理屈词穷了。

这时，美方代表霍治又沉不住气了，他急不择言，露出了美方代表团的真意。霍治大声嚷道，释放全部战俘就等于增加了你方的军事力量。

志愿军代表立即抓住对方的霸道言论，加以揭露和批驳：这说明你们真正关心的不是战俘的人权与幸福，而是武力和战争！

战俘谈判小组委员会开了50多次会议，毫无进展，处于完全僵持状态。

与此同时，有关限制修建机场问题的谈判也毫无进展。

在这种情况之下，美方代表竟然于1952年4月25日提出"无限期休会"。

朝鲜停战谈判出现这种局面，与美国国内的政治有直接关系。1952年4月上旬，北约盟军最高司令艾森豪威尔回国竞选总统，李奇微到欧洲去接替他的职务。

此时，杜鲁门总统任命克拉克为新的"联合国军"总司令。

---

[1] 柴成文、赵勇田：《板门店谈判》，解放军出版社1989年版，第214页。

李奇微在离职前发表声明,关于停战谈判问题,他仍然坚持其强硬的顽固立场,蛮横无理地说:"美方谈判代表提出的方案,不容许作实质性的更改,这是极其重要的事,不管敌方对个别问题坚持什么意见,联合国军提出的办法都需要共产党方面全盘接受。"

看! 这就是美国人的霸道行为。

新上任的克拉克,似乎和麦克阿瑟一样鲁莽。他一走进东京的"联合国军"总部,就摆出一副盛气凌人的架势,迫不及待地向美国总统提出三条建议:

第一,加速增强韩国的军事力量。

第二,使用蒋介石的军队到朝鲜作战。

第三,必要时向中共投掷原子弹。

其实,克拉克的建议,并不是什么新鲜玩意儿,杜鲁门总统早已经想过多时了,他觉得这些都不是解决朝鲜问题的有效途径,而且会带来极大的风险,所以没有理睬克拉克的建议。

战场上及谈判桌上的僵持局面都难以打破,克拉克心急如火。

怎么办?

克拉克真是新官上任三把火,他的屁股怎么也坐不下来,总希望找到一个办法压服中国和朝鲜,从而能够在他的名下赢得光荣的停战。

克拉克同他的参谋班子朝思暮想,终于炮制出一个"克拉克八点行动计划":

(一)轰炸鸭绿江畔的水丰发电厂。

(二)轰炸平壤。

(三)轰炸平壤至开城的交通供应线。

(四)轰炸朝鲜境内的所有大小目标。

(五)释放反共战俘。

(六)中断谈判。

(七)加强李承晚军队的实力。

(八)调用蒋介石军队。[①]

1952年6月11日,美国参谋长联席会议指示克拉克,释放38000名被拘留的朝鲜"平民战俘",同时指令他一定要保密。

6月23日,美国空军出动飞机590架次,轰炸水丰、长津等发电厂。

---

① 军事科学院军事历史研究部:《抗美援朝战争史》第三卷,军事科学出版社2000年版,第247~248页。

7月11日，出动飞机746架次轰炸平壤。

美国导演的这一系列行动，使停战谈判无法再继续进行下去。

《美国新闻与世界报道》发表文章指出："美方现在无意进行谈判了。"《指南针日报》则称："美国对于停战的后果感到踌躇不安，因为，这意味着扩军的松弛。"

请注意！《指南针日报》指出的"美国对于停战的后果感到踌躇不安，因为，这意味着扩军的松弛。"这就是美国在谈判桌上一拖再拖的根本原因，同时也是"美国不能没有敌人"的真实写照。说来说去，美国之所以拖延谈判，是因为在美国谈判代表团背后有一个庞大的军火集团，朝鲜停战与否和他们的利益得失有直接关联，他们最害怕的就是因停战而引起"扩军的松弛"。

如此看来，只有到战场上去打破这种僵局了！

22. 他们也是怕打的

战俘问题的谈判僵持不下，美方代表又宣布"无限期休会"，在这种情况下，总得给美方施加一点压力，否则他们是不会老老实实地坐到谈判桌上来的。

为了打击敌人的嚣张气焰，毛泽东指示志愿军开展群众性的冷枪冷炮运动，大量杀伤敌人。

可能有人会觉得，靠这种零零散散的冷枪冷炮能打死几个敌人？它能有多大的作用？

请不要小看毛泽东提倡的这种作战方法。

对付敌人，打击对手，毛泽东是有一套的。开展冷枪冷炮运动，过去打日本、打国民党都用过，是毛泽东的传统战法之一，它可以集小胜为大胜，自有其厉害之处。

这种"群众性的冷枪冷炮运动"，就是以杀伤敌人为目标，各部队选择距离敌人最近的、便于发扬火力的位置，隐蔽地构筑单枪（特等射手操纵的步枪、机关枪）、单炮（火箭筒、无后坐力炮、六〇迫击炮、八二迫击炮），构筑临时发射阵地，当有利目标出现时，突然射击，打完立即撤回或就地隐蔽。

遵照毛泽东的指令，志愿军一线各部队，广泛开展了冷枪冷炮的活动，对敌人暴露的人员、车辆、坦克、火炮等，以各种有效火力予以突然的杀伤和摧毁。有时还派遣侦察小分队，摸到敌人的阵地附近，捕捉其哨兵和零散人员，偷袭敌人靠近前沿的某些场站，伏击敌人分散活动人员，或杀伤之或俘虏之，并以此限制敌人特别是军官在阵地上的活动，扰乱敌人的军心，使他们日夜胆战心惊，不敢轻易出来活动。

志愿军运用这种作战方法，在不到1年的时间，共毙伤敌3.9万余人，并摧毁敌人许多火炮和各种车辆，大大恶化了敌军阵地的环境，使敌人肉跳心惊，气恼沮丧，特别是其军官更不敢轻易到前线活动。

通过这些方法，志愿军还挤占了一些敌我阵地之间的中间地带。

而志愿军自己除了消耗一些枪弹、炮弹之外，几乎没有什么人员伤亡。这真正是本钱小、利润大的好生意呢！

为了进一步惩罚敌人，在克拉克实行其"八点行动计划"不久，毛泽东还命令志愿军进行全线性的战术反击，在反复作战中消灭敌人。

这种"战术反击作战"，是志愿军在和敌人对峙的状态下，分散进行的小规模的阵地进攻战。就是志愿军对敌人第一线防御阵地的孤立据点，经过详细侦察，精心选择易于攻取的目标，集中优势的兵力和炮兵火力，于夜间突然发起攻击，将守敌全部或大部歼灭，速战速决，打完就撤。当敌人重新占领后，再次攻击；敌人再占，再攻。就这样，在反复作战中大量歼灭敌人有生力量，从而使许多阵地最终被志愿军占领。

这种阵地进攻战，因攻击目标较小（一般为敌人的排、连防御阵地），志愿军的兵力、火力占绝对优势，所以成功率很高，付出的伤亡代价也较小。

毛泽东把这种作战方法叫"零敲牛皮糖"。"牛皮糖"是中国南方一种街头食品，以此形容零打碎敲的意思。毛泽东在接见志愿军高级干部时说，我们湖南家乡用稻米精制的一种黏力很强的传统糖块，一般是几斤或十多斤一块，名叫牛皮糖，糖味很甜，群众很喜欢吃，但必须用铁锤一小块一小块地敲下来，才便于吃。

毛泽东接着说，我们志愿军是不是可以用零敲牛皮糖的方法来对付敌人？对美军、英军作战，就是口不能张得太大，必须采取敲牛皮糖的办法，一点一点地去敲它。

毛泽东强调，兵无常势，水无常形。在军事科技手段日新月异的现代化战争中，我们不能抱着老的作战经验不放。我们在国内战场上连续打了20多年的仗，取得的作战经验毕竟来自现代化程度不高的国内战场。我们用老办法打歼灭战就不适应新情况了。美国的李奇微接受了教训,动了脑子,发明什么"磁性战术""火海战术"来对付我们。我们也要来个魔高一尺,道高一丈。

当时在开城前线驻守的是志愿军第六十五军,这个军按毛泽东"零敲牛皮糖"的指示,大显身手,在板门店谈判帐篷旁边,多次大演精彩的"敲糖"战术。

"三打红山包"和"67高地攻防战"就是其中的两个典型战例。

红山包,原名西场里北山,因敌我反复争夺,山上的松树和杂草被炮火轰击而烧得精光,山头上的土石被打红了,所以人们叫它红山包。这个山头由南朝鲜军陆战第一团防守(归美军陆战第一师指挥),它是敌人前沿比较孤立突出的一个阵地,距离板门店约8公里。

那时,志愿军第六十五军的防御阵地很特殊。在朝鲜战场,其他各军都和敌人呈北、南方向对峙状态,唯独第六十五军和敌人西、东对峙。该军第一线防御阵地左翼是第一九四师(当时笔者在该师工作),这个师防御阵地前沿的左前方不远处就是板门店谈判的会场区。就是说,这个师所进行的战斗,都在板门店的视野之内。白天战斗激烈时,双方谈判代表曾经多次走出会议帐篷看"热闹"。

因此,志愿军第一九四师的战斗打得好坏,对谈判双方有着直接的影响,从而使这些战斗的政治性也特别强。

1952年9月6日夜,志愿军第一九四师第五八二团,用一个加强连的兵力,在优势的炮兵火力掩护下,向红山包之敌突然发起攻击,经过24分钟战斗,全歼守敌54名,攻击部队当夜撤回。

第二天,敌人重新占领该阵地。

9月19日夜,我第五八二团第二次攻击红山包,全歼守敌77名,战后留1个排坚守该阵地。第二天上午,敌人在18辆坦克和飞机、大炮掩护下,进行反击。在连续击退敌人6次冲击、杀伤敌180余人后,主动撤回。

敌人再次占领该阵地。

10月2日,我第五八二团第三次攻击红山包,全歼守敌61名。

从此,敌人再也不敢反击了。我军最后占领了这个阵地。

在第三次攻打红山包的同时,志愿军第五八二团还攻占了与红山包相邻的67高地。这个高地是敌人前沿阵地的一个制高点,也是这个地区敌人的骨干阵地之一。

志愿军第五八二团占领67高地后,红山包就能够稳固地被我军占领,可以把我军阵地向敌方推进数公里。

因此，敌人拼命反击，想一举夺回67高地。

从10月3日至6日，敌人每天出动几十架飞机、几十辆坦克，在3个炮兵群的支援下，连续不断地反击，但是都被志愿军击退。

10月5日上午9时，美军陆战第一师调来了3辆喷火坦克（朝鲜战场并不多见此种坦克），向山上猛烈喷火，顿时大火熊熊，加上敌人飞机投掷的汽油弹，把67高地变成一片火海，志愿军战士大部分壮烈牺牲，敌人夺回67高地。

但是仅一个小时后，又被前来增援的志愿军两个小分队夺了回来。

这一天的战斗最为激烈，在板门店谈判的双方代表团人员和各媒体记者，都走出帐篷观战。

当67高地被敌人夺回去时，美方代表一齐鼓掌。

但是没过多久，又被志愿军夺了过来，这时美方人员都懊丧地蹓回帐篷，中朝代表团则高兴地鼓起掌来。

这真是一出精彩的好戏。

三打红山包和67高地攻防战，共歼敌2000多人，并将我军阵地推进到敌方砂川河以东数公里。

志愿军谈判代表团总负责人李克农，在获悉三打红山包和67高地攻防战的胜利后，立即打电话，向六十五军军长王道邦和一九四师师长赵文进表示祝贺，随后又邀请两位领导陪他到参战部队慰问。

李克农对五八二团团长张振川和在场的人员说："你们的卓越指挥和英勇战斗，取得了很大的胜利，这些胜利，有力地支持了我们谈判的立场，打击了敌军及美方代表哈里逊的嚣张气焰。我代表谈判代表团的全体人员向你们表示热烈的祝贺和感谢！"

战术反击作战从1952年9月18日开始，至10月31日结束，在一个多月内，志愿军和人民军先后对"联合国军"的63个连、排防御阵地及少数营防御阵地进攻80次，击退敌人反击486次，经过反复争夺，占领敌人阵地17处，共毙伤俘敌2.8万余人，击落敌人飞机183架，击伤敌人飞机241架，缴获坦克67辆、各种炮32门。

这种小型的阵地进攻战，就每个战斗来说，是战术性的，从整个战线来说，又是战略性的。在一个多月的作战中，志愿军打得非常活跃，弄得敌人惊慌失措，十分狼狈，致使敌人8个师频繁调动，疲于奔命，从而使中朝军队进一步掌握了战场主动权。

　　毛泽东在祝贺志愿军这一重大胜利的电报中说，此种作战，在若干个被选定的战术要点上，集中我军优势的兵力和火力，采取突然动作，对成排成连成营的敌军，给以全部或大部歼灭的打击；然后在敌人向我军举行反击时，又在反复作战中给敌以大量杀伤；然后依情况，对于被我军攻克的据点，凡可以守住者固守之，不能守住者放弃之，保持自己的主动，准备以后的反击。

　　毛泽东强调，此种作战方法，继续实行下去，必能制敌死命，必能迫使敌人采取妥协办法结束朝鲜战争。

　　对于打仗，毛泽东确实有他独特的一套；对于在战争中进行谈判，毛泽东也是有丰富经验的，过去和蒋介石进行过多次谈判，但是和美国人直接进行停战谈判还是第一次。

　　美国人和蒋介石大不一样，他们以世界强国自居，财大气粗，手里有原子弹，有高度现代化的军队，又有一些资本主义国家的支持，和这种对手进行谈判是相当不容易的。

　　但是，美国人也是怕打的，只要打痛了他，打得他无路可走时，他也只好认输。正像毛泽东后来所说的那样：没有这一条，同他们讲和是不容易的。美帝国主义者很傲慢，凡是可以不讲理的地方就一定不讲理，要是讲一点理的话，那是被逼得不得已了。

　　毛泽东就是按照这样的思路，来指导志愿军谈判代表团同美国人进行停战谈判的。在坚持有理、有利、有节的原则下，以打促谈。

　　而美国则是想利用他们现代化的优势装备，发动强大的进攻，以此种办法压中朝方面接受他们提出的条件。这样一来，就使双方的打谈斗争十分紧张激烈。

　　这时，在板门店的几个谈判帐篷内外冷冷清清。有关战俘问题的谈判，由于美方一再破坏，搞得越来越僵；其他议程的谈判也处于停顿状态，有关停战的条款，虽然已经达成了文字协议，但美方拒不签字。

　　到了1952年10月8日，连代表团会议也无限期休会了。

　　为此，金日成和彭德怀致函克拉克，建议恢复谈判。

　　但是却遭到美方拒绝。

　　这样，整个停战谈判完全中断，陷入破裂的边缘。

　　美国到底想干什么呢？当初他们迫不及待地找中国谈判，现在他们又如此无理拖延，他们的真实目的是什么？

　　其实，回答这个问题并不难，美国的真正目的，就是想再来一次进攻，在战场上压服中国，然后在谈判桌上逼迫中朝方面作出大的让步，签订一个不平等的停战协议，最终实现美国"光荣停战"的如意算盘。

果然如此，停战谈判中断后的一个星期，美军在中部战线发动所谓"金化攻势"。

在志愿军这方面来说，就是闻名天下的上甘岭之战，正式名称叫"上甘岭战役"。

上甘岭位于金化以北、五圣山南麓，在它的前边有两个小山头，一个是597.9高地，另一个是537.7高地北山。

上甘岭之战，敌我双方投入兵力达10万之众，激战43天，就是为了争夺两个小小的山头。

1952年10月14日，美军第七师、美军空降第一八七团、南朝鲜军第二师、埃塞俄比亚1个营、哥伦比亚1个营杂七杂八的所谓"联合国军"，在300门大炮、30多辆坦克和大量飞机支援下，采取多路、多波次的战法，连续向597.9高地和537.7高地北山发动猛攻。

攻击前，敌人先用飞机和大炮轰击了两天，满以为可以轻而易举地拿下这两个小小的山头。

中国人民志愿军防守这两个山头的部队是：第十五军第四十五师第一三五团的两个加强连。他们激战一天，打退敌人十几次冲击，在野战工事被摧毁后，转入坑道继续战斗。

当天夜间，我第一三五团用4个连反击，把敌人大部歼灭。

在以后的几天中，志愿军第四十五师不断增加兵力，白天大量杀伤敌人后，退守坑道，夜间再反击夺回表面阵地，如此反复争夺6天，两个小山头的表面阵地被敌人占领。

志愿军转入坑道内以后，继续与表面阵地上的敌人战斗。

从10月21日开始，敌人用轰炸、爆破、放毒、烟熏、火烧、堵塞、封锁多种方法，企图将坚守坑道的志愿军困死在里面。

我坚守坑道的志愿军战士克服了缺粮、缺弹、缺水、伤员多等困难，先后组织反击158次，毙伤敌2000余人，夺回一部分阵地。

为了支援坚守坑道的部队，志愿军第四十五师调用5个连，多次向两个山头反击，并且不断向坑道内增派人员，补充生活和战斗物资。

经过20多天的反复争夺后，敌我双方都在调整部署、增调兵力，准备在这两个山头上作最后的较量。

因为美军第七师伤亡惨重，敌人指挥官把该师攻击的两个山头拿出一个，交给南朝鲜军第二师，另外又从后方调来1个南朝鲜师加强攻击力量。

志愿军调来第十二军，并且增调7个炮兵连和1个高射炮兵团，另外还给第四十五师补充1200名战士。为了减轻第四十五师的负担，由第二十九师接替第四十五师除防守2个山头外的全部防务。

从10月29日起，志愿军集中100多门大炮，对占领2个山头表面阵地的敌人轰击了两天。

10月30日夜，以第四十五师5个连、第二十九师2个连，在坚守坑道的3个连的配合下，对占领597.9高地表面之敌进行反击，一举夺回该高地。

597.9高地被志愿军夺回之后，敌人每天以1～6个营的兵力进行反击，并一度占领这个山头。

这时，我志愿军第十二军2个营前来增援，将敌人打退。此后，该高地交由第十二军部队防守，原第四十五师的部队撤出战斗休整。

11月11日，志愿军第十二军用2个连兵力，在100多门大炮支援下，又一举夺回537.7高地北山。

从12月12日开始，志愿军第十二军先后几次向2个高地增派新的防守兵力，至12月25日，共打退敌人2个营至1个团的近百次攻击，最后终于巩固了这2个山头的阵地。

敌人因伤亡惨重，被迫停止进攻。

至此，上甘岭战役宣告结束。

上甘岭之战，敌人为了攻占不足4平方公里的2个小山头，先后投入3个师共11个团，18个炮兵营，170余辆坦克，总兵力达6万余人，共出动飞机3000多架次。

中国人民志愿军先后投入4个步兵师、2个炮兵师又2个炮兵团，共计榴弹炮、野炮114门，火箭炮24门，高射炮47门；总兵力达4万人。

志愿军在近一个半月的坚守防御作战中，与敌人反复争夺。敌人平均每天发射炮弹3万发，最多时一天发射炮弹30万发，飞机投掷炸弹500余枚，2个山头的石头被炸得粉碎，碎石达1米多厚。

以志愿军2个连的防御战斗为中心，仗越打越激烈，越打越大，由战斗发展成为战役。

为了争夺这2个小山头，敌我双方都打红了眼，谁都不肯善罢甘休，非要见个高低不可。

最终，这次战役以志愿军守住阵地、获得辉煌胜利；而敌人则以伤亡2.5万人、损失飞机270架、坦克14辆的惨重代价，狼狈地败下阵去。

这次战役，兵力、火力之密集，反复争夺之频繁，战斗之残酷激烈，为世界战争史所罕见。

中国人民志愿军的胜利，引起了美国政府、国会、美国军方以及美国社会舆论的恐惧。

美国三大通讯社之一的合众社从华盛顿发出的电讯说："美军攻击共军阵地的不幸后果，使得国会山的议员们都怀着忧虑的心情，这些议员们不安地说，不管采取什么办法，美国人的死亡名单必定更长。"

这次，中国人民志愿军真是狠狠地教训了美国一番。

从此以后，美军在朝鲜战场上就再也不敢发动什么像样的攻势了。

毛泽东以中共中央的名义给志愿军发去一个电报，电报说，美国如果一定要长期拖延朝鲜战争，它必将遭到极大的困难，而我们则不怕它拖下去，并且准备它拖下去。

毛泽东指出，美国在几次大战中都是让别人当炮灰，自己占便宜，而朝鲜战争则不同了，一开始美国就首当其冲。美国在朝鲜每个月平均伤亡10000人以上。美国在战略上的矛盾是无法解决的，它的战略重点在欧洲，朝鲜战争却拖住了美军的主力部队，看他怎么办！

23. 中国不是好惹的

战场上的惨败，终于使美国人软下来了。

美国人毕竟也是肉长的，打痛了他，他就不那么神气了。

朝鲜战争给世人一个深刻的印象：中国人不是好惹的。

美军在上甘岭惨败后不久，美方谈判代表团主动表示，愿意恢复停战谈判。

这时，正是美国竞选总统的高潮阶段。

战场上损兵折将，对当政的民主党候选人非常不利。而共和党候选人艾森豪威尔则及时抓住这个极为有利的机会，向美国选民许诺，他如果当选总统，将亲自去朝鲜，并结束这场战争。

这位赫赫有名的美国五星上将，以锐敏的军事眼光，早就看透了朝鲜战争是不能再打下去了。他关于结束朝鲜战争的竞选演说一发表，立即征服了美国选民。

艾森豪威尔当选总统后，在入主白宫之前匆忙飞往南朝鲜。这个不愧为军人出身的美国总统，在美军前沿阵地，熟练地举起望远镜，详细地观察了中国志愿军的防御工事，然后，他对随行的美军高级将领说，看来共军已经找到一个保护自己万无一失，同时，却能以炮火不断袭击我们阵地的方法。他们不怕烦劳，开凿了直通山顶、大得足以容纳大炮的坑道。他们通过坑道推出大炮进行射击，打完后又撤回坑道。显然他们已经作了一项很费气力的工作；同样明显的是，他们有充分的人力可以使用。鉴于中国军队的阵地和力量已经得到加强，我们任何正面的攻击将会碰到巨大的困难。

艾森豪威尔毕竟是行伍出身的高级将领，他说的这些话确实都是很在行的。

艾森豪威尔在回国途中，与由他选定的几名政府高级官员会合，在"海伦娜"号巡洋舰上召开会议，对美国新政府面临的种种问题，以及应当采取的对策，进行了几天的讨论。

艾森豪威尔认为，在他面临的许多问题中，没有一个比朝鲜战争更需要引起迫切注意的了。他反复琢磨着各种可能的选择，但最终他认为：拖下去是不能容忍的，因为美国人正遭受着严重的伤亡，即使有所收获，也是微不足道的。

艾森豪威尔的如意算盘是，美国必须打破停战谈判的僵持局面，但同时又必须以军事威胁谋求体面的停战。

1953年1月20日，艾森豪威尔入主白宫。他和他的前任杜鲁门总统一样，心里始终有一个难以解开的疙瘩困扰着他：既要从朝鲜脱身，又要"体面"地结束战争。

按中国人的说法，就是要争个"面子"。

于是，美国人怎么找回他们本已丢掉的"面子"，便成为一个十分棘手的大问题。

许多人都知道，鲁迅有一篇杂文，题目叫做《说"面子"》。他说"面子"这东西很有讲究，像是有好几种，每一种身份的人，都各有一种不同的"面子"，上等人有上等人的"面子"，而且丢面子的机会，似乎是上等人比较多的。

今天，人们再读鲁迅这篇文章，立时茅塞顿开，为什么美国人一再要谋求"体面"地结束战争，原来是"面子"这东西作怪。

美国作为世界头号强国，是名副其实的国际上等人，自然要有一种与其强国地位相称的面子。它和中国及朝鲜这样的弱国小国平起平坐地谈判，这件事本身，就已经使他们觉得是丢了面子的，如果还要在连吃败仗的局面下停战，就更见不得人了，所以，他们总想在战场上占了上风以后再停下来，才算是"体面"的结束战争。

然而，正像鲁迅所说的，"面子"这东西实在有点怪，越是想要，越容易丢。

为了找回一点面子，艾森豪威尔一上台，就再次摆出敌视中国的强硬姿态，因为在他看来压服中国也是一种"面子"。

艾森豪威尔于2月2日宣布，解除对台湾当局的限制，让蒋介石自由选择。就是说，国民党如果要进攻大陆，美国可以不管了（在此之前，蒋介石要想进攻大陆，必须首先经美国允许）。

与此同时，艾豪威尔还宣布，继续对中国实行封锁和禁运。

艾森豪威尔针对中国的两项敌对政策一出笼，立即遭到国际社会的反对。英国政府表示，封锁中国是一种错误，更不能同意使用蒋介石的军队，因为它会导致朝鲜战争再度扩大。

针对美国政府的反华政策和在朝鲜问题上的强硬态度，毛泽东于2月7日发表讲话指出："由于美帝国主义坚持扣留中朝战俘，破坏停战谈判，并且妄图扩大朝鲜战争，所以抗美援朝的斗争必须继续加强。"

毛泽东强调："我们是要和平的，但是，只要美帝国主义一天不放弃它那种蛮横无理的要求和扩大侵略的阴谋，中国人民的决心就是只有同朝鲜人民一起，一直战斗下去。这不是因为我们好战，我们愿意立即停战，剩下的问题待将来去解决。但美帝国主义不愿意这样做。那么好吧，就打下去，美帝国主义愿意打多少年，我们就准备跟它打多少年，一直打到美帝国主义愿意罢手的时候为止，一直打到中朝人民完全胜利的时候为止！"[①]

这是毛泽东将了艾森豪威尔一军。这一军将得好！

这个时候的艾森豪威尔，既不想把战争拖下去，又想要面子；既想要面子，又不敢再发动新的进攻，真的是骑虎难下。

美国政府深陷这种自相矛盾的泥坑，是他们自讨苦吃。艾森豪威尔上台后迫不及待地宣布两项反华政策，本是想以此来吓唬毛泽东，使中国软下来，以便美国挽回一点面子，没想到毛泽东根本不买他的账。

---

① 《毛泽东军事文集》第六卷，军事科学出版社、中央文献出版社1993年版，第341页。

怎么办？一时难住了艾森豪威尔，刚板起的面孔，就这样收起来，实在难以转弯。最后他总算找到一个下台阶的借口，两个月前，国际红十字会曾经通过一项决议，倡议朝鲜交战双方在停战以前先行交换伤病战俘。

于是，艾森豪威尔指令克拉克，让他就这个问题向中朝方面试探一下，看有没有可能以此为转机，恢复已经休会四个多月的谈判。

1953年2月22日，克拉克致函金日成、彭德怀，建议在板门店先行交换伤病战俘。

毛泽东历来的政策是：有理、有利、有节，既然你主动来信，想找机会恢复谈判，这点面子还是要给的喽！

3月28日，金日成、彭德怀复信克拉克，同意交换伤病战俘，并且主张，通过交换伤病战俘，应当使之引导全部战俘问题的顺利解决，使朝鲜停战得以早日实现，因此，建议双方立即恢复在板门店的谈判。

僵局打开了。1953年4月6日，谈判双方开始举行联络组会议，一切进展顺利。

5天后，双方签订了遣返伤病战俘的协议。

4月26日，双方代表团举行全体会议，这标志着停战谈判正式恢复。

在这次会议上，中朝方面提出了一项解决战俘问题的六点方案。这个方案的主旨是，将愿意遣返的战俘在停战以后两个月内全部遣返完毕，然后，在一个月内将其余战俘从原拘留方释放出来，送交中立国家看管，并由战俘所属国家派人向战俘进行解释工作，愿意遣返者应即遣返，剩下的交由政治会议协商解决。

很明显，这个方案是尽可能地照顾了美国的"面子"。

应当说，这是一个合情合理的方案，美方应该接受，就此达成遣返战俘的协议。

但是，美方仍然不满足，想得到更多的"面子"，反对将不直接遣返的战俘送交中立国，而主张将一切不直接遣返的朝鲜籍战俘"就地释放"。

这是中朝方面无论如何也不能接受的。

更可恨的是，这时李承晚又跳了出来，他坚决反对恢复谈判，并且扬言："如果达成一项容许中国人留在朝鲜的和平协议，大韩民国将要求除愿意参加把敌人驱逐到鸭绿江以北的国家外，所有盟国都得离开这个国家，如果美国要留下，就得支持大韩民国的要求。"

这真是茅坑里的石头，又臭又硬。

在同一周内，蒋介石也致函美国总统，要求对板门店谈判要有个时间限制，如果共产党在限定时间内不答应美国提出的条件，就扩大朝鲜战争。

蒋介石这个败军之酋也是太不知自量了，朝鲜战争哪有你说话的份儿。

李承晚和蒋介石一唱一和，向美国施加压力，似乎是商量好了的，也可能是蒋介石看李承晚硬起来，他也跟着来帮腔。

针对美国的"就地释放战俘"和李承晚的狂妄叫嚣，毛泽东指示志愿军，同朝鲜人民军一起争取停，准备拖。而军队方面则应该做拖的打算。军队只管打，不管谈，谈判是会场上的事。不要松劲，一切仍按原订计划进行。绝不容许美国和李承晚破坏停战谈判。

毛泽东还指示志愿军，把原来在西线以打击美军为主的方针，改为在东线以打击李承晚军为重点，适当攻击美军，暂不打英军。

1953年5月13日（即美方提出"就地释放战俘"那一天），志愿军发动了夏季反击战役。

中国人民志愿军第六十军、第六十七军、第二十三军、第二十四军以及朝鲜人民军第三军团，在猛烈炮火的支援下，向李承晚军发起攻击，至5月20日，结束了战役第一次攻击。对南朝鲜军21个阵地攻击30次，打退敌人反扑116次，共打死打伤和俘虏南朝鲜军4200多人。紧接着于5月27日又发起第二次攻击，我第六十七军在优势炮火支援下，一举攻占南朝鲜军3个阵地，打退敌人41次反扑，共歼灭南朝鲜军1750余人。

为了给予李承晚以更大的打击，我第六十七军又以5个团兵力，在300多门火炮和9辆坦克支援下，于6月12日对南朝鲜军第二十一团阵地发起进攻，经46小时激战，占领该团全部阵地，将守敌大部歼灭，并打退敌数十次反扑。共歼敌6000余人，击落击伤敌机21架，缴获坦克8辆。

与此同时，志愿军第六十军在260门火炮支援下，向南朝鲜军第二十七团阵地发起攻击，一举全歼守敌，并击退敌人100多次反扑。几天后，第六十军又用4个团兵力，在400多门火炮支援下，一举攻占南朝鲜军第三十五团阵地，将守敌全部歼灭。

在此期间，志愿军第二十三军、第二十四军、第四十六军，人民军第一、第三、第七军团，分别对敌人23个阵地发起进攻，共歼敌11000人。

在夏季反击战役的第二次进攻中，志愿军和人民军共歼敌4.1万人，并将我军阵地向南推进了58平方公里。

经过中朝军队对敌人的一连串打击，美方终于软了下来，停战谈判比以前顺利多了。

6月8日，双方就战俘问题达成协议。这个协议基本上是按我方提出的方案确定的。

战俘问题的解决，为最终实现停战扫除了一大障碍。

1953年6月15日，停战谈判达成全部协议。

各项协议最后签字的准备工作正在紧张地进行，人们盼望已久的朝鲜停战眼看就要实现了。

可是，就在这个节骨眼上，李承晚又开始制造麻烦了。

1953年6月18日午夜，以"就地释放战俘"的名义，通过威胁手段，迫使朝鲜人民军被俘人员2.7万人离开战俘营，被押送到李承晚军队的训练中心。

这是明目张胆地扣留战俘的可耻行为。

李承晚扣留战俘的行为，立即在全世界引起强烈反应，许多国家抗议和谴责李承晚，说他的举动是公然向和平挑战。英国政府照会李承晚当局，指责他这是一种背叛行为。

各有关国家纷纷向美国提出抗议和质询，要求美国政府对此做出解释，结果弄得美国下不了台。

美国总统艾森豪威尔，一面指示美方首席代表向中朝方面作出解释，一面给李承晚发紧急电报，令其立即制止事态继续恶化。艾森豪威尔在电报中说，我怀着严重关切的心情，获悉你下令释放被联合国军司令部拘押在它管辖下的集中营里的北朝鲜战俘，从而违抗了联合国军司令部指挥。要是你坚持目前的行动方针，就无法使联合国军司令部继续同你一致行动，除非你准备立即毫不含糊地接受联合国军司令部的指挥，处理并结束目前的敌对行动，否则就将另行安排。希望你会找到一个立即纠正这一局面的方案，因为我不得不对美国人民和我们的盟国恪守信用。

在发生李承晚扣留战俘事件的第二天，金日成、彭德怀致函克拉克，要求他立即全部追回被强迫扣留的朝鲜被俘人员，并指出，美方过去在战俘问题上的错误立场和纵容态度，是造成这次事件的直接原因，它不能不直接影响即将签字的停战协定的实施。

金日成、彭德怀在信中质问克拉克，究竟联合国军司令部能不能控制南朝鲜的政府和军队？如果不能，那么朝鲜停战究竟包不包括李承晚集团在内？如果不包括李承晚集团在内，则停战协定在南朝鲜的实施有何保障？

这时，由国内刚赶到朝鲜准备在停战协定上签字的彭德怀，气愤地说："这个李承晚不识好歹,再给他点颜色看看是完全应该的。"

1953年6月20日夜,彭德怀亲自拟定电文发给毛泽东,电文说:"建议推迟停战协定的签字时间,再歼灭南朝鲜军15000人,给李承晚以严重打击。"

毛泽东立即复电彭德怀,表示完全同意这个意见。他在电报中说:"停战签字必须推迟,推迟至何时为宜,要看情况发展方能作决定,再歼灭李承晚军万余人,极为必要。"①

李承晚搬起石头砸了自己的脚。

这个时候,在政治上,对中国极为有利。因为,这时狠狠地打击李承晚,谁(包括美国在内)也不好说什么。这个时候,在军事上,中国人民志愿军正是兵强马壮,有足够的实力发动大规模进攻。

于是,彭德怀命令志愿军第二十兵团:举行金城战役。

敌人在金城以南的防线,是一块凸向我方的弓形阵地,在这个地区共有李承晚军4个师防守,其中有他的主力部队"首都师"和第三师。

志愿军第二十兵团把所属第二十一军、第五十四军、第六军、第六十七军、第六十八军,共5个军,编成东、中、西三个突击集团。在25公里的正面上,集中各种火炮1100门,坦克20辆,总兵力达24万人。兵力密度平均每公里近1万人,火炮密度平均每公里44.4门。一次20分钟的火力急袭可发射炮弹190吨,约等于第一至第五次战役弹药消耗总量的2.2倍。

这样高的兵力和炮兵密度,我军在朝鲜战场上是前所未有的。

金城战役于7月13日21时发起,志愿军在猛烈炮火掩护下,以排山倒海之势,仅1个小时就突破了敌人的防御阵地,然后向敌人纵深进攻。

7月14日凌晨,突入敌纵深的志愿军,一举歼灭敌"首都师"第一团大部,乘敌混乱之际,又消灭美军1个炮兵营;在前进中,还歼灭赶来增援的"首都师"机甲团第二营,击毙其团长。

志愿军各部队乘胜扩大战果,至7月14日黄昏,已经将南朝鲜"首都师"大部歼灭,活捉该师副师长林益淳。

志愿军各部队经过一天多战斗,全部占领敌人第一线防御阵地。在进一步扩大战果的基础上,于7月16日占领有利地形,转入防御,准备抗击敌人的反击。

李承晚遭到中国人民志愿军的突然打击后,惊慌失措,他埋怨美军见死不救,只顾自己。

---

① 《毛泽东军事文集》第六卷,军事科学出版社、中央文献出版社1993年版,第350页。

这时，"联合国军"总司令克拉克在东京也坐不住了，匆忙飞抵前线，亲自调兵遣将，部署反击，企图夺回失去的阵地。

从7月18日开始，敌人的反击越来越猛烈。

这时，志愿军炮兵已经完成向前方阵地转移，步兵与炮兵密切配合，同敌人展开激烈的争夺战。尤其是19日和20日两天，敌军每天出动3个团的兵力，在400余架次飞机、30多辆坦克支援下，连续猛攻，战斗异常激烈。

至7月27日，敌人先后投入8个师（其中1个美军师）进行1000余次反击，但都被击退，志愿军牢牢地守住了已得阵地。

金城战役共歼敌7.8万人，缴获坦克45辆，汽车279辆，各种炮423门。

这里需要特别关注的、也是最最重要的，收复了金城以南土地面积达178平方公里，拉直了金城以南凸向我方的战线。要知道，这个时候，一下子收复这么多的朝鲜土地，是十分宝贵的。

毛泽东对金城战役给予高度评价，指出，今年夏天，我们已经能够在一小时内打破敌人正面21公里的阵地，能够集中发射几十万发炮弹，能够打进去18公里。如果照这样打下去，再打它两次、三次、四次，敌人的整个战线就会被打破。

金城战役，是中国人民志愿军在抗美援朝战争中的最后一战。

本来这次战役还可以再打下去，获得更大的胜利。但是，由于敌人真正认输了，美方三番五次要求尽快签字，并一再保证遵守停战协定。

中国有句俗话，"杀人不过头点地"。既然美国已经如此不顾面子了，证明他们已被我们打服了，在这种情况下，中国志愿军才结束战役，同意和美方签字。

停战协定签字的这一天，也就是金城战役结束的那一天。就是说，中国人民志愿军把仗打到最后一天，逼得敌人在无路可走之时，不得不低下头来签字了。

在金城战役进行期间，板门店的停战谈判，在美方要求下，几乎每天都召开代表团全体会议。

不过，这些天会议的气氛和以前大不一样了。随着我方在战场上的胜利，美方代表的面部表情在不断变化。其首席代表哈里逊，这个美国佬，过去在会场上习惯用吹口哨来表现他那种满不在乎的傲慢态度。现在口哨不吹了，他一本正经地坐在谈判桌旁听取中朝方代表的质问。

据史料记载，双方在最后一次全体会议上的交锋，中朝方面完全处于主导地位。

请看下列记录摘要:

志愿军代表问: 究竟联合国军司令部能不能控制南朝鲜政府和军队?

哈里逊答: 由于谈判所取得的结果, 你方可以确信联合国军统帅部, 包括韩国军队在内, 已准备履行停战协定的各项规定。

志愿军代表问: 我问的是, 南朝鲜军队到底受不受联合国军司令部的节制?

哈里逊答: 是的, 韩国军队属于联合国军司令部管辖。

志愿军代表问: 对于已经达成的停战协定的实施, 你方能保证南朝鲜政府和军队不进行阻挠和破坏吗?

哈里逊答: 我方保证, 韩国将不会以任何方式阻挠停战协定条款的实施。

志愿军代表问: 如果南朝鲜进行阻挠和破坏怎么办?

哈里逊答: 我刚才说了, 我方保证, 韩国将不会以任何方式阻挠停战协定条款的实施。

志愿军代表问: 我问的是, 如果他们进行阻挠和破坏怎么办?

哈里逊答: 韩国进行任何破坏停战的行为, 联合国军将不予以支持。

志愿军代表问: 你方为什么不能采取行动进行制止?

哈里逊: (沉默)

志愿军代表问: 如果南朝鲜破坏停战, 发动进攻, 为保证停战, 中朝方面采取行动抵抗进攻时, 联合国军将持何种态度。

哈里逊答: 联合国军将继续遵守停战协定, 并承认中朝方面有权采取必要行动抵抗侵略, 保障停战。

志愿军代表问: 是不是说, 在这种情况下, 联合国军仍保持停战状态?

哈里逊答: 是的, 联合国军仍保持停战状态。

志愿军代表问: 如果南朝鲜在停战后采取进攻行动, 联合国军是否不再支援南朝鲜, 包括武器装备、物资供应在内。

哈里逊答: 我方保证, 如果韩国破坏停战, 采取进攻行动时, 将不再给予武器装备、物资供应的支援。

志愿军代表问: 停战后, 对于中立国和中朝方面的工作人员进入南朝鲜后, 他们的安全和工作便利, 你方能作出保证吗?

哈里逊答: 我方保证他们的安全, 同时也提供工作上的便利。[①]

看了这一段谈判记录, 原来对美国人那种傲慢无理行为感到气愤的人们,

---

① 柴成文、赵勇田:《板门店谈判》, 解放军出版社1989年版, 第273~274页。

才有了些许"解气"的感觉。

为什么美国人一贯强硬、蛮横的习气这时不见了，而在中国人面前软得服服帖帖呢？这就是美国人真的被中国人打怕了，他们害怕如果再不尽快把战争停下来，他们的下场会更惨。

7月19日，中朝方面首席代表南日大将召开记者会，把美方首席代表哈里逊对执行停战协定所作的上述保证公之于世。

鉴于美方向中朝方面作出了完全的保证，尽管这时我军在战场上还可以乘胜前进，取得更大的胜利，但是为了全世界的和平事业，同意了美方希望尽快签字、结束战争的要求。

为此，双方商定，再次校正了军事分界线。

7月22日，双方参谋人员以当时的实际接触线为准，最后确定了军事分界线的具体位置。

7月24日，双方谈判代表予以核准。

至此，这条军事分界线，已经先后划过3次了。最后这次校正表明，在此前的一个多月，我军又向前推进了192.6平方公里，较之第一次协议的军事分界线，共向南推进了332.6平方公里。

停战协定签字日期终于定下来了。这是所有反对战争、要求和平的人们共同努力的结果，是中朝两国人民和军队浴血奋战的结果，他们以战场上的打和会场上的谈紧密配合，边打边谈，以打促谈，从而使中朝方面能够以胜利者的姿态在停战协定上签字。

相反，美国人总是过高地估计自己的力量，过低地估计中国的力量，总以为中国人怕他们的飞机大炮，但是美国的军队却不争气，连吃败仗，结果反倒是他们害怕了。

历史一再证明，强大的美国也有害怕中国的时候。

1953年7月27日上午10时，在板门店新建的木制签字大厅里（这个大厅是中国人民志愿军在签字前突击建成的），双方代表分别在会议桌前就座。中朝代表团首席代表南日大将、联合国军首席代表哈里逊中将，分别在停战协定文本上签字。

双方首席代表签字时间即作为停战协定正式签字时间。从这时算起，12小时后，即7月27日晚上10时，双方停止一切敌对行为。

双方商定，首席代表在板门店签字后，立即将停战协定文本送给双方司令官签字。

7月27日晚上10时，朝鲜人民军最高司令官金日成于平壤，在停战协定上签了字。

7月28日上午，彭德怀在开城志愿军代表团的会议室里，在停战协定文本上签上了自己的名字。

彭德怀在签字后说："朝鲜战争证明，一个觉醒了的爱好自由的民族，当他们为祖国的光荣和独立而奋起战斗的时候，是不可战胜的。"

多年后，彭德怀在《彭德怀自述》一书里说："我在签字时心中想，先例既开，来日方长，这对人民说来，也是高兴的。但当时我方战场组织刚告就绪，未充分利用它给敌人以更大打击，似有些可惜。"①

在中朝两国军民兴高采烈地欢庆胜利的时候，"联合国军"总司令克拉克，以完全不同的心情，在汶山美军前方基地，在停战协定上签上了自己的名字。

签字后克拉克悲伤地说："我签订了一项停战协定，这个协定暂时停止了那个不幸半岛上的战争。对我来说，这也是表示我40年戎马生涯的结束。这是我军事经历最高的一个职位，但是它没有光荣。在执行美国政府的训令中，我获得了一个不值得羡慕的荣誉，那就是我成了历史上签订没有胜利的停战条约的第一位美国陆军司令官。我感到一种失望和痛苦。我想，我的两位前任，麦克阿瑟和李奇微将军一定具有同感。"②

稍微停顿了一下，克拉克又说："我们失败的地方是未将敌人击败，敌人甚至较以前更强大，更具有威胁性了。"

克拉克确实说了一些老实话。他说的那句"敌人较以前更强大"，证明了一个道理：站起来的中国人民及其军队，总是越战越强，越打越硬。在抗美援朝后期，志愿军的战斗力比前期提高了许多。如果美国人再不签字，他们将败得更惨。

克拉克将军还说了一句老实话，他承认美国失败了。的确，就中国来说，这次抗美援朝，中国人民志愿军是以胜利的姿态结束战争。在这场战争中，傲气十足的美国人被打败了，被打怕了！

这个伟大的胜利，使中国人扬眉吐气！

美国前总统胡佛说："以美国军队为主的联合国军在朝鲜被共产党中国打

---

① 《彭德怀自述》，人民出版社1981年版，第264页。

② 军事科学院军事历史研究部：《抗美援朝战争史》第三卷，军事科学出版社2000年版，第462页。

败了。现在世界上没有任何军队足以击退中国人。"

值得注意的是，连当时美国前总统胡佛和前线总司令这样的人物都承认"以美国军队为主的联合国军在朝鲜被共产党中国打败了"，可是，最近几年在我们中国却有为数不多的那么一些人，不承认中国打败了美国军队，认为最多是打了个"平局"。其实，这些人并不了解，更没有认真研究那段历史。

对于中国抗美援朝战争的伟大胜利，毛泽东给予高度评价。他说："抗美援朝，经过3年，取得了伟大胜利，现在已经告一个段落。"毛泽东指出："我们同美帝国主义这样的敌人作战，他们的武器比我们强许多倍，而我们能够打胜，迫使他们不能不和下来。为什么能够和下来呢？军事方面，美国侵略者处于不利状态，挨打状态。如果不和，它的整个战线就要被打破，汉城就可能落入朝鲜人民之手。"

毛泽东指出："作战双方，都把自己的战线称为铜墙铁壁。在我们这方面，确实是铜墙铁壁。我们的战士和干部机智，勇敢，不怕死。而美国侵略军却怕死，他们的军官也比较呆板，不那么灵活。""我们方面发生的问题，最初是能不能打，后来是能不能守，再后是能不能保证给养，最后是能不能打破细菌战。这四个问题，一个接着一个，都解决了。我们的军队是越战越强。"

毛泽东强调："抗美援朝战争的胜利是伟大的，是有很重要意义的。第一，和朝鲜人民军一起，打回到三八线，守住了三八线。这是很重要的。如果不打回三八线，前线仍然在鸭绿江和图们江，沈阳、鞍山、抚顺这些地方的人民就不能安心生产。第二，取得了军事经验。我们中国人民志愿军的陆军、空军、海军，步兵、炮兵、工兵、坦克兵、铁道兵、防空兵、通信兵，还有卫生部队、后勤部队等等，取得了对美国侵略军队实际作战的经验。"

毛泽东指出："这一次，我们摸了一下美国军队的底。对美国军队，如果不接触它，就会怕它。我们跟它打了33个月，把它的底摸熟了。美帝国主义并不可怕，就是那么一回事。我们取得了这一条经验，这是一条了不起的经验。"

毛泽东郑重地警告美国人："帝国主义侵略者应当懂得：现在中国人民已经组织起来了，是惹不得的。如果惹翻了，是不好办的。"

毛泽东指出："今后，敌人还可能打，就是不打，也一定要用各种办法来捣乱，比如派遣特务进行破坏。可是，我们在抗美援朝中得到了经验，只要发动群众，依靠人民，我们是有办法来对付他们的。""中国人民有这么一条：和平是赞成的,战争也不怕!"①

　　毛泽东说的这几句话,表明抗美援朝战争胜利更加深远并具有现实的意义。这些话,是对那些现在仍然企图用什么"C形包围"遏制、威胁和干涉中国内政的美国人的一个严重警告。而对于那些在涉及中国领土主权问题上一再挑衅的人更应该好好地想一想,掂量掂量自己的分量。

---

　　① 《毛泽东军事文集》第六卷,军事科学出版社、中央文献出版社1993年版,第353~356页。

第三章
反反复复的中美关系

世界大势的演变，绝非一朝一夕的事，它往往有一个积累、爆发，再积累、再爆发的过程。新中国成立前后，中美之间的矛盾十分尖锐，终于在朝鲜战场打个你死我活。接着，中苏关系由好变坏，导致中、美、苏大三角格局的形成。由此而产生的错综复杂的国际关系，反反复复，好像一台始终唱不完的大戏。

中国并非发达国家，为什么能在"大三角"中占有一席之地？因为中国是个独立自主的大国，始终坚持自己的发展道路，在国际关系中立场鲜明，不屈服于任何强权的压力，不怕任何威胁和恫吓。

邓小平曾经说过这样一段话："中国人吓不倒。我们不想得罪人，我们要扎扎实实干自己的事，但谁要干涉或吓唬我们，都会落空。"

邓小平特别强调："我相信，在外国的侵略和威吓面前，我们的人民不会怕，我们的子孙也不会怕。"

24. 打破坚冰

从新中国诞生那一天起，美国就千方百计扼杀中国。他们采取不承认主义，不仅他们自己不承认，还不许别国承认中国；他们对中国搞封锁、禁运，真是霸道至极。

其实，如果不是美国一意孤行，坚持与中国为敌，新中国领导人还是希望和美国进行友好交往的。中国领导人曾经多次表示,如果美国断绝与国民党的关系,我们是愿意与美国建立外交关系的。

1949年4月南京解放后,在5月至7月间,毛泽东、周恩来曾经指示南京市军管会外事处主任黄华,与尚未撤走的美国原驻华大使司徒雷登进行多次接触,并试图邀请他访问北京。但美国却拒不断绝与国民党的关系,并于1950年1月,宣布撤走驻南京的外交机构,不再与新中国有任何联系。从此,中美对抗了二十多年。

毛泽东直至晚年,仍然想最终能够实现中美和解。经过不断努力倡导,他在有生之年,终于看到了中美两个大国实现了和解。

毛泽东革命一生,和两个敌人斗争的时间最长,一个是蒋介石,一个是某些美国人。他对这两个对手,既有长期斗争的亲身体验,也有全面、深入的理论著述,可以说是早就把他们看透了。

在多年的斗争中,毛泽东一直把蒋介石和某些美国人看作一丘之貉。毛泽东曾经这样说过,蒋介石把美帝国主义作为靠山。独裁、内战和卖国三位一体。美国要帮助蒋介石打内战,要把中国变成美国的附庸,它的这个方针是老早定了的。美国出钱出枪,蒋介石出人,替美国人打仗杀中国人,借以变中国为美国殖民地。在解放战争已经取得全面胜利时,毛泽东又指出,最近3年来,表面上是蒋介石打内战,实际上是美国进攻中国人民的战争。

由此人们不难看出,在3年解放战争中,毛泽东打的是蒋介石,同时也打了美国。正像许多人所说的那样,打在蒋介石的屁股上,痛在美国的心里。

毛泽东在晚年和美国人有一次谈话。因为对方表示不愿意丢掉他们在台湾的老朋友蒋介石,毛泽东说,其实,我们跟他做朋友的时间,比你们长得多。

早在20年代初期,中国共产党和国民党第一次合作时,毛泽东和蒋介石就已经打交道了。1924年1月20日,国民党召开第一次全国代表大会,毛泽东按照中共中央内部决议,以共产党员个人身份参加了这次大会,并当选为国民党中央执行委员会候补委员,不久又当了国民党中央代理宣传部部长。这时,蒋介石是国民革命第一军军长。1926年1月,国民党召开第二次全国代表大会,毛泽东再次当选为国民党中央候补执行委员,并继续代理中央宣传部部长。在这次代表大会上,蒋介石被选为国民党中央执行委员,随后又当选为常务委员,并且当了国民党革命军的总监。从这时起,毛泽东和蒋介石同在国民党中央工作,一起开会,共商国是,应当说是朋友了。

可是,后来蒋介石走上反共道路,并一发不可收拾。1927年4月12日,蒋介石在上海发动反革命政变，逮捕、屠杀了大批共产党员，把包括毛泽东在内的193名共产党主要领导人列入第一号通缉令。从此，毛泽东和蒋介石反目成仇了。

翻脸的朋友难对付。

蒋介石心狠手辣。"四一二"反革命政变后，蒋介石在全国各地大肆搜捕、杀害共产党员。

为了反抗国民党的大屠杀，毛泽东上井冈山打游击。蒋介石亲率大军坐镇南昌，围剿毛泽东领导的红军。从此，两个"老朋友"开始直接交锋。这一打不要紧，整整打了10年。

抗日战争开始后，共产党和国民党实现了第二次合作，联合抗日。毛泽东和蒋介石握手言和，再次成了"朋友"。不过，这次国共合作与上次合作大不相同。那时，毛泽东手里没有多少枪，说话不算数，全由蒋介石摆布。后来，毛泽东手里有了军队，也有了斗争经验，搞独立自主的抗日游击战争。蒋介石本想借日军之手，削弱毛泽东，结果适得其反，毛泽东领导的八路军、新四军越战越强。

抗日战争刚一结束，蒋介石马上翻脸不认人，拿起屠刀又开始"剿共"了。中国共产党为了民族最高利益再三忍让、委曲求全。但是，蒋介石在美帝国主义援助之下，决心不顾国家民族的死活，发动了全面内战。

毛泽东决心打败蒋介石。

当时有个美国人对毛泽东说，美国人要给蒋介石撑腰，你们打不赢。

毛泽东说，你们美国人要给蒋介石撑腰，这是你们美国人的事。现在我们有的是小米加步枪，你们有的是面包加大炮。你们爱撑蒋介石的腰就撑，愿撑多久就撑多久。不过，要记住一条，中国绝不是蒋介石的，更不是美国的，中国是中国人民的。总有一天你们会撑不下去的！

毛泽东一针见血地指出这个美国人的话是吓唬人的。美帝国主义者就会吓唬人的那一套，世界上有许多人是怕吓的。他们以为所有的人都怕吓，但是，不知道中国有这么一些人是不怕那一套的，我们过去对于美国的扶蒋反共政策作了公开的批评和揭露，今后还要继续揭穿它。

为什么要回顾这段历史呢？

美国在中国之所以能够呼风唤雨，是因为有他们的"老朋友"与其狼狈为奸。后来中国与美国之所以能够走到一起，握手言和，则是因为共产党打败了美国的"老朋友"，美国人失去了帮凶，孤立了，不得不与他们朋友的敌人言归于好。这也是中美两国在谈判时，美国一再表示，这是不愿意丢弃"老朋友"的无奈之举。

　　"文革"动乱的10年，使中国人吃尽了苦头，政治、经济严重倒退，几乎处于崩溃的边缘。然而，中国的科学家们，却在极其困难的环境中取得了惊人的成就。"两弹一星"在较短的时间内研制成功，表现了中国领导人的决心和气魄，也表明了中国科学技术人员所具有的智慧和奋斗精神。

　　"两弹一星"的快速发展，使中国的国际地位大幅度提高，但是也一度给中国带来了危机：美国和苏联合谋扼杀中国的导弹、核武器计划，企图对中国的核试验基地实行"外科手术"式的打击，以达到"绝育"的目的。当时，苏联在中国边境线附近陈兵百万；美国的导弹瞄准了中国；中国台湾的蒋介石也趁机要反攻大陆。中国处在帝、修、反的"D形包围"之中，战争一触即发。

　　可是，他们最终谁也没敢动手，都害怕引火烧身，使自己陷入与中国交战的不利地位。

　　面对内忧外患的困难局面，晚年的毛泽东，仍然是"与人奋斗，其乐无穷"的性格，顺手打出"美国牌"，搞"联美抗苏"战略，作出与美国改善关系的抉择，决心实现与美国关系正常化。毛泽东通过"乒乓外交"等一系列活动，化敌为友，从"D形包围"中打开缺口，置苏联百万大军于无用，使它不敢轻易动手，从而也使相对孤立的中国摆脱被动地位。

　　作为中国的一个大政治家，毛泽东放眼全球，深谋远虑。在中、美、苏大三角关系中，他采取"远交近攻"的策略，通过基辛格秘密访问北京、建立中美巴基斯坦秘密渠道，终于促成了尼克松总统访华。

　　尼克松说，访华的一周是改变世界的一周，一个时代结束了，另一个时代开始了。

　　毛泽东则说，不是他改变了世界，而是世界改变了他。

　　毛泽东奋斗终生，最大的目标就是要使中国人民站立起来，不受外敌侵略和压迫，能够过上和平幸福的生活。但是，毛泽东也始终认为，和平是相对的，不相信有什么永久和平。因此，他一直保持清醒头脑。在尼克松总统访华前夕，他教育全国人民，要警惕世界霸权主义破坏和平，挑起冲突，要居安思危，做到有备无患。

　　当今世界，和平的主要威胁来自美国。就中国来说，长期以来并不是太平无事，中国能否取得和平环境，在很大程度上将取决于和美国关系的好坏。以往的半个多世纪，除了当中有一段中国和苏联的关系紧张之外，主要矛盾始终是中美两国斗来斗去。

　　多少年来，我们和美国人有一本算不完的账，很早以前的那些老账且不去说它，只讲新中国成立前后这一段就够触目惊心的了：美国政府援助蒋介石打内战，先后发动侵略中国近邻朝鲜和越南的战争，孤立、封锁和包围中国，威胁中国的安全等等。美国这些针对中国的侵略行为，使中国人民死了几百万人，所遭受的经济损失更是难以计算。

中美关系大体上可以分为前后两个时期，从1946年到1971年的25年，是中美两国全面对抗时期，双方不仅剑拔弩张，而且直接交锋，打得你死我活。从1972年至今的40多年，中美关系从敌对走向正常化，进入了一个时好时坏、不好不坏的错综复杂、曲折发展的时期。

中美两个大国经过20多年的对抗，虽然互相仇恨已经达到不共戴天的程度，但同时双方也都有缓和的意向，而且从20世纪60年代中期以来，双方已经有过几次接触。

然而，真正要实现中美两国关系正常化，那不知要花费多少周折，尤其是双方多年积累的隔膜很深，互相不信任，猜疑心很强。在这种情况下，要使双方政府首脑坐到一起谈判，在政治上有所突破，是很不容易的。

外交上有一个通俗形象的比喻，叫做"打破坚冰"。

1969年1月，尼克松就任美国第37任总统。这时，美国正在越南战争中越陷越深，同苏联的争霸也因其战线太长而处于被动。出于美国本身利益的需要，尼克松上台之后，就开始思考如何调整美国的全球战略，他设想，通过改善同中国的关系来缩短战线，减轻在亚洲的政治、军事压力，以便使美国处于同苏联争霸的有利地位。

这时，尼克松的高级谋士、战略理论家基辛格也已经看出来，继续与中国为敌，对美国没有什么好处，长此下去，将使美国的亚洲政策走进死胡同。

1969年3月和8月，中国和苏联在中国黑龙江的珍宝岛，在新疆的铁列克提地区，先后发生武装冲突，使两国的关系越闹越僵。苏联在中苏边境陈兵百万，直接威胁中国的安全。

胆略过人的毛泽东，还是那两个字：不怕。他表示，即使帝、修、反一齐来也不怕，我们有办法对付他们，无非是在地球上走来走去。

这时，尼克松和基辛格都认为，同中国改善关系的时机已经到来。

尼克松先后通过巴基斯坦总统叶海亚·汗、罗马尼亚总统齐奥塞斯库，向毛泽东传递口信：美国对改善与中国的关系感兴趣。

1969年10月，美国通过第三国转告中国，它将停止第七舰队在台湾海峡的定期巡逻。

同年12月3日，美国驻波兰大使奉命同中国外交人员接触，再次表示有意改善两国关系。

中国面对美国的和解姿态，及时抓住有利时机迅速作出积极反应。

12月9日，中国通过巴基斯坦捎口信给尼克松，表示欢迎美国派代表到北京会谈。

1970年1月，中美两国宣布恢复已中断两年的大使级会谈。

8月，美国宣布放宽对中国已经实行20多年的贸易禁运。

与此同时，尼克松通过叶海亚·汗，向毛泽东传话：愿意派一名高级代表秘密访华。

11月10日，周恩来传话告诉美国：如果尼克松总统真的有解决与中国不正常关系的愿望，应考虑从台湾撤军这一问题，中国欢迎美国特使来北京商谈（请注意，中国一开始就提出台湾问题，后来美国虽然撤了军，但是台湾问题至今没有解决，足见台湾问题在中美关系中有多么重要）。

12月8日，毛泽东会见美国记者斯诺时表示，欢迎尼克松来中国访问。他说，我对于波兰华沙那个大使会谈不感兴趣，要谈当面谈。所以，如果尼克松愿意来，我愿意和他谈，谈得成也行，谈不成也行，吵架也行，不吵架也行，当作旅游者来谈也行，作为总统来谈也行。总而言之，都行。中美两国总是要建立外交关系的。

斯诺先生立即将这个口信转达给美国政府，一个星期后，美方致函中国，美国愿意与中方在北京举行高级会谈，以讨论包括台湾问题在内的、存在于两国之间的各种问题。

1971年4月，经毛泽东批准，邀请在日本参加世界乒乓球比赛的美国乒乓球队访问中国。尼克松总统当即批准成行。这就是著名的"乒乓外交"。

4月14日，美国第二次宣布大幅度解除对中国的贸易禁运。

4月27日，周恩来再次传话给美方：中国政府愿意接待基辛格或总统本人访华，商谈解决美国从台湾撤军和恢复中美关系问题。

尼克松听到这个口信后说，情况的变化比我预料的要快得多，坚冰已经打破。

于是，中美双方商定，基辛格于7月9日来北京进行秘密访问。

在基辛格来中国访问的前三天，尼克松发表讲话说，过去25年已经发生了巨大变化，现在需要一个谈判的时代，而不是对抗的时代。美国政府必须首先采取步骤，来结束大陆中国与世隔绝的状态，使我们同大陆中国的关系正常化。因为中国是世界五大力量之一，它也是决定世界前途的五极之一。

尼克松的讲话，已经为美国新的对华政策定了基调，也是为基辛格和他本人访问中国作了充分的舆论准备。

25. 解开难解的扣子

美国在朝鲜战争吃了苦头之后，对于中国在世界上的分量有了新的估计，他们再也不敢像过去那样轻视中国了。

1971年7月9日，基辛格以美国总统特使的身份，秘密飞抵北京。这是美国政府决策圈子里的显要人物第一次走进新中国首都的城门，是新中国和美国20多年斗争的结果。

周恩来和基辛格进行多次会谈。阻碍两国改善关系的台湾问题，是会谈的重要内容之一。周恩来明确提出中国的立场：台湾是中国的领土，台湾问题是中国的内政，不容外人干预，美军必须限期撤走，美国和中国台湾的《共同防御条约》必须废除。

基辛格明确地表示了美国的立场：

（一）美国打算在越南战争结束后，从台湾撤走三分之二的美军，并准备随着美中关系的改善，逐步减少在台湾余留的军事力量。

（二）美国不支持"两个中国"或"一中一台"，但是希望台湾问题能够和平解决。

（三）承认台湾是中国的一部分，不支持台湾独立，但是美国与台湾的《共同防御条约》需留待以后去解决。

（四）美国不再指责和孤立中国，并在联合国支持恢复中国的席位，但是不支持驱逐台湾代表。

美方这种表态，虽然没有完全满足中方的要求，但是作出了不支持"两个中国"或"一中一台"、不支持"台湾独立"，承认台湾是中国的一部分，答应逐步从台湾撤军的承诺。这些承诺都是中国希望解决的重要问题。

但是，不能令人满意的是，从基辛格的承诺中，可以明显看出，美国还要在台湾问题上有所保留。

1972年2月21日，尼克松总统乘专机飞到北京，成为历史上第一位在两国没有建立外交关系的情况下访问中国的美国总统。

毛泽东打破常规，在尼克松下飞机后不到3个小时就会见他。两个人见面后长时间握手。尼克松握着毛泽东的手说，我们在一起可以改变世界。

毛泽东和尼克松谈笑风生。

这标志着，世界上两个长期对立、反差极大的国家，从对抗走向对话。

那天下午，毛泽东和尼克松谈得比较轻松活泼。敌对多年的两大国领导人，在这样的气氛中作了历史性对话，格外引人注目。

尼克松环视着满屋的书架说：主席真是饱读诗书。听周总理说你读的书很多。

毛泽东微笑说：昨天你在飞机上给我出了个大难题，你说一定要谈谈有关哲学的问题。

尼克松：我这么说，是因为曾经拜读了主席的诗词及演说稿，而了解你是个专业哲学家。

基辛格插话：我在哈佛大学教书时，就指定学生研读毛主席的文集。

尼克松：主席的文章震撼全国，改变了世界。

毛泽东：我没能力改变世界，我能改变的只是北京附近几个地方。咱们的共同老朋友——蒋介石委员长，不会赞成这个说法。他骂我们是"共匪"。

尼克松：蒋介石骂毛主席是匪，那主席您怎么骂蒋介石呢？

周恩来接过话茬：一般来说，我们称他们"蒋介石集团"，我们的报纸有时叫他"蒋匪"，我们也被回骂成匪，反正我们是骂来骂去。

毛泽东：其实，我们跟蒋介石的友谊比你们跟他的友谊历史还长。

尼克松：是的，我知道。

毛泽东：在你选举时，我是投你一票的。有位美国人，他在贵国一片大乱之时，也就是你上次竞选时，曾经写了一篇文章，他说，你会当选总统的。我很喜欢那篇文章。但是现在，他却反对你这次访问。

尼克松：主席说曾经投我一票，那是两恶相权取其轻。

毛泽东：我喜欢右派。人家说，你是右派，你们共和党是右派。我比较高兴这些右派当政。

尼克松：我想，重要的是，在美国，左派只能夸夸其谈，右派却能做到，至少目前是如此，左派说到的，右派能做到。

毛泽东：正是如此。

尼克松：我希望和毛主席就台湾、越南、朝鲜等问题交换意见。也希望讨论日本前途、次大陆前途、印度未来角色、全球动态、美苏关系等问题。因为，唯有我们着眼于世界全局，我们才能对眼前迫切问题做出正确的决策。有趣的是，大部分国家都同意我们今天的会面，但是苏联有异议，日本则表达了他们的疑虑，印度也不赞同。所以，我们必须找出原因，并决定未来政策的发展方向。为什么苏联在与贵国的边界集结的兵力，多于在与西欧接壤的边界？我们也必须自问，日本的未来是什么？是让它保持中立、完全没有武装好呢？抑或让日本与美国在某段时间内维持某种关系好呢？以哲学观点而论，我要强调的是，国际关系里无所谓好坏的选择。但有一件事可以确定，那就是我们绝不可制造真空状态，因为真空随时会被别人填补。诚如周总理所言，美国已经摩拳擦掌，苏联也摩拳擦掌，问题是哪一方会对中国构成威胁？到底是美国侵略，还是苏联侵略？

毛泽东：就目前而言，不管是来自美国的侵略，或者来自苏联的侵略，其实都是相当次要的问题，换句话说，侵略之类的话题，可以说根本不是重点，因为现在不存在我们两个国家互相打仗的问题。你们想撤一部分兵回国，我们的兵也不出国，可是我们两家也怪得很，过去22年总是谈不拢，现在的来往从打乒乓球算起，至今只有10个月，如果从你们在华沙提出建议时算起，有两年多了。我们办事也有官僚主义，你们要搞人员来往这些事，要搞点小生意，互开贸易之门，我们就死也不肯。十几年来，说是不解决大问题，小问题就不干，根本就没有次要问题出场的份。我本身也曾经这么坚持过，后来发现你是对的，接着我们就开始打乒乓球了。

尼克松：主席先生，我知道，多少年来，我对中华人民共和国的态度，是你们不能同意的，把我们带到一起来的是，认识到世界上出现了新的形势；在我们这方面还认识到，事关紧要的不是一个国家内部的政治哲学，重要的是，它对世界其他部分和对我们的政策。

毛泽东：我跟记者斯诺说过，我们谈得成也行，谈不成也行，何必那么僵着呢？一定要谈成？一次没有谈成，无非是我们的路子走错了，那我们第二次谈成了，他们又会怎么说呢？

尼克松对毛泽东这个观点表示赞同。

两个人同时站起来。临别时，尼克松握住毛泽东的手，再次说，我们在一起可以改变世界！

这次历史性会见，从下午2时50分开始，持续到3时55分结束。

毛泽东的谈话，给美国人留下深刻的印象。

后来，基辛格曾经这样回忆道：我对毛泽东谈话的多层含义，后来慢慢地了解得多了些，这时我才明白，毛泽东的谈话，就像紫禁城里的庭院一样，每个庭院都引向一个更深的庭院，庭院之间只有面积上微小的区别，而最终的意义，寓于整体之中，只有经过长时间的思考，才能抓得住真意。

毛泽东和尼克松会晤之后，接下来的议程是，由周恩来和尼克松进行两国政府间的双边谈判。

由于涉及许多具体问题，特别是台湾问题，这种谈判就不是那么轻松了。尤其是谈到台湾问题时，显得十分艰难。

在会谈刚开始时，尼克松表现还不错。他说，美国承认只有一个中国，台湾是中国的一部分；美国不再说台湾地位未定，也不支持台湾独立运动；美国将谋求同中国关系正常化，并将支持任何关于和平解决台湾问题的办法。

可是，尼克松说完这几句话之后，接着转了一个弯：美国现在还不能马上承认中华人民共和国是中国的唯一合法政府，我们需要和台湾保持外交关系，还不能丢弃台湾。

早在基辛格第一次访华后，毛泽东针对美国在台湾问题上的保留态度，就曾经一针见血地指出，美国是猴子变人，还没有变过来，还留着尾巴。

这次，毛泽东听了周恩来汇报尼克松在台湾问题上的说法，毛泽东再次强调，美国是一种留尾巴的做法。猴子变人，还没有变过来，还留着尾巴。台湾问题也留着尾巴。不过，它已经不是猴子，是猿，尾巴不长。

因为在这次会谈之前，在基辛格访华期间，中国已经摸到美国的底牌，这次尼克松来谈，中国政府本着求同存异的精神，谋求两国关系正常化。但是，在台湾问题上，中国有自己的原则立场。

周恩来指出，你们还是那句话，不愿意丢掉"老朋友"，其实"老朋友"已经丢了一大堆了。

当谈到美国和台湾的所谓"共同防御"关系时，尼克松说，美国同意最后将从台湾撤出军事力量和军事设施，但是需要有一个前提条件，即中国必须保证，只用和平方式解决台湾问题。

周恩来强调，中国用什么方式实现自己的统一，完全是中国的内政，决不容许任何外国加以干涉。

在周恩来和尼克松进行实质性会谈的同时，中国外交部部长姬鹏飞和美国国务卿罗杰斯也同时举行会谈。

一开始，罗杰斯就回避中美两国建立外交关系问题，其目的是继续保持他们和台湾的正式外交关系。

罗杰斯首先提出，要弄清"关系正常化"是什么意思，他认为，关系正常化就是改善关系，就是在没有外交关系的情况下改善关系。他反复强调两国建立常设联络机构的必要性，而避开建立大使级外交关系问题。

姬鹏飞不同意罗杰斯的观点，指出，关系正常化就是指建立正式的大使级外交关系，台湾问题不解决，两国关系中的其他问题的解决就要受影响，在蒋介石仍然在美国还有代表的情况下，中国就不便于派人去美国。

在总理、总统和外长级会谈的同时，关于起草中美两国联合公报的商谈，也在副外长乔冠华、章文晋和美国总统安全事务顾问基辛格之间进行。

2月23日上午，基辛格提出了美国的方案。

第二天，乔冠华提出了中国的方案，同时他对美方关于台湾问题的措词提出了不同意见：

第一，既然美方承认，所有台湾海峡两岸的人都认为只有一个中国，台湾是中国的一部分。那么台湾问题用什么办法解决是中国的内政，外人不得干涉。因此中方的措词是，"希望"争取通过和平谈判解决台湾问题，而美方的措词是，"关心"它的和平解决。这两个词的含义显然不同，中国不能承诺只用和平方式解决台湾问题。

第二，台湾本来是中国的领土，而美国把它作为军事基地使用，美军当然应该全部撤走。而美方的措词是，"随着该地区紧张局势的缓和，逐步减少美国的军事力量和设施"。

第三，既然美方承认台湾问题是中国的内部问题，当然美国在台湾的武装力量和军事设施应全部撤走，所以中方的措词是，"逐步减少直至全部撤走"。而美方只讲"逐步削减"，而不讲完全撤出这个目标，中方不能同意。

经过多次会谈，《中美联合公报》终于在2月28日在上海达成协议，并公开发表（后来被称为《上海公报》）。

《上海公报》中关于台湾问题是这样表述的：

美国方面声明：美国认识到，在台湾海峡两边的所有中国人都认为只有一个中国，台湾是中国的一部分。美国对这一立场不提出异议。美国重申它对由中国人自己和平解决台湾问题的关心。考虑到这一前景，美国确认，从台湾撤出全部美国武装力量和军事设施的最终目标。在此期间，美国将随着这个地区紧张局势的缓和，逐步减少它在台湾的武装力量和军事设施。

　　美国方面在《上海公报》中的这一立场,虽然还没有承认中华人民共和国政府是代表中国的唯一合法政府,也没为其从台湾撤军规定最后期限,但是它毕竟公开承认了中国只有一个,台湾是中国的一部分,并且确认了美国从台湾撤军的前景,从而为最终实现中美关系正常化奠定了基础。

　　为了顾全中美关系的大局,在谈判过程中,中国方面也作了一些妥协,如没有要求美军立即全部撤出台湾,而是默许美国把全部撤军作为最后目标,逐步撤离。

　　尽管中美双方还存在严重分歧,但是《上海公报》毕竟是两国关系史上的一个重要文件,它标志着,中美两国在实现关系正常化的道路上迈出了重要的一步。

　　此后不久,中美两国达成协议,各自在对方首都设立联络处。

26. 路还长着呢!

　　1972年2月28日,周恩来在上海机场送走了尼克松。

　　尼克松的专机起飞后,周恩来立即返回北京。他走下飞机,就直接驱车去中南海丰泽园向毛泽东汇报。

　　周恩来说,尼克松高兴地走了。他说,这是改变了世界的一个星期。

　　毛泽东听到这里,神情突然振奋了一下,哦! 是他改变了世界? 我看还是世界改变了他。要不,他隔海骂了我们那么多年,为什么又要飞到北京来同我们谈判呢?

　　周恩来接着又说,尼克松临走时还一再表示,希望能在美国与我们再次相会。

　　毛泽东当即指出,那个青天白日旗不落,我们怎么去啊,公报是发表了,路还长着呢! 我和你,怕都看不到那一天啦!

　　关于台湾问题,毛泽东于1973年11月12日,对再次来中国访问的基辛格说过这样的话,至于我们跟台湾之间的问题,就相当复杂。我不相信会有和平解决方案。他们是一批反革命分子,怎么可能会跟我们合作? 台湾就是那么一个岛,一千几百万人。

毛泽东这段话，显然是从当时的客观实际出发，做出的一种预测。他是在中美两国关系还不稳固、蒋介石仍然统治台湾这一特定历史条件下而说的。就是说，只要美国不撒手台湾，继续干涉中国内政，台湾当局仍然死抱着美国人的大腿，台湾问题就很难和平解决。

毕竟还是毛泽东看得远，看得透。

《中美联合公报》发表后，美国政局多次发生变化。美国一些反华政客，不断攻击尼克松和中国签署的《上海公报》。

不久，又冒出一个所谓"水门事件"，极大地损害了尼克松的政治地位。

尼克松因"水门事件"被迫辞职后，继任总统福特在台湾问题上缩手缩脚，不敢有新的作为。

此时，美国反华亲台势力，在对中国的政策上多方发难，使中美关系一度倒退。

在这种情况下，已经就任美国国务卿的基辛格再次访华，继续为加强中美关系而努力，但是他在推进中美关系正常化方面，也未能有新的突破。

1976年，对于中国来说，是黑色的一年，周恩来和毛泽东相继逝世，打开中美关系的两位领导人，最终没有能够看到中美两国建立正常的大使级外交关系（如前所述，毛泽东已经预感到他看不到这一天了）。

美国人毕竟是美国人，他们总是把本国的利益摆在首位，那时，他们和中国改善关系的主要目的，是为了用中国这张"牌"牵制苏联，而不是真的要和中国"友好"。特别是在台湾问题上，他们始终留一手，是为了用台湾这张牌牵制中国，控制西太平洋，称霸亚洲。这样，他们就可以在中美苏三角关系中处于有利地位，运用他们手中的两张牌从中渔利。

1977年1月，卡特就任美国总统。这时苏联加紧扩充军备，在世界范围内扩张势力。美国面对苏联的步步紧逼，沉不住气了，主张迅速推进中美关系，想强化"联华反苏"的政治格局。

为此，卡特总统宣布，美国承认一个中国，同中华人民共和国建立正式外交关系。美国国务卿万斯在国会作证时说，同中国建立外交关系符合美国的最大利益。

从7月起，中美双方开始建交谈判。

在建交谈判中，难以逾越的障碍仍然是台湾问题。

对此，邓小平的态度十分坚定和明确。他对来访的美国国务卿万斯说，如果要解决问题，干干脆脆就是三条：断交、撤军、废约。但是为了照顾现实，我们可以允许保持美台间的非官方民间往来。至于台湾同中国的统一问题，还是让中国人自己来解决，我们中国人是有能力解决这个问题的，奉劝美国朋友不必为此替我们担忧。

在邓小平的指导下，经过半年多的谈判，中美双方达成协议：美国承认中华人民共和国政府是中国的唯一合法政府，台湾是中国的一部分。在中国和美国宣布建立外交关系之际，美国政府立即断绝同台湾的"外交关系"，并从台湾和台湾海峡完全撤走美国军事力量和军事设施，终止与台湾的《共同防御条约》。

邓小平的愿望实现了。

1978年12月16日，中美双方同时公布建立外交关系的联合公报，宣布自1979年1月1日起建立外交关系。《联合公报》重申，《上海公报》双方一致同意的各项原则，美国承认中华人民共和国政府是中国的唯一合法政府，台湾是中国的一个省。《联合公报》确定，3月1日互派大使。

当年1月28日至2月5日，邓小平应邀访问美国，开创了中美合作与交流的新时代，两国关系一下子热乎起来。

在访美期间，邓小平在华盛顿严正表示，我们将采取多种方法同台湾当局，特别是同蒋经国先生商谈祖国的统一问题。用什么方式解决台湾回归祖国的问题，那是中国的内政。我们不再用"解放台湾"这个提法了。只要台湾回归祖国，我们将尊重那里的现实和现行制度。

邓小平在访美期间，双方签订了科学技术合作和文化协定，并且达成了高能物理合作协议，双方还签署了领事协议。

此后中美两国政府继续协商、谈判，在外交、经贸、军事、科技、航空、航海等领域，都取得一些突破性进展。

中美建交后，中美关系走上了正常轨道。

但是，美国反华亲台势力却拼命反对，制造麻烦，有些国会议员指责卡特总统"背叛盟友（台湾）"，他们声称，要打破《中美建交联合公报》的约束，确保美国与台湾在外交和军事关系方面的某种程度的连续性。

如此这般，经过一阵反华、保台的喧嚣之后，美国众议院和参议院分别于1979年3月28日和29日，通过了《与台湾关系法》，4月10日，卡特总统正式签署该项法案，成为美国国内的一个正式法律。

《与台湾关系法》对中美两国关系有很大的干扰和破坏性。三十多年来，它像毒瘤一样，不断毒化和破坏中美关系的健康发展。

《与台湾关系法》规定："维持美国之能力，以抵抗任何可能危及台湾安全或社会经济制度的、诉诸武力的行为，或其他形式的强制行动"；"责成总统，任何对台湾的安全或社会经济制度的威胁，以及由此而引起的对美国利益的任何威胁，均应迅速通知国会。总统与国会将遵循宪法程序，决定美国对前述任何这类危险的适当反应措施"。

《与台湾关系法》还规定："美国将向台湾提供必要数量的防御武器和防御服务，以使台湾维持足够的自卫能力。"该法第四条还规定："凡美国法律提及或涉及外国、外国民族、外国国家、外国政府或类似实体时，此等名词应包括台湾，此等法律亦适用于台湾。"

《与台湾关系法》的这一条款，实质上是要继续把台湾当作"国家"。

《与台湾关系法》第四条还规定："美台之间1978年12月31日以前签订的一切条约和包括多边公约的其他国际协定仍继续有效。"

有了这一条款，实际上就是美国否定了《中美建交联合公报》中美国政府承诺的终止与台湾的《共同防御条约》。

可以说，美国的《与台湾关系法》本身，以及它的各项条款，都是违背《中美建交联合公报》及《上海公报》的，如此作为，美国政府还有什么信义可言。更加无理的是，美国硬是把它们国内的法律强加在属于中国内政的台湾问题上，真是太霸道了！

时至今日，在台湾问题上由于《与台湾关系法》的毒害，使中美关系面临重重困难。30多年来，中美两国关系在"正常化"的道路上磕磕碰碰，时好时坏，严重地影响着两国关系的健康发展。

1980年，共和党极端保守派、反共亲台老手里根就任美国总统。他上台后，出现了一系列背离建交公报的言行。他以《与台湾关系法》为依据，向台湾出售大量军火，从而使中美关系一下子又冷了下来。

中国政府同美国反华势力进行针锋相对的斗争。邓小平多次表示，中国不怕，你硬我就顶，我比你还硬！

邓小平通过原美国驻北京办事处主任布什转告里根指出，美方不要幻想，以为中国有求于美国，从而会容忍美国违反建交公报的做法。他还指出，如此下去，中美关系倒退是不可避免的。

针对美国向台湾出售武器问题，中国政府发出一连串的批评和警告。

正像毛泽东和邓小平多次说过的那样，美国虽然强大，但它也有怕的地方。因为里根是强硬的反苏派，他这时要加强与苏联对抗，但是又害怕苏联的导弹核武器，所以不得不借用中国的力量以制衡苏联。

正因为有这样一个国际背景，里根也不敢走得太远，造成与中国的关系破裂。因此，中美两国经过多次艰难谈判，终于在1982年8月18日达成协议，并发表中美第三个联合公报，即《八一七公报》。

在《八一七公报》中，美国政府承诺："不寻求一项长期向台湾出售武器的政策"，"向台湾出售的武器，在性能和数量上，不超过中美建交后近几年供应的水平，准备逐步减少对台湾的武器销售，并经过一段时间导致最后解决"。

其实，美国并不想真的信守这些承诺，后来的事实证明，他们在这个问题上是虚伪的。

然而，《八一七公报》也不是一点作用没有，30多年来，由于《八一七公报》的制约，毕竟使美国在台湾问题上没有走得更远。

中美两国政府先后签署的三个公报，打下了中美关系的基础。从尼克松、福特、卡特、里根到后来的布什、克林顿、小布什以及奥巴马，八任美国总统，他们从本国利益出发，虽然在中美关系上时冷时热，有进有退，但是，在台湾问题上，始终不敢走得太远，始终保持"一个中国"的政策，不敢在这方面有更大的倒退。

美国的政治是十分复杂的，他们的国会议员、政客、社团、媒体舆论，总有那么一些反华亲台分子，经常制造事端，寻找借口，竭力鼓吹反华、亲台那一套。美国对华政策中的这股暗流，一旦遇到对它们有利的时机，就要突然地爆发出来。历届美国总统在很大程度上受这些反华势力的制约，尤其是在竞选过程中，为拉选票，候选人大肆攻击中国，指责前任总统对中国软弱，向中国"磕头"，不一而足。可是到了他们真的上台以后，又不得不面对现实，调整他们的对华政策。

从1989年开始，世界战略格局发生巨大变化。首先是东欧的社会主义国家，由于内部因素和美国等西方国家的煽风点火，搞"和平演变"，使这些国家的共产党先后丧失政权，接着是苏联解体，冷战时期的战略格局被打破。这一世界性的巨大变化，严重地冲击了中美关系。

这时，美国的反华势力更加嚣张。他们认为，过去那种所谓"中国的作用"已经不复存在了。有一个美国政客曾经讥讽地说："冷战已经结束，苏联不存在了，当我们再翻开中国牌，却是一张'二点'（小牌）。"

从里根政府后期开始的反华浪潮，一浪高过一浪。原来那位中国的朋友布什当上美国总统后，也翻脸不认人，他以人权为借口，向中国施加种种压力，在1989年后，由美国带头拉帮结伙地大肆攻击、辱骂中国，对中国横加指责和干涉,宣布中断高层政府官员接触,停止贷款,取消商业、科技、文化等多项协议,中止商业性武器出口等多项制裁措施,并且在台湾问题上大做文章,批准向台湾出售150架先进的F-16战斗机,派政府高级官员访问台湾,从而把中美关系推向谷底。

针对美国等西方国家的打压,邓小平指出:"他们的决策人至少有两点对中国认识不清。第一,中华人民共和国是打了二十二年仗建立起来的,建国后又进行了三年抗美援朝战争。没有广泛的群众基础,不可能取得胜利。这样一个国家随便就能打倒了?不可能。不但国内没有人有这个本领,国际上也没有人有这个本领,超级大国、富国都没有这个本领。第二,世界上最不怕孤立、最不怕封锁、最不怕制裁的就是中国。建国以后,我们处于被孤立、被封锁、被制裁的地位有几十年之久。但归根结底,没有损害我们多少。为什么?因为中国块头这么大,人口这么多,中国共产党有志气,中国人民有志气。还可以加上一点,外国的侵略、威胁,会激发起中国人民团结、爱国、爱社会主义、爱共产党的热情,同时也使我们更清醒。所以,外国的侵略、威胁这一套,在我们看来并不高明,而且使我们可以从中得到益处。事实表明,那些要制裁我们的人也开始在总结经验了。总之,中国人民不怕孤立,不信邪。不管国际风云怎么变幻,中国都是站得住的。这是我讲的怎样真正认识中国的话。"①

邓小平在一次内部谈话时说:"中国本来是个穷国,为什么有中美苏'大三角'的说法?就是因为中国是独立自主的国家。为什么说我们是独立自主的?就是因为我们坚持有中国特色的社会主义道路。否则,只能是看着美国人的脸色行事,看着发达国家的脸色行事,或者看着苏联人的脸色行事,那还有什么独立性啊!现在国际舆论压我们,我们泰然处之,不受他们挑动。但是,我们要好好地把自己的事情搞好。"②

邓小平同几位中央负责同志谈话时说:"国际形势有一个战争问题……小的战争不可避免,现在不发达国家之间的战争,实际上是发达国家的需要。发达国家欺侮落后国家的政策没有变。中国自己要稳住阵脚,否则,人家就要打我们的主意。世界上希望我们好起来的人很多,想整我们的人也有的是。我们自己要保持警惕,放松不得。"

邓小平强调:"要维护我们独立自主、不信邪、不怕鬼的形象。我们绝不能

---

① 《邓小平文选》第三卷,人民出版社1993年版,第329页。
② 《邓小平文选》第三卷,人民出版社1993年版,第311~312页。

示弱。你越怕，越示弱，人家劲头就越大。并不因为你软了人家就对你好一些，反倒是你软了人家看不起你。我们怕什么？战争我们并不怕。我们分析世界大战打不起来，真打起来也不怕。谁敢来打我们，他们进得来出不去。中国有抵御外敌入侵的丰富经验，打垮了侵略者，我们再来建设。"①

邓小平强调："中国人吓不倒。我们不想得罪人，我们要扎扎实实干自己的事，但谁要干涉或吓唬我们，都会落空。中国人有自信心，自卑没有出路。过去自卑了一个多世纪，在中国共产党领导下站起来了。庞然大物吓唬人，中国人不怕。抗日战争打了八年，抗美援朝打了三年，我们有以少胜多、以弱胜强的传统……我相信，在外国的侵略和威吓面前，我们的人民不会怕，我们的子孙也不会怕。"②

邓小平最后说："总之，对于国际局势，概括起来就是三句话：第一句话，冷静观察；第二句话，稳住阵脚；第三句话，沉着应付。不要急，也急不得。要冷静、冷静、再冷静，埋头实干，做好一件事，我们自己的事。"③

中美关系经过一段低落、紧张之后，美国政府害怕损伤他们的商业利益，因此想改善关系，于是布什总统派尼克松访华。邓小平在会见尼克松时说："请你告诉布什总统，结束过去，美国应该采取主动，也只能由美国采取主动。美国是可以采取一些主动行动的，中国不可能主动。因为强的是美国，弱的是中国，受害的是中国。要中国来乞求，办不到。哪怕拖一百年，中国人也不会乞求取消制裁。如果中国不尊重自己，中国就站不住，国格没有了，关系太大了。中国任何一个领导人在这个问题上犯了错误都会垮台的，中国人民不会原谅的。这是我讲的真话。"

邓小平指出："国家关系应该遵守一个原则，就是不要干涉别国的内政。中华人民共和国决不会容许任何国家来干涉自己的内政。外国的干涉在某个时候可以给我们造成困难，甚至造成动乱，但动摇不了中华人民共和国。因为中国人民在共产党领导下生活一天天好起来，特别是最近十年。是真好，不是假好。对改革开放，人民是拥护的，人民看到中国是大有希望的。"

邓小平最后说："中美关系有一个好的基础，就是两国在发展经济、维护经济利益方面有相互帮助的作用。中国市场毕竟还没有充分开发出来，美国利用中国市场还有很多事情能够做。我们欢迎美国商人继续进行对华商业活动，

---

① 《邓小平文选》第三卷，人民出版社1993年版，第319~320页。

② 《邓小平文选》第三卷，人民出版社1993年版，第326~327页。

③ 《邓小平文选》第三卷，人民出版社1993年版，第321页。

这恐怕也是结束过去的一个重要内容。"①

后来，布什总统从美国现实利益出发，虽然一度想改善这种几乎破裂的中美关系，但是仍然受到国会反华强硬派的巨大压力。

1993年，克林顿总统上台后，更以民主、人权为名，对中国继续实行高压政策。

1994年4月，克林顿签署《对外关系授权法》。这个法案，主张美国在多边国际组织中支持台湾，把西藏称为"被占领的国家"。克林顿还公开说《与台湾关系法》优先于中美《八一七公报》。

9月7日，克林顿宣布对台湾政策的重新调整：美国的经济、技术官员可以访问台湾，台湾政府官员出访他国时，可以在美国作中途停留，原台湾驻美机构"北美事务协调委员会"，改名为"台北驻美国经济文化代表处"，支持台湾参加国际组织。

克林顿政府对台湾政策的这一系列重大变化，进一步严重地损害了中美关系，使本已恶化的两国关系雪上加霜。

27. 时好时坏、不好不坏的中美关系

一波寒潮刚刚过去，更大的暴风雪又骤然袭来。1995年5月，克林顿不顾中国的强烈反对，公然允许李登辉到美国进行所谓"私人访问"。这一倒行逆施的举动，引起中国人民的极大愤怒。

江泽民立即做出强烈反应：中止中国高级官员访美，召回驻美大使李道豫。中国这一反措施，使两国关系跌至建交以来的最低点。

李登辉上台以来，在美国的怂恿下趾高气扬，大搞"台独"活动。他在这次访美期间，更是得意忘形，多次发表煽动性的政治演讲，鼓吹"两个中国""一中一台"，并且低三下四地献媚于美国和日本，挟洋自重。

李登辉从美国回来后，耀武扬威，俨然一个凯旋归营的胜利者，到处吹嘘访美的"成果"。他洋洋得意地宣称，有人说我不可能打破外交上的孤立，但我

---

① 《邓小平文选》第三卷，人民出版社1993年版，第331~333页。

就是要向不可能的事物挑战。并且利用这一势头宣布，1996年3月进行"总统直选"，想通过领导人的产生方式，来为分裂中国、搞台湾独立制造新的法律根据。

中国政府对克林顿破坏中美关系和李登辉大搞"台独"的一系列活动，进行了针锋相对的斗争。

为了严正警告李登辉等"台独"势力，为了显示我们统一中国的决心和实力，中央决定从1995年7月开始，中国人民解放军在东南沿海举行大规模陆海空军演习。

这一突然行动，使美国坐卧不安。

美国为了恫吓、威胁中国，不惜炫耀武力，宣布"尼米兹"号航空母舰，"改道"航行，进入台湾海峡。

中国人民解放军不管那一套，不怕什么美国航母战舰，宣布继续在东南沿海进行军事演习。

美国立即对此表示"关注"，要求中国克制。同时继续向中国武力示威。美国国防部下令增派"独立"号航空母舰，组成以两艘航母为主体的、共17艘军舰和150架舰载战机的庞大海军战斗群，分别开往台湾南面和东北面的海域，对中国军事演习进行所谓"监视"。

美国国防部部长还宣称："谁都不要忘记，美国有世界上最强大的海军。"企图以此来吓阻中国人民解放军的军事演习。

与此同时，美国国会众议院通过一项决议案：美国应帮助保卫台湾。

美国这些赤裸裸的强权政治和炮舰政策，吓不倒久经考验的中国人民解放军。

针对美国的行动，新华社受权公告：中国人民解放军于1996年3月12日至20日，在东海和南海进行海空军实弹演习，并且公布了划定的演习区域，警告一切国家和地区的船只、飞机，在演习期间不得进入演习海域和空域。

3月15日，新华社出人意料地突然公布，人民解放军在演习中，第二炮兵部队向台湾东南海域发射了地对地导弹。

这个消息，立即引起了台湾岛内一片惊慌。人们明白，实际上这些导弹是从台湾上空飞过的。

同日，新华社再次受权公告：中国人民解放军将于3月18日至25日，在台湾海峡继续进行陆海空联合演习。要求有关国家和地区的船只、飞机，在演习期间不要进入演习海域和空域。

据说，在演习过程中，美国的侦察卫星发现，中国海军基地的核潜艇突然不知去向。这个来自空中的准确情报，使美国害怕了。太平洋舰队司令立即下令，两艘航空母舰撤至远离台湾的海域。

这件事再次证明，中国不怕美国的航空母舰，反倒是美国的航空母舰害怕中国的核潜艇。

中国人民解放军按原定计划，圆满完成了军事演习任务。美国海军的航母舰队"监视"也好，威胁也罢，对我们的军事演习丝毫没有影响，只不过为李登辉壮了壮胆而已。

就美国来说，也算是完成了一次象征的"保卫台湾"。

此时，抱着美国人大腿的李登辉，还真的耍起流氓来脏口骂人。他大胆口出狂言：中国是哈巴狗，只会叫，不会咬人。

经过中美双方这一番较量，克林顿政府已经认识到，对中国在台湾问题上所能容忍的限度不能低估，必须重新衡量，与中国对抗还是与中国对话，究竟哪个对美国更为有利。

克林顿最终选择了后者。

中国的军事演习结束后不到一个月，美国国务卿克里斯托弗，在海牙同时任中国外交部部长钱其琛会谈时表示，美国理解台湾是中国最为关切的问题，美国仍然遵守"一个中国"的政策，不与台湾发展官方关系。

当月，美国迫使李登辉取消原定在马祖举行军事演习的计划，以免再次刺激中国而引起麻烦。

通过这一系列的斗争，人们不难看出，中国与美国究竟谁怕谁。

1996年11月，克林顿连任美国总统。他很快就邀请江泽民访美。

1997年10月下旬，江泽民赴美国访问。这次访问很成功。他与克林顿会谈后发表了中美联合声明，并签署了《中美和平利用核能合作协定》。

江泽民在同克林顿会谈中，强调中美双方要增进了解，扩大共识，发展合作，共创未来，推进中美关系进入新的发展阶段。

江泽民和克林顿在会谈中，把台湾问题摆在重要位置。江泽民指出，台湾问题始终是中美关系中最敏感、最重要的核心问题，严格遵守中美三个联合公报，妥善处理台湾问题，是中美关系长期健康、稳定发展的基础。

克林顿再次重申，美国政府继续坚持"一个中国"的政策，恪守美中三个联合公报的原则。

在这次会谈中，克林顿作出了"三不"承诺，即："不支持台湾独立，不支持台湾加入联合国，不支持制造'两个中国''一中一台'。"克林顿的这个"三不"政策，狠狠地捆了李登辉等"台独"分子一巴掌。

1998年6月25日至7月3日，克林顿应邀对中国进行回访。克林顿在这次为期9天的访问中，同江泽民进行了坦诚、友好的会谈，双方就中美关系和重大国际与地区问题，深入地交换了意见，达成了广泛而重要的共识，为建立面向21世纪中美建设性战略伙伴关系，迈出了坚实的一步。

在这次中美首脑会谈中，双方决定，互不将各自控制下的战略核武器瞄准对方；两国领导人还在保持亚洲地区稳定，制止南亚核军备竞赛，维护朝鲜半岛的和平与稳定，防止核扩散，打击国际犯罪、毒品走私，以及打击恐怖主义活动等方面取得了积极成果。

台湾问题是这次中美首脑会谈中的重要议题。江泽民强调指出，台湾问题是中美关系中最重要、最敏感的核心问题。

克林顿重申，美国坚持"一个中国"政策，恪守中美三个联合公报的原则。克林顿还再次重申他去年在华盛顿说过的"三不"政策：不支持台湾独立，不支持"一中一台""两个中国"，不支持台湾加入联合国和加入任何必须由主权国家才能参加的国际组织。

此次克林顿访问中国，在国际上引起了强烈反响。一些外国人士指出，克林顿中国之行，向全世界传递了一个信息：中国在地区和世界事务中，所发挥的作用不可低估。

1999年4月，朱镕基应克林顿邀请访问美国。

自从1997年10月江泽民访美，到这次朱镕基访美，不到两年时间，中美首脑三次互访，使中美关系进一步健康发展。

可是，在朱镕基访美后不到1个月，又突然发生了美国飞机轰炸中国驻南联盟大使馆的严重事件，使本来热乎了一阵子的中美关系，一下子又降到零度以下。

由此可见，中美关系这种忽冷忽热的频繁多变，已经形成一种规律：时好时坏，不好不坏，不会太好，也不会太坏。只要美国继续推行霸权主义和强权政治，继续向台湾输送先进武器，干涉中国内政，可以肯定，今后还要按这个规律发展下去。

近年来许多人说，中国和美国的关系是，进一步，退一步；进一步，退两步；或进两步，退一步。

这个说法是有道理的。2012年5月间，时任中国国防部部长梁光烈访美，中美两国在北京进行经济战略对话，双方都强调要建立新型的大国关系，中国还特别强调，要彼此尊重核心利益和重大关切，双方都说了一些好听的话，好像有点"和谐"了,中美关系似乎是进了一步。

但是,仅仅过了几天,就出现了倒退现象:5月25日,《参考消息》头版头条发表新闻,题目是《美国动作频频加紧插手南海》,指出,美国国务卿希拉里罕见地与国防部长帕内塔、参谋长联席会议主席登普西一同出席参议院外交委员会,其目的是推动通过《联合国海洋法公约》。希拉里说,美国未批准该公约,将削弱它在有争议的南中国海对盟友的支持,中国在这些水域的主权要求,超过了公约允许的范围。希拉里强调,"美国支持受到中国威胁的国家。我们对该地区的友邦和盟国的支持,不如我希望的那样强有力。这不是世界首屈一指的海上强国应处的位置"。

希拉里说,他们是"世界首屈一指的海上强国",她强调他们的这个"位置",就是要在南海问题上居于中国之上,压制中国接受美国的主张。

希拉里讲话8天之后,美国国防部部长帕内塔又跑到亚洲来。他在新加坡发表演讲时宣称,美国将把6艘航空母舰及大部分巡洋舰、驱逐舰、濒海战斗舰、核潜艇,即美国百分之六十的战舰,部署在太平洋。

美国调来这么多的军舰干什么?这些军舰的炮口是对着谁的?这还用说吗!

美国的战略"重心东移""重返亚太"多次遭质疑而不能自圆其说,又抛出所谓"战略再平衡"。其实,美国的军事、经济一直是亚洲乃至世界的最强者,政治上更是强权、独霸,哪有什么战略平衡?其所以高唱"不平衡",司马昭之心路人皆知。他们把中国的和平发展和政治影响的扩大视为"不平衡",因此图谋用"再平衡"来遏制中国的和平崛起。

近年来,美国对中国一再搞软硬兼施、真假两手。国务卿克里刚在北京说了一些好听的话,没几天,五角大楼就抛出猛烈攻击中国的军事报告,指责中国官方参与"网袭",污蔑中国维护钓鱼岛主权不合法,渲染中国的军费增长过快,再次兜售"中国威胁论"。

值得我们警惕的是,美军借口朝鲜问题把其最先进的、曾经轰炸过中国驻南联盟大使馆的B—2隐形战略轰炸机,从美国本土开到朝鲜半岛附近进行模拟轰炸。其实,有B—52战略轰炸机对付朝鲜绰绰有余。因此,不能排除这也是针对中国的"空海一体战"实兵演练。

更令人恼火的是,就在这个节骨眼上,美国连续两年再次抛出《人权报告》,把中国列入人权"极度恶劣"的国家,和伊朗、朝鲜、叙利亚、白俄罗斯等国家排列在一起。把中国称为"独裁国家",说中国的人权局面在几个关键的领域继续恶化。

对于美国抹黑中国的霸道行径,还是那四个字:"中国不怕",不吃那一套,并且立即予以反击,发表《2011年美国的人权纪录》,指出,美国自身的人权状况劣迹斑斑,根本没有任何道德的、政治的和法律的资格,充当"世界人权法官",将自己凌驾于世界各国之上,年复一年地发表人权报告指责别国。美国应当停止干涉别国内政、停止在人权问题上对人对己实行双重标准,停止利用人权推行霸权的恶劣行径。

纵观几十年来的中美关系,围绕台湾问题的掣肘,有两点看得比较清楚:

一是,美国出于本身利益,一直抓住台湾不放。利用台湾这张牌制约中国。这张牌他们是不会轻易放弃的,为此,他们就必然在台湾问题上,执行一种虚伪的政策:一方面承诺奉行"一个中国"的政策,一方面又和台湾保持密切关系,向台湾出售大量先进武器。

二是,由于中国在国际社会中的大国地位越来越重要,美国也有求于中国,因此,在台湾问题上他们也不会把事情做绝。同时,美国也不会为了一个台湾岛而严重损害自己的国家利益。

美台之间的那种所谓"老朋友"的关系是靠不住的。在国际关系中,朋友是可变的,唯有利益是永恒的,尤其美国更是如此,它不会为了台湾而轻易把自己拖入和中国长期全面对抗,更不会为台湾同中国打仗。美国最怕死人,它不会忘记朝鲜战争的教训;他们也一定记得,蒙哥马利元帅说过的,世界上有两大军事禁忌,其中一个,就是不能和中国陆军打仗。

可是,在这个问题上,台湾有许多人、特别是台独分子却看不透,他们总以为美国人会为台湾卖命。所以他们有恃无恐,不断地制造麻烦,想把美国拉下水,其结果必将适得其反,总有一天,他们会失望的。其实,美国给他们的失望已经不少了。

这并不是说,我们可以放松警惕。我们必须警惕和防范"台独"分子鲁莽行事,更要警惕国际间的不测风云,警惕美国在台湾问题上搞阴谋诡计,搞两面手法。尤其在售台武器上,美国不顾中国一再强烈反对,继续向台湾出售多种先进武器系统。

就在因2010年美国售台武器而中断的中美军事关系刚恢复不久,美国政府又于2011年9月21日公布,向台湾出售58亿美元的一揽子军售计划,其中包括升级145架F-16A/B战机、先进的空对空导弹和"联合直接攻击弹药"。

台湾航空专家得意扬扬地说,这次美方提供的武器系统,使台军实力大增,攻击能力有所突破。他说,AIM-9X响尾蛇导弹,属于美国高规格武器等级，"联合直接攻击弹药"是台湾过去一直想得到的先进空对地武器系统，具备GPS定位功能。台湾"空军司令部副参谋长"朱安南说，这次升级的F-16A/B战机，加装了主动电子扫描雷达，作战效能达到F-16C/D水准，增强了对大陆歼-20隐形战机的打击能力。台湾"《全球防卫杂志》总编辑"施孝玮表示，这次美方给得很大方。虽然这次没给F-16C/D战机，但是以后可能还是要给的。

事情很明显，美国如此继续不断地供给台湾先进军事装备，实际上是想拉紧台湾，阻碍台湾与大陆的统一。

我们绝不能忘记邓小平曾经一再提醒我们的话——只要台湾不同大陆统一，台湾作为中国领土的地位是没有保障的，不知道哪一天又被别人拿去了。

第四章
敢于迎接任何挑战

自19世纪40年代以来，在一百多年间，世界各强国或单独或联合，接二连三地入侵中国。先是英国侵略中国的战争，英法联军进攻中国的战争，法国进攻中国的战争；接着，就是日本进攻中国的战争，英国、美国、法国、德国、意大利、奥地利、日本、沙皇俄国八国联军进攻中国的战争；随后，又有日本和沙皇俄国在中国领土内进行的"日俄战争"。这些列强们，像饿狼一样，撕扯、吞食中国这块"肥肉"。

从1931年九一八事变开始，日本攻占中国东北，然后进攻华北；自1937年七七事变开始，中国连续进行了八年之久的抗日战争。

最后三年多，是美国支持国民党进攻解放区的战争。这次战争，是美国出钱、出枪、出炮，由蒋介石出面替美国打仗。

然后，又是美国进攻中国近邻朝鲜和越南，直接威胁中国。

这些战争，加上政治上、经济上、文化上的侵略和压迫，导致中国积贫积弱，战乱不已，民不聊生。但是，中国人民没有被吓倒，在民族存亡的危急关头，各族人民奋起反抗。

面对世界各强国三番五次的侵略，中国共产党和中国人民的抵抗能力极大地发展起来，从斗争中团结起来。斗争，失败，再斗争，再失败，再斗争，积无数次大小斗争的经验，军事的和政治的、经济的和文化的、流血的和不流血的经验，这些经验反过来又指导中国人民的斗争，最终才获得今天这样的成功。

28. 中国共产党人从来不怕世界上的任何强权

在新中国成立前的一百多年里,中国饱受世界列强的欺侮,其中美国是主犯之一。

如今,中国和美国成为世界上最复杂多变的双边关系。

我们今天说中美关系,不能脱离一百多年来中美关系演变的历史,也不能不说中国共产党和新中国创始人毛泽东和美国的关系。

众所周知,毛泽东曾经强烈反对美帝国主义。但是有谁知道,学生时代的毛泽东,曾经是崇拜过美国两位前总统的。

《三字经》开宗明义就说:"人之初,性本善。"农民出身的毛泽东,从儿童时起,就养成了善良、淳朴、好学的性格。投身革命后,在处理敌、我、友关系的大是大非上,他总是想方设法多争取一些朋友,减少和削弱敌对势力,缓和矛盾,化敌为友。

然而,后来的毛泽东,在领导中国革命和建设的大部分时间里,之所以长期坚持反美斗争,对美国的一切反华行为,坚持强硬立场,甚至一提起美帝国主义,气就不打一处来。

新中国成立前夕,毛泽东曾经讲过一段关于中国人民同美、英等帝国主义反目成仇的大致过程。他说,我自己在青年时期,也和当时中国社会上的许多先进青年人一样,努力学习西方;向英国、美国、法国、德国、日本学习,只要是西方的新道理,什么书都看,学习西方资产阶级民主主义的文化,包括社会学和自然科学。学了这些新学问的人们,产生了一种信念,认为这些东西是很可以救中国的。

那时,毛泽东曾经读过一本名叫《世界英雄豪杰传》的书,他对书中的两位美国前总统很感兴趣,一位是华盛顿,另一位是林肯。毛泽东被他们统一国家和治理国家的事迹所感动,很想学习他们治理国家的经验,以便将来自己投身革命把中国治理好。

但是,在中国人向西方学习的同一时期,即19世纪40年代至20世纪初期,由于英、法、美、俄、日等西方列强不断对中国发动侵略战争,如1857年以前的两次鸦片战争,1884年的中法战争,1894年的中日甲午战争,一直到1900年英、美、德、法、俄、日、意、奥八国联军侵略中国的战争。这些侵略成性的列强们，强行瓜分中国，疯狂地屠杀中国人民，大肆掠夺中国的财富资源，达到了历史的高潮。

毛泽东说，西方列强的侵略，打破了中国人学西方的迷梦。很奇怪，为什么先生总是欺侮和侵略学生呢？中国人向西方学得很不少，但是行不通，理想老是不能实现。多次奋斗，包括辛亥革命那样全国规模的运动，一个一个地都失败了。国家的状况一天不如一天，人们活不下去，于是产生了怀疑。就是这样，西方资产阶级的文明，资产阶级的民主，资产阶级共和国的方案，在中国人民的心目中，一齐破产了。

在人类刚刚进入20世纪之时，美、英等新老殖民主义者，对于他们在中国的胜利，所有资产阶级政客和媒体舆论，一片欢呼声。他们踌躇满志，自鸣得意。

1900年1月1日，《北美评论》发表文章说："必须指望美国，而且只能指望美国。这对于人类的前途来说，怎么夸张也不会过分。"

同一天，《华盛顿邮报》得意扬扬地宣扬美国的胜利，大谈他们在海外殖民地的使命，以此来迎接新世纪的到来。

《华盛顿邮报》的文章兴高采烈地宣称："它们（殖民地）是我们的，所有反对扩张的谈论，就像喜鹊的叽叽喳喳声一样，无聊而可笑。"

在西方列强对中国的侵略中，一开始美国虽然不是唱主角的，但每次它都有份，而且越来越猖狂。1840年的鸦片战争，美国是英国的主要帮凶。1857年英法联军进攻中国，也就是第二次鸦片战争，美国不仅直接出兵和英法军队一起侵略中国，而且乘机夺取中国权益，迫使清朝政府与美国订立不平等的《天津条约》。

早在甲午战争之前，美国不仅暗中与日本勾结，出钱出枪帮助日军进攻中国，而且于1871年出动军舰，在美国海军副司令日格赛尔和陆军副司令华森率领下，直接参加日军进攻台湾的战争。自此以后，美国对中国的侵略，愈来愈频繁，规模也愈来愈大。

对于美国在世界范围内大搞强权政治，特别是对中国的蛮横霸道行径，毛泽东早就予以激烈的批判，并长期坚持顽强不懈的斗争。毛泽东一直认为，美国作为西方列强之一，对中国是不怀好心的。在20世纪初，第一次世界大战结束后举行的巴黎和会上，美国与其他西方列强一起，对中国进行残酷地掠夺和无情地瓜分。

从那时开始,毛泽东对美国奉行强权政治的本质有了清醒的认识。

那时美国人宣扬,第一次世界大战的结果是"公理战胜了强权"。本来美国在这次大战中出力不多,却捞到了许多好处,还借此夸耀自己的"功劳"。

青年时代的毛泽东,在《湘江评论》上发表文章,尖锐地指出,第一次世界大战不过是"用强权打倒强权,结果仍然得到强权"。

同时,毛泽东又指出,这场列强之间的厮杀,改变了世界格局。1919年以前,世界最高的强权在德国,1919年以后,世界最高的强权在法国、英国和美国。毛泽东预言,从今以后,美国等西方列强对世界霸权的争夺将会愈演愈烈。

果然如此,仅仅两年之后,美国就开始把手从西方伸向东方,尤其是把争夺目标更进一步瞄准中国。

1921年11月,由美国牵头,在华盛顿召开的有英国和日本等强国参加的会议(史称"华盛顿会议")。这次会议旨在重新瓜分亚洲、特别是瓜分中国的势力范围,它们像一群饿狼围着猎物一样,再次把中国一块块地撕裂分割。

这时,已经是中国共产党创始人之一的毛泽东,刚刚在上海参加了中国共产党第一次代表大会,他立即发表文章,对"华盛顿会议"予以猛烈抨击。毛泽东指出,西方列强现在是协调着步骤来侵略中国,他们的步骤以前是不协调的,经过"华盛顿会议"一番商量便协调了。虽然他们的协调终究是要破产的,但目前及最近之将来,他们为补偿前次大战的亏失,同时蓄养下次大战的精力,是断然要采取协调主义的。美国的所谓"门户开放主义",居然能通过在中国拥有势力范围的英国、法国和日本而得逞,这就是明显的证据。

在毛泽东这篇文章的启示下,中国共产党人和社会有识之士,已经意识到,中国在西方列强入侵之下,许多中国人,在强加于自己头上的屈辱面前软弱无力。19世纪和20世纪,强加给中国的一系列条约、协定和治外法权条款,使人们清清楚楚地看到,不仅中国作为一个国家地位低下,而且中国人民作为一个民族同样地位低下。这一衰败的现实,同中国人的自我民族意识发生了猛烈的碰撞。大多数中国人都知道,在过去、甚至就在不久以前,中国在文化、政治和经济上,还都比那伙蛮横的侵略者们富有和强大得多。

这些事实有助于说明,为什么多少代中国人做出种种努力,想急于摆脱西方列强的欺侮,消除与西方的差距,从而恢复中国在历史上的显赫地位。一直到新中国诞生,而后又经过半个多世纪的努力,才初步实现了先烈们的遗愿。

中国人的任何一次努力都不是孤立的,也不是个别的历史现象。中国人每次努力的前前后后，都伴随着一幕幕壮烈的历史话剧，这些历史话剧环环相扣，构成了巨大的历史链条。

如果说，过去侵略中国并在中国占有更多势力范围的是美、英、法、日等国，那么，从20世纪20年代初的"华盛顿会议"开始，美国便逐渐取代了上述三国，而成为中国最大、持续时间最长的霸主。

对此，毛泽东用事实告诫中国人民，要认清美国的真面目，警惕美国对华政策的欺骗性，抛弃对美国所有不切实际的幻想。

1923年7月11日，毛泽东在《向导》周刊上发表文章指出，从前还有一部分迷信美国的中国商人，他们错误地以为，美国是扶助中国的好朋友，而不知美国是最会杀人的第一等刽子手，美国近来怎样扶助那些奸商，支持全国国民所反对的军阀曹锟去抢夺政权，以及他们怎样出死力，妨碍中国商人所要求的禁止棉花出口，从美国这些实际行为的事例来看，就可以知道，迷信美国的错误有多么严重了。

继1920年美国支持曹锟、吴佩孚等中国直系军阀发动直皖战争之后，1922年至1924年，美国又以大量军火及贷款，援助这两个军阀进行两次直奉战争，然后，又进行江浙战争，其目的就是要扩大在中国的势力范围，以便分化、控制和压迫中国人民。

对此，毛泽东一针见血地指出，日本帝国主义站在奉系背后，美帝国主义站在直系背后，英帝国主义为巩固其长江流域势力范围，不得不极力与日本协调，用重利勾结张作霖镇压上海的反英运动，从而使军阀与外力相互勾结，形成了对中国人民的二重压迫。

1925年4月8日，福州市的学生因反对美帝国主义侵略中国，数千人游行示威，遭军警镇压，造成"福州惨案"。同年5月30日，上海各校学生两千余人，为纱厂工人顾正红被杀害举行游行示威，要求释放被捕学生，美、英殖民主义者下令开枪，造成"五卅惨案"。

1927年1月，美国政府命令其东亚海军舰队司令维廉，率领海军舰队进驻上海；3月24日，美、英军舰炮轰南京，镇压中国工人运动，造成"下关惨案"。

同年4月12日，蒋介石在美国支持下，于上海发动背叛孙中山的反革命政变，屠杀和逮捕了大批共产党员和国民党左派人士。

6天后，蒋介石在南京另立国民党中央政府，同时，宣布从广州迁至武汉的国民政府和国民党中央的一切决议都是非法的。

接着，蒋介石发出第一号通缉令，把共产党的主要领导人陈独秀、谭平山、恽代英、毛泽东、林伯渠、吴玉章和一大批国民党左派人士共193名，列为通缉犯。

由孙中山发动的大革命（即辛亥革命）彻底失败了，由此而引起的全局性事变发生了。

蒋介石大张旗鼓地公开反共了。

7月15日，蒋介石宣布共产党为非法组织，并立即开始疯狂地到处搜查、追捕和大量屠杀共产党人及革命群众。提出"宁可错杀千人，不可使一人漏网"的口号。从此，中国革命运动陷入低潮。

这时，美国人乘机进一步扩大在中国的势力范围，他们与蒋介石签订密约，保证全力支持蒋介石的南京政府，对中国实行法西斯独裁统治。

从这时起，蒋介石充当美国的代理人。而美国政府则抓住这个机会，进一步在中国实行强权政治，与蒋介石的国民党政府签订了一系列不平等条约，达到了从政治、军事、经济、文化各方面侵略和控制中国的目的，从而形成了美蒋勾结的政治局面。

从十年内战之初，美国就帮助蒋介石打红军。1930年7月，彭德怀率领红军第三军团攻占长沙，美国进行武装干涉，炮击进占长沙的红军。美国总统胡佛授权在华美军，可以在必要时攻击红军。此后，在长江沿岸多次发生美军攻击红军的事件。这是中国共产党与美国最早的直接交锋。

29. 中国不怕强强联合

在漫长的历史过程中，始终有一个中、美、日三角关系。一百多年来，风风雨雨，变化万千。在中、美、日三者相互之间，都曾经发生过大战，彼此激烈厮杀，打得你死我活。这三家打来打去，最终虽然都是以各自的利益为重，但是，在很长的时期内，却是以美、日为轴心，危害中国利益。

对于这种两强联合的格局，处于弱势的中国，还是那两个字："不怕！"

美国和日本的关系，在历史中曾经发生过戏剧性的变化。

在日本明治维新前后的很长一段时期内，美国和日本是比较友好的，这是因为，日本的门户是美国人打开的，美国与日本的通商和政治上的影响，对日本的快速发展有很大促进作用。

1874年，日本侵略中国台湾，美国政府对日本以强凌弱的行为不仅袖手旁观，而且暗中支持美国海军直接参与侵台行动。在其后的甲午战争中，美国在表面上保持中立态度，实际上是偏向日本的，听任美国的军火商把大量武器卖给日本。

中国和日本的关系，一百多年以来，始终处于紧张、敌对的状态，在此期间，日本曾经数次侵略中国。

日本自从1868年，在明治天皇统制下，迅速开始维新改革，成为除欧美之外亚洲的唯一先进工业强国。它和西方列强站在一起，侵略、残杀中国人民，瓜分中国。

1894年，日本两路大军进攻中国，一路从朝鲜进攻中国东北，一路从海上进攻山东半岛，与中国海军发生激战（史称甲午战争），因中国战败，日本夺走台湾和澎湖列岛。

1900年，日本参加了英、美、德、法等八国联军侵华战争。这次侵略战争，日本获得了在天津、北京的驻兵权。

1904年至1905年的日俄战争，俄国被打败，日本夺取了俄国在中国东北的殖民权，占领了辽东半岛，并设置关东总督府，驻屯关东军。日俄战争的胜利，使日本沉醉于胜利的狂热之中，举国上下普遍相信日本无敌于天下。

1914年8月，日本攻占青岛和胶济铁路全线，控制了山东省，夺去德国在山东强占的各种权益，同时还夺取了德国在太平洋的殖民地马绍尔、加罗林、马里亚纳3个群岛。第一次世界大战结束后，于1919年签订的《凡尔赛和约》，认可日本的战争果实，从而使日本成为太平洋西岸的一霸。

早在1868年日本明治维新时起，它的称霸野心就开始逐渐膨胀，一直把中国作为其"首要攻击目标"，而美国则是其"头号潜在敌人"，俄国是其"最大的威胁"。

1916年，日本制造"满蒙独立"运动，强使中国东北三省成为其控制下的"满洲"（后来又建立非法的伪"满洲国"）。其实，日本早就对中国的东北地区垂涎三尺，他们说，"所谓满蒙者，乃奉天（辽宁）、吉林、黑龙江和内、外蒙古是也，不唯地广人稀，令人羡慕，农矿森林等物之丰富，世之无所匹敌。"

1919年，日本在"满洲"建立"关东军"，司令官由上将充任，直属天皇。从此，日本强化了在中国东北的军事占领，为其进一步扩大侵华战争做好了准备。

1927年，日本内阁召开"满蒙政策会议"，日本首相田中义一向天皇呈报了一个机密的《田中奏折》，内称："我历代内阁之施政于满洲者，无不依明治大帝之遗训，扩展其规模，以完成新大陆政策。故欲征服支那（中国），必先征服满蒙；欲征服世界，必先征服支那。倘支那完全被我征服，其他如小中亚细亚、印度、南洋等异服之民族，必畏我敬我而降于我，使世界知东亚为我大日本国之东亚，永不敢向我侵犯。"[①] 这个《田中奏折》，把日本军国主义的狂妄野心暴露无遗。

果然，日本为了实现上述先占满蒙，后取中国，进而吞并亚洲，征服世界的野心，于1931年，日本关东军制造了九一八事变，对中国东北发动武装进攻。

9月18日夜，驻在中国东北的关东军，派人暗中炸毁沈阳附近柳条湖东侧的一段铁路，谎称中国军队袭击日本守备队。以此为借口，日本关东军司令官按其预谋，当即指挥日军向沈阳的东北军驻地发动进攻，并扬言这是对中国军队的惩罚。

这就是震惊中外的九一八事变。

这时，蒋介石在南方正忙于对红军进行大规模"围剿"，对日军侵略中国的滔天罪行置若罔闻，采取绝对不抵抗政策，并且提出所谓"攘外必先安内"的方针。蒋介石在南昌宣称，抗日必先"剿匪"，征诸历代兴亡，安内始能攘外。他还厚颜无耻地说：中国亡于帝国主义，我们仍能当亡国奴，尚可苟延残喘，若亡于共产党，则纵肯为奴隶亦不可得。

这真是荒唐可耻的逻辑，如此奇谈怪论出自中国的蒋介石之口，真是中华民族的一大悲哀。

值得注意的是，近年来有人为蒋介石"鸣冤"，说他还是积极抗日的。不错，蒋介石是抗过日，但是这要分清是非曲直。众所周知，蒋介石后来的抗日，是被迫的，否则，他自身难保；开始他采取不抵抗政策，叫日本人轻易占领东北三省，这个历史罪责，他是无法洗刷的。

日本发动侵华战争，不仅是对中国的侵略，也是对世界和平的挑战。因为日本的最终目标是变中国为它的独占殖民地，这是第一次世界大战后，首次发生的用武力重新瓜分世界的重大行动；更是对美、英、荷、法等国在亚洲势力范围的严重挑战，是对凡尔赛—华盛顿体系的猛烈冲击。

日本如此公然对中国开战的举动，引起国际社会的广泛关注，各国人民和正义的舆论，纷纷谴责日本的侵略行径，支持中国共产党和中国人民的正义斗

---

① 军事科学院军事历史研究部：《中国抗日战争史》上卷，解放军出版社1991年版，第38页。

争。各国政府基于各自的立场，作出了不同的反应。

当时的苏联，出于对被压迫民族的同情和自身利益的考量，在道义上站在中国一边。九一八事变的第三天，苏联的《真理报》发表社论，谴责日本对中国的野蛮侵略，支持中国的抗日斗争。

作为世界强国的美国，本应一开始就站在中国一边，反对日本的侵略行为，但恰恰相反，美国却采取两面政策。它虽然不得不作些表示"遗憾""惊讶""忧虑"一类的外交姿态，但实际上却明里暗里地站在日本一边，助纣为虐。

由于日本是打着反苏、反共的旗号，所以，美国从自身利益出发，对日本抱有幻想，希望日本军队假中国东北之道，北上进攻苏联，南下消灭中国共产党。

九一八事变前一天，日本驻美国大使渊胜次与美国国务卿史汀生商谈并达成一项秘密谅解：美国允许和不过问"满洲事变"。

9月21日，中国政府向美国政府发出照会，请求美国政府向日本提出抗议，指出："日本在中国东北的行动，是违反1928年8月27日的凯洛格—白里安公约的。"可是，美国国务院却认为，没有必要公布中国的照会，而且也没有给予中国政府任何答复。

与中国政府发出照会的同一天，"国际联盟"秘书长德鲁蒙德征询美国政府的意见，希望美国政府明确表示，是否打算控告日本违反凯洛格公约，美国国务卿史汀生当即答复说："美国并不认为，对日本在中国东北事件进行这种干涉是恰当的。"

更令人莫名其妙的是，9月24日，美国政府以内容相同的照会，分别致中日两国政府，对9月18日发生的事件表示"遗憾""忧虑"，希望中、日两国政府，各自调整、处理本国的军队，按照国际公法与国际协定解决两国的歧见。

10月8日，日本空袭锦州。第二天，美国政府专门召开会议，国务卿史汀生在会上指出，日本的行动表明，它已经把各项国际条约视如一堆废纸。

这时，虽然美国已经认识到日本侵略中国的严重性，但是，由于害怕对日本实行经济制裁，可能导致美日战争，因此未有所作为。

九一八事变发生后，南京国民党政府曾经多次请求美国向日本施加压力，停止其进攻。然而，美国却认为没有这个必要，史汀生说："美国并不认为对东北事件进行这种干涉是合适的。"因此九一八事变一个月后，美国总统胡佛竟然公开发表谈话，赞同日本对中国的侵略，他说："假如日本人公开对我们说：我们不能再遵守华盛顿协议了，因为我们在北方已经和布尔什维克（共产党）的俄国为邻，如果在西面再有一个布尔什维克化了的中国，我们的存在就要受到威胁，所以，给我们日本恢复中国秩序的机会吧！对此，我们是不能提出异议的。"

美国总统如此表态，日本对中国的侵略就更加有恃无恐了。

实际上，美国政府不仅在政治和外交上支持和纵容日本侵略中国，而且还向日本提供军事援助。从九一八事变到1932年底，仅1年多的时间，美国就向日本运送价值达1.81亿美元的军火。

殊不知，美国这样做正是为虎添翼，搬起石头砸自己的脚。

日本在美国的支持、纵容下，侵略野心极度膨胀，最后终于爆发了太平洋战争，千百万美国人惨死在日本的屠刀之下。

日本占领中国东北后，继续向华北、华东、华南进攻，很快就占领了半个中国。他们把中国占领区作为殖民地，实行法西斯统治，大肆掠夺；同时，排斥美英法等国在华势力，妄图独霸中国。

比起西方列强来说，日本是个后起的军国主义国家，在第一次世界大战中也和美国同样获得了战胜国的利益，捞了许多好处，从而使它的工业发展速度超过了美、英等老牌帝国。但是，日本国土狭小，自然资源贫乏，没有美国和英国那样广大的市场和殖民地，因此，产生了强烈的向海外扩张，寻找殖民地的欲望。

为此，日本进一步加快军国主义化，促使它的侵略胃口越来越大，不仅要独占整个朝鲜半岛，更要独霸中国，进而要征服全世界。

早在20世纪20年代，日本就确立了"征服中国进而征服世界"的国策。

1937年7月，中国开始全面抗战后，美国本应和世界上许多国家一样，支援中国的抗日战争。可是，美国却对中国人民的正义斗争采取了阴险狡猾的两面政策。但由于日本损害了美国在中国的利益，对他们在东亚和太平洋地区的殖民统治构成了极大的威胁。因此，美国一方面想借助中国的力量削弱日本，最终造成美国在中国和远东的优势地位；另一方面，美国又希望借日本之手消灭中国共产党，并且把战争引向苏联，以便其坐收渔人之利。

在中国内部，除中国共产党和大多数人民积极参加抗日战争外，蒋介石也和美国人一样，实行阴险狡猾的两面政策。一方面，蒋介石迫于全国人民和国民党内部抗日派的压力，迫于日寇的侵略已经直接危害他本身的利益，不得不起来抗日；另一方面，蒋介石又想借日军之手削弱乃至消灭中国共产党。因此，他采取一面抗日，一面反共的政策，在共产党最困难的时期，蒋介石连续发动了三次反共高潮。

由于美国和蒋介石对日本侵略者都采取同样的两面政策，放松了对日本军国主义应有的打击，从而给日本以可乘之机，使它的侵略野心进一步膨胀，狂妄地叫嚣要建立以大日本帝国为核心的"大东亚共荣圈"。

于是，日本侵略军在占领大半个中国之后，在其占领区尚不十分巩固的情况下，便继续向东南亚扩大侵略范围，并最终把进攻的矛头直接指向美国。日本的南进或北进，始终是其重大战略抉择。它的战略步骤是，先灭亡中国，取得有利战略态势，获得充足的人力物力资源，尔后，乘势席卷南北。

然而，因中国国土广大，中国军民的抗日战争逐渐广泛开展，日本在短时间内不可能占领全中国，致使侵华战争陷入僵局。

日本为摆脱战略困境，冒险南进，以求找到新的出路。

1940年11月1日，东条英机内阁与日军大本营联席会议制定了《帝国国策实施纲要》，决定：

（一）为打开目前危局，完成自存自卫态势，以建设大东亚新秩序，决心对美国、英国、荷兰开战。

（二）发动武力进攻时间为12月初，陆军、海军必须按时完成作战准备。

日本军政当局决定，把这一场对美英的战争及侵华战争，统称为"大东亚战争"。

日本向东南亚的扩张，造成了对美国、英国、法国、荷兰的极大冲击。各国对日本的政策随之发生变化。

1940年12月17日，美国总统罗斯福发表广播讲话。他说："美国不能用缩进被窝蒙头大睡的办法来回避战争的危险。"同时，他又说："在亚洲，中华民族进行的另一场伟大的防御战争，拖住了日本人，不使欧洲和亚洲的战争制造者，得以控制通向本半球的海洋，乃是对我们最为生死攸关的问题。"

1941年12月8日凌晨，日本海军大将山本五十六，指挥以6艘航空母舰组成的庞大联合舰队，经日本北端的千岛群岛，绕了个大圈子，神不知鬼不觉地从北面偷袭美国的夏威夷群岛，在距离珍珠港有效攻击范围的海域，360架舰载机轰鸣起飞，以突然、猛烈的连续轮番攻击，重创美国夏威夷的珍珠港海军基地。

震惊世界的太平洋战争由此爆发。

日本人这一棍子，捅在了美国的软肋上，把美国人打得够呛。由于美军疏于戒备，在开战当天的早晨，仅两个小时之内，日军就一举击毁击伤美军大型军舰18艘，其中战列舰8艘（4艘被击沉），巡洋舰3艘，驱逐舰3艘；击毁飞机188

架；美军被打死打伤3500余人，使美国太平洋舰队遭到毁灭性打击。

这时，美国才如梦方醒，被迫仓促对日本宣战。

早知如此，悔不当初，可叹为时已晚。

日军以其本土和中国东南沿海各省、台湾岛、海南岛为基地，像打开了的水库闸门，狂潮汹涌，冲向中南半岛和西太平洋沿岸。在6个月当中，日本军队就先后占领了香港、越南、菲律宾、荷属东印度群岛、马来西亚、缅甸、新加坡以及西南太平洋的若干岛屿。

在这一连串的作战中，美军损失惨重，其残部由麦克阿瑟收拢后撤退到澳大利亚。

日本人的进攻如此凶猛快速，以致在美国人当中产生了"恐日症"，认为日本军队是不可战胜的，几乎到了"谈日色变"的程度。

重温这段历史，对照如今美国怂恿日本右翼势力的所作所为，与20世纪30年代美国政府放纵日本侵略中国何等相似。

如今，美国和日本借口钓鱼岛问题明火执仗地大搞军事演习。竟然在美国的加利福尼亚州的圣克利门蒂岛和彭德尔顿海军陆战队基地，由美国海军陆战队和日本自卫队联合实施所谓"黎明闪电"夺岛演习。值得注意的是，这次联合进攻作战演习，日本的海、陆、空三大"自卫队"首次集体离开本土到海外进行大规模军事演习。其中，包括日本最大的战舰、排水量2万多吨"日向号"直升机航母。这实际上已经打破了日本的和平宪法。

30. 短暂的友谊

太平洋战争爆发后，美国逐渐重视中国，提高中国的国际地位。美国总统罗斯福不顾英国的反对，坚持把中国与美国、英国、苏联三国相提并论，统称为"世界四大国"。罗斯福还促使开辟"中国战区"，其中包括中国、越南、泰国和缅甸北部。由蒋介石出任"中国战区盟军统帅部"的最高统帅。

罗斯福这样做，是基于其长远战略的思考：给中国一个相应的地位，再给一些援助，把中国战场进一步加强，用较小的代价，一方面可以大量消耗和牵制日军，另一方面可以避免使中国成为日军巩固的后方，减少日军由中国向其他战场抽调军队和输送作战物资。如此，就使中国成为一个能极大地打击日军的作战基地，它既可以增强盟军的力量，打败日本，还可以在战后牵制日本，防止日本东山再起。

罗斯福曾经对他的儿子说："试想，如果中国被日本战败屈服了，会有多少日军得以脱身？那些日军会做些什么呢？他们首先会像摘熟透了的桃子一样，轻取澳大利亚和印度，然后，长驱直入，席卷中东，日本军队和德国军队两面夹击，在近东会师，割断苏联，肢解埃及，切断地中海的交通线。"

起初，美国人只是想到了蒋介石统治下的中国军队，而没有重视中国共产党领导的抗日武装。正当美国在太平洋战场被日本军队打得焦头烂额之时，在中国战场上，中国共产党领导的八路军、新四军，广泛开展游击战争，不断给予日寇以沉重打击。同时，使自己不断发展壮大，从1937年抗战初期的9万多人，到1941年太平洋战争爆发时，已经发展到40多万人，并且发展了100多万民兵；担负着抗击侵华日军75%、伪军95%的繁重任务。解放了近100万平方公里的土地。

由于中国共产党领导的抗日武装积极作战，不断给予侵华日军沉重打击，使其不能抽调更多的兵力对美军作战，从而减轻了美军在太平洋战场上的压力。

这时，美国人看到了中国共产党开辟的抗日战场在太平洋战争中的重大作用。同时，他们也看到，美国援助蒋介石的大量武器，并没有真正发挥其应有的作用。美国虽然一再督促国民党军队向侵华日军发动有力进攻。可是，蒋介石不争气，他没有把全部力量投入抗日前线，加之，指挥不怎么高明，尽管国民党部队前线将领英勇善战，打了一些胜仗，但是，却不能挽救全局的失败，淞沪会战、武汉长沙会战，接连失败。国民党正面战场远不如毛泽东指挥的八路军、新四军打得有声有色。

其实，美国人并不晓得，蒋介石是内战内行，外战外行。他没有把美国援助的大量武器全部用来打日本，而是把几十个美械化师的武器储存在云贵川地区，以便日后用来打共产党。

这里需要指出的是，蒋介石也派遣了十几个主力师作为远征军，奔赴缅甸支援美、英军作战。这些部队打得英勇顽强，出现了许多可歌可泣的英雄事迹。

自从1938年10月武汉失守以后，蒋介石就加紧推行消极抗日，积极反共的政策：一方面对日军避战、妥协，甚至搞暗中投降活动，对日军进攻共产党的解放区袖手旁观；另一方面则大肆反共，采取"溶共、防共、限共、打共"8字方针，公开叫嚷："宁伪化，勿赤化，宁亡于日，勿亡于共；日可以不抗，共不可不打。"对共产党要"见人就捉，见枪就下，见干部就杀"。在这样的反共政策下，全国各地连续发生大规模屠杀共产党人的惨案。从1939年12月至1943年7月，蒋介石先后发动三次大规模反共高潮。

蒋介石的所作所为，引起国内外的强烈反对，当然，也引起了美国政府内部一些有正义感的人士反对。他们建议美国政府派人调解国共两党争端，促进国共团结，一致抗日。

根据这个有利动向，毛泽东指示在重庆八路军办事处的中共代表团团长周恩来，加强与美国驻华官员接触，放手与美国军方人员合作。如此，一则可以打破国民党的反共宣传，促使国民党改弦更张，停止反共，以形成团结抗日的局面；二则可以争取美国的直接军事援助。由于毛泽东的重视和周恩来卓有成效的外交工作，与美国驻华外交官员及军事人员的接触有很大进展，他们表示希望扩大与延安共产党的接触与合作。

1941年春天，周恩来和美国总统派到重庆的代表官员接触，给他们留下了很好的印象。周恩来向他们表示：

（一）中国共产党希望美国政府允许将部分援华物资供给中共方面，否则这些物资可能被国民党政府囤积起来，留作以后扩展国民党的势力，用来打共产党。

（二）中国共产党欢迎美国派一名至数名代表访问中共控制地区。

此后，美国使馆二等秘书谢伟思向其政府提交关于国共形势的备忘录，内称：

（一）由于国民党的封锁，美国对共产党和它占领区域的了解甚少，建议加强实地考察。

（二）共产党军队对战争的胜利有着积极的军事价值。

（三）由于共产党有着较为广泛的民众支持，国民党难以战胜它。

（四）鉴于此种情况，如果美国忽视中国共产党的存在，不与其打交道，那么一旦战后共产党得势，它必然更倾向俄国而非美国，从而对美国的利益造成严重的不利影响。

（五）建议在中国共产党地区设立领事馆，派军事观察组。

这遭到了蒋介石的坚决反对。他说："中国共产党是中国的祸根。"

在美国政府一再坚持下，蒋介石无奈同意了美方派美军观察组到延安去。

早在中国抗日战争初期，毛泽东就积极倡导和美国结成反对日本军国主义的国际统一战线。因为，他看到美国和日本在亚洲和太平洋地区的利益冲突是难以调和的。

随着中国共产党在抗日战争中的作用日渐突出，美国政府逐步重视加强对中国共产党的工作。

1944年7月22日和8月7日，美国政府先后派遣一个名为"迪克西使团"的美军观察组，分两批抵达延安。这个观察组由包瑞德上校担任组长，成员包括谢伟思等18人。这是美方主动采取的一个重要步骤。

美军观察组受到中共中央、陕甘宁边区政府、延安驻军以及人民群众的热烈欢迎。

毛泽东对美国人的到来极为重视，认为这是和美国改善关系并结成抗日统一战线的最好时机。

为了表示对美国的友好，为了表示中国共产党希望与美国及蒋介石团结抗日的诚意，毛泽东十分重视对美军观察组的接待工作。为此，他亲自修改《解放日报》为欢迎美军观察组而发表的社论。毛泽东在社论的标题《欢迎美军观察组》的后面，增加了"战友们"3个字，明确地表达了对美军观察组"战友"般的情谊。社论称赞美军观察组来到延安"是中国抗战以来最令人兴奋的一件大事，希望它会增进中美两大盟邦的团结，并加速最后战胜日寇的过程"。

为美军观察组访问延安，中共中央还专门发了一个红头文件，指出：美军观察组的来访，是我们在国际间统一战线的开展，是我们外交工作的开始。

针对党内有些人一时不理解对美国的友好政策，毛泽东做了许多解释工作。他指出，放手与美军合作，处处表示诚恳欢迎，是我党既定方针。我们这样做，一则，使美国和我们配合侦察敌情，有利于现实与将来双方配合作战；二则，使他们了解我方情况，争取援助；三则，可以打破国民党的反共宣传。

美军观察组到达延安后，毛泽东与他们进行了广泛的接触并举行了多次会谈。他向美方详尽地阐明中共愿意与美国进行合作的意向。毛泽东指出，我们想更多地了解你们，当然，你们也想更多地了解我们，我们的想法是一致的。毛泽东还详细地向美方解释，中共关于抗日的战略方针与党的各项政策。

毛泽东与美军观察组的谈话，不只限于抗战时期中共与美国的合作问题，而且还涉及战后中美两国在经济上如何互相取长补短的问题。这充分表明，毛泽东寻求同美国的合作并不是一时的权宜之计，而是有着长远的战略构想。

中国共产党给予美军观察组的真诚合作，使他们能够深入华北敌后抗日根据地进行考察，获得了各抗日根据地的真实情况，了解了八路军、新四军和民兵游击队的装备及训练情况，正是这些敌后战场的存在，才使日寇无法在中国占领更大的范围，有效地牵制了日军对国民党军的进攻，也使日军不能抽调更多的军队增援太平洋战场，从而减轻了美军的压力。

美国观察组与中共军事人员还研究制订了两项计划：

（一）由美方派军官训练一部分八路军部队。

（二）若美国军队在山东半岛登陆进攻日军，八路军、新四军如何提供支援与配合。

中共方面的合作诚意，给美军观察组人员留下了深刻的印象。观察组成员谢伟思感慨地说："从来没有一个共产党社会，像中国共产党那样对美国如此开放。大批美国人在他们的每一块领土上都可以自由旅行，进行多种形式的合作，探索各方面的情况。我们在延安和前线，每天同共产党领导人和一般工作人员，亲密友好地接触并生活在一起。"

美军观察组人员把在延安受到的热烈欢迎和良好的接待，把共产党领导人特别是毛泽东的诚恳合作态度，把到各抗日根据地考察的亲身经历，耳闻目睹的种种事实，向美国政府做了详细的报告，并提出这样的见解：因为中国共产党确有兴趣参加抗日战争，美国应当援助共产党。

美国总统罗斯福看了美军观察组的报告，阅读了斯诺写的《西行漫记》，并且还约请斯诺赴白宫介绍中国共产党和毛泽东等领导人的情况，使他对中国共产党有了新的认识。

31. 认敌为友不光彩

有人说美国人善变，其实，有一点他们是始终不变的，那就是"利益"。美国人做什么事，首先要考量是否对自己有利。凡是符合美国利益的，敌人可以变为盟友；不符合自己利益的，朋友也可以丢掉。

从1942年4月18日起，美国轰炸机从日本以东海域的航空母舰上起飞，轰炸东京、名古屋、神户等城市，然后飞到中国降落。解放区军民曾经多次救护美国受伤飞机的飞行员。

1942年夏秋季，日本在中途岛战役中惨败。自从这时开始，美国直接威胁日本本土，使其军民惶恐不安。这时，太平洋战争的形势，逐渐向有利于美国方面转化，到1944年更是急转直下，进攻东南亚的日军已被击退。

日本不仅在太平洋战场屡战屡败，在中国战场上，更是被八路军、新四军打得遍体鳞伤，已是强弩之末。

1943年9月，日军企图从中国抽调兵力增援太平洋战场。为此，日军集中兵力，对华北八路军各主要根据地进行了一次毁灭性的大扫荡，想用"最后一击"的方法，置八路军于死地，以确保其中国占领区的安全。其中对太岳区的扫荡，采取多路、多梯队的连续进攻，即所谓"铁滚式"战法，妄想彻底消灭八路军。为夸耀此战法的高明、毒辣，日军华北方面军司令部，特组织120名中高级军官，到战地参观。结果这些军官在临汾以东，被八路军全部歼灭，"铁滚式"扫荡随之化为泡影。八路军这个胜仗，对日军打击甚大（损失那么多军官，一时难以补充），破坏了日军从华北抽调军队的计划。

日军在几个战场遭到中国和盟军的连续打击，已经是无法招架。1945年8月9日，苏联出兵中国东北，向日军发起猛烈攻击。加之美国向日本投了两颗原子弹。日暮途穷的日本，被迫于1945年8月15日宣布无条件投降。

这时，中国共产党命令八路军、新四军，立即对投降的日军收缴武器。对于一切不肯投降的日本侵略军，实行坚决的进攻，迫使其缴械投降。

就在这时，奇怪而痛心的事情发生了。

日本宣布无条件投降后，美国的远东盟军总司令麦克阿瑟，立即命令日本侵华日军，只能向国民党政府及其军队投降，不得向中国共产党领导的武装力量投降、缴械。紧接着，在美国政府操纵下，盟军最高统帅部发布了《一号通令》，要日本天皇命令中国战区的日本海陆空军，必须向蒋介石投降。

此时，蒋介石也命令日军不得向八路军、新四军投降，同时他命令八路军、新四军"原地驻防待命"，不准收缴日伪军的武器。

昨天日军还在残酷屠杀美国人，中共军队从日军的屠刀下救出美军飞行员，使之感激涕零。可是，一夜之间，美国政府的决策者们，却忽然换了另一副嘴脸，恩将仇报，勾结日军和国民党军队一起对付中国共产党。

于是，在世界上出现了一个怪现象：日本已经宣布无条件投降，第二次世界大战已宣告结束，全世界人民都在欢庆胜利，而唯独在中国战场上，日本侵略军在美国和蒋介石授命下，拒绝向中共军队缴械投降。他们配合国民党军进攻中共领导的抗日武装，继续屠杀中国人民。

这就是美国总统杜鲁门干的"好事"。

第二次世界大战刚结束之际，美国军队分散在各地，需要收拢和整顿，有许多事情急需处理，一时腾不出手来照顾蒋介石这边。

此时国民党军队的精锐部队，因抗战时期调往云、贵、川大后方保存起来，留做日后打共产党。现在他们急需到华南、华中、华东、华北、东北等地抢夺抗战胜利果实，却不能及时调运过来。

为了不让中国共产党收获应得的胜利果实，防止共产党占领更多的地盘，美国人出了一个坏主意：利用各地日军和伪军，原地坚守其占领区，继续和中共军队作战，等待国民党前来受降。

为了达到这个肮脏目的，美国不惜背上和日军勾结的历史骂名，与昔日的敌人联手，一起攻击自己前不久的"战友"。

天下哪里有这样的道理，中国共产党领导的八路军、新四军同侵华日军苦战了八年，如今却无权受降和收缴战败者的武器。

为了帮助蒋介石抢夺抗战胜利果实，同时也是为了帮助蒋介石做好发动全面内战的准备，美国出动大批空军运输机，运送国民党军队到达华东、华中、华北的内战前线，同时美国还直接派遣海军陆战队，在上海、青岛、塘沽、秦皇岛登陆，抢占战略要地和主要交通线，并利用这些登陆点，用美国的舰船，把国民党军队从南方运送到北方各内战前线。

对于这一切，当时的美国总统杜鲁门曾经直言不讳地供称，由于日本投降时，蒋介石的权力只在西南一角，华南和华北仍被日本占领着，长江以北则连任何一个国民党中央政府的影子也没有。"事实上，蒋介石甚至连再占领华南都有极大的困难。要拿到华北，他就必须同共产党达成协议，否则他就休想进入东北。由于共产党人占领了华东、华中许多铁路线，蒋介石要想进占东北和华北就不可能。事情很清楚地摆在我们面前，假如我们让日本人立即放下他们的武器，并且向海边开去乘船回国，那么整个中国将会被共产党人拿过去。因此，我们就必须采取异乎寻常的步骤，利用敌人来做守备队，一直到我们能把国民党军队空运到华南，并且把我们的海军调去保卫海港为止。因此，我们便命令日本人守着他们的岗位和维持秩序，等蒋介石的军队一到，日本军队便向他们投降，并开进海港，我们便将他们送回日本。这种利用日本军队阻止共产党人的办法，是国防部和国务院的联合决定而经我批准的。"[①]

从杜鲁门的自供状可以看出，美国为实行"扶蒋反共"政策，计算得十分周

---

① ［美］哈里·杜鲁门：《杜鲁门回忆录》第二卷，李石译，生活•读书•新知三联书店1974年版，第72页。

到。他们这样做的根本目的，是要利用蒋介石的军队，作为美国手中的工具，消灭中国共产党，统治全中国，从而把中国变成美国的附庸国。

美国这种把昨天还在痛打自己的日军当作盟友的做法，对于已经战败了的日军来说，真是求之不得的天赐良机。这样既可以使他们逃避中国人民的惩罚，又可以谄媚于美国和蒋介石，为以后审判日军战犯时得到多多关照，手下留情，何乐而不为，当然要俯首听命了。再者，他们对与其奋战八年的中国共产党，早就怀有刻骨仇恨，正巴不得利用这个机会报仇雪恨呢。

于是，当日军接到美国和蒋介石的不得向共产党投降的命令后，那些多日来愁眉苦脸的日本鬼子，马上又手舞足蹈，"吆西！吆西！"地乱叫起来。

侵华日军总头目冈村宁次，立即致电麦克阿瑟和蒋介石，表示绝对按照美国和蒋委员长的命令执行，他将不准中国共产党的军队前来受降，并且要继续打击他们。等待美军和国民党军到达后再将其控制地区全部移交，听候处理。

由于美、蒋、日各有所图，所以一拍即合。他们串通一气，狼狈为奸，合谋打击中国共产党，致使八路军、新四军以及所有抗日武装和解放区人民，同日本侵略军的作战又延长了，一直到1945年年底才结束。

令人痛心的是，在这最后3个多月的作战中，许许多多中国英雄儿女，他们本可以和全世界人民一样，共享战争胜利的欢乐，但却因美国和蒋介石的亲日反共，而永远含恨于九泉之下。

这时的中国共产党，处在美、蒋、日的三面包围之中（其实也就是现在说的C形包围），东面是美军，南面是国民党军，华北的许多重要城市是日军。

平心而论，这种局面够严重的了。中国共产党和解放区军民，等于同时面对3个敌人，这阵势谁不害怕？

久经战火考验的毛泽东和他领导的中国共产党就是不怕！

世界上的许多事情都有一个共同规律，如果怕字当头，什么事情也办不成，越怕，就越受欺侮。

正是由于胆略过人的毛泽东在如此严重、复杂的局面之下，无所畏惧，他才能够冷静、恰当地提出正确的对策。这就是毛泽东在抗战胜利后提出的著名战略——针锋相对，寸土必争。

中国共产党在这个正确的战略方针指导下，解放区军民不仅没有被美、蒋、日的C形包围的严重局面吓倒，反而获得了新的胜利，3个多月共歼灭日伪军30多万，收复城市250座，缴获大量武器弹药和其他物资，同时取得了新的作战经验，再次受到艰苦环境的锻炼。

对于抗日战争胜利后可能出现的严重局面，以毛泽东为核心的中共中央领导人，表现了大无畏的革命精神。他们一是不怕，二是保持高度警惕性，并且做好了周密的部署和准备。在日本宣布投降的前四天，毛泽东及时向全党全军发出指示：日本投降后，国民党必将向我解放区收复失地，夺取抗日胜利果实。这一争夺战，将是极猛烈的。在此情况下，我党的任务应集中主要力量扩大解放区，占领一切可能与必须占领的大小城市与交通要道，夺取武器与资源，并放手武装人民群众，不应稍有犹豫。

毛泽东指出，国民党可能向我大举进攻，我党应准备调动兵力，对付内战。他强调，各地对蒋介石绝对不应存在任何幻想，必须在人民中揭破其欺骗阴谋，对蒋介石发动内战的危险，应有足够的精神准备。

32. 他们重演"斯科比"历史

在抗战胜利前4个多月，毛泽东曾经提出中国要警惕"斯科比危险"。他指出，蒋介石很希望美国的将军们，在中国境内执行英国斯科比将军在希腊所执行的任务。他们对于斯科比和希腊反动政府的屠杀表示欢呼。

那时，毛泽东一再提到"斯科比危险"是怎么一回事呢？

斯科比将军是二战时英国派驻希腊的占领军司令。1944年10月，德国侵略军在欧洲大陆失败后，从希腊逃走。这时，斯科比率领英军，并且带着流亡在伦敦的希腊反动政府，向长期坚持抵抗德寇的希腊人民解放军发动进攻，屠杀希腊爱国人民，把二战胜利后的希腊重新抛入内战的血海之中。

发生在希腊的这种"斯科比现象"，和中国抗战后出现的美蒋勾结的局面十分相似。

果然不出毛泽东所料，没过多久，中国的"斯科比现象"就出现了：美国的赫尔利将军充当了英国的斯科比将军的角色，不遗余力地帮助蒋介石向坚持八年抗战的中国共产党发动进攻，屠杀爱国人士，把中国推向全面内战的深渊。

1945年8月下旬，国民党第二战区司令阎锡山带着他的军队，在驻山西的日军接应下，进占太原及其以北的同蒲铁路沿线城镇。蒋介石随即命令阎锡山，趁中共晋冀鲁豫军区刘伯承、邓小平指挥的八路军向拒不投降的日军进攻之际，从其背后发动进攻，与日军配合，前后夹击刘邓部队，抢占长治地区，控制晋东南，配合沿平汉路北上的国民党军向石家庄、保定地区进攻。

阎锡山奉命指挥所属13个师，在日军配合下，攻占长治及其周围地区。

中国"斯科比"大戏的开台锣鼓敲响了！

从9月开始，美国海军舰队驶入中国的东海、黄海，进入渤海湾若干港口，其海军陆战队先后在上海、青岛、塘沽、秦皇岛登陆，并进驻天津、北平等重要城市。这些美军单独或协同国民党军侵犯解放区达30多次。

美军在秦皇岛登陆后，蒋介石兴高采烈，认为有了保护神。于是，他立即调集70多个师，兵分四路，沿津浦、平汉、平绥、同蒲铁路向中国共产党华北各解放区发动进攻。

与此同时，蒋介石在南线集中20多个师，包围和进攻李先念领导的中原解放区。

10月，蒋介石命令驻绥远省的国民党军第十二战区司令傅作义，率领其主力3个军、2个骑兵师和新收编的部分伪军，由归绥（今呼和浩特市）沿平绥路东进，进攻察绥解放区，先后占领武川、凉城、集宁、丰镇、尚义等地，直逼晋察冀军区首脑机关所在地张家口市。

与此同时，蒋介石集中优势兵力，由南京沿津浦铁路向华东解放区进攻，在沿线的日军接应下，于10月11日进占济南。国民党对山东境内为日本效力的10万伪军，不但不予缴械和惩处，反而收编为国民党军，命令他们继续向解放区进攻。

10月下旬，国民党两个军，在美国海军陆战队掩护下，在秦皇岛登陆，然后沿北宁铁路向山海关进攻。占领山海关后，继续向东北进攻。

在国民党进攻东北的同时，驻秦皇岛的美国海军陆战队一部，在国民党军的引领下，进入解放区挑衅，他们以肃清"共匪"为名，大肆抓人抢物。

解放区军民对这些美国大兵毫不惧怕，他们勇敢地进行自卫还击。这一打可吓坏了那些傲慢的美国兵。原来美军以为，解放区军民不敢招惹他们，没想到共产党这么厉害，说打就打。这些怕死的美国人，听见枪声就拼命往回跑。

不久，驻秦皇岛的美军，又出动5辆满载美军士兵的汽车，进犯解放区临榆县海阳镇。同时，美军出动飞机14架，飞至解放区安次县城低空盘旋，向正在召开军民联欢大会的会场扫射，造成多人伤亡。

对于美军的暴行，新华社发表评论指出："近日美军飞机不断在我北宁铁路、平绥铁路沿线地区，在冀东、冀中一些城镇上空盘旋侦察，并向我解放区军民扫射，造成许多人员伤亡。"

新华社评论还揭露："美国军舰和海军陆战队，还威胁山东半岛我军，无理要求我军及地方政府撤离烟台等地。这种情形，不能不唤起我们的极大警惕。"

新华社评论郑重提出："我们重申：美国驻华一切海陆空军，应立即撤退回国。解放区军民已经对美军的行为容忍得很久了，但是容忍总是有限度的。我们是有民族自尊心的爱国者，我们同时也热爱中美两大民族的友谊。正是为了这种友谊不被伤害，为了美军官兵不致坠入中国国民党挑起的内战深渊，不致被国民党和美国反动派挑拨的阴谋诡计所害，成为他们的无意义的牺牲品，我们要求美国驻华一切海陆空军，立即撤退回美国去。"

与此同时，延安的《解放日报》也发表社论，严厉谴责并揭露美国帮助蒋介石打内战的行径。社论指出："美国不仅帮助国民党运兵，其海军陆战队还多次向我军挑衅，替国民党军打先锋。"

《解放日报》社论指出："最近美国国务卿贝纳斯向众议院提出《十年军事援蒋法案》，并且一再声称，不从中国撤兵。美帝国主义显然是在肆无忌惮地援助蒋介石打内战，用这个办法使中国沦为美国的殖民地。"

针对美国出兵帮助蒋介石打内战的行径，毛泽东指出，美帝国主义及其走狗蒋介石，代替日本帝国主义及其走狗汪精卫的角色，采取变中国为美国殖民地的政策，采取发动内战的政策，采取加强法西斯独裁统治的政策，在美国和蒋介石的这些反动政策之下，全中国人民除了斗争，再无出路。

正像毛泽东所预见的那样，随着国民党军战略展开和各项准备的完成，向解放区进攻的规模逐步扩大，直至发动全面进攻。

对于蒋介石在美国支持下的大举进攻，毛泽东无比愤慨。他在一篇评论文章中尽情地抖落了蒋介石背叛孙中山和打内战的老底，并且彻底揭露了美蒋勾结的阴谋诡计。

毛泽东指出，蒋介石现在的内战政策，不是偶然的，这是蒋介石及其反动集团一贯反人民政策的必然结果。早在民国十六年（1927年），蒋介石就忘恩负义地背叛了国共两党的革命联盟，背叛了孙中山的革命三民主义，背叛了孙中山的"联俄、联共、扶助工农"的三大政策，从此建立独裁统治，投降美帝国主义。

毛泽东进一步揭露说，蒋介石背叛孙中山后，在全中国搞白色恐怖，大量屠杀共产党员和革命群众，打了十年内战，造成日寇乘虚而入，侵占大半个中国。民国二十五年（1936年）西安事变时期，中国共产党以德报怨，协同张学良、杨虎城两将军，释放蒋介石，希望蒋介石悔过自新，共同抗日。但是蒋介石又一次忘恩负义，对于日寇消极应战，对于人民则积极镇压，对于共产党则极端仇视。

毛泽东指出，前年（1945年）日本投降，中国人民又一次宽恕蒋介石，要求蒋介石停止已经发动的内战，实行民主政治，团结各党派和平建国。但是毫无信义的蒋介石，在签订停战协定、通过政协决议、宣布四项诺言以后，随即将其全部推翻。而在人民方面，虽则再三忍让求全，但是蒋介石在美帝国主义援助之下，决心不顾国家民族的死活，向人民做空前的全面进攻。

蒋介石所以如此，就是因为有美国作为他的靠山。毛泽东指出，独裁、内战和卖国三位一体，这一贯是蒋介石方针的基本点。美帝国主义要帮助蒋介石打内战，要把中国变成美国的附庸，它的这个方针也是老早定了的。我们要有清醒的头脑，这里包括不相信美帝国主义的"好话"，也不害怕美帝国主义的恐吓。

抗日战争胜利后，毛泽东在延安一次干部会议的讲演中说了一段故事："曾经有个美国人向我说：'你们要听一听赫尔利的话，派几个人到国民党政府里去做官。'我说：'捆住手脚的官不好做，我们不做。要做，就得放开手放开脚，自由自在地做，这就是在民主的基础上成立联合政府。'他说：'不做不好。'我问：'为什么不好？'他说：'第一，美国人会骂你们；第二，美国人要给蒋介石撑腰。'我说：'你们吃饱了面包，睡足了觉，要骂人，要撑蒋介石的腰，这是你们美国人的事，我不干涉。现在我们有的是小米加步枪，你们有的是面包加大炮。你们爱撑蒋介石的腰就撑，愿撑多久就撑多久。不过要记住一条，中国是什么人的中国？中国绝不是蒋介石的，中国是中国人民的。总有一天你们会撑不下去！'"

讲到这里，毛泽东显得有些激动，提高了嗓门，用他的湖南乡音说："同志们！这个美国人的话是吓人的。帝国主义者就会吓人的那一套，殖民地有许多人也就是怕吓。他们以为所有殖民地的人都怕吓，但是不知道中国有这么一些人是不怕那一套的。我们过去对于美国的扶蒋反共政策作了公开的批评和揭露，这是必要的，今后还要继续揭穿它！"①

---

① 《毛泽东选集》第四卷，人民出版社1991年版，第1133页。

33. 争取和，不怕打

美国人和蒋介石心里明白，要战胜毛泽东，消灭中国共产党绝非易事，必须准备好了才能动手。

美国人和蒋介石加在一起，力量十分强大。美国人手里有很多的钱，他们的飞机、坦克、大炮堪称世界一流；蒋介石手里有几百万军队，不过他们还是觉得力量不够。

于是，美蒋互相勾结表演了一幕幕骗人的丑剧：先是蒋介石请毛泽东赴重庆谈判，后来又由美国人出面调停。美国的所谓"调停"，只不过是一种障眼法，貌似公正，实则护蒋。他们的战略企图是拖延时间，完成进攻准备；欺骗国内外要求和平、反对战争的舆论。美国人和蒋介石这样做，他们的内心深处，是一个"怕"字，害怕打不过中国共产党，害怕打不过解放区广大军民。

这时，中国共产党和毛泽东的战略指导思想是：针锋相对，寸土必争；以谈对谈，以打对打；争取和，不怕打。

抗日战争胜利后，中国将建成一个什么样的国家，是当时国内外斗争的焦点。全国人民普遍要求和平民主，反对内战和独裁。

中国共产党的方针是，建设一个新民主主义的新中国，把中国引向光明。明确提出了"和平、民主、团结"三大口号。

可是，蒋介石的方针却与共产党的主张相反，他要求打内战，消灭共产党，建立一个一党专政的独裁国家。

当抗日战争还在进行之时，蒋介石在重庆出版了《中国之命运》一书，竭力诬蔑中国共产党所领导的抗日武装和它所开创的抗日根据地，说什么这是"背逆时代潮流的武装割据，是封建的反动势力"。蒋介石在这本书中提出，对于共产党"不只没有侥幸的可能，而且没有存在的余地，否则，国家的命运就要因此而断送了"。

在抗日战争胜利前夕，蒋介石在国民党第六次全国代表大会上，十分明确地制定了消灭中国共产党的路线和方针。他在这次大会上发表讲话说：今天的中心工作，在于消灭共产党，只有消灭中国共产党，才能达成我们的任务。接着蒋介石又说：战后的方针，或者以和平谈判方式迫使中共放弃武力，改走合法的道路,或者通过放手动员作战的方法来消灭中共武装。这两条道路,任取其一,都是以解决中共问题为主。

这时,美国的对华政策是扶蒋反共,直接帮助蒋介石打内战,消灭中国共产党。

但是,蒋介石和美国人都有一怕,怕的就是打不赢这场战争。所以他们不敢轻易动手,还要调动军队,做好各种开战前的准备。

他们还有一怕,就是怕共产党借日本投降之机,扩大地盘,扩大武装。于是,他们宁可背上认敌为友的骂名,也在所不惜,明目张胆地搞美、日、蒋联合,对付中国共产党。

对于美、日、蒋三股势力结合,这样强大的力量谁不害怕?

中国共产党和毛泽东就不怕。毛泽东不信邪,不怕鬼,面对强大的敌人,他不但毫不畏惧,反而更加坚强,更加镇定自若。

蒋介石要打内战,消灭共产党的决心,是老早就定下来了,但是他还不能马上动手。因为这次要打,绝不是局部的,小规模的,他早已经计划好要发动大规模的全面内战,一举消灭共产党和它的武装力量。然而,要发动大规模战争,需要有调动军队,完成战略展开,布设战场、建立后勤保障等一系列战争准备工作要做。抗日战争中,蒋介石把大部分军队调到大后方保存起来,现在要把这些军队从大后方运到前线,虽然有美国帮助,但也需要有相当的时间,才能完成这种调动。

同时,国内要求和平、反对内战的舆论十分高涨,蒋介石想拖延一段时间,转移国内视线,然后把内战的责任推到共产党身上。可是蒋介石冥思苦想好多天也想不出什么好办法来。

正在蒋介石无计可施之时,美国驻华大使赫尔利给他出了一个主意:叫毛泽东到重庆来举行和平谈判。

开始蒋介石还有点犹豫,赫尔利说:"毛泽东虽然胆略过人,但同时他又是个十分谨慎的人。一个人来重庆谈判远离他的大本营,等于深入虎穴,他不会轻易前来。退一步说,即使毛泽东敢来,他的中央政治局绝不会同意他来。到那时,我们就可向全世界宣布是共产党和毛泽东不要和平。"

蒋介石反问赫尔利:"你知道,毛泽东很难对付,如果他斗胆前来呢?"

赫尔利答道:"这种可能性很小,如果他真的敢于冒险到重庆来,一切就得听从你委员长的安排。到那时,你可以提出谈判条件叫他接受。若不能压服毛泽东,你和他谈上十天半月,就可以赢得时间,等你的军队大部分调到前线后，再和他摊牌，到那个时候，纵使毛泽东有天大的本事也无可奈何了。所以，和谈对我们有百利而无一弊。"

于是蒋介石欣然采纳了赫尔利的建议。

1945年8月14日至23日，蒋介石连发3封电报，邀请毛泽东到重庆进行和平谈判。

蒋介石于8月14日发出第一封电报：

毛泽东先生勋鉴：倭寇投降，世界永久和平局面，可期实现，举凡国际内各种重要问题亟待解决，特请先生克日惠临陪都，共同商讨，事关国家大计，幸勿吝驾，临电不胜迫切悬盼之至。

可是，就在这封电报发出的前三天，蒋介石却命令国民党军"加紧作战，积极推进，勿稍松懈"。看！这是何等诡诈。

8月20日，蒋介石给毛泽东发出第二封邀请电：

抗战八年，全国同胞在水深火热之中，一旦解放，必须有以安辑之而鼓舞之，未可蹉跎延误。大战方告终结，内争不容再有。深望阁下体念国家之艰危，悯怀人民之疾苦，共同戮力，从事建设。如何以建国之功，收抗战之果，甚有赖于先生之惠然一行，共定大计，则受益拜惠，岂仅个人而已哉！特再驰电奉邀，务恳惠诺为感。

尽管蒋介石要尽虚伪花腔，而且毛泽东早已洞悉无疑，但他还是以诚恳态度，于8月22日复电蒋介石：

兹为团结大计，特先派周恩来同志前往进谒，希予接洽，为恳。

次日，蒋介石第三次致电毛泽东：

未电诵悉，承派周恩来先生来渝洽商，至为欣慰！惟目前各种重要问题，均待与先生面商，时机迫切，仍盼先生与恩来先生惠然偕临，则重要问题，方得迅速解决，国家前途实利赖之。兹已准备飞机迎迓，特再驰电速驾！

毛泽东从收到第一封电报的那一天起，已经多次召开会议，讨论去不去重庆同蒋介石进行和平谈判的问题。参加会议的多数人认为和蒋介石进行谈判是必要的。但是，几乎全都反对毛泽东去重庆。大家认为，这是明摆着的鸿门宴，蒋介石心黑手狠，一贯背信弃义，当年李济深、胡汉民、张学良等都是应蒋介石邀请到南京去的，结果一个一个地被囚禁。蒋介石这次请毛主席去也不会安什么好心，要是真的去了，恐怕凶多吉少，风险很大。

毛泽东在会上多次发言，认为应该去和蒋介石进行谈判，因为争取实现国内和平还是有可能的。从国际方面来看，苏联等许多国家在第二次世界大战中消耗很大，需要有一个和平的国际环境，以便医治战争创伤，因此他们不希望中国打内战，主张国共两党进行和平谈判。从国内来看，中国人民已经和日本侵略者打了八年，更需要和平。国民党虽然想打，但由于兵力分散，一时还不能大打，所以蒋介石想搞缓兵之计。为了揭露蒋介石的阴谋，我们可以发表一个宣言，表明我党主张和平、民主、团结的立场。

在最后一次政治局会议快结束时，毛泽东作了重要讲话。他指出，这件事不能再拖下去，我应该去重庆和蒋介石谈判。这个鸿门宴我一定去赴，蒋介石不敢冒天下之大不韪，我去了不会有什么危险。去了，可以取得全部主动权；不去，就会被动。

毛泽东强调，蒋介石想消灭共产党的方针没有变，也不会改变，他可能采取暂时和平的政策，以便调动兵力消灭我们。但即使是暂时的和平，我们也要积极争取和利用。如果我们不去谈判，蒋介石必然要把内战的罪名加在我们头上。大家应当明白，蒋介石这次邀请我的目的不在于诱捕，而在于捞取政治资本，争取准备战争的时间，推卸内战责任。

毛泽东指出，党中央派我去谈判，谈成了对人民有利，对中国的和平建设有利。万一谈不成，蒋介石把我扣起来做人质，那他就彻底输了，他坚持打内战的嘴脸便暴露无遗。最坏的情况无非像历史上的明英宗土木堡之变，如果真是那样，大家就要像于谦那样，针锋相对，坚决斗争！斗得越凶，仗打得越好，我也就越安全。

中共中央政治局会议最后决定，同意毛泽东去重庆，并决定刘少奇代理党中央主席职务。会议还决定由毛泽东、周恩来、王若飞组成中共代表团，尽快赴重庆同国民党进行谈判。

8月26日，毛泽东起草了以中共中央名义向全党发出的《关于同国民党进行和平谈判的通知》，说明了争取和平的必要性和可能性，以及谈判的方针。

《通知》指出，"我党又提出和平、民主、团结三大口号，并派毛泽东、周恩来、王若飞三同志赴渝和蒋介石商量团结建国大计，中国反动派的内战阴谋，可能被挫折下去。……在内外压力下，可能在谈判后，有条件地承认我党地位，我党亦有条件地承认国民党的地位，造成两党合作、和平发展的新阶段。"

《通知》强调，在谈判中我方"准备给以必要的不伤害人民根本利益的让步。无此让步，不能击破国民党的内战阴谋，不能取得政治上的主动地位，不能取得国际舆论和国内中间派的同情，不能换得我党的合法地位和和平局面。但是让步是有限度的, 以不伤害人民根本利益为原则"。

《通知》说: "在我党采取上述步骤后, 如果国民党还要发动内战, 它就在全国全世界面前输了理, 我党就有理由采取自卫战争, 击破其进攻。""但是不论何时, 又团结, 又斗争, 以斗争之手段, 达团结之目的; 有理有利有节; 利用矛盾, 争取多数, 反对少数, 各个击破等项原则, 必须坚持, 不可忘记。"

毛泽东在《通知》的最后告诫全党全军: "你们绝对不要依靠谈判, 绝对不要希望国民党发善心, 它是不会发善心的。必须依靠自己手里的力量, 行动指导上的正确, 党内兄弟一样的团结和对人民有良好的关系。坚决依靠人民, 就是你们的出路。"①

在毛泽东即将起程赴重庆之际, 前方许多高级将领给中央发来电报, 有的说, "蒋介石一面备战, 一面又请毛主席去重庆谈判, 这是个大阴谋, 千万不能去! " 有的说, "去谈可以, 但毛主席不要去重庆, 顶多周副主席去就行了"。也有的说, "周副主席也不能去, 中央任何领导都不要去"……

毛泽东只看了几份摞在上面的电报。他感到某种慰藉, 同时脸上露出微笑: 我们这些同志啊, 都是党和军队的高级干部, 怎么说起话来忽然天真得像小孩子呢, 蒋介石那样"热情", 一而再, 再而三地邀请我去重庆做客, 我若不去, 岂不失掉人心, 或笑我胆怯, 那就正中蒋介石的诡计, 让他占了便宜。

更难说服的是延安人民, 几天来, 各机关团体和普通群众, 不断派代表或集体到中央机关递交信函或口头表示: 广大人民群众担心毛主席的安全, 说啥也不能让毛主席去重庆。党中央有关部门和领导做了许多解释工作, 人们的心情才稍稍平静了一些。

34. 自讨没趣的赫尔利

8月27日, 美国驻华大使赫尔利在国民党代表张治中的陪同下, 从重庆乘飞机来延安迎接毛泽东。

---

① 《毛泽东选集》第四卷, 人民出版社1991年版, 第1153～1154页。

赫尔利在离开重庆时,特意发表了一个简短的谈话,声称他"深得国共两党信赖,有幸陪同毛泽东来渝谈判"等等。

当毛泽东看到赫尔利谈话的电讯稿时,不以为然地讥讽说:这位大使先生,竟然不知天下有羞耻二字,我们什么时候信赖过他?什么时候又请他来延安接我的?这位美国先生大概忘记了我在《愚公移山》里说的那句话:我们反对美国政府扶蒋反共的政策。赫尔利已经公开宣言不同中国共产党合作,既然如此,为什么还要到我们解放区乱跑呢?

赫尔利到达延安的当天晚上,他请周恩来转告毛泽东,想在一起好好谈谈。

毛泽东说,告诉他,有话到重庆说,陪他聊天,我没那个闲功夫。

事后周恩来对工作人员说,这个赫尔利,神气十足,以为他们美国人了不起,不懂规矩,结果碰了一鼻子灰,真是自讨没趣。

那天晚上,毛泽东和刘少奇谈了一夜,再三嘱托,我在重庆期间,前方和后方都必须积极活动,对蒋介石的一切阴谋都要予以揭露,对蒋介石的一切挑衅活动,必须坚决痛击,能吃掉就吃掉它,能消灭多少就消灭多少,这样才对谈判有利。要明白,蒋介石只认得拳头,不懂得礼让。

8月28日下午,毛泽东到达重庆九龙坡机场。他在机场向中外记者发表书面谈话说:本人此次来渝,系应国民党政府主席蒋介石先生之邀请,商讨团结建国之大计。现在抗日战争已经胜利结束,中国即将进入和平建设时期,当前时机极为重要。目前最迫切者,为保证国内和平,实施民主政治,巩固国内团结。国内政治上军事上所存在的各项迫切问题,应在和平、民主、团结的基础上加以合理解决,以期实现全国统一,建设独立、自由与富强的新中国。希望中国一切抗日政党及爱国志士团结起来,为实现上述任务而共同奋斗。本人对于蒋介石先生之邀请,表示谢意。

蒋介石特派他的侍从室主任周至柔到机场迎接。周指着一辆崭新的高级轿车对毛泽东说:这是蒋主席特别拨给毛先生用的。

"很感谢!"毛泽东礼貌地说了一句,脚步却绕开这辆轿车朝另一辆车走去,他和周恩来、张治中乘同一辆车驶离机场。

在车上,张治中对毛泽东说:润之先生,住处给您安排好了,住在接待美国人的招待所里,那地方好,设备齐全。

毛泽东摇摇头:我是中国人,怎么能住进招待美国人的地方呢!随便安排一个地方吧,总不会比延安差吧!

张治中：那就住黄山别墅吧，不行的话，山洞林园也行，很幽静，这也是蒋主席的意思。

毛泽东朝张治中笑了笑：你是国民党的政治部长，政治这个东西，有时候是很任性的。在延安我已经跟你打过招呼了，到重庆以后，国民党的车子不坐，国民党的房子不住，所以呀，我还是去我们的八路军驻渝办事处，住在那里更方便些。

下午5点钟，毛泽东到达红岩村，受到党的南方局、八路军驻重庆办事处和《新华日报》《群众周刊》等单位的热烈欢迎。

毛泽东到达重庆后，和蒋介石先后进行几次面对面的谈判，重点是谈国共两党关系、解放区的地位、军队整编等问题。

1945年8月29日，国共两党最高级别的会谈正式拉开帷幕。因为蒋介石无诚意，事先未做准备，一开始他就陷入被动。毛泽东是有准备而来，他首先向蒋介石提出了全面和平建国方针，以和平、民主、团结作为统一的基础，实行政治民主化，军队国家化，承认各党派合法、平等地位；释放政治犯，保障人民自由，取消不合理禁令，取消特务机关；承认解放区政权及中共部队的合法地位；严惩汉奸，解散伪军，准许共产党参加对日军的受降工作，以及停止一切内战等一整套和平建国大计。

蒋介石面对毛泽东提出的这些实现和平、建设中国的大政方针，一时无言以对。在一阵冷场、尴尬之后，蒋介石只是空洞泛泛地表示，愿意听取中共方面的意见。蒋介石很善于应变。他对毛泽东说，政府方面之所以不先提出具体方案，是为了表明政府对谈判并无一定成见，愿意听取中共方面的一切意见。

毛泽东接着恳切地说，我们希望通过这次谈判，使内战真正结束，国内和平能够实现……

毛泽东的话还没有说完，蒋介石便不耐烦了，他的眼珠子鼓了几鼓，转了几转，突然嚷了一句：中国没有内战！

毛泽东机敏地意识到，蒋介石突然抛出"中国无内战"之说，是想否定中国共产党的对等地位，你是共匪，我代表国家政权，我要剿匪消灭你。这显然是蒋介石因理屈词穷而要了一个小小的花招，想用这种无赖行为把毛泽东顶回去。

毛泽东当即以大量事实驳斥了蒋介石"中国无内战"的谎言。他说，要说中国没有内战，那完全不是事实，是彻头彻尾的欺骗，恐怕连3岁的娃娃也不会相信呢!

毛泽东毫不客气地批驳，使蒋介石下不了台，只好摆摆手：算了，算了，今天就谈这么多。说罢，站起来就往门外走。

毛、蒋第一次会谈便发生了短兵相接的争论，这预示着国共双方的谈判将是一个充满荆棘的艰难历程。

谈判，是另一种方式的战斗，是正义与邪恶的较量。

代表美国政府的赫尔利，从谈判一开始就极力维护美、蒋利益，压制中国共产党。他俨然以中国救世主姿态出现，当看到蒋介石斗不过毛泽东时，便凶相毕露，指责毛泽东提出一大堆无关紧要的"具体问题"进行刁难，不要和平。

面对赫尔利的无理指责，毛泽东拍案而起：中国人的事，中国人自己来办，别人无权干涉!

赫尔利当众挨了毛泽东一棒，使其无法再继续参与国共谈判。美国政府也发现他是个无能之辈，于是9月22日赫尔利就奉命灰溜溜地滚回美国去了。

重庆谈判，经过43天的曲折、复杂的斗争，双方代表于10月10日签订了《国民政府与中共代表会谈纪要》（即"双十协定"）。

10月11日，毛泽东就要从重庆飞返延安，周恩来、王若飞留在重庆，就尚未解决的问题继续同国民党会谈。

在毛泽东起程之前，他和蒋介石举行了最后一会谈。一开头，蒋介石以国家元首姿态，开头只说了一句话：这次协定的签订，我还是满意的! 可是，接着他又话锋一转说，在解放区的军队问题上，政府决不会再让步。中共管辖地区和军队必须统一归属中央政府领导，决不能像过去的军阀那样，搞武装割据了。

毛泽东针锋相对：这么多年来，我一直被蒋主席挤在陕北那个不毛之地动弹不得，还哪里去搞什么割据吆! 至于地盘嘛，倒是扩大了一些，可那是人民用鲜血从日寇手里夺回来的，我们怎么能轻易丢失呢?

蒋介石厉声厉色道：这怎么能说是丢失呢? 交给中央政府就是交给人民!

毛泽东沉着地回敬道：蒋主席说的固然有道理，不过，有一点世人都是明白的，解放区的政府是人民选举的，它为人民办事，委员长有什么不放心的，为什么非要中间插一杠子呢?

蒋介石因理屈词穷，又拿出他那无理耍蛮的一套：不管怎么说，如果你不把军队交出来，就是对和平无诚意，就是想打内战!

毛泽东往椅背上仰靠了一下, 声音显得激昂: 我可以保证, 决不先向中央军开第一枪, 也不抢占中央军驻扎的一寸土地。但是, 如果中央军向解放区发动进攻, 我们是要自卫还击的。

蒋介石霍地站起来: 好, 好, 你今天不就回延安去了吗, 明天你就带着军队来打吧! 说罢, 竟然离开座位要走。

毛泽东不紧不慢地站了起来, 哈哈一笑: 主人下逐客令了, 那我们就回延安去吧! 不过, 蒋主席你放心, 我不会带军队来打的。

一次历史性谈判, 就这样不欢而散。

10月11日上午, 毛泽东在张治中的陪同下, 乘飞机回到延安。

根据国民党不断向解放区进攻, 抢占地盘, 而且其规模越来越大的形势, 毛泽东认为, 不能害怕敌人的疯狂进攻, 必须给予坚决的反击。他告诫全党全军: 如果我们不能制止这些局部内战, 并把他打出去, 他们就会得寸进尺, 贻害无穷。

毛泽东指示全军将士: 对于蒋介石的进攻, 只要好打, 必定站在自卫立场上坚决彻底干净全部地消灭之, 歼灭得越多越干净越彻底越好, 绝对不要被反动派的气势汹汹所吓倒。

遵照毛泽东的指示, 全军上下摩拳擦掌, 振臂高呼: 誓死保卫解放区, 保卫抗战胜利果实!

八路军先后进行了上党战役、津浦路阻击战、察绥战役、邯郸战役、山海关阻击战、热河保卫战等战役战斗, 共歼灭来犯之敌约15万人。

这一打, 蒋介石和美国人都害怕了, 他们怕什么呢? 他们害怕顶不住共产党军队的反击, 打乱了他们发动全面内战的计划。

正像毛泽东所说的那样, 美国人和蒋介石以及一切反动派, 他们都是怕打的。历史再次说明, 你打疼了他, 他就暂时地老实一点。

解放区军民自卫反击战的胜利, 使美国援助蒋介石打内战的政策受到严重挫折。

35. 真假两手

面对中国共产党的自卫反击，不仅蒋介石害怕了，美国人也害怕了。于是，美国政府的决策者们，不得不考虑其对华政策必须在形式上做出调整。

于是，美国总统杜鲁门发表了一个《关于美国对华政策的声明》。

《声明》说："美国政府坚信，一个强盛的、团结的和民主的新中国，对联合国组织之成功及世界和平最为重要。"

杜鲁门声称："美国政府久已承认下列原则，即国内事务之管理为各个自主国家人民的责任。本世纪之事变表示，如果世界上任何地方和平破裂，即将威胁整个世界的和平。"

杜鲁门在这个声明中还表白："美国政府所迫切关心者，是希望中国人民切勿忽视以和平谈判的方法，迅速调整他们内部分歧的机会。""美国政府相信至关重要的是，国民政府与中国共产党的武装部队之间，应协商停止敌对行动，以使整个中国完全恢复于中国人民有效的管制之下，召开全国主要政党代表的国民会议，以谋求早日解决目前的内争，促成中国之统一。"[①]

杜鲁门总统转弯抹角地说了半天，就是说你共产党不要再打了；你们再打，蒋介石会继续遭受损失，对我美国更加不利；你不打了，就有了"和平"。

如果再看看这个《声明》下面说的一些话，一切就更加明白了。

杜鲁门的《声明》说："美国承认，目前中华民国国民政府为中国唯一的合法政府，它是达到统一中国目标的恰当机构。"美国认为，"自治性的军队，例如共产党军队那样的存在，是不符合中国政治团结的，而且实际上使政治团结不能实现"。

杜鲁门说来说去，美国的政策就是要消灭中国共产党和它领导的军队。

总之，所谓美国对华政策的调整，他们还是要和蒋介石串通一气，联合起来反对共产党，只不过是在外表形式上多了几个"和平"之类的词句而已。美国企图以"中立""调解"者的面目出现，用"和平"的手段来消灭共产党的军队，

---

① 复旦大学历史系中国近代史教研组编：《中国近代史对外关系史资料选辑》下卷第二分册，上海人民出版社1977年版，第350～351页。

实现在国民党统治下的"中国统一"。

美国的对华政策所以要进行所谓的"调整",其原因之一,就是美国顽固地坚持不同中国共产党合作的政策行不通了。共产党在军事上的坚决反击,使国民党吃了不少的亏,仅打了几仗,就被消灭了15万多人。所以,美国决策者选择了他们认为的"最佳方案":一方面,援助国民党尽可能扩大在中国确立其权力;另一方面,鼓励双方停战、协商、暂缓内战迅速扩大,或者把共产党"统一"进来,争取不战而控制全中国。

鉴于这几个方面的原因,美国政府于1945年11月27日宣布,接受赫尔利辞去美国驻华大使职务,任命前陆军参谋长马歇尔以总统特使的身份到中国,由他协助解决国共两党的内争,即所谓进行"调解"。

美国总统杜鲁门在给马歇尔的训令中说:"努力说服国民党政府,召开一个'包括各主要党派组成的全国会议',以获取中国的统一;另一方面,要继续从各方面支持和援助国民党政府,立即帮助他们把军队运到东北,并作好运往华北的准备,从而进一步巩固国民党在全中国的统治地位。"

杜鲁门给马歇尔的训令,从一开始就有真假两手的致命矛盾,因此,他注定是要失败的。杜鲁门给马歇尔的底牌是,无论如何要支持蒋委员长的统治,以保证中国政局和东亚地区形势的稳定。另一方面,又要共产党交出武装。

杜鲁门的政策,包含着让国共两党都难以接受的成分:一方面,要马歇尔压蒋介石召开一个"包括各主要党派组成的全国会议",这是蒋介石坚决反对的;另一方面,马歇尔又要压共产党放弃武装,这对中国共产党来说,是绝对办不到的。

由此可见,美国此时的对华政策具有狡猾的两面性,他们披着所谓"不偏不倚"的"中立""调解"的外衣,扮演着帮助蒋介石打内战消灭共产党的真实角色。

赫尔利在向蒋介石介绍马歇尔来华的情况时说:"今后,马歇尔将军帮助阁下统一中国的全部军队,使之隶属于国民政府,必能获得成功。"

马歇尔来华后,立即与蒋介石会谈。蒋介石说,我认为杜鲁门总统所说的最重要的问题是共军的继续存在,这是与中国政治统一不一致的,实际上它使中国的统一不可能实现,我们一定要尽一切方法解决这个问题。

对于美国和蒋介石表演的这一套双簧戏,毛泽东当然看得清清楚楚。但是,为了坚持中国共产党反对内战、争取和平的一贯立场,为了揭露美国和蒋介石的真内战、假和平的两面政策,不给敌人以任何内战借口,为了向全世界表明中国共产党的和平诚意，中共中央很快发表声明，表示欢迎马歇尔来华调解。

对于抗战胜利后中国的和与战，一直是毛泽东思考的重大问题，就他的愿望来说，是想和，但是蒋介石想打，中间又插进来一个美国，所以，当时中国的形势相当复杂。

毛泽东说，一个不要打，一个要打，如果两方面都不要打，就打不起来了。现在不要打的只是一个方面，并且这一方面的力量不足以制止那一方面，所以内战危险就十分严重。

毛泽东深知，在这样一个历史转折关头，必须处理好"和"与"战"之间的关系，否则，稍有不慎，就会造成无法挽回的损失。

在处理"和"与"战"这个重大问题上，毛泽东始终遵循两个最主要的基本原则：

一是自卫的原则，即人不犯我，我不犯人；蒋反我亦反，蒋停我亦停；不怕打，敢于打，不乱打，打则必胜。

二是坚持又团结又斗争的原则，以斗争之手段达到团结的目的，不放弃争取和平的一切机会，同时，对和平也不抱任何幻想，保持清醒头脑，保持必要的警惕性。

正当马歇尔来华调解之际，苏、美、英三国外交部部长在莫斯科开会，会议达成协议："呼吁中国停止内战。"

中国共产党很快发表声明表示，三国外长关于中国应停止内战的协议，是与中国人民目前迫切要求相适合的。同时，中国共产党呼吁国民党，立即响应三国外长协议，停止内战，迅速召开政治协商会议，商决一切建国大计。

由于我解放区自卫反击战的胜利，由于全国人民反内战运动的高涨，也由于世界主要国家反对中国内战的舆论压力，使蒋介石感到马上发动全面内战还不是时候，况且他还没有完全准备好，所以，不得不同意召开政治协商会议和进行停战谈判。

12月16日，以周恩来为首的中共代表团到达重庆，同国民党进行停战谈判。中共代表首先向国民党提出了无条件停止内战的建议。国民党代表与美国代表马歇尔商议后，同意停止国内一切军事冲突，并且提出由国民党代表张群（后改为张治中）、共产党代表周恩来、美国代表马歇尔组成"三人会议"，会商解决停战及有关事项。双方经过四次会谈，达成继续进行停战谈判的协议。

马歇尔表示，中国的稳定将影响世界，美国极为关切中国问题，因此，他本人愿意参加国共停战谈判。

"三人会议"从1946年1月7日开始举行第一次会议，三方就停战协定草案各项条款进行了逐一磋商。

中共代表周恩来坚决主张在全国范围内实行无条件停战。

而国民党代表张群则以种种借口提出各种"例外"条件。例如他提出，国民党军队有权开入东北接收主权，因此，东北不应停止军事行动。

美国代表马歇尔一方面表示支持国民党的主张，另一方面又不得不说些冠冕堂皇的话，摆出"公正"的姿态，以维护其"中立""调解"的地位。

三方面经过激烈争论，在中共代表作出重大让步（同意国民党向东北运兵）的情况下，于1月10日达成协议，由国共双方代表正式签订了停战协定：

（一）国共双方一切部队之一切战斗行动立即停止。

（二）除另有规定者外，所有军事调动一律停止。

（三）破坏与阻碍一切交通线之行动必须停止。

（四）为实行停战协定，立即在北平设立由国民党、共产党、美国三方组成的军事调处执行部。

停战协定生效时间为1月13日午夜24时。

1月10日，毛泽东亲手起草了《中国共产党中央委员会关于停止国内军事冲突之通告》。通告说："本党代表与国民党代表，对于停止国内军事冲突之办法、命令及声明，业已达成协议。凡在中国共产党领导之下的一切部队，包括正规军、非正规军、民兵、游击队，以及解放区各级政府，共产党各级委员会，均须切实严格遵行，不得有误。"

同一天，蒋介石也发出关于停止国内军事冲突的电令，内称："停止国内一切军事冲突的命令，应自即日起开始实行，迟至1月13日下午12时止，务必在各地完成实施，仰各遵行，不得违误为要。"

可是，蒋介石在发出这个电令之前，先向其所属部队下达了一个秘密手令："停战令即将下达，各部在停战命令未生效前迅速抢占战略要地。"

因为有蒋介石秘密手令，所以从1月10日至13日3天，国民党军向解放区进行了更加疯狂的进攻。

蒋介石的狼子野心早在毛泽东的预料之中。他算定蒋介石必定会趁此机会大捞一把，抢占其垂涎已久而不可得的一些地方。为了打破蒋介石的企图，毛泽东在发布停战通告的同时，签发了一个致全军各部队的电报，明确指出："国民党在停战前可能向我突然袭击，望各部队提高警惕，坚守阵地，对于来犯者，必须坚决彻底消灭之。"

蒋介石自以为得计，只顾指挥各部队向共军发动进攻，抢占地盘。岂不知中共军队早有准备，结果进攻的国民党军大部分泥牛入海，有去无回。

1946年3月，马歇尔在周恩来、张治中的陪同下，来到延安视察。

对马歇尔来说，延安是个神秘的地方。他想看一看共产党的首府是个什么样子。作为美国军人，他更想见到的是长期生活在山沟里的共产党领袖、共军的统帅毛泽东，亲眼看看这个神话般的人物到底是怎样一个人？作为美军高级将领，在他的脑海里早就对毛泽东存有一大堆悬念：为什么红军在毛泽东的指挥下胜利完成了举世闻名的二万五千里长征？那么远的长途跋涉，前有雪山草地，后有追兵，走得那样艰苦，打得那样残酷，而部队仍然保持旺盛的战斗精神，把基本力量保存下来，并且在后来的抗日游击战争中发展壮大，很快从几万人发展成为一支举世瞩目的100多万人的抗日武装力量，装备虽然很差，战斗力却很强，比他强大得多的日本人也好，蒋介石也好，都拿他没办法。毛泽东的秘密到底是什么？

马歇尔带着这一连串的问号来到延安。

毛泽东早就耳闻马歇尔是美国名将之一，待人直率、诚恳，也很朴实，不像赫尔利那样傲慢和夸夸其谈。但是毛泽东认为，这属于他的个性。不管别人怎么说，他毕竟是美国人，必然要维护自己的国家利益；他来中国才两个多月，能了解中国吗？他真正了解共产党和国民党吗？他在"调解"时能不受美国总统杜鲁门对华政策的影响吗？他终究要和蒋介石坐在一条板凳上，中国的问题最终还得靠中国人自己来解决。

3月5日，马歇尔等人乘飞机到了延安。机场出口用红布和松枝搭起了一座牌楼，横幅上用中英文写着"欢迎马歇尔、张治中、周恩来将军！"机场上排满一万多人的欢迎队伍，舷梯前站着一排共产党的高级领导人，毛泽东站在最前面。

这么隆重的欢迎礼仪，大出马歇尔的预料，更使他惊讶的是，牌楼两边各有一幅巨大的红色标语：

右边是："国共合作万岁！"

左边是："中美合作万岁！"

面对此情此景，马歇尔深切地感到共产党和毛泽东胸怀坦荡，对美国、对国民党不计前嫌旧恶，以大局为重，对执行停战协定确有诚意。同时，他在内心深处也闪现一个更大的感觉：毛泽东好厉害呀！

这时，马歇尔不由得想到了蒋介石，他什么都依赖美国，对内对外心胸狭窄，很难处事，在停战谈判过程中总是采取不合作态度，使他这个居间调解者感到十分棘手。

但是，作为美国总统杜鲁门的特使，马歇尔必须执行美国政府的对华政策，不能不对蒋介石给予支持。

此时此刻，当马歇尔面对气度非凡的毛泽东时，这种发自内心的矛盾，竟使他一时不知所措。

经周恩来介绍后，毛泽东伸出他那厚实有力的大手：欢迎马歇尔将军来延安。

马歇尔表示感谢毛泽东先生的盛意。握手的同时，马歇尔打量着眼前这位深邃莫测的毛泽东：旧八角帽下露出的长发，衬托着一张微笑的大脸，颇有英雄豪杰的风度。

36. 奉陪到底

马歇尔到延安的第二天，举行了共产党、国民党、美国三方代表会议。

在三方会议中，马歇尔一再被毛泽东的发言打动。他从心底感到由衷的钦佩，但他却不敢明显地表露出来。马歇尔明白，他的使命是不折不扣地执行美国政府扶蒋反共的政策，在任何时候都必须把美国的国家利益放在第一位。

其实，到延安之前，马歇尔已经和蒋介石达成默契，设法说服毛泽东放弃一些战略要地，以便使国民党军处于有利地位。

轮到马歇尔发言，他单刀直入：请问毛泽东先生，中共军队是否可以撤离承德、赤峰、多伦这几个地点？如果你们能够做到，我就可能说服蒋介石先生在这一线停火。否则，蒋介石肯定是要发动进攻的。

马歇尔毫无隐晦，直截了当地提出要共产党让出三个城市，一下子使在座的共产党代表感到有点突如其来。谁都知道，承德、赤峰、多伦这三个重要城市，是使华北和东北解放区连成一体的战略枢纽，一旦让出这些地方，东北、华北的联系便被切断，使东北解放区处于孤立无援的困境，就会让蒋介石不战而独吞东北的阴谋得逞。

马歇尔提出的"中共军队撤离承德、赤峰、多伦"的问题，毛泽东赴重庆谈判时，蒋介石就曾经提出过这个无理要求，被毛泽东顶了回去。现在蒋介石又借美国人之口，重提此事，想使毛泽东屈服于美国的压力。

早有思想准备的毛泽东，对马歇尔的无理要求并不感到突然。他用锐利的目光盯着马歇尔，面带几分藐视的冷笑，一下子就看穿了马歇尔的鬼主意。

这一切都再次证明，美国人和蒋介石在表演双簧，他们唱的是一出戏。

于是，毛泽东用坚定的、无可辩驳的语气回应道，这绝对不行！蒋介石如果有本事，你叫他来进攻好了，我毛泽东奉陪到底。如果他攻占了赤峰、承德、多伦，我们不怨天不怨地，只怪我们自己没有本事。如今，要我们让出这些地方，你捎话给蒋介石，那是白日做梦！

马歇尔碰了一鼻子灰，涨得满脸通红。从毛泽东斩钉截铁的话语里，他感到有一种使人震慑的力量。马歇尔没有想到，毛泽东竟会这样不给他留一点面子，一时无言以对。

大概是为了缓和一点气氛，毛泽东笑了笑说："原来你们美国朋友就是这样调解中国问题哟！"说完，哈哈大笑起来。

在场的人也大都跟着大笑起来。周恩来笑得最开心，因为他心里最清楚，借此机会，让毛泽东杀杀美国人的威风，可以使他在3人小组中处于有利地位，便于以后开展工作。

似乎是为了下个台阶，马歇尔也跟着勉强地苦笑了一下。张治中和国民党其他几个人则低头不语，此时此刻，他们的心情可想而知。

事后，马歇尔对他的亲信说，我这半辈子，无论在战场上还是在外交上，从来没有打过败仗，没想到这次竟然败在毛泽东手下。

马歇尔在延安碰壁之后，便在内部放风：美国的调解可能最终归于失败。

一切都在毛泽东的预料之中，当停战谈判达成协议，戴着蓝色三环臂章的军调部代表们，分赴各地监督停战协定的执行时，战场上的短暂平静，似乎蒙住了某些人的眼睛，好像内战会真的就此停止。甚至在共产党内部，包括一些领导干部，对停战谈判也抱有很大希望，以为在中国可以出现和平局面。

就在此时，毛泽东多次提醒全党全军注意，内战早晚有一天是要爆发的，因为蒋介石的反共本质不会改变，美国人助蒋打内战、使中国变成它的附庸的基本方针也不会改变。不管美国人怎样故作姿态，蒋介石心里有数，他的后台老板在反共这个根本问题上和他是一致的。

正因为毛泽东看清了这个至关重要的本质,所以,他一次又一次地告诫全党,要丢掉幻想,准备斗争。

尽管如此,对于美国总统杜鲁门派特使马歇尔来华进行调解,毛泽东还是表示欢迎的。他在一次党内会议上做了这样的分析:由美国人出面进行军事调解,有可能出现三种前途,一是实现国共及其他党派、民主人士的合作,使中国进入和平发展的新的历史时期;二是通过调解,将内战限制在局部范围内,推迟全面内战的爆发;三是调解失败,在中国爆发大规模内战。

毛泽东认为,经过努力,争取第一、第二种前途还是有希望的,即使出现第三种情况,也有利于揭露蒋介石和他的支持者美国人的真内战、假和平的本来面目。

就在马歇尔刚来华时,毛泽东在接受一位美国记者的采访时表示,中国共产党欢迎马歇尔将军的调解。如果调解成功,中国从此走向和平民主的道路,岂不很好。如果蒋介石不接受调解,还要打内战,那他就在全世界面前输了理,美国的保守势力,帮助蒋介石打内战的企图,必将变得更加困难;中国人民将会受到活生生的教育,认清蒋介石的真面目。同时,也有利于第三方面识破国民党内战独裁的真面目,而且国民党在政治上将更加变成孤家寡人。

毛泽东在最后一句话中讲到"也有利于第三方面识破国民党内战独裁的真面目",这个第三方面是指谁呢?显然是指苏联。

毛泽东之所以欢迎马歇尔来华调处,还有另一个背景,那便是要让苏联共产党人,清醒地认识到美国和蒋介石互相勾结、协调配合,挑动内战,最终达到消灭中国共产党的目标。

抗日战争胜利以后,苏联人曾经提出,要求中国共产党通过谈判,加入蒋介石的政府,把共产党的军队交给国民党统一整编。

毛泽东毫不客气地把斯大林的建议顶了回去。苏联外交部部长莫洛托夫,曾经对美国驻华大使赫尔利说过这样的话:"中国共产党不是严格意义上的共产党,蒋委员长如果能够改善中国的经济状况,共产党就不会闹事了。"

此话传出后,毛泽东极为愤慨。联系到前不久苏、美、英三国外长莫斯科会议,事实已经非常清楚,美国和苏联,为了他们各自的利益,妄想牺牲中国共产党的利益,扶助蒋介石,把中共限制在国民党政府管辖之下。

对此,毛泽东的头脑始终是清醒的,他自信对蒋介石、对美国的了解,比苏联人要深刻得多。作为一个伟大的革命政治家,他不受任何利诱,不怕任何威胁,更不愿听凭别人颐指气使,他要的是独立自主,奋发图强。

时局的发展,完全在毛泽东的预料之中。国共双方发布停战令后,随着"三人小组"和军事调处执行部的代表赴各地巡视,全国曾经出现短暂的"平静"。但是,国民党军并没有完全停止对解放区的进攻,只不过换了一种方式而已,即由过去的大规模进攻,改变为小规模的多点"蚕食"。

在东北,国民党加紧运兵,完成大规模内战部署。到3月下旬,即马歇尔刚离开延安不久,国民党军集中十几个师,从沈阳地区同时向南北两个方向进攻,企图抢占本溪、鞍山、四平等战略要点。

国民党为了尽快夺取四平,先后投入10个师,在大量飞机、坦克掩护下,向四平发动连续进攻。双方经过1个多月的反复争夺,国民党军于5月19日占领四平。

自从1月10日国共双方签订停战协定,到6月中旬,国民党军向解放区共发动进攻4376次,杀伤解放区军民3万余人,侵占解放区城市40余座,村镇2500余处,给解放区人民生命财产造成了严重损失。

这种局面愈演愈烈,内战规模不断扩大。

对于蒋介石肆意践踏停战协定,频繁地向共产党发动进攻,美国一直采取视而不见,偏袒国民党的方针,他们调解是假,援助国民党打内战是真。

1946年6月,美国国务卿贝尔纳斯,向美国参议院提出了一个《军事援华法案》,开始更大规模地、公开援助蒋介石发动全面内战。

这时的美国,已经原形毕露,所谓以"公正调解"的马歇尔将军,他自己也觉得越来越滑稽可笑了。

被激怒了的毛泽东指出,仅仅在美国政府宣布,履行莫斯科三国外长会议关于中国问题的约束,与中国国民党宣布停止进攻的前提之下,中国共产党才曾经不反对美国对于中国的军事调解。但是,现在这些前提都被严重地破坏了,因此,现在美国实际上是武装干涉中国内政,是以强力支持国民党独裁政府,继续使中国陷入内战、分裂、混乱、恐怖和贫困之中。

毛泽东庄严声明:我们不怕分裂,不怕打内战,对于美帝国主义和蒋介石的进攻,必须给予坚决的打击!

有个名叫斯蒂尔的美国记者问毛泽东:阁下是否认为美国调解中国内战之举已告失败?如美国政策按目前形式继续实行,则结局将如何?

毛泽东答:我很怀疑美国政府的政策是所谓调解。根据美国大量援助蒋介石,使得他能够举行空前规模的内战的事实看来,美国政府的政策,是在借所谓调解作掩护，以便从各方面加强蒋介石，并经过蒋介石的屠杀政策，压迫中国民主力量，使中国在实际上变为美国的殖民地。这一政策继续实行下去，必将激起全中国一切爱国人民起来作坚决的反抗。

美国记者斯蒂尔又问：中国内战将延长多久？其结果将如何？

毛泽东答：如果美国政府放弃现行援蒋政策，撤退驻华美军，实行莫斯科苏美英三国外长会议的协定，则中国内战必能早日结束。如果不是这样，就有变为长期战争的可能。其结果，一方面，当然是中国人民受痛苦；但是，另一方面，中国人民必将团结起来，保卫自己的生存，决定自己的命运。不管怎样艰难困苦，中国人民的独立、和平、民主的任务是一定要实现的。任何本国和外国的压迫力量，不可能阻止这一任务的实现。

在美国《军事援华法案》的刺激下，蒋介石更加忘乎所以，步步紧逼。他通过马歇尔，向中国共产党提出五项最后通牒式的所谓要求：

（一）退出陇海路以南的一切地区。

（二）退出胶济铁路全线。

（三）退出承德和承德以南地区。

（四）退出东北的大部分地区。

（五）退出自1946年6月7日以后在山东、山西两省从伪军手里接收的一切地区。

蒋介石还声称，只有毛泽东答应了这些要求，他才能考虑停止进攻的问题。

面对蒋介石的要求，马歇尔无可奈何，他知道毛泽东绝对不会接受，他也明白，蒋介石是在寻找借口发动全面进攻。

马歇尔作为美国政府的代言人，他不能同情毛泽东，只能支持蒋介石。但是，作为一名五星上将，又不能全然不顾自己的显赫身份地位，而一味听从蒋介石的指使、摆布，何况马歇尔已经对蒋介石有点讨厌了。

于是，马歇尔对蒋介石打起了官腔：美国政府是不会支持中国打内战的，国共之间还是以和为好。

奸诈的蒋介石狡猾地一笑：贵国的总统不会是像你这样认为吧，你们的政府不是刚通过一项援华法案吗？这还不能说明你们的总统要我们铲除中共的决心吗？

马歇尔耸了一下双肩，一时无言，只好起身告辞。

不久，马歇尔和美国驻华大使司徒雷登发表联合声明，宣布"调解"失败。

此后,美国援助蒋介石的飞机、坦克、大炮和各种军事物资,源源不断地运送到中国内战前线,蒋介石向共产党的大规模全面进攻,已经箭在弦上。

和平的大门,最终被蒋介石关闭了。

中国共产党人希望和平,反对战争,但是不害怕战争,特别是在对方已经把自己逼到墙角时,别无选择,非打不可,怕是没有用的,只有勇敢地面对现实,战斗到底,才是唯一的正确选择。

半个多世纪前的这段历史经验,具有多么强烈的现实意义啊!

那时,毛泽东的态度十分鲜明和坚定,他指出:"蒋介石对于人民是寸权必夺,寸利必得。我们呢?我们的方针是针锋相对,寸土必争。我们是按照蒋介石的办法办事。蒋介石总是要强迫人民接受战争,他左手拿着刀,右手也拿着刀。我们就按照他的办法,也拿起刀来。"

毛泽东强调:"人民得到的权利,绝不允许轻易丧失,必须用战斗来保卫。我们是不要内战的。如果蒋介石一定要强迫中国人民接受内战,为了自卫,为了保卫解放区人民的生命、财产、权利和幸福,我们就只好拿起武器和他作战。这个内战是他强迫我们打的。如果我们打不赢,不怪天也不怪地,只怪自己没有打赢。但是谁要想轻轻易易地把人民已经得到的权利抢去或者骗去,那是办不到的。"

毛泽东说:"抗战胜利的果实应该属谁?这是很明白的。比如一棵桃树,树上结了桃子,这桃子就是胜利果实。桃子该由谁摘?这要问桃树是谁栽的,谁挑水浇的。蒋介石蹲在山上一担水也不挑,现在他却把手伸得老长老长地要摘桃子。"

毛泽东指出:"抗战胜利的果实应该属于人民,这是一个问题;但是,胜利果实究竟落到谁手,能不能归于人民,这是另一个问题。不要以为胜利的果实都靠得住落在人民的手里。一大批桃子,例如上海、南京、杭州等大城市,那是要被蒋介石抢去的。蒋介石勾结着美国帝国主义,在那些地方他们的力量占优势,革命的人民还基本上只能占领乡村。"

毛泽东还说:"我们的方针要放在什么基点上?放在自己力量的基点上,叫做自力更生。我们并不孤立,全世界一切反对帝国主义的国家和人民都是我们的朋友。但是我们强调自力更生,我们能够依靠自己组织的力量,打败一切中外反动派。蒋介石同我们相反,他完全是依靠美国帝国主义的帮助,把美国帝国主义作为靠山。独裁、内战和卖国三位一体,这一贯是蒋介石方针的基本点。美国帝国主义要帮助蒋介石打内战,要把中国变成美国的附庸,它的这个方针也是老早定了的。但是，美国帝国主义是外强中干的。我们要有清醒的头脑，这里包括不相信帝国主义的'好话'和不害怕帝国主义的恐吓。"①

毛泽东庄严指出，中国现在出现的这个局面，是在美国及蒋介石采取了变中国为美国殖民地的政策、发动内战的政策和加强法西斯统治的政策的情况之下形成的。在美蒋这些反动政策之下，全国人民除了斗争，再无别的出路！

① 《毛泽东选集》第四卷，人民出版社1991年版，第1126~1133页。

第五章
消除恐美症

在敌我生死较量的关头，绝不能害怕对手的强大。大敌当前，害怕是不行的。怕，就会软；软，就会败。因此，如何从上而下地解决"怕"的问题，成为解放战争最初阶段的一件大事。于是，毛泽东提出了"一切反动派都是纸老虎"的著名论断。他教育全党全军干部，要从本质上、从战略上看待和认识敌人的"强大"，要敢于藐视敌人。

在解放战争的关键时刻，邓小平指出："最近，恐美病似乎有发展，有的人说，给蒋介石几万万美元和枪炮，我们已经知道没有多大用处了，现在就是怕美国出兵，怕美国的原子弹。很多同志不相信毛主席讲的美帝国主义是纸老虎的论断，以为美国出兵凶得很，我们非失败不可。这对一个革命者来说是要不得的。特别是作为共产党员，反帝反封建是我们的革命纲领、革命任务，我们为什么要怕帝国主义？不要说美国出兵不是那样容易，就是出兵，我要反问：你还革命不革命？还要不要反帝这个纲领？还够不够得上是无产阶级的先锋队？具有优良品质的共产党员，应该回答：和他干，干到底！就是要有这个气魄。"①

37. 首先要解决"怕"的问题

1946年6月26日拂晓，国民党军突然从四面八方对人民解放区中原军区发

---

① 《邓小平文选》第一卷，人民出版社1994年版，第104页。

动进攻，接着，又向华东、华北解放区大举进攻。人民解放军在各个战场上奋起自卫，从此，开始了扭转中国历史车轮的解放战争。

蒋介石为了尽快消灭共产党，赢得这场战争的全面胜利，他依仗美国给他的飞机大炮，采取速战速决战略，妄想在3至6个月之内把共产党消灭掉。

为了实现这个狂妄野心，蒋介石把他的190多个旅（师），以几十个用美国枪炮装备的师为骨干，分别编为突击兵团、闪击兵团、扫荡兵团、守备兵团，铺天盖地地压向解放区，大有"黑云压城城欲摧"之势。

蒋介石之所以如此疯狂，不仅依靠他手里的几百万军队，更主要的是依靠手里拿着原子弹的美国后台老板。他认为，他尽管放手大打，美国在军事上、财政上的援助自然会滚滚而来；身边还有一个美国将军巴大维率领的庞大的军事顾问团，给他出谋划策；必要时美国还会直接出兵助战。

为了给蒋介石撑腰，使其能够放心大胆地向内地进攻，美国直接派兵进驻上海、北平、天津、青岛、秦皇岛等地，协助国民党军控制战略要地和沿海港口。其中，有些部队还直接参加了国民党的军事行动。

国民党有恃无恐，连续发动猛烈进攻，气焰十分嚣张。仅在战争头4个月，国民党军就攻占解放区城市153座和大片土地。整个中原解放区和华东解放区的苏中、淮南、淮北、鲁南以及华北北部的张家口等广大地区被国民党军占领。

面对蒋介石集团咄咄逼人的大举进攻，许多人忧心忡忡，担心这场战争是否能够打赢，甚至党和军队中的一些干部也有点害怕，他们怕的倒不完全是蒋介石的四百万军队，而最主要的是害怕美国直接出兵。那时，在许多人的头脑里产生了"恐美症"，惧怕美国的原子弹。

毛泽东指出："看起来，反动派的样子是可怕的，但实际上并没有什么了不起的力量。从长远的观点看问题，真正强大的力量不是属于反动派，而是属于人民。"

针对一些人惧怕美国原子弹的思想，毛泽东提醒全党全军干部注意：美国和蒋介石的宣传机关，正极力宣扬日本投降是因为美国在广岛和长崎投了原子弹，想拿两颗原子弹把苏联出兵的政治影响和军事效果抵消。

毛泽东指出："原子弹能不能解决战争？不能。原子弹不能使日本投降。只有原子弹而没有人民的斗争，原子弹是空的。假如原子弹能够解决战争，为什么还要请苏联出兵？为什么投了两颗原子弹日本还不投降，而苏联一出兵日本就投降了呢？我们有些同志也相信原子弹了不起，这是很错误的。这些同志看问题，还不如一个英国贵族。英国有个勋爵，叫蒙巴顿。他说，认为原子弹能解决战争是最大的错误。我们这些同志比蒙巴顿还落后。"①

毛泽东指出,这些同志把原子弹看得神乎其神,是受了唯武器论和单纯军事观点的影响,对这些思想要像打扫灰尘一样,常常打扫一下才行。

毛泽东进一步指出,拿中国的情形来说,我们所依靠的不过是小米加步枪,但是历史最后将证明,这小米加步枪比蒋介石的飞机加坦克还要强些。虽然在中国人民面前还存在着许多困难,中国人民在美帝国主义和中国反动派的联合进攻之下,将要受到长时间的苦难,但是这些反动派总有一天要失败,我们总有一天要胜利。

战争的实际情况正像毛泽东所预见的那样。用美国飞机大炮和坦克装备的国民党军,固然占有火力和机动力的优势,但随着国民党军的战线逐渐向解放区内地深入,他们的弱点也就不断地暴露出来:由于重武器和各种机械化装备对交通道路的依赖性大,没有良好的道路就难以行动和展开,特别是到了山地和偏僻的乡村,沟壑纵横,再加上解放区民兵游击队对道路、桥梁的破坏,或者遇到雨雪等恶劣天气,往往使美械化的国民党军寸步难行,其优势的火力和机动力不能充分发挥,甚至成了累赘;而且他们夜间行动和作战十分困难,大多靠白天活动。

而与国民党军形成鲜明对比的是人民解放军的小米加步枪,他们装备轻便,行动灵活,爬山越岭,风雨无阻,不分白天黑夜,连续行军作战,或伏击,或偷袭,诱敌深入,打近战、夜战,打山地战,打运动战,大打人民战争。

这就是那些国民党军指挥官们常常哀叹和忧虑的:"为什么我们的汽车轮子总是跑不过共军的两条泥巴腿呢?"

其奥秘就是,人的因素第一,充分发挥人的主观能动性和灵活性。人民解放军具有勇敢战斗,不怕牺牲,不怕疲劳和连续作战的优良作风。无论在任何艰难困苦的环境下,都能坚忍不拔,顽强战斗;他们一不怕苦,二不怕死,具有一往无前的革命精神和光荣传统,因此,能够压倒一切敌人,而不被敌人所屈服。

而那些用美国飞机大炮武装起来的国民党军官兵,不能吃苦耐劳,打仗时过分依赖火力、工事和车辆,以致不敢脱离工事进行野战、近战,更害怕夜战;他们不能吃苦耐劳,不善于长途行军和连续作战,天黑以前就得停下来吃饭睡觉。

---

① 《毛泽东选集》第四卷,人民出版社1991年版,第1195、1133~1134页。

正因为如此,毛泽东一再教育全党全军干部,要善于从黑暗中看到光明,不要仅仅看到美国和国民党军的强大,而看不到他们的弱点。他说,中央曾经多次指出,美帝国主义及其走狗蒋介石的强大仅仅是暂时的,他们的进攻是可以粉碎的。所谓反动派进攻不能粉碎的神话,在我们的队伍中不应有它的位置。

经过毛泽东反复教育,全党全军害怕敌人的思想有了很大好转。但是,由于美国和国民党的宣传和恫吓,一些人在思想上仍然害怕美国直接出兵参战,害怕美国打原子弹,甚至在战争已经打了一年多,人民解放军已经从战略防御转入战略进攻的有利形势下,这个问题在一些人的头脑中仍然没有完全解决。

1948年4月25日,邓小平在河南鲁山县召开的豫陕鄂党的前方委员会和后方委员会联席会议上,有一个重要讲话,他和毛泽东一样,从困难中要看到光明,讲到不怕美国出兵的问题,讲得非常生动、深刻。

邓小平首先讲了战争的胜利形势。他说:"九个月来,全国战局有了新的发展,各个区都无例外地转入反攻。我们由黄河到长江跃进了一千里。这个跃进的意义可不要小看了,中国从北到南没有多少个一千里,从长江再跃进一千里就到了广东、福建的边界,下剩不到一千里了,蒋介石的反动政权就要垮台了。"

讲到这里,邓小平话锋一转:"我们几个野战军出来以后,是吃了苦头的,特别是大别山的部队遇到了好多困难。""我们吃了苦头,但是换得了更大的胜利,对敌人的打击更沉重了。"

邓小平指出:"我们有些共产党员,马列主义的思想方法太少,看见自己头上有一小块云,就认为天下都是云,凭直觉来看问题,凭自己脑袋上面有没有乌云来判断革命胜利或失败,这样,遇到困难就不会看到光明和胜利,就没有不悲观失望的。"

邓小平强调:"我们的力量是发展的,胜利不小,不过外线作战确实不如内线作战痛快、舒服。革命就是不能那样舒服,往后还要更艰苦,越接近胜利斗争越艰苦。谁都希望革命快些胜利,可是,问你敢不敢胜利,问题就来了。不一定希望胜利的人就敢于胜利,要胜利就要吃苦。"

邓小平说:"今后,我们要更加机动灵活,精细地寻求战机。我们的胜利决定在'脚',发现战机,就要敢于奔袭敌人。要敢于走路,或者脱离敌人,或者远道去打击敌人。"①

---

① 《邓小平文选》第一卷,人民出版社1994年版,第96~101页。

此处邓小平说的胜利决定在于"脚"的问题，正是前面提到的"国民党军的汽车轮子跑不过人民解放军两条脚"的道理。

当讲到不要怕美国时，邓小平指出："最近，恐美病似乎有发展。有的人说，给蒋介石几万万美元和枪炮，我们已经知道没有多大用处了，现在就是怕美国出兵，怕美国的原子弹。很多同志不相信毛主席讲的美帝国主义是纸老虎的论断，以为美国出兵凶得很，我们非失败不可。这对一个革命者来说是要不得的。特别是作为共产党员，反帝反封建是我们的革命纲领、革命任务，我们为什么要怕帝国主义？不要说美国出兵不是那样容易，就是出兵，我要反问：你还革命不革命？还要不要反帝这个纲领？还够不够得上是无产阶级的先锋队？具有优良品质的共产党员，应该回答：和他干，干到底！就要有这个气魄。鲁迅先生常常骂的奴才相，共产党员是不能有的。我们要敢于藐视美帝国主义，鄙视那些怕外国人的奴才相，要发扬正气。美国出兵是世界问题，他叫喊出兵是吓唬人的，我们要从思想上树立明确的观念，他出兵也一样能被打败，我们一样能胜利。我们要敢于胜利。"[1]

38. 敌人一时的嚣张，反而表明他们很虚弱

解放战争只打了8个月，蒋介石的军队就被毛泽东消灭了70多万，人民解放军已经完全摸透了国民党军的底，尽管它有美国的现代化武器装备，只要不怕它，指挥得好，照样可以整团、整旅、整师、整军地消灭它。事实证明，美国的飞机大炮掌握在蒋介石的手里同样也是纸老虎。

1946年7月中旬至8月下旬，两军刚一交手，粟裕率领的华中野战军就在苏中地区打了个"七战七捷"，歼灭国民党军6个半旅及5个交警总队，共5.3万人。

7天后，刘伯承、邓小平又在鲁西南的定陶战役一举歼灭国民党军一个多整编师（相当军）共4个旅近两万人，活捉中将师长赵锡田。

时隔不久，陈毅和粟裕两军配合，在宿北一役，全歼敌一个整编师共两万多人。一个月后，陈毅和粟裕两军又在鲁南歼灭了进攻临沂的敌人2个整编师

---

① 《邓小平文选》第一卷，人民出版社1994年版，第104页。

和一个快速纵队共5万多人，缴获各种炮200多门，坦克24辆，汽车400多台。这些崭新的大炮、坦克和汽车上的"ＵＳＡ"十分显眼。

战后，陈毅和粟裕两军合编为华东野战军，并利用缴获的重武器组建成特种兵纵队，从此，人民解放军有了自己的坦克和大炮。

这时，蒋介石制订了一个"鲁南会战"计划，调遣30多个旅，分南北两路夹击华东野战军。他严令其部下：党国成败，全看鲁南一役，只许成功，不许失败！

蒋介石为何看重"鲁南会战"并如此急躁？他没有忘记，自己曾经夸下海口，要在3至6个月内消灭共军。现在，眼看6个月已过，不但没有把共军消灭，自己反而损兵折将，怎么能不令他心烦意乱。

远在延安的毛泽东却十分从容、冷静，不像蒋介石那样焦躁不安。他运筹帷幄，决胜千里。

毛泽东致电陈、粟：此次蒋介石孤注一掷，来势凶猛。我军必须诱敌深入，必要时放弃临沂，敌愈深入愈好。敌人企图诱我出击，你们切不可上当。对外要装做打南面敌人的模样，然后秘密出动全军，北上歼敌。

华东野战军按照毛泽东的指令，撤出临沂，以少数兵力阻击南线之敌，主力7个纵队（相当于军）日夜兼程北进，连续行军300里，在莱芜地区一举包围歼灭了敌人两个军共7个师5万多人，活捉敌前线中将总指挥李仙洲。

在8个月的交战中，国民党军虽然占领了解放区105座城市，但是却付出了沉重的代价，每占一座城市，平均就要有7000人被消灭掉。而且每占一座城市，还要分派一部分兵力守卫，等于多背一个包袱，因此，战线随之沿长，兵力逐渐分散。

对此，蒋介石不得不承认，我们在后方和交通线上，不但要处处设防，而且每一处设防，必须布置一团以上兵力。我们的兵力就都被分散，我们的军队都成了呆兵，而共军却随时可以集中主力，采取主动，在我广大正面积极活动，将我们各个击破。

仗已经打了8个月，蒋介石刚明白过来，然而，是不是真的明白了，即使真的明白了又有什么好办法来对付解放军呢？

毛泽东曾经说过，蒋介石不是完全不懂得战略的，多少懂得一点。

果然，蒋介石在不断失败之后，经过一番痛苦的思索，决定采取新的战略，即由全面进攻改变为重点进攻。对山东和陕北两个战场发动强大攻势。

蒋介石有一个如意算盘，就是他蓄谋已久地想攻占共产党首府延安这座名城。用他的话说，就是要对毛泽东犁庭扫穴，迫使共党首脑机关撤出陕北，使其失去巩固的根据地，然后，加以追击、清剿而消灭之。

蒋介石满以为他的"新战略"可以"置共军于死地"。他得意扬扬地以为，在军事上，可以打开一个战略缺口，造成共军全线混乱和崩溃，使毛泽东到处流窜，无法指挥作战；在政治上，可以扩大宣传，打击共军士气，同时，使己方低落的民心士气重新振作起来；还可以在国际上扩大影响，向美国炫耀国军的辉煌战绩，以便于要求他们给予更多的军事援助。此举一旦成功，真可以说是一箭双雕。想到这些，蒋介石多日来紧皱的眉头，稍微舒展了一点。

蒋介石确实下了狠心，他集中了94个旅的兵力进攻陕北和山东解放区，占其进攻解放区总兵力的43%。另外还从上海、南京调来重型轰炸机和战斗机到西北战场，仅西安机场就集中了近百架各种作战飞机。准备以庞大的机群轰炸延安。

毛泽东获悉蒋介石即将进攻延安的情报后，还是那两个字："不怕！"

毛泽东认为，蒋介石的攻势虽然还在继续，但是比较战争初期已经衰弱得多了。至于蒋介石进攻延安，这丝毫不表示他的强大，相反，却表明他很虚弱，他几乎把所有的兵力都调到第一线，完全是孤注一掷的做法。毛泽东说："蒋介石进攻延安是带着慌乱精神而来，他的企图是，首先攻占西北，割断我党右臂，驱逐我党中央出西北，然后进攻华北，达到其各个击破的目的。"

针对蒋介石的企图，毛泽东决定主动放弃延安，诱敌深入，然后，在延安以北山区与敌人周旋，逐步削弱他们的主力，最终夺取西北战场的胜利。

在陕北战场上，蒋介石打出最后一张王牌：胡宗南。

胡宗南是蒋介石的亲信，忠实门生，也是得力干将。他早就想找机会在蒋介石面前露一手，现在机会来了。胡宗南耀武扬威，披挂上阵，指挥34个旅20余万人的兵力，从南、西、北三个方向进攻陕甘宁边区，其中15个旅由他直接指挥进攻中共中央所在地延安。

当时，西北人民解放军只有2万多人的兵力，处于绝对劣势。但是解放军不怕强敌，不畏艰险。这2万多人，在彭德怀的指挥下，首先完成了掩护党中央转移任务。

1947年3月17日，胡宗南主力15个旅共14万人，开始由南向北猛攻，同时出动45架飞机，对延安城区进行狂轰滥炸。顿时延河两岸硝烟弥漫。有一颗重型炸弹落在毛泽东居住的窑洞前爆炸，气浪冲破窗户，热水瓶倒在桌子上。毛泽东掸掸袖子上的沙土，仍然若无其事地继续批阅文件。尽管工作人员和卫士们急得团团转，他仍然不离开延安。

这时，延安已成一座空城，老乡们把所有能吃的东西全部搬进深山里掩藏起来。周恩来风趣地说，就是这条延河搬不走，否则，敌人进来连水都喝不上。

3月18日，延安可以清晰地听到南面阻击阵地上的枪炮声。周恩来和工作人员一再劝毛泽东早一点走。可是他却说，走那么早干什么，我还要在这里看看胡宗南的军队是个什么样子呢！

一直到黄昏，毛泽东才叫秘书把彭德怀请来，告诉彭德怀，现在下达命令，阻击部队立即撤出阵地。

下达撤退命令后，毛泽东和周恩来、彭德怀又一起察看了几孔窑洞，指示工作人员把屋子打扫干净，不要丢失文件。这时，他才同彭德怀告别，不紧不慢地走下山坡，依依不舍地离开了战斗和生活了10多年的延安古城。

3月19日，胡宗南的军队进占延安。胡宗南傲气十足地站在延安城头令记者拍照。蒋介石在南京听到消息后，高兴得不得了，决定授予胡宗南二级"大绥云麾勋章"，大吹大擂地庆祝了一番。同时，蒋介石命令胡宗南：立即对失去巢穴的流窜共匪进行彻底清剿。一定要抓住毛泽东！然后，他洋洋得意地坐在南京等待胡宗南的好消息。

对于毛泽东决定主动放弃延安，当时，有许多人想不通。毛泽东向他们解释道：保住延安而不撤退的想法不高明，蒋介石的阿Q精神十足，占领了延安，他就以为自己胜利了，他可以向全国全世界宣布，"共匪巢穴"已被我捣毁。不过，这只是蒋委员长自己的想法，是他个人的打算，并非公论。但是，此人的特点就在这里，他只顾想他自己的，而别人在想什么，怎么想的，他一概不管。延安既然是一个世界名城，也就是一个沉重的包袱，蒋介石既然要背这个包袱，那就让他背吧。而且话还得说回来，你既然可以打到延安来，我也可以打到南京去，来而不往非礼也嘛！

据毛泽东的卫士阎长林回忆，陕北老乡也有许多人对放弃延安想不通，毛泽东用更通俗的语言向他们解释，譬如有一个人，背个很重的包袱，里面尽是金银财宝，蹅见了拦路打劫的强盗，要抢他的财宝，如果他舍不得暂时扔下包袱，手脚很不灵便，就打不赢强盗，金银财宝也就丢了。如果他把包袱一扔，轻装上阵，那就动作灵活，能使出全身武艺跟强盗拼，把他打退、打死，最后也就保住了自己的金银财宝。

正像毛泽东所说的那样，蒋介石真的以为获得了金银财宝。他在一次军事会议上说，我们占领延安后，共匪的首脑就无所依托了，只能随处流窜，即使他们还有广播宣传，但是任何人都不能和他们发生联系，如此，毛泽东就绝对不能建立中心力量了。

彭德怀率领西北人民解放军，在陕北战场与胡宗南展开了众寡悬殊的较量。

胡宗南的部队多数配备美国给他的现代化的武器装备，表面上威风凛凛，十分吓人，但是在沟壑纵横的陕北高原，行动就不怎么灵光了。

而彭德怀的部队轻装灵活，来去自如，他们巧妙地运用毛泽东指示的"蘑菇"战术，利用黄土高原的复杂地形的有利条件，与敌人盘旋打转，使敌人陷入疲劳、缺粮的困境，连续在青化砭、羊马河、蟠龙打了三个胜仗，歼敌1.4万余人，给了敌人以沉重打击。这三个胜仗，被誉为西北战场的"三战三捷"。

毛泽东撤离延安后，在敌人连续追击、围堵的险恶环境中，在物质生活极端困难的条件下，继续指挥全国各战场的人民解放军作战，一直到人民解放军转入战略进攻，刘邓、陈粟、陈谢三路大军南渡黄河，挺进中原，获得许多重大胜利，都是在陕北的山沟里，在漂移不定的环境中，靠一盏小油灯、一个小板凳，在大腿上查看地图、书写电报，指挥东北、华北、中原、山东、陕北五大战场作战。在这个过程中，周恩来担任代理总参谋长，许多重大战略决策，都是由毛泽东和周恩来两个人商议后定下来的（这时中央其他领导成员转移到华北）。后来周恩来说：毛主席是在世界上最小的司令部里，指挥了最大的全国解放战争。这话千真万确。

毛泽东继续留在陕北这件事，具有重大政治意义。毛泽东说，我们在陕北这块土地上住了十几年，现在敌人一来就走，怎么对得起老百姓。所以，我决定和陕北老百姓在一起，什么时候打败胡宗南，什么时候再过黄河。的确，在敌人大军压境的情况下，毛泽东毅然留在陕北，极大地鼓舞了陕北军民和各解放区军民的战斗意志与胜利信心。

毛泽东留在陕北也具有重大的军事意义。他说，我不离开陕北还有一个理由，现在有几个解放区刚刚夺取主动，如果我离开陕北，蒋介石把胡宗南的几十万军队投入别的战场，那里就会增加困难；我留在这里，蒋介石就会多下些本钱。这样，咱们负担重些，就能把敌人拖住，不让他走，最后消灭他。毛泽东这种全局在胸，不怕艰险，把个人安危置之度外的伟大战略家品格，真是举世无双。

在山东战场上，蒋介石下的本钱最大，他从各战场抽调24个整编师，共60个旅，约45万人，派陆军总司令顾祝同亲临前线指挥，分多路向鲁中解放区发动猛烈进攻。

毛泽东从陕北一个小小的山村里发出电波,指示陈毅:对敌人的进攻,不要性急,不要分散兵力,不要扰敌后路,不要天天同敌人接触,让敌人放手前进。

陈毅遵照毛泽东的"四个不要",谨慎部署,诱敌深入。他加强侦察,随时掌握敌人动向,等待歼灭敌人的良机。

蒋介石求胜心切,他越过前线总指挥直接发电报给各师长,严令加速进攻,跟踪追剿。

各路敌人哪敢怠慢,个个争先恐后,全速前进。一贯逞强好胜的整编第七十四师师长张灵甫,自恃装备好,汽车多,速度快,更是一往直前,把两翼的友邻部队远远地甩在后面。

陈毅立即抓住七十四师冒进突出的有利时机,指挥他的几个主力纵队一齐扑上去,把七十四师包围在孟良崮附近的狭小山区,经过三天激烈战斗,将该师3万多人全部歼灭。中将师长张灵甫被击毙,少将参谋长魏振钺以下近2万人当了俘虏。

整编第七十四师被歼灭,震惊了国民党,也震惊了美国人,当然,更伤心的是蒋介石。他哀叹道,张灵甫的覆没是他最痛心、最惋惜的一件事。为此,他把兵团司令汤恩伯撤职。

为什么一个整编师被消灭引起国民党和美国人这么大的震动?其中自有缘故。

蒋介石有几十个美械化装备的整编师和军,其中有五个装备最好、战斗力最强的师和军,被称为"五大主力"。整编第七十四师便是其中之一,其余四个是:新编第一军、新编第六军、第五军、第十八军。国民党原以为这五大主力是不可战胜的,现在整编第七十四师竟然在几天之内全军覆没,成为第一个被歼灭的王牌主力,怎么能不使蒋介石伤心落泪呢!

这个整编第七十四师被国民党誉为"御林军""荣誉军",甚至被称为啃不动的"铁蛋军"。它是华东人民解放军的死对头。战争开始以来,向解放区进攻的这个第七十四师多次打头阵,狂妄至极。毛泽东、陈毅曾多次想找机会消灭它,都没有成功。此次一举将它歼灭,真是大快人心,对全军也是一个很大的鼓舞。

蒋介石对他的五大主力一直十分重用,爱惜倍加。其军、师、旅长都是蒋介石的亲信和得力干将,从全军挑选的精英、少壮派。视五大主力为全军最精锐的骨干部队,把美国给他的最好、最新式的武器装备,首先用来满足这五个部队的需要。全部按美军编制，齐装满员。各级军官和部队都经过美国军官训练，有极其严格的纪律和要求，战斗力很强。

但是，随着国民党军在各主要战场的迅速失败，继整编第七十四师被歼灭后，其他几个军也很快被各个歼灭，一个也没有逃脱死亡的厄运。新一军、新六军在辽沈战役中被全部歼灭；新一军中将军长文小山、新六军中将军长李清被活捉。最后剩下的第五军、第十八军在淮海战役中被先后歼灭。第十八军军长杨伯涛被俘虏；第五军一个少将师长被俘虏，两个少将师长在战场上举手投降，其余的军、师长死的死，伤的伤，一个也没能跑掉。显赫一时的"五大主力"最后都成为国民党政权灭亡的祭品。

39. 慷慨承诺的背后

蒋介石虽然手里有几百万军队，但是凭他那点本事，要想和毛泽东较量，总有点胆怯。他心里明白，没有美国的援助是不行的。同时，蒋介石也知道，美国人不是"撒财童子"，援助是要付出代价的。但是，为了打败共产党，就算倾家荡产也在所不惜。

对于美国来说，出于反共立场，出于对中国这块肥肉的垂涎，它也是情愿下大本钱的。所以，美国和蒋介石勾结损害中国的利益是注定了的，是不以人们的意志为转移的。

美国给蒋介石的援助是多方面的，从派遣军事顾问团，到给飞机大炮为他装备和训练军队，应有尽有。

抗日战争结束后，蒋介石就迫不及待地要求美国派遣军事顾问团来华，帮助他建立一支以美式装备为骨干的、采用美国技术和战术的现代化的陆、海、空军。这个要求很快得到美国总统杜鲁门的慷慨承诺。

殊不知，美国这个"慷慨承诺"的背后，却暗藏着贪婪的野心。

其实，美国早就巴不得派顾问来华。他们深知，大量派遣军事顾问，是控制蒋介石和他的军队的最好形式，至少可以达到下列三个目的：

一是直接提高蒋介石的指挥效能，以便从军事上迅速打垮中国共产党。

二是牢牢地控制蒋介石和他的军队，提高美国在中国的军事影响力，防止苏联插手,有利于加强美国在远东的战略地位。

三是通过对国民党的援助,做军火买卖,在中国谋取各种军事、政治、经济特权,大量捞取资财。

总之一句话:一切为了美国的国家利益。

美国正是出于这种多方面利益的考量,于1946年3月派出总人数达两千多人的军事顾问团来华。

美国军事顾问几乎遍及国民党军的各个角落,从统帅机关的各个要害部门,到所有部队、后勤、学校。在陆、海、空军总司令部和后方联勤总部都设有"美军顾问组";国防部所属各厅、局及各军事院校都派有首席顾问或顾问;在各个重要的海、空军基地设立了顾问团的派出机构。

军事顾问团在美国军方和美国驻华使馆的双重授权和特许之下,横行霸道,盛气凌人。他们按照美军的模式,对国民党的陆军总部和各高级军事院校进行改组;按照美军标准和训练方法建立了许多训练中心,训练了一批又一批各级军官,并对一些陆军部队进行了系统的正规训练。

到1946年10月,美国先后帮助国民党装备和训练了64个美械化和半美械化陆军师,18个交通警察部队,20个保安队及伞兵部队,总人数达86万余人,占国民党军总人数的五分之一。

由国民党政府出钱、美国出飞机,为国民党组建了一支飞机总数达936架的空军部队,训练了5000多名飞行员,分编为8个空军大队和1个中队。

美国国会通过一项法案,决定将271艘海军舰船转让给国民党军,建立了新的海军部队。建立了海军训练中心,先后为国民党海军训练军官和技术人员3300余人;按照美国海军标准,改组了国民党海军总司令部,制订了海军舰队的作战和训练计划。

美军顾问团还帮助国民党军改进后方勤务机关和供给制度,组建后勤学校。

以各种不同形式接受美国军事训练的指挥官、参谋、步兵、炮兵、工兵、装甲兵、通信兵、侦察兵、汽车、军医、军械、军需等13个部门的各类人员达15万人。

除了这些军事援助之外,美国还以贷款、出售、租借、交换、转让、赠送等多种形式,对国民党政府进行全面援助。

据美国政府公布的资料,在中国全面内战爆发前后,美国给予国民党政府的贷款及各种物资援助,总数达62亿美元,在这些援助中,大部分用于购买飞机、军舰、坦克、大炮和各种枪械弹药等作战物资。

据当时美联社电讯称，援助蒋介石集团的款额占美国全球军援总额200亿美元的五分之一以上。可见，美国为了支持蒋介石打内战是不遗余力的。

但是，蒋介石仍然觉得不够，在战争过程中曾多次要求美国增加援助。为此，美国国务院向国会提出一个《军事援华法案》，要求国会授权美国政府，继续向国民党政府提供大量军事援助。

1946年8月，美国政府派遣"清算物资委员会"的代表，协同陆军部长助理等多名军事人员到中国，同国民党政府谈判关于出售美国在太平洋西部的大量"剩余"战争物资。这批军用物资价值达200亿美元，远远超过全面内战爆发以来美国给蒋介石军援的总值，可供国民党军两年战争之用。

美国一而再、再而三地送给蒋介石这么多军用物资，是白给吗？

当然不是。这些物资无论是出售、租借、支援，还是赠送、转让，不管用什么名义，全都带有苛刻的条件：

一是要花钱买，也就是使用美国给予的贷款支付，而这些贷款是要偿还的，除了要付给利息外，用什么办法偿还要由美国规定，如有的贷款要用贵重战略矿产资源偿还，其中包括金、铜、铝、铅、锌、镍、钨、锡、钼、锑、汞等金属矿产品。这些自然资源，当时有许多是中国稀缺的品种，如镍、铜、金、钨等。

二是借贷款要有附加条件，如订立出卖领海、领空主权条约等等。

美国驻上海美军总部参谋长马道尔中将，以备忘录形式，要求国民党政府准予美军飞机在中国的蒙古、东北各地作空中照相飞行。美军这一要求经蒋介石亲自批准"照办"。

美军还使用其第十四航空队KB—23型飞机，在各省上空进行航测飞行。

美国在中国大地上空中照相照什么？航测又是测什么？起码包括自然地理资源（矿山、植被、江河湖泊等）、军事地理资源（地形、地貌、交通设施等）。

对于美国这些明目张胆地侵犯、占有中国主权的要求，蒋介石都一一批准照办，命令军政、军令两大部门和各省市政府"知照办理"。这是无耻地以出卖国家主权换取军事援助的罪恶行为。

1946年10月18日，据延安《解放日报》转载美国杂志《世界报道》消息称："中国国民党政府，为了获得购买8亿多美元的美军剩余物资的权利，已经允许美国军舰在30年内，可在中国沿海港口、船舶公司中利用一切设施进行修理。"

对于蒋介石这项出卖领海主权的条约，延安《解放日报》发表社论指出："这是蒋介石对美国订立的又一个秘密卖国协定，依据此项条约，美国便可以自由出入、使用并且实际上是占领我国的一切海港, 只此一案, 蒋介石的卖国罪恶已不容于诛。可是, 在这次卖国交易中, 蒋介石所拍卖的中国主权, 却是不止于此。"

《解放日报》接着列举了大量事实, 揭露蒋介石的卖国行径:

1946年8月31日, 美国与国民党政府签订《让售物资合约》, 同时, 蒋介石还与美国空中运输队订立合同, 授权空运队可以在中国各地飞行。

9月2日, 蒋介石政府又与美国控制下的菲律宾政府, 签订了《上海、马尼拉间的飞机降落协定》, 于是, 中国领空主权被蒋介石出卖干净了。

9月19日, 在美国代表提议下, 于上海举行的"联勤总部远东区委员会"通过了《载运联总物资至长江四口岸(南京、芜湖、九江、汉口)合约》。与此同时, 国民党政府还与美国政府签署协定, 准许美国轮船从琉球群岛驶入并停泊于我国台湾的基隆、高雄两个重要港口。

仅这几项协定, 我内河及沿海航行权又被蒋介石出卖光了。

另据国民党中央社报道:"美国派遣专业技术人员考察我四川、云南的矿产资源。"此项消息一出, 立即引起国内舆论关注。有媒体报道说:"看吧, 用不了多久, 我国四川、云南的宝贵资源的主权又将被装进美国的口袋里去了。"

延安《解放日报》社论指出:"看吧! 在这短短一个月内, 蒋介石又把我们国家的主权陆陆续续地拍卖得如此之多, 创造了中外古今卖国罪行的新纪录。"

社论谴责国民党政府:"蒋介石为了获得8亿多美元的美军'剩余物资', 不惜充当美帝国主义的顺从的儿皇帝, 也就是说为了要换得剩余物资来进行内战, 屠杀人民, 才这样放肆地卖国。"

社论指出:"全国同胞从这里可以看得很清楚, 美帝国主义所以要让售8亿多美元军用物资给蒋介石, 支持蒋介石继续扩大内战, 就是要我们全国同胞都做美帝国主义的亡国奴, 而蒋介石不过是美国的走狗而已。"

社论说, 随着内战的发展, 国民党军在各战场连吃败仗, 消耗损失惨重, 蒋介石所需要美国军援的数量也越来越多, 因此, 他必然要更加疯狂地向美国出卖中国的主权, 以换取急需的武器弹药。

由于国民党军在战场上连吃败仗, 蒋介石政府在政治、经济上越来越困难的处境下, 美国这个贪婪而吝啬的金元帝国, 为了其国家利益, 不惜乘人之危, 贪得无厌, 接二连三地向蒋介石提出更多更加苛刻的条件, 以便他们用最少的军火换取更多的美国的"国家利益"。

就在延安《解放日报》揭露蒋介石一系列卖国罪行之后仅半个月, 即1946

年11月4日，国民党政府又与美国签订了《中美友好通商航海条约》，这是蒋介石同美国签订的一系列出卖中国主权的协定和条约中最苛刻、最具有卖国性的条约。它使美国取得了大量侵犯中国主权的权益。其中包括：

（一）中国向美国开放领土全境，即美国人在中国的所有地方享有居住、旅行、商务、制造、加工、科研、教育、宗教、慈善事业的多种权利；同时，还享有勘探、开采任何矿产资源，租赁和保有土地，以及从事各种职业的权利。

（二）美国商品可以随意输入中国，其征税、销售、支配或使用等，享有不低于任何第三国和中国商品的待遇。

（三）美国在中国拥有各种领事裁判权，中国的法律不能施用于美国商人以及其他美国人员。

（四）美国船舶可以通航于中国的一切领水、口岸和能够到达的地方。

（五）美国船舶，包括军舰，在遇到任何危难时，可以开入中国对外国商务或航业不开放之任何领水、口岸和可以到达的地方。

（六）对美国输入中国或中国运往美国的任何物品，不得加以任何禁止或限制。

（七）中美双方在任何时期内，对同一第三国或数国采取敌对行动时，其侨民可以承担军事训练和服兵役的义务。

如今，当人们看到半个多世纪前国民党政府与美国订立的这些卖国条约，能不感到万分震惊和愤怒吗？

这些条约，是美国在政治、经济、军事等方面对中国进行全面掠夺的条约。他们打着支援、赠送、转让、租借、出售等等"合法"、"体面"的旗号，干着"非法"、"肮脏"的勾当。

这些条约，是蒋介石依靠美国、用出卖国家主权换取美援打内战的一大罪证。中国共产党曾经于1947年2月1日发表声明，坚决反对和不承认这些条约。

令人吃惊的是，在国民党政府与美国签订了《中美友好通商航海条约》仅仅一个半月之后，蒋介石政府又与美国签订了《中美航空协定》。据当时国民党的报纸称，这是前一个《通商航海条约》的"必要补充"。既然是"必要的补充"，那就是说，前一个《通商航海条约》还有些剩余主权没有包括进去，需要把它们"补上"，如此一来，蒋介石就把中国的主权拍卖得干干净净了，从天空到陆地，再到海洋，都给卖得光光的了。

这个《中美航空协定》的主要内容包括：

（一）美国飞机可以在上海、天津、广州及"以后随时同意之地点"，装卸和转运乘客与货物。

(二)美国飞机可以在中国领土内,享有非交通之停靠权。

按照这个协定,美国所有飞机可以在中国领空到处作任何性质的飞行。前一个《通商航海条约》规定,美国军舰可以随时进入中国任何领水、口岸和所有能够到达的地方,再加上这个《中美航空协定》,美国飞机可以享有任何"非交通停靠"权,这样,全中国就要变成美国的一个大"军事基地"了。

中国还有什么剩余的主权可以再出卖吗?

呀!还有一个:海关权。

这个"海关权"是蒋介石拍着脑袋想了10多个月才想出来的。

1947年12月,国民党政府和美国政府经过多次讨价还价,又秘密谈妥了一宗肮脏交易:蒋介石同意美国的要求,把中国的海关权作为向美国借款的抵押品。

中国给这么大的一个"抵押品",美国借给多少钱呢?

仅仅2700多万美元,真是可怜得很啊!

据说,这2700多万美元,还包括7至11月签署的几个一般性的小额协定。

到了这个时候,美国已经不愿意再给蒋介石更多的援助了,其中有两个原因:

一是从蒋介石手里再也拿不到什么值钱的东西了。

二是这时中国人民解放军已经在战略进攻中获得决定性胜利,再给蒋介石多打几针"强心剂",也延长不了多少寿命。

40. 微妙的不平等关系

俗话说,吃了人家的嘴短,拿了人家的手短。

用这样一个民间谚语来比喻蒋介石和美国人的关系,是不合适的。之所以要这样比喻,其中另有奥妙。

美国给蒋介石军事援助,是用中国的国家主权换来的,并非白送。美国的军援前前后后加在一起,不过200多亿美元,而中国给美国的那些主权,其价值是无法估量的。按经济学"等价交换"原则,中国是吃了大亏的。

中国和美国，本来是两个主权独立的平等国家。可是，由于美国和那时的中国所处的地位不同，心态各异，因此，双方产生了微妙的不平等关系。

美国号称"金元帝国"，财大气粗，高人一等，摆出一副大老爷向穷人施舍的姿态。

而蒋介石呢，为了用美国的军援打内战，有求于人，加之，前线屡战屡败，损失消耗过大，一旦不能及时补充，就像输血病人拔了针管一样，立时瘫软衰弱，所以总是低三下四，好像"吃"了、"拿"了人家的，于是，产生了一种莫名其妙的卑贱心态。

中国还有句俗话：既在矮檐下，怎敢不低头。

结果形成了主子专横跋扈，奴才忍气吞声的局面。

众所周知，蒋介石在美国人面前往往受窝囊气。有案可查者，起码有这样几次：

1947年7月，美国总统决定派特使魏德迈（魏德迈二战时曾任盟军中国战场美军司令）率领一个庞大的代表团访华。这个访华团由美国各界知名人士组成，名为"事实调查团"，十分引人注目。

但是，这样一个显赫的访华团要到中国来，事先并没有与国民党政府进行协商，在蒋介石毫不知情的情况下，美国政府就把这个决定公布于众。

蒋介石得知这一消息后，十分恼怒，大骂美国傲慢无礼，不把中国政府放在眼里。

蒋介石发火是有道理的，因为在国与国之间的正常交往中，美国这样做本来是一种傲慢、失礼的举动。国民党政府完全有理由用适当的方式拒绝或推迟魏德迈访华，但是蒋介石求援心切，只好忍下这口恶气。而且还不得不做出表示欢迎的姿态。

于是，在美国宣布魏德迈即将率团访华的消息后，国民党政府立即安排外交部部长王世杰代表蒋介石发表声明，对"中国挚爱的老朋友"魏德迈将军率领美国政府代表团来华访问，表示衷心热烈地欢迎。

事后，蒋介石越想越不是滋味，懊丧不已，觉得自己做了一件低三下四的丑事。

然而，更叫蒋介石窝囊的丑事还在后头。

魏德迈一行7月22日抵达南京，先后赴上海、南京、北平、天津、汉口、青岛、济南、沈阳、抚顺和台湾等地进行了一个多月的考察。

魏德迈在给美国总统杜鲁门发回的第一份报告中说："国民党政府已失去

民望,普遍存在政治腐败现象,贿赂贪污比比皆是;经济不振,通货膨胀极其严重,几乎到了崩溃的边缘,民众怨声载道;军队内部不团结,互相掣肘,人心涣散,军无斗志,士气低落,战争前途堪忧。东北战区尤为严重,战局恶化,而共产党已经掌握战场主动。"①

魏德迈回到南京后,召开了一个重要会议,除美国访华团全体人员参加外,还约请蒋介石和数十名国民党政府要员以及国防部官员参加会议。

在这样一个隆重的会议上,魏德迈将军首先讲话。他以军人特有的直率风格,当着蒋介石和他下级官员的面,严肃、无情地指责国民党政治腐败,经济陷入严重的困境,军事前途堪忧。

魏德迈在讲话中狠揭国民党的疮疤,历数国民党致命的三大弊病:一是贪污腐化盛行;二是政府麻木怠惰、工作效率低劣,丧尽民心;三是军无斗志,厌战怕死,前方吃紧,战局陷入被动……

魏德迈的话还没讲完,坐在他身旁的蒋介石,其心情可想而知。只见他如坐针毡,越听越不是滋味,脸红一阵白一阵,本想愤而退场,甩袖而去。怎奈前方屡战屡败,急需大量军事援助。有道是小不忍则乱大谋。这个魏德迈可不能惹他,更何况这个访华团有美国各界知名人士,要是得罪了这些人,后患无穷啊。蒋介石想到这里,只好暂且忍耐一时,硬着头皮听下去。

说也奇怪,不知是魏德迈迟钝,没有察觉蒋介石的反感,还是他根本就不在乎这些,抑或是他们美国人天生就是这个脾气。魏德迈根本就不管这个那个,继续毫不客气地指出:"为了得到多数国民的信任,打败共产党,国民党必须严惩贪污腐化,厉行改革,铲除瘤疾,才可能获得美国的军事援助。"

魏德迈终于结束了他的讲话。

蒋介石一边敷衍地鼓掌,一边慢吞吞地站起身来,皮笑肉不笑地和魏德迈握手道谢。

其实,魏德迈也是出于一片真心。按理说,他的话虽然有点刺耳,但却是出于盟友之情的肺腑之言。肚量大的明白人自然可以容纳,可是,蒋介石无论如何是听不进去的。他听到这些话之后十分恼怒,认为有损于他本人和国民党的威信。于是,蒋介石用挑衅性的声调叫魏德迈开列一个有贪污行为的人员名单,以便严加惩处。

魏德迈没有搭理蒋介石的挑衅。

---

① 参见苏格:《美国对华政策与台湾问题》,世界知识出版社1998年版,第67页。

这次会议讲话之后，魏德迈似乎言犹未尽，还想再加一把火，狠狠地烧一烧蒋介石和国民党。

魏德迈在离开南京之前，特意发表了一个声明。他在声明中再次强调："国民党必须立即施行彻底的、深远的政治和经济改革，国民党应该深切地认识到，徒有军事力量，是不能消灭共产主义的！"

魏德迈说完要说的话之后，离开南京乘飞机回国了。

魏德迈走后，蒋介石非常失望。他本指望魏德迈能够给他献计献策如何对付共产党，没想到魏德迈却来了这么一手。

这就是蒋介石的短浅与狭隘。

魏德迈回到华盛顿后，于9月19日向杜鲁门总统递交了一份长篇报告。他在报告中对国民党统治下的中国国内情况，作了与其在南京讲话近似的分析。他再一次痛批国民党在政治、经济、军事等各方面存在的种种问题，同时，他反对共产党的根本立场也是非常明确的。

蒋介石哪里晓得，魏德迈在中国转了一大圈，肚子里装了许多对付共产党的预案。他回到华盛顿后，立即向杜鲁门总统献计献策。他在报告中说："必须给予国民党政府全面援助。否则，中国很可能被苏联所控制，或者成立一个亲苏的政权，如此就会使许多不冻港和空军基地被苏联利用。"

魏德迈在其报告的最后一部分，即关于对华政策建议中，特别强调："共产党统治下的中国，将对美国利益有害，因此美国必须支持国民党的反共斗争，把他作为推行全球'遏制战略'的一个组成部分。保住亚洲这个'自由、民主堡垒'，以维护美国最大的战略利益。尽管蒋介石有种种不尽人意之处，美国还是应该对其提供道义上的和物质方面的援助，以及在军事顾问方面的支持。一个与美国友好或结盟的统一的中国，不但可以供给美国重要的战略物资和海空军基地，而且从它的幅员与人力来看，也是美国的一个重要盟友。而中国目前的情景，国民党已失去人心；在军事上，战略主动权操在共产党之手，最后有建立一个受苏联共产党控制的中国的可能。因此，应当从经济、军事、文化等各方面援助蒋介石。"[1]

现在人们明白了，魏德迈在南京不顾情面，痛批国民党，当着蒋介石的下级狠揭国民党的疮疤，叫蒋介石尴尬、难堪，原来是恨铁不成钢。魏德迈回到华盛顿后还是支持蒋介石的。

---

[1] 参见苏格：《美国对华政策与台湾问题》，世界知识出版社1998年版，第67~68页。

就这一点而言，魏德迈是值得佩服的，起码他不搞当面奉承、背后踢脚的假仁假义那一套。为了美国的利益，他不考虑个人得失，不怕得罪蒋介石，仗义执言，敢作敢为。

反观国民党、蒋介石，比魏德迈差远了。为了得到美国一点恩赐，不惜低三下四，抱着美国人的大腿不放，可怜巴巴地恳求救济。

结果怎么样呢？最终还不是被美国甩掉了。

现在，美国已经有人为放弃台湾而制造舆论了。

2011年3月2日，美国《外交政策》杂志网站发表文章，标题是《重新考虑美国的对台"外交"政策》。

文章说，国际关系理论家查尔斯·格拉泽加入了呼吁放弃台湾的一场日益高涨的大合唱。像大多数有关"放弃台湾"的论点一样，他以一项"现实主义"观点为开端，即说明美中两国之间开战为什么是不大可能的。因为除了台湾问题之外，中美两国的利益有许多共同之处。

查尔斯·格拉泽的观点十分明确，尽管中美两国之间还有经济上的纠纷，但是只要美国放弃台湾，中美两国就可以找到利益的共同点了，因为两国的利益是相称的。

更引人注目的是，美国前驻联合国大使博尔顿在2011年1月28日指出，如果中国大陆进攻中国台湾，美国总统奥巴马不可能像前总统克林顿一样，派遣两个航空母舰战斗群驰援台湾。博尔顿是一向支持台湾的民主党人，是知名的超级鹰派人物，在布什政府时代，他是美国新保守主义的代表之一。他在国会主办的"国防论坛基金会"表示，中国虽然强调和平崛起，但解放军越来越强硬，中国宣称有东海及南海的主权，又不愿美国进入黄海；但奥巴马在美中两国峰会上回避这些挑战。

博尔顿表示，中国现在的整军经武，迫使美国维护盟友安全的军费提高。

博尔顿不认为中国增强的海、空军战力，在可预见的将来会使美国和中国发生直接军事冲突。博尔顿说，中国短程的目标在台湾；中国发展的区域阻绝能力，是要能够将他们的武力投射越过第一岛链，让美国很难驰援台湾。

博尔顿还认为，当美国卫护台湾的代价过高时，国会也会呼吁放弃台湾。若如此，中国便可不费一兵一卒而达到目的。

讲到这里，博尔顿问台下大部分是国会议员助理的听众，有谁认为奥巴马会像前总统克林顿一样，派遣两个航空母舰战斗群驰援台湾？台下无人举手。

博尔顿强调，如果他住在台湾，他一定会很紧张。

博尔顿是前任总统布什任命的美国驻联合国大使。他向来是亲台湾的强硬派,曾经为台湾撰写关于"进入"联合国的论述。

请看,就是这样一个长期支持台湾的强硬派人物,在美国是否应该放弃台湾问题上也开始动摇了。

41. 洋 "郎中" 的药方不灵

到1947年6月,解放战争打了整整一年。战争双方经过激烈、残酷的厮杀,形势已经逐渐向着有利于人民解放军方面转化。

在一年的作战中,蒋介石的军队被解放军消灭了112万人。其中有一个使国民党统治集团震惊的数目:一年中,国民党军被人民解放军俘虏了上将3名、中将21名、少将152名,合计176名;被击毙了中将5名、少将21名,合计26名;两项总计202名。这些人,大多数是由黄埔军校培养、蒋介石一手提拔起来的,他们追随蒋介石征战多年,为建立蒋家王朝立下了汗马功劳。

说实在话,他蒋某人对损失100多万军队并不一定十分在意,因为他还可以用强征乱抓的办法好歹补上;而对于这200多名高级将领来说,却是他一时难以弥补的重大损失,不能不使他悲哀。

使蒋介石更加忧虑的是,这200多名将领的被俘虏和死亡,对全军心理上的沉重打击。他说,因为高级官长被共军俘虏,使我们的官兵在心理上受到刺激与侮辱,以致精神上转为沉闷、消极,无法振作起来。

另一个数字也很惊人:一年的战争中,人民解放军从国民党军手里缴获大量武器和各种装备器材,计有:各种炮6000多门,坦克80多辆,电台459部,轻重机关枪3万多挺,其他各种枪近40万件,各种枪弹、炮弹和手榴弹5760多万发。这些武器弹药,用现在的眼光来看,也许没有什么惊人之处,但在当时来说,人民解放军主要就是靠这些缴获来的武器装备补充自己同敌人战斗的。

当时,在部队中流传着这样一个顺口溜:"美国的枪,美国的炮,蒋介石送来我们要,就是不给打收条!"

更有趣的是,解放军还送给蒋介石一个"雅号":"运输大队长!"

还有一个数字值得一提,在一年作战中,国民党军虽然占领解放区城市

335座，但是，他们也有288座城市被人民解放军攻占，其中，许多是失而复得。两方得失相抵，实际上解放区仅损失城市47座。

战争开始那段时间，国民党军每占一座城市，蒋介石和他的美国后台老板大吹大擂，何等兴高采烈，然而，仅仅经过一年较量，蒋介石和美国人前不久那种欢乐的影子已经不见了，而哀声叹气、互相埋怨却一日甚于一日。在国民党营垒中处处弥漫着失望情绪，国民党军内部矛盾越来越深，打了败仗互相埋怨推诿，官兵关系紧张，老百姓对国民党的统治日益不满。

而与国民党方面形成鲜明对照的是，解放战争一年作战的伟大胜利，鼓舞了全国人民，振奋了解放军的士气，解放区到处欢声雷动。

1947年6月1日，蒋介石在南京向他的高级将领作重要演讲，题目是《国军将领的耻辱和自我反省》，对一年的"剿匪军事"进行检讨。他说："比较敌我的实力，无论就哪一方面而言，我们都占有绝对的优势，军队的装备、作战的技术和经验，匪军不如我们，尤其是空军、战车以及后方交通运输工具，如火车、轮船、汽车等，更完全是我们所独有，一切军需补给，如粮秣弹药等，我们也比共军丰富几十倍，重要的交通线、大都市和工矿资源，也完全控制在我们的手中。"

蒋介石加重语气接着说："更重要的是有强大的美国给我们做后盾，美国援助的各种物资源源不断地运来。按理说，无论从哪个方面的实力来比较，共产党绝对打不过我们。"

说到此处，蒋介石干咳了两声，呷了一口茶，扫视了一下会场内的反应，用低沉的语气继续讲道："但是恰恰相反，我们的剿匪军事到现在已经荏苒一年了，我们不但尚未把匪军消灭，而且不能使剿匪军事告一段落，这究竟是什么缘故呢? 共军何以能用少数劣势装备，而且毫无现代化训练的部队，来击败我们整师整旅的部队? 此其原因何在? 症结何在? "

蒋介石连问四个为什么，他自己的答案是："主要的当然不在于物质方面，而是在于士气精神上面。"

蒋介石还找到了失败的另一个原因，那就是信仰的危机。国民党军队士气衰落，在很大程度上反映在广大官兵对国民党和蒋介石的信念发生了动摇，对战争前途丧失信心。

为此，蒋介石又专门作了一次以《恢复信心，信仰最高统帅》为题的讲话。他说："现在一般高级将领不把剿灭共匪当作我们生死攸关的一件大事，这种现象，已经是我们失败的征兆。然而，我认为最危险最痛心的一件事还不在此，而是现在一般高级将领对于统帅的信仰，可以说完全丧失了！我亲口说的话，亲手制订的计划，可是前方将领，不仅没有人遵照实行，而且嫌我麻烦，觉得讨厌！以为委员长年纪老了，过了时代，好像家庭里的一个老头子，唠唠叨叨，什么都管，尽可不必重视。"

说到这里，蒋介石猛然抬高了嗓门："这就是一切失败的总因！对于统帅的信心如果不能恢复，那我们今后作战不仅不能胜利，而且还要陷入更悲惨的境遇，大家都要当共军的俘虏！"

蒋介石越说越激动，鼻子一酸，哽咽了一下，再也说不下去了。

信仰危机，必然导致军队内部矛盾加深，各自为政，互不合作，胜则争功，败则诿过，见死不救，各保实力。其实，这是国民党军的老问题了。他们的许多部队被人民解放军歼灭，这是其中的主要原因之一。

在孟良崮战役中被人民解放军击毙的张灵甫，在战斗的最后时刻，给蒋介石草书了一封诀别信，说了一些真话："以国军表现于战场者，勇者任其自进，怯者听其裹足，牺牲者牺牲而已，机巧者自为得志，赏难尽明，罚每欠当，彼此多存观望，难得合作，各自为谋，同床异梦，共匪诚无可畏，更可畏者乃我将领意志之不能统一耳。"

国民党军队的这些现象，蒋介石早就看在眼里，而且他也找到了失败的原因，但是却想不出扭转败局的好办法。在一筹莫展之时，他再次想到去请教美国主子给他拿个注意。

6月19日，蒋介石召见美国驻华大使司徒雷登，向他表示想听听美国方面对中国战局的看法，更愿意聆听大使先生对解决目前危机的高见。

司徒雷登于1946年7月中旬，也就是在蒋介石发动全面内战的关键时刻，出任美国驻中国大使。司徒雷登出生于中国杭州，早年在中国当传教士，担任过美国在北平兴办的燕京大学的校长，是个有名的中国通。他出任美国驻华大使后，积极支持国民党打内战。他和蒋介石的关系较为密切。

司徒雷登在应邀会见蒋介石之前，向美国政府报告了他对国民党应当如何扭转局势的意见。他在报告中说："在目前的危机中，蒋介石或者使共产党同意重新举行和平谈判，或者正式宣布共产党是武装反叛，危害国家民族利益，从而把内战的责任推在共产党身上。"

司徒雷登在报告中还说："我一直希望蒋介石先生能够用一种激动人心的有效手段，来为其民族的利益而奋斗，以便能够重新燃起中国民众的希望之光，振奋民心士气，只有这样才能解决中国目前的危机。"

司徒雷登很圆滑，也很会办事。他这样做，事实上已经把他的想法变成了美国政府的意图。

在和蒋介石的谈话中，司徒雷登首先向蒋介石陈述了这些意见。然后，他对蒋介石说："现在采取紧急措施的时刻已经到来，应当立即实行下列步骤：

（一）向人民发布宣言，如果共产党拒绝和平建议，应让他们对中国人民负责；如果共产党希望维护在立宪政府下刚刚出现的民主生活方式，他们就来一起工作，从危险中解救国家。如果共产党不同国民党合作，那么战争的责任就应当由共产党一方来负。

（二）政府应尊重公民的自由，危机时期需要政府以极大的勇气和无私的态度厉行改革，以获得民众支持。否则，政府将不得人心，为人民所唾弃。

（三）蒋先生本人应该到全国各地视察，发表演讲，唤起民众团结在新的运动和政府的周围。有人民的支持，就不必因共产党的军事力量或其他行动而担惊受怕。"

这再次证明美国和蒋介石都被人民解放军打得"担惊受怕"了。

司徒雷登说，如果蒋介石先生能采纳上述方案，将会获得美国及世界各国的充分同情。

蒋介石听完后沉默了一会儿，他对司徒雷登说的这些"紧急措施"不怎么满意，尤其是后面两条，什么要尊重公民自由、厉行改革等等，难道我蒋某人没给人民自由？还要改革什么？共产党就是抓住这些问题来攻击我的，怎么你美国人也来给我施加压力。

但是，蒋介石转念又一想，现在无论如何不能得罪眼前这位美国大使老爷，没有他的支持，今后将会遇到更多的困难。同时他也想到，这几条绝不是他司徒雷登个人的想法，肯定是美国政府的意向。不管怎么说，我先应承下来，至于下一步怎么办，我自有道理。

于是，蒋介石把内心的不悦暂时压了下来，笑了笑说，大使先生代表美国政府提出的这些建议很好，我向你表示，我们的政府愉快地采纳这些意见，并且立即做出新的决策。

蒋介石当然知道，美国人开的药方，治不了中国人的病。于是，他按照自己早已策划好的步骤，采取了一系列新的举措。

6月28日，国民党政府最高法院发布"采取紧急措施"训令，宣布通缉毛泽东。

6月30日，国民党召开最高决策会议，蒋介石提出，现在对共产党有两种方式可供选择，一种是明令讨伐。目前，如果中央正式颁布讨伐令，国内国外都没有什么可顾虑的地方。另一种方式是不下讨伐令,而采取全国总动员的方式,动员全国人力物力,以加强剿匪军事力量。使共产党无法潜伏进行阴谋活动,如此则不用明令讨伐,也可以达到讨伐的目的。这两种方式,各有利害,应当作出抉择。

最高会议最后决议:明令剿办,戡平内乱。由主管部门详拟办法,提候决定。

7月4日,国民党政府国务会议通过了蒋介石交议的《励行全国总动员,戡平共匪叛乱,扫除民主障碍,如期实施宪政,贯彻和平方针案》。同日,以政府名义向全国颁布《全国总动员戡平共匪叛乱训令》。

接着,蒋介石向全国发表广播讲话,声称,全国军民要一致奋起,肃清匪患。实行戡乱总动员的最大目的与意义,是唤起全国人民的警觉,统一全国人民的意志,集中全国人民的力量,加速消灭共产党,以期建国大业得以早日完成。

蒋介石连说了三个"全国人民",他这个"全国人民"到底有多少?天知道。

蒋介石还威胁说,所有扰乱社会秩序,危害治安的行为,必须取缔,依照法纪予以惩处。

最后,蒋介石自信地说,总动员令实为对共匪重大之打击,不仅军心一振,而民心亦得一致。从此,对付共匪的工作就简单得多了,对于民众的号召也便利得多了。就可以挽救危机了。

蒋介石发表讲话后,国民党各级官员纷纷登场,叫嚣反共戡乱,组织游行,发表通电,反动文人和舆论跟着呐喊助威。一时间,在全国范围内掀起新的反共高潮,闹得乌烟瘴气。

然而,这仅仅是蒋介石的目的之一,他的另一个目的是要通过总动员进行横征暴敛,搜刮民财。因此,7月18日又颁布了《立即实施动员戡乱完成宪政大纲》,其中规定:"戡乱所需之兵役、工役及其他有关之人力,应积极动员,凡有规避行为,均应依法惩处。""戡乱所需之军粮、被服、药品、油煤、钢铁、运输、通信器材及其他军用物资,均应积极动员。凡规避或妨碍征购征用及囤积居奇等行为,均应依法惩处。""凡怠工、罢工、停业关厂及其他妨碍生产及社会秩序行为,均应依法惩处。"总之,在所谓戡乱期间,对平民百姓随时都可以寻找借口进行惩处。

自从6月中旬美国大使司徒雷登出谋划策之后,到7月中旬,蒋介石整整折腾了1个月。其实,蒋介石的总动员老早就实行过了,不然,他怎么能发动大规模全面内战?几百万军队在全国范围内打了整整一年,竟然还说没有总动员,天下哪有这样的怪事?

为了揭露蒋介石的阴谋诡计,7月13日新华社发表题为《总动员与总崩溃》的社论。社论指出:"总动员象征着蒋管区人民将要遭受更大的压迫,更严重的征兵、征粮、征税、派款、通货膨胀、物价飞涨、破产和饥饿的灾难。它也象征着蒋介石将要进一步卖国,以取得美帝国主义进一步援助。最重要的,它是象征着蒋介石的统治将要总崩溃。总动员不能挽救蒋介石的军事、经济与政治危机,相反的恰恰只能加剧这些危机,蒋介石反动统治的崩溃是不可避免的。"

就在蒋介石鼓噪"戡乱""总动员"的六七月间,毛泽东指挥人民解放军转入了战略进攻。

6月30日,刘伯承、邓小平率领晋冀鲁豫野战军4个纵队共12万人,从山东、河南两省交界处强渡黄河,在鲁西南的郓城、曹县、定陶、羊山集地区歼灭国民党军9个半旅,共6万多人。

人民解放军的这一出敌不意的突然进攻,使国民党朝野上下受到强烈震撼,蒋介石更是被吓得方寸大乱,他深知,黄河防线被共军突破后,他的胸膛就暴露在毛泽东的矛头之下。

此时此刻,美国大使司徒雷登和美军顾问也十分恐慌,他们惊呼,六卅事件决非好兆头,它意味着灾难的降临。

蒋介石为了尽快堵住这个战略缺口,拱卫战略要地徐州、郑州、武汉,急忙从临近各战场抽调大量兵力,增援鲁西南战场。但是,蒋介石的战略眼光短浅,他一时弄不清毛泽东的战略目标到底指向哪里。至于美军顾问和司徒雷登更是不知如何是好,他们只看到更加严重的危机即将到来。谁都拿不出好办法来对付解放军的进攻,更害怕不知道毛泽东还要使出什么样的杀手锏。

老实说,蒋介石也好,美国人也好,他们连毛泽东这时究竟在哪里都搞不清楚,至于毛泽东的战略计划是什么,他们就更摸不着头脑了。

42. 激化的矛盾

解放战争仅仅打了两年,就打乱了敌人的阵脚,促使其内部发生混乱,包括美国和国民党高级将领在内,互相指责,推卸责任,使他们之间的矛盾进一步尖锐化。

那是在1947年7月上旬，毛泽东率领中共中央机关和人民解放军总部，来到陕北靖边县的小河村。不久前，毛泽东和中央机关在胡宗南军队的追杀中刚刚脱离险境。

转移到小河村后，于7月21日至23日召开了一次高级军事会议，史称"小河会议"。在这次会议上，毛泽东阐述了他谋划已久的战略决策。他说，现在蒋介石搞的是"哑铃战术"，一个拳头打山东，一个拳头打陕北。在山东投入56个旅，40多万人；在陕北投入30多个旅，20多万人。两头大，中间却很虚弱，形状像只哑铃。蒋介石这么做的目的，是想迫使我们在华北与他决战。可他没想到他两只拳头这么一伸，他的胸膛就露出来了。所以，我们来个针锋相对，在死死地扭住他的这两个拳头的同时，在他的胸膛插上一刀。这就叫做中间突破，当胸刺他一刀。

坐在毛泽东身边的周恩来插话说，这一刀就是刘邓大军，现在他们已经渡过黄河，下一步就是挺进大别山。除刘邓大军直捣大别山之外，陈毅和粟裕率领华东野战军的西线兵团共6个纵队向豫皖苏挺进；陈赓、谢富治率晋冀鲁豫野战军一部越黄河向豫西挺进。

毛泽东接着说，我们就是要在北起黄河，南至长江，西临汉水，东到淮河的中原大地上，由三路大军布成"品"字形阵势，互为犄角，协同配合，向敌人展开进攻。

毛泽东强调指出，这个战略全局的中心环节是刘邓大军挺进大别山。中国历史告诉我们，谁想统一中国，谁就要占领和控制中原。中原逐鹿，就要看鹿死谁手了！

7月23日，毛泽东电令刘邓：除扫清过路小敌及民团外，不打陇海，不打新黄河以东，亦不打平汉路，下决心不要后方，以半个月行程，直出大别山，占领大别山为中心的数十县，肃清民团，发动群众，建立根据地，吸引敌人向我进攻，打运动战。

从8月7日开始，经过短短29天，刘邓大军便从国民党重兵的夹缝中楔入大别山，并且站稳了脚跟。与此同时，陈粟、陈谢两路大军也按毛泽东的战略部署，分别进入豫皖苏边界地区和豫西地区。

此时此刻，蒋介石对毛泽东的战略企图还蒙在鼓里。他错误地认为，刘邓共军越黄河作战月余，北渡不成而南窜，又想越平汉路而西逃，现已无路可走，陷入困境而疲惫不堪，短期难以再战；陈毅和陈赓南下，不过是为接应穷途末路的刘邓而已。

蒋介石总是错误地估计形势,而且往往把对方估计得很糟糕。其实,他做梦也没有想到,刘邓南下是人民解放军由战略防御转入进攻的开始,正如毛泽东后来所说,这是一个历史的转折,这是一个伟大的事变。

毛泽东的战略如此高明,蒋介石和美国人望尘莫及。

后来,陈毅这样评价毛泽东的战略决策:毛泽东与蒋介石下棋,"黄河为界,举手无悔"。而毛泽东的这步高棋,蒋介石直到失败之日,怕是也很难悟出个中真正的精妙之处。

这时,美国人也被人民解放军突然发动的大规模南进搞得目瞪口呆。使他们迷惑不解的是,为什么蒋介石越是起劲地"戡乱""总动员",越是遭到更惨的失败而陷入更加深刻的危机?

为了揭开这个谜底,美国总统杜鲁门派人到中国进行实地考察。考察的结果认为,是因为国民党政府腐败无能,但是又必须继续给予援助,否则,必将很快垮台。

美国人这个判断是正确的。

从1947年6月底刘邓大军南渡黄河,三路大军挺进中原,到1948年7月,在历时一年的中原大战中,人民解放军共歼灭国民党军40多万人,解放了洛阳、开封、许昌、襄樊等重要城市及其周围广大地区;把战线由黄河推移到长江,使中原大地由国民党的战略后方变成前线;人民解放军建立了新的中原军区和中原野战军,完全达到了毛泽东预定的战略目标。

中原战场的胜利,对整个战局的发展具有决定性意义。特别是攻克开封等坚固设防城市,标志着人民解放军阵地进攻能力的迅速提高。

一位加拿大记者评论道:"开封被攻克,象征着国民党军已不能防守中国任何部分。"这个外国记者的评论,说明了人民解放军的战略进攻已经发展到不可阻挡之势。

连国民党自己也承认:"大部华中地区,全为匪军糜烂,我全盘战略形势,乃从此陷入被动。"

正当人民解放军大战中原之时,其他各战场也都获得了辉煌的胜利。

在陕北战场,人民解放军经过一年艰苦奋战,终于在1948年4月22日收复延安,把胡宗南赶出陕北。

毛泽东在撤离延安时曾经发誓,不打败胡宗南不离开陕北。现在他如愿以偿,怀着愉快、兴奋的心情离开陕北,东渡黄河,经山西临县、岢岚、神池、雁门关、五台山,到达河北省中部山区的西柏坡。

在山东战场，华东野战军东线兵团经过一年作战，解放了山东广大地区，把国民党军压缩在济南、青岛等少数城市及部分交通沿线。

华北野战军解放了石家庄，横扫晋中，迫使敌人收缩到津浦、平汉、平绥铁路沿线，太原陷入孤立。

东北野战军，经过秋季和冬季攻势作战，收复城市20多座，将敌人压缩在沈阳、长春、锦州等几个孤立的城市内，为解放全东北创造了极为有利的条件。

在解放战争第二年，人民解放军共歼灭国民党军152万人，收复和解放城市164座，使各解放区连成一片，大大改善了解放区的经济条件。

毛泽东指挥人民解放军转入战略进攻后，使解放战争的形势急转直下，加速了蒋介石政权的灭亡。这是一个伟大的事变，这个事变深刻地影响着中国历史的发展。

对于这个伟大的事变，毛泽东给予高度评价，中国人民的革命战争，现在已经达到了一个转折点。这即是中国人民解放军已经打退了美国走狗蒋介石的数百万反动军队的进攻，并使自己转入了进攻。……中国人民解放军已经在中国这一块土地上扭转了美国帝国主义及其走狗蒋介石匪帮的反革命车轮，使之走向覆灭的道路，推进了自己的革命车轮，使之走向胜利的道路。这是一个历史的转折点。这是蒋介石的20年反革命统治由发展到消灭的转折点。这是100多年以来帝国主义在中国的统治由发展到消灭的转折点。这是一个伟大的事变。

蒋介石在战场上的失败和政府的腐化，使他的后台老板美国人对他产生了怀疑和不满，甚至想把他赶下台，换一个人来挽救败局。

这时，美国驻华大使司徒雷登向美国国务院告了蒋介石一状。

1948年7月6日，司徒雷登给国务卿马歇尔呈送了一个长篇报告，报告称："在过去1个月中，蒋介石和国民党中央政府的威信和权力已低落到前所未有的程度，主要是因为开封战线军事溃败的缘故。根据所得情报，似乎除了傅作义外，国民党指挥长官都是避而不战，在战斗胁迫时放弃阵地。南京的中国最高司令部承认开封已为共产党所得，守军没有抵抗。而且共军的进攻部队中还有若干反叛的国民党军队参加。在最近山东南部的军事活动中，也呈现相似的情况。我们不得不做出这样的结论：除了个别的例子外，我们是不可再倚赖国民党政府军队来作战了。"

司徒雷登在报告中毫不留情地直接点名攻击蒋介石。报告称："蒋委员长为了中国的现状，已经受到普遍的和直接的指责，并被批评为未能对目前的情势采取有效的行动。无疑地，他也知道这种批评和它的含意。但是，蒋介石的反应，却只是将几个他所信任的人，安插在可以信任的位置，以保卫他自己的地位。至于这些人，早就因为无能，或贪污，或兼有两者，而闻名于社会的，蒋介石对此并不在乎。"

司徒雷登在报告中说："正像以前的情形一样，国民党政府对这种局面似乎毫无补救的办法。军队也好像没有能力来稳定任何战线，或把局势恢复到对国民党军有利的地位。"

司徒雷登的报告还讲到蒋介石的地位不稳，国民党内部矛盾加剧，有人正在活动另立政府的问题。司徒雷登说："因为蒋委员长想用他自己的权力来改善现有局势的失败，致使一些地区的军事和行政领袖，考虑实行区域政治自治，以应付南京政府失败或权力消失的局面。"

司徒雷登在报告中说："我们从两处独立的消息来源获得情报称：李宗仁将军此次赴华北之目的，是与傅作义、卫立煌、王耀武和若干其他北方领袖共同商议，组织一个能控制华北的第三政府。据称，此政府将是独立于国民党和共产党的控制之外，它将与共产党达成某种协议，必要时这个政府将包括'几个共产党员'。宋子文说，他正在为保卫华南而采取军事措施，并且在蒋委员长遭到灾难时，他将决心保卫华南地区。同时也有迹象表明，李济深或许在不久的将来成立一个临时政府，基本上是区域的，其中包括西南各省。"

司徒雷登的报告最后说："由于国民党现政府威信和权力不可避免地衰落，因此地域独立主义，是那些要为自己另谋出路的人们的自然反应。"

司徒雷登悲观地说道："无论如何，在这种局势下，我们美国所担任的角色不是愉快的。在普通人心目中，总把我们美国和国民党政府绑在一起，以为美国是使国民党政府继续当权的主要支持者。我们常被质问，为何保全一个自取灭亡的政府在位，而其实，反而在替共产党的宣传铺平道路。我们虽然以蒋介石反共的坚决立场来回答这种质问，但我们不得不承认，这种立场也仅仅是徒有其名而已。蒋介石政权如果再继续下去，将使整个中国陷入混乱的深渊，而共产党也将因此而取得权力。"

从司徒雷登的报告中可以看得出来，蒋介石靠美国撑腰打内战，现在美国主子对他失去了信心，认为国民党失败的主要责任是在蒋介石身上，指责他为了保住自己的权力，任用腐败无能之辈担当政府要职，而不顾国家的安危。

从司徒雷登的报告中还可以看出，国民党地方上的军事和行政官员，联合战区一级对蒋介石不满的高级将领，想另起炉灶，是国民党即将崩溃的主要征兆之一。

但是，蒋介石自己却把失败的责任推得一干二净，完全归咎于前线将领指挥无能，贪生怕死。他在8月3日召开的"军事检讨会议"上说，过去两年来的剿匪军事，就整个局势而言，则我们无可讳言的是，处处受制，着着失败！尤其是近几个月以来，无论军事、政治、经济各方面情形的表现，的确是严重而危险，已经到了危急存亡的关头。到今天，不仅使得全国人民的心理动摇，军队将领的信心丧失，士气低落，中外人士对我们国军的讽刺诬蔑，令人实在难以忍受。

蒋介石继续讲道，本人经过很长一段时间劳心焦思的反省和废寝忘食的检讨，已经找出了两年军事失败的根本原因，一是高级干部对国民党的主义心理动摇，信心丧失；二是高级将领精神颓废，生活腐化；三是国军对共匪的战法缺乏研究，不能做到取匪之长，补我之短。

接着，蒋介石又进一步指责，现在我们大多数高级将领精神堕落，革命的信心根本动摇，责任的观念完全消失。这样的将领，如何可以领导部下，尤其使我痛心的是，这两年以来，有许多受我耳提面命的高级将领被俘受屈，而不能慷慨成仁，这真是我们国民党有史以来所未有的奇耻大辱！

蒋介石的这些话是在"军事检讨会议"开幕式上讲的。此话一出，就炸了窝。参加这次会议的是军（整编师）长以上高级将领，他们当中的许多人早就对蒋介石的指挥不满，现在又听他这么一讲，把责任都推给下边，而且当面骂他们动摇、颓废、腐化、怕死，就更加不满起来。

据原蒋介石的作战厅长郭汝瑰回忆：当时不少前线回来的将领在会下议论纷纷，有的人大发牢骚，你蒋介石坐在南京，凭过时的情报，在地图上指挥，战斗无论大小，一手包办，横加干涉，小到一个师的细部行动都要管，下级明知错了，也逐级下令执行，以免负责，这种指挥方法，再加上腐败的政治，当然除失败是没有第二条出路的，完全怪罪下级是没有道理的，也是令人难以接受的。

蒋介石的讲话，不仅惹恼了前线部队的将领，也得罪了南京国防部的许多高级官员。参谋总长顾祝同私下对人说，大小战役都是请示蒋委员长，由他下决心，命令各作战单位执行，别人谁负得了责任？

国防部长何应钦也向美军顾问团团长巴大维说，蒋委员长时常直接下达命令，不通知我和参谋总部，这是众所周知的事呀！

还有一些人不满地说，在陕北宜川，胡宗南损失了1个军部、2个整编师部、4个多旅，近30000人，就因为胡宗南是蒋介石的亲信，只是轻描淡写地说说就过去了。

蒋介石向来有一套软硬兼施、笼络人心的手段，硬的不行、就来点软的。何况这时的蒋介石，已非昔日可比，这一点他自己心里也明白，一味蛮骂、发脾气恐怕是行不通了。

于是，蒋介石不得不换了另一副面孔：诸位！党国有难理应同当，我全体将领，终年征战，何等辛苦，中外人士多认为国军将校贪污、无能，这纯粹是共产党宣传的结果，但是止谤莫如谦廉和自修，希望各位将领带头做好表率。只要各级将领有精神，有气节，能够自立自强，那不但剿匪必胜，而且建国必成。

蒋介石说了几句安抚的软话之后，他接着打肿脸充胖子，给大家打气道：现在我们无论海陆空军、交通运输，还是政治经济社会各方面的力量，哪一样不是超过共匪若干倍，共匪有哪一样够得上与我们相比？他们算老几！我们为什么要动摇信心，自甘失败呢？大家要记取本党革命的历史经验，恢复革命的自信心。

说到这里，蒋介石干咳了两声，故意把嗓门抬高：我们一定要以自力更生的决心，记住，"自力更生"！用这种精神作艰苦卓绝的奋斗，必可完成戡乱的使命！

一向依靠美国援助的蒋介石为什么突然冒出个"自力更生"呢？而且把"自力更生"这四个字又加重语气重复了一遍，这到底是怎么一回事呢？

道理很简单，蒋介石这时正和美国人吵军援的事。他埋怨美国给的援助太少，甚至威胁美国驻华大使司徒雷登：请你向杜鲁门总统转达我的意思，如果美国不愿再增加军事援助，我们就只好转向斯大林，与苏联订立某种协定了。

有的时候，蒋介石的头脑显得过于简单化，他这种极不高明的政治游戏，恐惧连3岁的娃娃也唬不住，堂堂美国总统怎么会害怕他的恫吓。

就在蒋介石召开军事检讨会的这几天，前线不断传来失败的消息，各地告急电报像雪片一样飞落南京。这些从前方来南京开会的司令官们、军师长们哪有心思坐在南京开会，一个个提不起精神的样子，和两年前对比，那时，也是在这里开会。看！个个挺胸腆肚，神气十足。

但是，蒋介石还是要勉强打起精神来，在会议结束之前，把这些将领们训斥了一顿：这个，今天，我们必须彻底检讨失败的原因何在？彻底反省自身的精神如何？要激发良知，痛切悔改，明廉知耻，争取在本次会议之后，能真正有一番起死回生的改革。

接着，蒋介石提高声调警告说，如果今天我们一般高级将领，对于自己的精神思想，还不能彻底觉悟改革，对于过去那种失败主义的心理，不能扫除净尽，不能重新建立革命的信心和决心，那无论我们有多少军人，有怎样精良的武器，也将要被共匪所消灭。我们这些高级将领必然要生无立足之地，死无葬身之所。

说到这里，蒋介石的声音有点低沉、沙哑，再也说不下去了。

我们回顾这段历史，自然会想到，前不久蒋介石指挥他的400万大军进攻解放区之时，大有黑云压城城欲摧之势，许多人怕得不得了。共产党、毛泽东和他们领导的解放区军民，就是不怕，结果呢？"不怕"者胜利了。

43. 美国人按自己的利益行事

南京军事检讨会议开过之后，国民党军统帅部与美国联合军事顾问团，共同制订了一个庞大的作战计划，在华中、华东、豫陕战场，集结了65个军（8月以后，国民党军的整编师全部改编为军，军以下为师），约100万人，部署在徐州、汉口、西安之间的三角地区，以防备人民解放军占领长江北岸和渡江南进。

蒋介石招其亲信杜聿明到南京面授机宜，任命他为"徐州剿匪总部"副总司令，任命宋希濂为"华中剿匪总部"副总司令兼第十四兵团司令，任命其得力干将黄维为第十二兵团司令。蒋介石恳切地对杜、宋、黄三员大将说：徐州乃京城之门户，关系甚大，我们置强大的兵力于徐州、汉口这个地区，共军是不敢轻举渡江的，深望各位恪尽职守，不负汝命。

一切部署妥当之后，可是还有一件事使蒋介石坐卧不安，那就是争吵已久的美国援助问题，始终未能获得满意的结果。

美国对蒋介石的军事援助，可以说两家都不怎么满意。内战爆发前后，美国确实下了一些本钱，援助了一大批武器弹药和其他军用物资，出动大批舰船和飞机帮助蒋介石运兵，为蒋介石装备和训练了近百万军队，派遣了一个庞大的"美军联合军事顾问团"，其目的是想让蒋介石早日消灭中国共产党。那时蒋介石还算满意，多次在公开场合炫耀美国政府对他的慷慨援助，吹嘘依靠美国援助的这些现代化武器，只需3至6个月就可以把"共匪"消灭干净。

在战争的最初几个月，蒋介石军队的高速进攻获得了"辉煌的战果"，美国人也跟着蒋介石高兴了一阵子。

可是好景不长，没过多久，前线就接连不断传来令人不安的消息：整团整旅的国民党军被共产党消灭了，美国援助的武器装备也随之落入共军之手。随着这种不幸的坏消息越来越多，加上国民党政府的腐化堕落，美国人逐渐失去了给蒋介石援助的热情，他们觉得，这样的援助长此下去，无异于把美国纳税人的大量资财扔进无底洞，越陷越深，到头来鸡飞蛋打。

美国驻天津等地的领事馆多次致电美国驻华大使和美国政府，建议不要再把大量美国军事物资送给蒋介石，因为他们曾经亲眼看到，这些从美国运来的武器弹药和军用物资，正在通过国民党军之手，白白地"送给"了共军。

美国人思考问题，向来是把自己的国家利益摆在首位。

这时，美国援助蒋介石打内战的政策，正在悄悄地作出改变。

1948年9月，美国决策圈开始审议对华政策。原来确定的关于"阻止中共取胜"的政策，在国务院有关分析家看来，对其修订已势在必行，因为共产党将会在中国取胜看来已经是难以阻挡的了。这一新政策的基本构思是：国民党大势已去，美国应设法从中国"脱身"，以免成为失败者的殉葬品。

这时，在美国国务院政策设计司主任乔治·凯南主持下，向国务院提交了一份文件，标题是《重申并制定美国对华政策》。这是美国为了自身利益而转变对华政策的一个重要文件。此文件首次为美国从中国"脱身"提供了详尽的决策依据。该文件在广泛分析中国国情及国共两党胜败的原因的基础上，提出如下论点：

第一，中国战略价值无足轻重。由于中国人口众多，资源贫乏，政局不稳，无望实现工业化。在军事上，中国不可能成为任何人的"战略跳板"。一旦发生战争，无论中国站在美国或苏联那一边，对战争的结局都不会有重大影响。

第二，中国不符合美国"从理想主义出发的期望"。中国人本身不信教，对基督教会的劝入相当冷漠。中国文化、经济、社会诸方面的国情决定，中国未来的政治选择，不可能是自由民主制度，自由民主制度在这样的中国是难以扎根的。

第三，美国无法控制中国局势的发展。中国革命的发展结果是由于中国内在原因所致，非美国力量所能逆转。蒋介石的命运江河日下，国民党大势已去，美国无法挽救其失败。

第四，蒋介石之后的中国，只要不成为苏联的附庸国，就不会对美国构成威胁。

基于上述4点分析,结论是:"不能把中国和美国绑在一起,使美国没有活动的余地,在苏联和中国局势更加明朗化以前,美国的近期政策必须是极其灵活的。"①

显然,凯南的这种观点,是美国资产阶级"现实主义"在对外政策中的体现。此种观点也是艾奇逊后来所称的"等待尘埃落定"的观望政策。

当时,在美国驻华大使司徒雷登向其国务院的报告中有这样一段话:"美国拟定援华计划时,应该考虑到一些基本的因素:大家都承认,要解决中国问题,总的说来,大部分应该是中国人自己的事情。美国的援华计划,不应该是使美国人负起进行中国内战的直接责任。美国政府不能实际上接管中国政府和处理它在经济上和军事上的事物。任何这种情形,都会使美国卷入继续不断的约束中,不管情况如何,或中国政府如何行动,都将使美国无法解脱。"

司徒雷登指出:"同样必须考虑到的是,美国在其他地方所担当的援外重负,以及美国资源在和平时期经济体制之下,所能担当的援外的限度。"

司徒雷登强调:"不论是使用美国军事顾问援助和军事物资援助,还是采取足以导致美国对华进行军事干涉,或使美国直接卷入中国内战的军事措施,都应被认为是不好的。总而言之,采取增加对华援助的办法,是与决定美国对华政策的一切基本考虑相抵触的,这个办法会使美国直接卷入中国内战之中,这个办法连累美国政府,使它在军事和经济上为中国政府承担一切责任,其代价是无法估计的。因为在这个时期,美国在全世界肩负着援外的沉重义务。更重要的是,根据最近数月以来驻华大使馆和领事馆所提出的关于中国形势的评价,这个办法也不会达到美国政府所明白宣示的目标。"

看来司徒雷登还算是个明白人,他现在已经看透了中国内战的前途,因此改变了前两年积极支持蒋介石打内战的初衷,认识到只靠用增加军援的办法是不能挽救蒋介石已注定失败的局面。

蒋介石对美国减少军事援助的举动暴跳如雷。但是,这毕竟是美国人自己决定的事,蒋介石发再大的脾气也无济于事。这个简单的道理蒋介石当然懂得。光靠发火是不行的,离开美国的军事援助一天也活不下去,因为国民党军的现代化武器都是美国制造的,弹药消耗量很大,再加上成批地被人民解放军缴获,以及弹药库和在运输途中大量地被共产党游击队炸毁,前线部队因缺乏弹药而屡屡告急,所以,如果美国不把大量弹药源源不断地运来,那些美国枪

---

① 参见苏格:《美国对华政策与台湾问题》,世界知识出版社1998年版,第71~72页。

炮还不如烧火棍子。

蒋介石原来夸耀的现代化武器装备,这时反倒成了累赘。虽然,蒋介石曾经一度从印度和加拿大转手进口了一些武器弹药,但那只不过是杯水车薪,救一点急而已,根本满足不了国民党军与日俱增的大量消耗。

在这种情况下,蒋介石不得不通过多种渠道,请求美国增加军事援助。蒋介石首先致电驻美国大使顾维钧,指示他紧急转告杜鲁门总统:"现在中国的军事局势已经更趋严重,国军对武器和弹药的需求更加迫切,请求杜鲁门总统加速美国政府的特别军援,但不是像目前那样以货币形式援助,而是直接供应武器和弹药,并增加派遣军事人员进行支援。"

同时,蒋介石还指令顾维钧,加紧游说美国国会,尽快通过有关美国援华法案。

蒋介石又指令参加联合国大会的代表团团长蒋廷黻,代表外交部部长会晤美国国务卿马歇尔,向他提出两点要求:

(一)请杜鲁门总统增派美国军官,在顾问名义的掩护下,直接指挥国民党军同共军作战,并任命一名高级军官作为特别使团团长,参与高层指挥。

(二)请美国加速运送军用物资,特别是前线急需的武器弹药。

马歇尔当即答复道:"关于第一个问题,请你注意,它存在固有的困难,这就是说,一个新任的外国军官,即使完全熟悉中国现实这个局势中的各种各样的情况,要向中国军队提供关于作战行动的意见,不是一件容易办到的事,而对于一位不熟悉中国国情的外国军官来说,困难就更大了。关于第二点,加速运送军事物资的可能性问题,我们正在尽力而为之,并且以后仍将尽力而为之。"

马歇尔不愧为美国国务卿,他对蒋廷黻提出的问题,回答得很巧妙,也很专业。稍有军事常识的人都知道,让一个不熟悉中国情况的美国军官,指挥他所不熟悉的军队来和人民解放军打仗,败得可能更快、更惨。亏得蒋介石提出这样的问题,似乎他是一个没有打过仗的门外汉。当然,蒋介石要求美国多派军官来很可能另有图谋:把美国拉得更紧密,使其不能脱身。至于马歇尔对军事援助问题的答复,仅用"尽力而为之"五个大字予以搪塞,更是一种巧妙圆滑的外交辞令。

蒋廷黻碰了一鼻子灰之后,急忙回到南京向蒋介石报告。蒋介石本该知耻而止,可是他却厚着脸皮亲自出马。他当即致函美国总统杜鲁门,以中国的"民主事业"面临失败危险为由,要求美国紧急增加军事援助。

蒋介石的大秘书、谋士陈布雷起草的信写得也很巧妙,他玩弄国际政治权术,一方面,他以打击苏联,讨好美国的手法,想使杜鲁门受到感动而对他发一点善心。另一方面,他在信中也挑明,形成现在中国这个局面与你美国有关,事到如今,你不能撒手不管。

蒋介石在给美国总统杜鲁门的信中说:"中国军事形势整个恶化的最基本的因素,是苏联违反它同中华民国订立的《中苏友好同盟条约》。这个条约,正如阁下所能回想起来而毫无置疑的,是由于美国的善意劝告,中国政府才签订的。"蒋介石在这封信中向杜鲁门提出三点要求:

(一)请美国出兵,直接参加对共军作战。并请派遣一支高级军官组成的军事顾问团,参加指挥作战。

(二)加速向中国运送军援物资。

(三)要求总统阁下发表一项坚决的声明,阐述美国政府继续支持正在为其事业而战的中国政府。美国政府发表这样一个声明,足以鼓舞民心士气,巩固中国政府的地位。

蒋介石在信中还可怜巴巴地乞求道:"现在华中地区的共军已经到达距离南京、上海很近的地域,如果我们不能阻遏这一浪潮,中国便将失去民主,我因此不得不向阁下再作直接与迫切之呼吁。"

蒋介石原以为杜鲁门无论如何会给他一点面子,有一个使他满意的答复。

然而,恰恰相反,杜鲁门再次往蒋介石头上泼了一盆冷水,他对蒋介石的请求很快作出回答:

(一)关于派遣军事顾问之事,正如马歇尔国务卿所说的那样,一个不熟悉中国情况的美国军官要向中国政府提供军事指挥的帮助是非常困难的。请蒋委员长注意这个事实,即已经在中国的美国驻华联合军事顾问团团长巴大维将军,对中国当前形势颇为熟悉,他随时可以向蒋委员长提供意见。

(二)关于军事援助问题,现在美国正竭尽一切可能,加速向中国运送军事物资。

(三)关于发表一项声明的问题,美国早已发表过声明,把美国的立场表示得十分明白了。

杜鲁门总统在复信的最后说:"美国政府怀着支持全世界和平与民主事业的愿望,已经延长了对中国政府的援助,而且还要继续竭尽力量,加速实行援华法案。"

至于蒋介石要求美国出兵直接参战的问题,杜鲁门则根本没有理睬他。

砰！蒋介石把杜鲁门的复信往桌子上一拍：老子没有你美国照样可以活下去！

蒋介石总是不知足，其实，这时他已经知道不久前美国国会通过了"1948年援华政策"，授权美国总统以不超过1.25亿美元之数，用赠给的方式作为对华额外援助，其赠给条件由杜鲁门总统决定。

美国为协助国民党政府购买所需军用物资，由其国务院授权美国政府有关部门，从其库存物资中供给中国各种装备，或代为中国采购，在对华赠予款项中支付。

但是，美国只提供了一些步枪、机关枪、火箭筒及相关弹药之类的物资，应付一下了事。

44. 气将绝，心不死

在国民党军节节败退，南京政府快要气绝之时，蒋介石已经暗中筹划逃往台湾。

然而，这时美国却有许多人仍然不死心，他们贪得无厌，总想再多捞一点好处。

正当我东北人民解放军取得一个接一个的胜利之时，美国总统杜鲁门派特使魏德迈到沈阳考察东北战局。魏德迈考察后认为，国民党军面临的军事形势非常严峻，后方补给线既长又无掩护，已经虚弱不堪，只能勉强支撑。共军随时可以占领整个"满洲"（即东北三省）。

据此，魏德迈向杜鲁门建议："劝告蒋介石请求联合国立即设法促使'满洲'停止战争，并请求把'满洲'置于美、英、法、苏、中五强监护之下。如果按这个办法行不通，则交由联合国托管。"[1]

魏德迈认为，"这样做可以阻止中共军队占领'满洲'，并且可以把'满洲'从中国分割出来。"魏德迈在其报告中说："我相信，对于挽救'满洲'，这种办法比打仗更有效。"

---

[1] 参见苏格：《美国对华政策与台湾问题》，世界知识出版社1998年版，第68页。

魏德迈将军真是异想天开，亏得他想出这个鬼点子。这位一向聪明、干练的美军上将，似乎中了什么邪门歪道，突然愚蠢起来。他根本不了解人民解放军的高级将领，都是不怕鬼、不信邪的英雄好汉，怎么会因害怕美国的干涉而停止进攻呢！

蒋介石也不听魏德迈这个馊主意，表示坚决不能接受美国这个建议。

美国此计不成，又转而促使蒋介石撤出东北。美国人认为，国民党在东北大势已去，因此，他们多次对蒋介石施加压力，建议他放弃东北，将剩余兵力撤入关内。

美国驻华大使司徒雷登在致美国政府的报告中说："在'满洲'，少数几个主要城市中的国民党军，仍然在被共军包围之中，而由山东经海路运到葫芦岛的那支强大的和装备极佳的国民党援军，一直无法打通该港口和沈阳之间的陆上通道。在'满洲'的国民党军的补给和增援全靠空运，部队的军需品日益枯竭，其处境已经到了生死关头。"

司徒雷登指出："国民党政府虽宣布不惜任何代价坚守'满洲'，但我们觉得，在'满洲'的冒险已属无望，因此，除了以撤退来解救陷在该地的国民党军外，别无他途可寻。"

据此，美国驻华军事顾问团团长巴大维向蒋介石提出建议：目前的形势使我深信，继续坚守被孤立的"满洲"城市是徒劳无益的，这些城市的军需和民食完全依靠空运，而中国民用及军用航空运输力的总和，远远不能满足所需要的浩大吨位。空运的补充、保养和燃料的花费，在一个缺乏现金的中国，足以导致经济上的灾难；另一方面，空运对于军队作战的供应，仅能作没有多大实效的帮助。我坚决敦促蒋委员长撤出"满洲"。

蒋介石对巴大维的建议表示惊愕。他说：没有任何形势使我去考虑撤退东北这样一个计划，要不惜任何牺牲保住东北。

巴大维见蒋介石的态度坚定不移，想采取一项折中办法，即建议把长春守军撤入沈阳。但蒋介石仍不同意。他对巴大维说：政治上的考虑使我不能放弃长春，因为长春原来是"满洲"的"首都"。

此后不久，巴大维再次向蒋介石建议撤出东北。他对蒋介石说，"满洲"共军的实力正在增长，应在还有机会的时候撤出"满洲"。长春和沈阳不能永无止境地由空运来供给，如果再不撤出，以后就没有撤退的机会了。

蒋介石再次拒绝撤出东北。他对巴大维说，东北可以运用的军队都是可靠的军队，而且我已经命令卫立煌加紧训练军队。

美国人如此急切地建议蒋介石撤出东北,是因为他们对东北战局的分析比蒋介石看得更清楚。

其实,美国人何尝不想保住东北,只不过他们觉得用美国武器装备起来的大量国民党军,眼看被人民解放军消灭实在可惜。与其在东北被消灭,不如撤到关内,尚可确保华北。他们这样做也是无可奈何罢了。

无须赘言,没过多久,整个东北就落入人民解放军之手。

东北解放后,美国驻南京大使馆和军事顾问团,对华北的形势极为关注。他们整日忧心忡忡,如坐针毡。

沈阳被解放军占领的第二天,美国驻华大使司徒雷登和使馆武官,立即召集美军顾问团和所有在华高级人员开会,讨论华北战局和整个中国的形势。他们认为,鉴于局势急剧恶化,美国和蒋介石都没有充分时间采取军事措施以挽救败局。华北的傅作义不能抵挡共产党所能集中的力量对他的进攻。而在南线的共军,对付徐州地区那些劣等的国民党部队,能够在两星期之内,就可以打到南京附近的长江沿岸。

司徒雷登把这个分析结论报告了美国政府。

但是,美国政府和美国国会却另有打算。美国政府虽然对蒋介石失去了信心,但是不想离开中国,他们仍然做着把中国变成其殖民地的美梦,要继续维护其在华利益,因此,由原来的援蒋反共,转而扶植地方反共实力派。

华北的傅作义,便是美国早已留意扶植的主要人选之一。

美国政府和国会中有许多人认为,蒋介石的统治不会超过3个星期,最多3个月。南京政权已经没有指望,因此,再直接给他们军事援助是白白浪费,充其量只不过是填老鼠洞而已,援助他们的武器和弹药,等于是一条间接供给解放军的途径。

正因为如此,美国政府已经不再指望蒋介石,而寄希望于其他反共人士。就是说,不管是谁,只要他能够在中国同共产党作战,谁就是美国的真正朋友,美国应尽其最大努力帮助他成功。所以,国会在讨论援华法案时,主张将这种援助直接分配给各大战略区的司令官们。

在上述政策支配下,美国国务院要求国会授权,把援华武器弹药和军需物资,直接分配给中国各地方的司令官,并且特别指出,傅作义、李宗仁、白崇禧应当作为首要人选。

美国国会中有些议员认为,掌握华北兵权的傅作义,是一位第一流的军人,他在反共作战中颇有作为。从他过去的反共事迹来看,要想在华北遏制共产党势力,必须直接与傅作义签订军事援助协议。

在美国国会的影响下,美国政府出于确保华北的考虑,决定直接支援傅作义。除了交给傅作义1600万美元的军用物资外,从1948年11月起,将大批枪炮弹药海运至天津港口,供给傅作义的部队使用。

美国的这一举措,给了傅作义不小的激励,增强了他固守北平、天津的信心。

其实,傅作义也早有这个心愿。他认为,最理想的方案就是固守平、津,扩充实力,争取美援,以观时局变化。

本来就有点醋意的蒋介石,现在已经顾不得什么影响和脸面了。为利用傅作义坚守平津,保住华北,他只能同意傅作义可以不经过南京政府,直接接受美国的军事援助。

傅作义正好顺水推舟,积极活动,寻求美国更多更大的援助。除催促美国提供更多更先进的武器装备外,还祈盼美国派兵来华北直接参战。

12月中旬,傅作义派他的心腹、天津市市长杜建时到青岛,找美国西太平洋舰队司令白吉尔,恳求他以保护美国侨民和美国财产为名,出兵天津。

因事关重大,白吉尔不敢做主,他请示美国政府。美国总统答称:"可采取步骤,继续以武器援助仍与共产党作战的部队。"而对派兵到天津的事,他只字未提。

美国政府这样做,是合乎美国处事逻辑的:给点钱给点东西可以,派美国军队到战场上去直接和解放军打仗,那是万万不可以的,他们才不干那种傻事呢。因为这时美国政府已经获悉,东北的百万大军已经入关,势不可挡。此时美国派一点兵去,也是白白送死,对于守天津、保华北不会起多大作用。

45. 外国势力被赶出中国大陆

解放战争打到1948年秋季,全国形势急转直下。

大战略家毛泽东,以雄伟的气魄,在河北中部的一个小山村——西柏坡,运筹帷幄,指挥了一场震撼世界的战略大决战,创造了现代战争史上的奇观。

这次战略决战,以辽沈、淮海、平津三个大战役构成,共歼灭国民党军173

个师，总计154万人，一下子使蒋介石的精锐部队基本上被全部消灭，从而加速了国民党政府的灭亡。

在这次决定蒋介石命运的大决战中，美国的军事顾问团虽然全力以赴地帮助蒋介石指挥，但是没有起什么作用。他们眼睁睁地看着一个个用美国武器装备的国民党部队被解放军消灭掉，既心痛又无可奈何。

然而，就在这样的大好形势下，一些人又怕起美国来。在这个夺取全面胜利的关键时刻，许多人担心美国可能出兵。若美国一旦出兵，解放军能顶得住吗？

中共中央领导人一致认为，我们不怕美国直接出兵，他们出兵，我们就和他打，要有这方面的充分准备。

为此，就要下定决心，不怕同时和两个敌人作战，不怕打更大规模的战争。总之一句话，不管美国出不出兵，我们就是要和国民党军进行最后决定胜负的战略决战！

在大决战前夕，人们当然不会忘记，几个月前在国民党召开的所谓"行宪国民大会"上，蒋介石为了使自己当选总统，不得不硬着头皮许诺：一定要在3个月到6个月的时间内肃清共匪。

为此，新华社发表社论说：3个月已经过去了，还有不到3个月的时间就要满6个月，我们倒要看一看，究竟谁肃清谁？

其结果，当然是国民党蒋介石军队从大陆上被肃清了。

多少年来，美国人一直在做着一个美梦：想把中国变成他们的殖民地，或者是完全顺从他们的附庸国。

为了达到这个目标，他们的办法就是美国出钱出枪，让蒋介石替他们打仗。

三年解放战争，表面上是国民党打共产党，实际上是美国假手于蒋介石征服中国。

中国共产党和人民解放军不怕手里拿着原子弹的美国兵，也不怕有400万军队的蒋介石，决心与他们斗争到底，号召中国人民打倒蒋介石，解放全中国，把美帝国主义赶出去！

经过3年多艰苦卓绝的斗争，终于推翻了蒋介石的反动统治，打破了美国人的迷梦，彻底扫除了以美国为首的西方列强在中国的侵略势力。

自从1840年鸦片战争以后，中国逐渐沦为半殖民地半封建社会，以美、英、法、德、日、俄等为首的西方列强对中国的侵略步步进逼，他们瓜分、强占、划分各自的势力范围。祖国山河破碎，战乱不已，人民饥寒交迫，备受奴役。救亡图存的民族使命迫在眉睫。

在那个风雨如晦的年代，为改变中华民族的悲惨命运，中国人民和无数仁人志士，进行了千辛万苦不屈不挠的斗争。不甘屈服的中国人民一次次抗争，但又一次次失败，始终未能改变中国半殖民地的社会性质。

1921年，中国共产党应运而生。争取民族独立和人民解放，成为中国共产党必须完成的历史使命。从此，中国革命有了正确的前进方向，中国人民有了强大的引导力量，中华民族有了光明的发展前景。我们党团结带领人民，书写了人类发展历史上惊天地、泣鬼神的壮丽诗篇。

中国共产党紧紧依靠人民，先后进行了土地革命战争、抗日战争、解放战争，经过28年浴血奋战，打败了日本帝国主义侵略，推翻了国民党反动统治，驱逐了美国在上海、青岛等地的占领军，建立了中华人民共和国。

新中国的成立，实现了中国从半殖民地半封建社会向人民民主制度的伟大跨越，实现了中国各民族的空前团结，彻底结束了被西方列强欺压的历史，彻底废除了美国等西方列强强加给中国的一切不平等条约，铲除了他们在中国的一切特权。

中国人民从此站立起来了，中华民族从此开启了新的历史纪元。

在这样的历史时刻到来之前，人们清楚地记得，美国侵略者在中国的失败，他们是何等的痛苦，又是何等的不甘心。

国民党军的全面失败，引起了美国政府和国会的惊愕，更造成了美国驻华使馆人员和美军顾问团的军官们极大的恐慌与悲哀。

1948年12月18日，在淮海战役快要结束之时，美军顾问团团长巴大维少将，给美国陆军部长拍发了一封很长的电报，历数蒋介石失败的主要原因，颇有秋后算账的味道。

巴大维在电报中说："由于国民党军在长江以北的失败，造成了我们美国人的耻辱，尤其使美军顾问团丢尽了面子。"

接着，巴大维向美国政府陈述了蒋介石失败的原因。他指出："国民党军失败的原因，真是罄竹难书。我确信，国民党政府所犯的第一个政治、军事上的大错误，是在对日军作战胜利以后，把力量集中于以前日本军队占领区，而实行纯军事性的收复。没有考虑久已存在的地域情感，或建立可以吸引解放区广大人民支持的地方政权。不但如此，国民党军又受累于一个不健全的战略。而这个战略，是由政治上有势力，而军事上愚昧的高级指挥官所制订出来的。"

巴大维说："当时国民党政府不以巩固华北为满足，而以夺取东北三省控制权的双重使命，授予其军队。这是超乎国民党军的作战能力的任务。"

巴大维又说："国民党政府企图用仅有的力量去做过多的事，致使军队分散在数千英里铁路沿线。这些军队是由华中的基地供应的，因此，占有这些铁路是至为重要的。为了要保有铁路线，乃至必须保有铁路沿线的城市。如此，时日既久，其军队由能够进行攻势作战的机动兵团，逐渐退化而成为守备队和守卫交通线的军队，同时也就丧失了攻击的精神。"

巴大维在电报中还指出："至于中国共产党的军队实力，它所得到的人民的支持和它的作战策略，从一开始就被低估了。从而导致国民党军只能保持对交通线的控制，而对共产党占优势的广大乡村，则不能进行有效的控制，从而造成人力资源和粮食的供给也变得日益困难。"

巴大维说："由于国民党军战线长，而且缺乏能上战场与共军作战的国军，所以使共军变得日益强大起来。因为国民党军只凭借有限的资源，逐渐失去进攻的势头；而共军不仅能依靠大量人力物力，实行其人民战争战略，并且巧妙地利用国民党军战略战术的错误，利用国民党政府在经济上的脆弱性，大力宣传国民党政府的无能。"

巴大维还指出："原先，共军是满足于打游击战的，其活动局限于袭击交通线和供应站上。其后由于在纯粹攻击性的作战中获得成功，他们逐渐感觉到，在战争中攻势行动是获胜很必须的。因此频繁实施进攻战。"

对于国民党军防御战略的致命弱点，巴大维作了无情的揭露和批判，他指出："而另一方面，国民党军在其防守地区却一味实行防御战略，并且发展了一种'城墙心理'，只依赖城市进行防御战。这种'城墙心理'使国民党军受害很深。"

巴大维接着说："共军日趋强大，而且更具胜利信心，乃至于能够集中优势兵力，以进行包围和攻击，打破国民党军在野战中的部队及其所占领的城市。国民党军防守一个地域或一个城市的典型战略，是在城外挖掘堑壕或退守城内，死守到底，以等待援兵到来，然而援兵是绝不会到来的，因为国民党军从任何地方也抽调不出援兵。"

巴大维指出："更令人遗憾的是，国民党当局拒绝美军顾问团的正确意见，即在现代作战方法上，进攻或防守一地、一城，必须将阵地部署于远离城墙以外的地区，因为在那里才能作战和运动。"

巴大维还把批判的矛头直接对准蒋介石。他说："蒋委员长更未能接受我们的劝告，即在面临强敌压境，处于孤立而可能失败时，当撤退的机会还存在之际，必须撤离城市及其设防的地区。但在许多场合中，他们拒绝撤退，更不挽救他们即将被消灭的军队。蒋介石不令其军队撤退的理由，却往往是政治性的。在大多数场合中，蒋介石深信，他们可以借消耗的方法，仅用防御行动就可以打败共军。正是因为蒋介石这种错误的观念，因此，他们不能认识到三十六着走为上策，他们更不懂得军事上的审慎，常常是勇敢的更好部分，也是更需要的部分。正是由于存在这些问题，又不能及时解决，大量国民党军便在蒋介石的手中丧失了。"

巴大维还分析了蒋介石失败的另外几个方面的原因。他指出："在国民党政府的整个组织和机构中，都有中国人所特有的弊病，即普遍存在的具有其特殊背景的家族、金融、政治的千丝万缕的利害关系。此点必须明白，任何个人，不管如何干练有才，他只能适宜于担任某一项工作，而绝不能因此而获得某种特权，以及与其威望不相称的特殊地位。糟糕的是，在许多场合中，这种特殊背景，常常是蒋委员长对旧日袍泽所给予的支持，不管其资历才能如何，只要有这种背景，就可以盘踞在负有极大责任的高位，此种腐败弊病的直接结果，就是在对共军作战中，所表现的错误的战略和战术。"

巴大维最后用这样几句话结束了他这个冗长的电文："共军自身是中国人，他们明智地克服了许多落后的习性，而且在思想上，对共产主义的思想意识，对毛泽东的战略信奉不渝。共军利用其所控制地区的总动员，集结了大量人力物力，广泛运用政治宣传的方法，运用武装部队中的政治委员制度，保持其军队对共产党的忠诚。共产党的领袖，都是极为能干的人，远胜于国民党的领袖及其将领。由于共军正在打胜仗，其士气和战斗精神都很旺盛。"

巴大维少将，在美国军队中是一个不算太大的官，其军衔等于人民解放军的中将（美军的一星将军为准将，二星将军为少将），但是从他写的报告来看，应当说具有较高的军事素质，也有一些政治眼光，而且他直言不讳，符合军人应有的性格。

巴大维在他的这个报告中，对蒋介石失败的原因作了总结性的分析。他的这些话，无论对与不对，也无论说对了多少，有一点是重要的，那就是他站在美国主子的立场上，无情地斥责国民党和蒋介石是如何失败的。

从蒋介石发动全面内战时起，巴大维就一直在南京给蒋介石出谋划策，尽心尽力地为国民党效劳。现在仗打败了，他如此向美国政府报告，并历数蒋介石的罪责，倒也把自己的责任推得一干二净（严格地说，"顾问"一职是不负有指挥责任的）。

巴大维在拍发这个电报的时候，人民解放军的淮海战役已经接近尾声了。

这时, 巴大维就已经开始收拾行装, 准备溜之大吉了。

巴大维说: "由于南京在不久的将来将要陷落, 以及国民党军队的混乱情况, 美军顾问团效力的时间已经过去了。"

三年解放战争, 表面上是国民党打共产党, 实际上是美国假手于蒋介石征服中国。巴大维受美国政府重托, 抱着极大的使命感来到中国战场为美国效力, 如今一败涂地, 他的失落感及其所有的表现, 反映了他无可奈何的心态。

其实, 巴大维的心态是有政治背景的。

人民解放军的强大攻势, 打得蒋介石退位求和自不必说, 这个时候, 他的后台老板美国政府的日子也很不好过。面对如此严峻的局面, 下一步到底应该采取什么样的对策? 软的? 还是硬的? 美国人是要苦心想一想了。

于是, 美国国务院提出了一个《重审制定美国对华政策》的文件。他们在分析了国民党失败和共产党胜利的原因后认为: "全力以赴地援助国民党政府, 是一条规模巨大、没有尽头和十分冒险的行动路线。美国政府不能这样拿美国的声誉和财力赌博。中国目前的局势发展对我们不利, 因此我们需要自由改变航向, 或者哪怕是抛锚停泊, 直到我们找到正确的方向为止。"

但是, 美国的对华政策文件又说: "共产党的胜利并不标志着他们麻烦的结束, 即使他们如愿以偿, 成立了一个全国性的政府, 内战还可能继续。并且将会遇到诸如管理国家, 实现集体化和民族问题等等的麻烦和困难。当中国遇到一系列无法克服的困难时, 美国的机会就会来。但是, 美国的传统目标, 在目前和未来一段时间是不可能实现的。因此我们需要制定一项实际政策, 在可见的将来指导我们渡过中国的迷津。即: 继续承认现存的国民党政府; 在国民党政府如我们所预料的那样消亡之后, 视当时的情况决定承认谁的问题; 尽可能阻止中国成为苏联的附庸国。"

这时, 美国的国家安全委员会也提出了一个对华政策三点建议:

(一)美国的对华目标是, 让中国人自己最终发展为一个对美国友好的统一、稳定和独立的中国, 以防止由于任何一个外国统治中国而造成对美国国家安全的威胁。

(二)美国应当认识到, 在可预见的将来, 在中国看得见的任何一个或几个集团都不大可能建立一个美国能接受的统一、稳定和独立的中国。

(三)因此, 美国当前的目标应当是, 阻止中国成为苏联的附庸。为实现这一目标, 美国应当制订相应计划, 并适时做好准备, 以便在中国出现机会时加以利用; 同时保持灵活性, 避免无可挽回地束缚在一条行动路线或一个派别身上。

从美国这两个对华政策的文件中可以看出，它们的共同点是：

（一）抛弃蒋介石，寻找新的代理人。1949年1月2日，美国政府正式宣布停止训练国民党军队，召回美国驻华联合军事顾问团团长巴大维。1月27日又宣布，撤回美国军事顾问团全体人员，并拒绝了蒋介石提出的迅速给予并增加军事援助的要求。

（二）在可预见的将来，"美国的传统目标"尚不能实现。什么是美国的传统目标呢？不言而喻，那就是要使中国成为美国的附庸。因此，必须耐心地等待，在中国出现机会时加以利用。例如中共取胜后"遇到无法克服的困难时，机会就会到来"。

（三）阻止中国成为苏联的附庸，"防止任何一个外国统治中国"。当然，这个"外国"就是指苏联。

总之，美国的立场就是，不喜欢共产党掌握中国的政权，但又无可奈何。这就是新中国成立后，中美关系曲折发展的大背景。

美国政府的立场是不会改变的。他们虽然宣布不再给蒋介石军事援助，但是，他们反对中国共产党、帮助国民党作最后挣扎这个政策没有变，尤其是美国那些为数不少的反共顽固派，更是不甘心他们在中国的失败。

随着中国人民解放军渡江作战的临近，美国进一步准备直接出兵干涉中国内战。美国政府派高级官员来华与司徒雷登和蒋介石进行多次密谈。同时，美国西太平洋海军舰队司令白吉尔在上海正式宣布，即将以军舰运送海军陆战队到上海，声称："在上海市当局不能控制局势时，将由美国人出面维持，美国海军陆战队将随时准备在美国侨民的生命财产受到威胁时在上海登陆。"与此同时，美国和英国把他们的军舰开进上海港和长江口，企图伺机干涉人民解放军渡江和进攻上海。

正在这时，美国总统杜鲁门突然决定，为了不给反共的中国人泄气，不停止军火援助。3月15日，国务卿艾奇逊在杜鲁门的授意下，给美国国会送去一份备忘录，提出"美国对于它继续承认的国民党政府管辖区域，不应突然停止援助。中国未来的发展还不能确定，所以我们现在考虑请求国会将《1948年援华法案》的期限予以延长"。

4月14日，美国国会通过了对已经到期但尚有5400万美元余款的援华法案给予延长的议案，授权总统按照他所决定的方式和条件，运用这项经费，继续给予国民党政府援助。从此，美国政府继续给国民党军运送军火。过去美国虽然作出过停运军援的决定，但实际上一天也没有停止过。现在只不过由国会补办一个"合法"的手续而已。美国政府对华政策的这种反反复复的两面手法，一直延续到今天，他们在台湾问题上，还是那一套。

1949年，人民解放军将要打过长江去的时候，蒋介石被迫"退位求和"，已不足为虑。但是，美国却不甘心在中国的失败，他们蠢蠢欲动，企图直接出兵，进行武装干涉。对此，中国共产党一是不怕，二是作好与美军直接交锋的准备。

在这个历史的关键时刻，由于美国人害怕中国人民解放军的强大威力，害怕毛泽东用兵如神的指挥，害怕陷入中国人民战争的汪洋大海，由于美国人有这"三怕"，因此，他们最终没敢出兵同中国人民解放军直接交锋。

人民解放军向华南的猛烈进攻，并在很短的时间内攻占浙江、江西、福建、湖南、广东等省，终于迫使这个外强中干的纸老虎知难而退，从青岛撤走了他们的全部军队。这一切，象征着美国在华势力的消失。

历时3年多的解放战争胜利了！

蒋介石逃到台湾孤岛。统治中国的国民党政府被打倒了。

那位美国大使司徒雷登先生也灰溜溜地夹着尾巴逃跑了。

这是一个历史转折：它标志着一个旧时代的结束，一个新时代的开始。100多年以来，盘踞在中国大陆上的形形色色的帝国主义势力被全部驱除，中国获得了民族独立，摆脱了长期内战的混乱局面。从此，中国人民站起来了，各族人民团结一致，当家做主，开始建设社会主义新中国。

可能有人会觉得，如今你再说"美国人夹着尾巴灰溜溜地逃跑了"，这话是不是有点不文明呢？不，这是历史真迹。在60多年前，这个话曾经是新中国特有的一种社会文化。

那时，在全中国流行着一首歌曲，名叫《社会主义好》，老幼妇孺人人皆唱，唱遍祖国大地。歌中唱道：

社会主义好，社会主义好！

社会主义国家人民地位高，

反动派被打倒，

帝国主义夹着尾巴逃跑了。

全国人民大团结，

掀起了社会主义建设高潮！

在这个历史时刻，毛泽东写了一篇文章：《别了，司徒雷登》。他在文章中说：司徒雷登业已离开南京，"他是美国侵略政策彻底失败的象征"。"在中国当大使的整个时期，恰恰就是这个政策彻底地被中国人民打败了的时期。""美国出钱出枪，蒋介石出人，替美国打仗杀中国人，借以变中国为美国殖民地的战争，组成了美帝国主义在第二次世界大战以后的世界侵略政策的一个重大的部分。……中国是亚洲的重心，是一个具有四亿七千五百万人口的大国，夺取了中国，整个亚洲都是它的了。美帝国主义的亚洲战线巩固了，它就可以集中力量向欧洲进攻。……这些就是美国侵略者的整个如意算盘。"

文章指出，可是，"中国人民的觉悟，中国共产党领导的武装力量和民众组织力量已经空前地强大起来了。这样，就迫使美帝国主义的当权集团不能采取大规模地直接地武装进攻中国的政策，而采取了帮助蒋介石打内战的政策。"

文章强调："美国的海陆空军已经在中国参加了战争。青岛、上海和台湾，有美国的海军基地。北平、天津、唐山、秦皇岛、青岛、上海、南京都驻过美国的军队。美国的空军控制了全中国，并从空中拍摄了全中国战略要地的军用地图。在北平附近的安平镇，在长春附近的九台，在唐山，在胶东半岛，美国的军队或军事人员曾经和人民解放军接触过，被人民解放军俘虏过多次。陈纳德航空队曾经广泛地参战。美国的空军除替蒋介石运兵外，又炸沉了起义的重庆号巡洋舰。所有这些，都是直接参战的行动，只是还没有公开宣布作战，并且规模还不算大，而是以大规模地出钱出枪出顾问人员帮助蒋介石打内战为主要的侵略方式。"

文章指出："美国之所以没有大量出兵进攻中国，不是因为美国政府不愿意，而是因为美国政府有顾虑。第一顾虑中国人民反对它，它怕陷在泥潭里拔不出去。第二顾虑美国人民反对它，因此不敢下动员令。第三顾虑苏联和欧洲的人民以及各国的人民反对它，它将冒天下之大不韪。"

文章说："美国有很多钱，可惜只愿意送给极端腐败的蒋介石。现在和将来据说很愿意送些给它在中国的第五纵队，但不愿意送给一般的书生气十足的不识抬举的自由主义者，或民主个人主义者，当然更不愿意送给共产党。送是可以的，要有条件，什么条件呢？就是跟我走。美国人在北平，在天津，在上海，都洒了些救济粉，看一看什么人愿意弯腰拾起来。……我们中国人是有骨气的。……朱自清一身重病，宁可饿死，不领美国的'救济粮'。……他们表现了我们民族的英雄气概。"

面对美国对新中国的封锁和禁运，毛泽东说："封锁吧，封锁十年八年，中国的一切问题都解决了。中国人死都不怕，还怕困难吗？老子说过：'民不畏死，奈何以死惧之。'美帝国主义及其走狗蒋介石反动派，对于我们，不但'以死惧之'，而且实行叫我们死。闻一多等人之外，还在过去的三年内，用美国的卡宾枪、机关枪、迫击炮、火箭炮、榴弹炮、坦克和飞机炸弹，杀死了数百万中国人。现在这种情况已近尾声了，他们打了败仗了，不是他们杀过来而是我们杀过去了，他们快要完蛋了。留给我们多少一点困难，封锁、失业、灾荒、通货膨胀、物价上升之类，确实是困难，但是比起过去三年来已经松了一口气了。过去三年的一关也闯过了，难道不能克服现在这点困难吗？没有美国就不能活命吗？"文章最后说："人民解放军横渡长江，南京的美国殖民政府如鸟兽散。司徒雷登大使老爷却坐着不动，……只好挟起皮包走路。"①

60多年前，毛泽东说的这些话，如今细读品味，仍然具有强烈的现实感："封锁吧，封锁十年八年，中国的一切问题都解决了。中国人死都不怕，还怕困难吗？"

众所周知，新中国成立后，美国对中国的威胁、包围、封锁、禁运，和如今的包围、遏制、威胁，在本质上没有多大区别，那时我们不怕，难道现在还怕他吗？！

---

① 《毛泽东选集》第四卷，人民出版社1991年版，第1491～1496页。

第六章
台海局势的背后

　　台湾问题，是中国的核心利益，纯属海峡两岸中国人自己要解决的内部事务。别的国家不应插手，更无权加以干涉。可是，美国在霸权主义心态支配下，却非要任意插手，横加干涉，致使半个多世纪以来，中美两国一直围绕台湾问题斗来斗去。

　　美国人就像幽灵一样，始终在台湾海峡游荡，忽隐忽现，挥之不去，令人生厌。这个幽灵的存在，使台湾问题成为中美关系中一个重大而又十分敏感的问题，也成为最棘手和头痛的一个难题，从而造成中美两国关系频频出现紧张状态。如果没有美国这个幽灵存在，台湾问题不会这么复杂，当然也就不会这样难以解决。

　　海峡两岸同属一个中国，两岸人民渴望和平统一，反对少数人搞台湾独立。我们同"台独"势力的斗争，也是同美国反华、亲台势力的斗争。台湾的分裂势力，主要看美国人的脸色行事，美国人越是起劲地支持他们，给他们撑腰，卖给他们先进的武器，他们就越是抱着美国人的大腿不放。

　　中国坚决维护国家的核心利益，中国政府和人民在核心利益问题上，有着不可妥协、不容侵犯的最高原则。外国人插手台湾问题，在某个时候可以给我们造成困惑，但是动摇不了海峡两岸人民实现统一的坚强决心。如今，海峡两岸人民在和平发展的道路上稳步前进，形势一天天好起来，中国统一大业总有一天会实现。

46. 台海风云变幻莫测

新中国成立后,中国共产党和中国政府一直把实现台湾与祖国大陆的统一作为自己神圣的历史使命,无论哪一代领导人,无论处在多么复杂的国内外环境下,对统一大业都始终坚定不移,矢志如一,绝无半点含糊。

半个多世纪以来,根据海峡两岸和世界政治、经济、军事形势的发展变化,我国政府与时俱进,适时制定新的方针政策,采取新的方针和步骤,争取合情合理地解决台湾问题,使台湾尽早和祖国大陆统一,实现全国各族人民的心愿。

可是,在此前的几十年间,台湾当局的历届领导人,很少认真响应大陆同胞的善意召唤,采取有利于和平统一的步骤。相反,却一再逆历史潮流而动,使台湾海峡几度出现危机。

20世纪40年代末,向来支持国民党的美国人,为了其国家利益,对于刚败退到台湾的蒋介石曾经一度撒手不管,但是,出于其霸权野心,趁朝鲜战争爆发之机,很快又插手台湾,从此,中国和美国在台湾问题上争斗不息。

从1949年春季开始,蒋介石的残余势力处于惶惶不可终日的大逃亡时期。

4月,从南京逃到广州;10月,从广州逃到重庆;12月,又从重庆逃往成都,在成都只待了一个星期,就慌慌张张地逃到台湾。

1949年12月7日,国民党宣布"中华民国政府"迁到台北;12月11日,宣布国民党中央党部迁到台北。至此,国民党结束了历时9个月的大逃亡。

以蒋介石为首的国民党残余势力,从大陆逃到台湾之后,仍然继续维持着一个所谓的"代表全中国"的"中华民国政府",仍然坚持其反共的政治架构,并继续延用"中华民国"这个名存实亡的"国号"。

从此,刚刚从日本人手里收回的台湾,再次陷入与祖国大陆分离的状态。

早在1948年末、1949年初,解放战争的三大战役行将结束之时,处于危局中的蒋介石就开始盘算着失败后的退路问题。他首先想到的是广州,这是他起家的地方;其次是重庆,抗战时期这个山城曾经作为他的"陪都"而风光一时。这两个城市蒋介石都很熟悉,又都使他交过好运,他想只要守住这两个地方,不难日后东山再起。

不料,人民解放军穷追猛打,势如破竹,蒋介石在广州和重庆脚跟还没有站稳，解放军就兵临城下，最后不得不跑到台湾去。

台湾作为中国的一个宝岛，与大陆隔海相望，易守难攻，是蒋介石最初考虑的退路之一，他有一个以台湾为最后落脚点的全盘设想。1949年初，蒋介石宣布"下野"后，便开始对台湾的苦心经营，制订了"建设台、闽、粤，控制两广，开辟川滇"的战略计划，设想建立一个"北连青岛、长山列岛，中连舟山群岛，南到台湾、海南岛的海上锁链"，使其成为在美国支持下封锁、包围大陆和反攻大陆的战略基地。

为了实现这个计划，蒋介石作了一系列精心安排和全面准备。他任命其亲信陈诚为台湾省政府主席，任命他的儿子蒋经国为国民党台湾省党部主任委员。在军事部署上，将他尚能收集到的残余部队，撤往台湾，在台北设立所谓"东南军政长官公署"，抓紧在金门、马祖等东南沿海岛屿设防，一可作为防卫台湾的前哨阵地，二可作为"反攻大陆"的跳板。

在经济上，蒋介石把在上海中央银行的大批黄金、白银和美钞运往台湾，并在台北设立台湾区生产事业管理委员会，管理台湾经济。

蒋介石虽然也算熟识中国历史的人，但他却不懂"卧薪尝胆"和"韬光养晦"的道理。他在台湾安顿下来后，本应利用孤岛的特殊环境，镇静、喘息，认真反思几十年反共内战的深刻教训。可是，蒋介石刚到台湾不几天，大气还没喘一口，就一头扎进"反攻大陆、复兴党国"的死胡同，继续制造事端，挑战大陆，使台湾海峡一次又一次地出现危机。

蒋介石在退居台湾半年前，就颁布了戒严令，宣布台湾处于战时状态，实行军事管制，加强治安，封闭全省，限制出入境，封锁大陆消息，限制言论、新闻和出版自由，严禁罢工、集会、游行等活动。同时，对国民党的党、政、军组织进行整肃；对台湾社会进行清查，以稳固其统治。

蒋介石在进行清理整顿的同时，在军事上加紧整军备战。因其军队逃至台湾后，军心涣散，士无斗志，按一般常识，本应采取守势战略，以便休养生息，根本说不上什么反攻问题。

可是，蒋介石却急于所谓"复兴"，刚到台湾3个月，喘息未定，就贸然提出"反攻复国"的口号，公开宣称：一年准备，两年反攻，三年扫荡，五年成功。为此，蒋介石着手对军队进行整编，强化各种建军措施。

蒋介石本来还算是有点骨气的人，可是逃到台湾后，却成了不知羞耻的软骨头。早在大陆失败之时，美国就抛弃了他，可这时他却厚着脸皮乞求美国给他援助。

正在这时，朝鲜战争爆发，美国侵略朝鲜，同时宣布派第七舰队侵占台湾海峡，以阻止中国人民解放军解放台湾。这个突如其来的形势剧变，使蒋介石喜出望外，助长了他"反攻大陆"的痴心妄想。

蒋介石认为，第三次世界大战必然爆发，他可以乘机重返大陆。所以，他在国民党第七次代表大会上提出并通过了"反攻大陆案"，使反攻大陆成为国民党的基本路线，并提出"军事第一，反攻第一"、"一切为了光复大陆"的口号。

台湾的军队也依照美军编制进行改组，组建了庞大的军团部和海军陆战队司令部。为增强陆军独立作战和山地作战的能力，组建了重装师和轻装师，加强在山地、寒带的渡河与攻坚战斗训练。

在整军备战的同时，蒋介石不断派兵对大陆进行袭击、破坏，金门岛是国民党军袭击大陆的主要出发地。国民党军不断从金门岛向大陆炮击，抢劫渔船、商船，抓走、打死、打伤大陆的许多渔民，并且派飞机轰炸、扫射大陆沿海地区，空投特务，对大陆进行破坏活动。

在这些袭击中，最大的一次是对东山岛的袭击。1953年7月16日，驻金门国民党军1万余人，由守岛司令胡琏指挥，在海、空军配合下，向闽南海域的东山岛发起进攻，在其空降部队接应下，一度攻占该岛部分地区。

我坚守东山岛的人民解放军，在增援部队配合下，激战36小时，歼灭敌空降兵和登岛部队共3379人，击落敌飞机2架，击毁水陆两用坦克2辆，击沉登陆艇3艘。进攻之敌仓皇撤回金门岛。

由于国民党军的频繁袭击，使台湾海峡的局势日趋紧张，从而引发了一系列炮击金门的作战。从1953年1月起，人民解放军福建前线炮兵，以打击国民党军队的骚扰、审犯为目的，对金门多次实施炮击。

1954年9月3日，为抗议美国政府和台湾当局签订所谓《共同防御条约》，惩罚国民党军对大陆的袭击、破坏，人民解放军对金门岛进行了一次较大规模的炮击，摧毁岛上炮兵阵地多处，击沉击伤舰艇多艘。这次炮击，虽然有力地打击了国民党军的嚣张气焰，但是毕竟时间短、参战炮兵数量少，打击的力度不够。

蒋介石在美国支持下，仍然神气十足，对中国政府采取和平解放台湾的努力不屑一顾。1957年10月，蒋介石在国民党第八次代表大会上，再次提出"反攻大陆"的口号。严令台湾陆海空三军处于特别戒备状态，不断派飞机对福建、广东沿海地区进行侦察和空袭。

与此同时，美国在台湾的军事官员，加紧同台湾当局密谋策划，企图对大陆发动大规模的袭击。

美国海军参谋长伯克宣称，美军正在密切注视台湾地区局势，随时准备进行登陆作战。

国民党军和美国的一系列挑衅行为，使台湾海峡的紧张局势不断升温，从而造成了自国民党逃离大陆后的一次最严重的危机。

为了惩罚国民党对大陆的挑衅，打击美国干涉中国内政，警告美国侵略台湾海峡的行径，中共中央军委决定，对金门岛的国民党军进行大规模的炮击作战。

1958年7月18日，毛泽东召集总参谋部、空军、海军、炮兵等单位的领导人，对炮击金门的作战方针作了明确指示。毛泽东指出，金门是中国领土，打金门，惩罚国民党军，是中国的内政，美国人找不到借口进行干涉，这对美帝国主义有牵制作用。

毛泽东还指示解放军：要以地面炮兵实施主要打击，准备打两三个月；以2个空军师转场南下，分别进驻汕头、连城。

据此，福建军区组成了以叶飞为首的前线指挥部；并组成了福建军区空军前线指挥所和东海舰队前方指挥所，到8月21日晚，从四面八方增调的参战地面炮兵、海岸炮兵、高射炮兵、空军、海军舰艇、海军航空兵，以及其他保障部队，全部进入了指定位置，做好了战前的一切准备。

在炮击之前，人民解放军空军200多架战斗机，首先进入前线机场并投入战斗。

从7月29日到8月14日，人民解放军空军与国民党空军作战4次，四战四捷，击落击伤敌机9架，迫使敌机不敢轻易飞抵战区上空，我军基本上掌握了福建地区的制空权。

在我空军掩护下，数个炮兵师和80多艘舰艇先后进入战位。

47. 镜子里的"猪八戒"

中国民间有句歇后语："猪八戒照镜子——里外不是人"，美国在台湾问题上，也曾经上演过这样的戏码。

1958年8月23日17时30分，人民解放军500多门大炮，齐声怒吼，顷刻之间，整个金门岛陷入一片火海之中,岛上敌军猝不及防,死伤惨重。

据后来得到的情报证实,人民解放军开炮的时候,金门防卫司令胡琏,正陪同前来视察的"国防部长"俞大维,还有美军总顾问等几个高官,说说笑笑地走出地下指挥部,到一家大酒店去参加盛大宴会。

突然间,炮声轰鸣,炮弹犹如狂风暴雨从天而降,这几个大官急忙往回跑,可是,两名美军顾问和数名高级军官因体胖肚子大跑不快,被炸死在洞口外。对于两名美国军官被打死的事,台湾官方一直保密,美国也一直没敢吭声,盛气凌人的美国佬吃了一个哑巴亏。

人民解放军第一次炮击持续两个多小时,共发射炮弹近3万发,打死打伤国民党军600余人,其中中将2名、少将3名;击伤大型舰船1艘,金门的有线通信系统遭到严重破坏。

8月24日,解放军实施第二次炮击,并出动6艘鱼雷快艇,在金门附近海面击沉击伤敌舰船2艘。

人民解放军这两次大规模炮击,不仅使金门国民党军遭受重大杀伤和破坏,而且构成了对金门岛的严密封锁,岛上每天的物资补给,只相当于炮击前的5.5%,国民党守军处境十分困难和狼狈。

台湾当局为了打破人民解放军对金门的封锁,不得不请求美国调兵支援。

9月初,美国命令其常驻西太平洋的第七舰队,以及驻美国本土与日本、菲律宾的海、空军各一部,急速赶来,同时调来位于地中海的第六舰队一部,集结于台湾海峡,向中国炫耀武力,妄图吓阻人民解放军对金门岛的封锁和炮击。

中国政府早已领教过美国擅长的吓唬人的那一套,如今更是不怕,并且向美国政府发出警告,不要在中国家门口耍威风。

中国政府发表严正声明:宣布中华人民共和国的领海宽度为12海里,一切外国飞机和军用船舶,未经中国政府许可,不得进入中国领海及其上空。

美国政府不顾中华人民共和国政府的声明和警告,从9月7日起,派军舰进入金门海区,为国民党海军护航。

为了打击美国海军的入侵,中国人民解放军奉命"照打不误"。

9月8日,人民解放军进行第三次大规模炮击,紧接着,于11日又进行第四次大规模炮击。

中国人民解放军后续两次大规模炮击,打得美国海军胆战心惊。只要人民解放军一开炮,为国民党军护航的美国军舰便丢下台湾军舰掉头逃跑,这不仅暴露了美国虚张声势、外强中干的本质,而且也说明,所谓美蒋共同防御条约,所谓美国军舰的护航，也是有限度的，一旦有损于美国自身的利益，它就会只顾自己，不顾国民党军了。

在美国和蒋介石已经服软的情况下，中共中央军委决定，于9月13日后转入零星炮火射击，到10月5日炮战结束。

从8月23日开始的炮击作战，持续1个多月，人民解放军对金门共进行大规模炮击4次，中小规模炮击83次，零星炮击1000余次，共发射炮弹10余万发。

地面炮战的同时，人民解放军海军和空军也投入战斗，沉重地打击了国民党的海军和空军，对金门岛进行了有效的海上封锁。

台湾当局为了摆脱其政治和军事上的困境，不得不打肿脸充胖子。蒋介石扬言，下一步将要采取更大规模的军事行动，不仅轰炸大陆的福建沿海地区，而且要轰炸江西等地，进而反攻大陆。

与此同时，蒋介石再次提出要求美国与其并肩作战。

美国政府当然不会按蒋介石的要求来冒险，因为他们已经领教过中国军队的厉害，无论如何不能再直接卷入与中华人民共和国的军事对抗。

这时美国处在两难之中：一方面急于从台湾脱身，另一方面又不愿意放弃对台湾的支持，想继续控制台湾，以牵制大陆。

于是，美国政府又玩弄起制造"两个中国"的阴谋。他们提出要台湾当局放弃金门、马祖，与大陆划峡而治。

9月30日，美国国务卿杜勒斯公开宣称，蒋介石在金门、马祖等岛屿驻扎军队"是愚蠢的、不明智的、不谨慎的"。

美国总统艾森豪威尔，明确表示对杜勒斯这个主张持赞同态度。

蒋介石出于"反攻大陆"的政治需要，对杜勒斯的讲话十分不满，指责他不尊重台湾，表示绝不能接受杜勒斯的主张。

这位一向支持台湾、颇受台湾当局欢迎的鹰派人物，一夜之间变成了遭人唾骂的魔鬼。

蒋介石与美国国务卿杜勒斯的矛盾被新闻媒体披露后，引起国际社会的关注，特别是引起舆论的注意。一些舆论认为，蒋介石仍然视大陆为中华民国的版图，台湾不能与大陆分离，不能搞两个中国。

这说明，当时在反对美国制造"两个中国"这一点上，海峡两岸的中国人是具有共同立场的。就此而言，台湾和大陆都骂美国的国务卿杜勒斯不是好人，谴责他妄图分裂中国，阴谋从中渔利，以便日后霸占台湾。

这么一来，就出现了一个有趣的现象：美国的杜勒斯变成了猪八戒，他拿镜子一照,吓了一跳:自己怎么里外都不是人了!

为了不使美国制造"两个中国"的阴谋得逞,同时,也是为了支持蒋介石反对杜勒斯,并且对台湾当局保持适度的压力,遏制其"反攻大陆"的嚣张气焰,以保障我东南沿海地区的安全,中国明确表示,对金门采取"打而不登、封而不死"的方针。

1958年10月6日,彭德怀发表《告台湾同胞书》,指出,金门战斗,是对台湾领导者们长时间以来对大陆猖狂袭击的惩罚,中国政府申明:"台、澎、金、马是中国的一部分","世界上只有一个中国,没有两个中国";"你们与我们之间的战争,是中国内部我们两方有关问题,不是中美两国有关的问题"。

《告台湾同胞书》建议海峡两岸"举行谈判,实行和平解决",反对美国人插手。

《告台湾同胞书》还明确宣布:"从10月6日起,暂以7天为期,停止炮击,你们可以充分地自由地输送供应物品,但以没有美国人护航为条件。如有护航,不在此例。"

《告台湾同胞书》充分阐明了炮击金门的正义性质,把中美两国之间的国际问题与国共两党之间的内政问题严格区别开来,把国民党上层统治集团与下层广大军民区别开来,既体现了斗争的坚定性,又具有策略的灵活性,从而利用和加深了台湾当局与美国政府之间的矛盾,争取了台、澎、金、马地区的普通军民,瓦解了国民党军的士气,使中国牢牢地掌握了台湾海峡斗争的主动权。

按照《告台湾同胞书》确立的原则和策略,人民解放军炮击金门进入打打停停的阶段,由原来的以军事打击为主,转变为以政治、外交斗争为主。

10月13日,彭德怀命令福建前线人民解放军停止炮击两星期,条件仍然是"美国人不得护航。如有护航,立即开炮"。

彭德怀发出这个命令的目的,是为了对付美国人的,是要再次向世界表明,台湾海峡两岸问题纯属中国内政,要打要停,要打要和,完全操之于我,是中国人自己的事情,外国人无权过问。

但是,美国政府再次想摸一摸中国的底牌,试一试中国人的胆量,于是,摆出一副强硬的架势。10月17日,宣布对台湾增加武装援助,19日,派出大批军舰继续给国民党海军护航。

中国人民解放军从来说到做到,毫不含糊。当美国军舰伴随着台湾舰船向金门岛开来时,解放军炮兵立即对金门进行大规模的猛烈炮击,护航的美国军舰再次被迫逃到外海。

这时,美国想趁机对蒋介石施加压力,逼迫台湾当局从金门、马祖撤军。

10月24日,美国国务卿杜勒斯,在国防部部长麦克尔罗伊陪同下,到台湾与蒋介石会谈,再次要求蒋介石把金门、马祖的驻军撤回台湾本岛,当即遭到蒋介石的拒绝。

为了加重美国和台湾当局之间的矛盾,为了"联蒋抗美",正当蒋介石和杜勒斯会谈之时,10月25日,彭德怀发表了《再告台湾同胞书》,彻底揭露美国搞"两个中国"的阴谋,重申了中华人民共和国政府反对"两个中国"和"一中一台"的一贯立场。指出:"中国人的事,只能由我们中国人自己解决,一时不能解决,可以从长商议";劝告国民党集团不要过于寄人篱下,受外国人摆布。

《再告台湾同胞书》同时还宣布,在美国军舰不来护航的条件下,我方逢双日不打金门的飞机场、料罗湾码头、海滩,以及运输船只,使金门等岛屿上的军民同胞能够得到充分的物资供应,以利于你们长期固守。

10月31日,中共中央军委又决定,将原定的逢双日不打机场、码头、海滩、船只的"四不打",改为"今后逢双日对任何目标一律不打炮","逢单日可略打一点炮,炮弹一般不超过200发"。

从此,炮击金门进入"双日不打单日打"的状态,大规模炮击逐步减少。后来逐渐停止了对金门的炮击,只在单日打一些宣传弹。

48. 他们既挑衅又害怕

为了使炮火连天的台湾海峡逐渐稳定下来,中国人民解放军对金门的炮击,于1959年逐渐停止下来。

对此,蒋介石暗暗拍手庆幸,因为1960年又轮到"总统"选举年,正好有个相对安定的环境供他再表演一番。

蒋介石自从退居台湾后,每逢新年、节庆,或是什么选举之类的时日,总要发表文告或演说,讲一些"反攻、复国"之类的话。

1960年3月,国民党召开"国民大会",选举所谓"总统"。在选举前的招待宴会上,蒋介石即席讲话,声称:我本希望不要再提名我为候选人,但是,最后大家仍然推我,我感到很惶恐。我今年已经74岁了,再连一任,如果还不能反攻，怎么对得起党国？！

接着，蒋介石话锋一转：此次国民大会，乃是反攻大陆前的最后一次会议，我们必须把握时机，完成使命。当蒋介石说到"最后一次"时，话音显得底气不足，因为这一类的话不知他已经说过多少遍了。

但是，蒋介石马上又抬高嗓门：今年是反攻大陆决定年，明年是反攻胜利年，我要带领你们打回大陆去！

这一次，蒋介石虽然还是重复"反攻复国"那一套，但是却与以往不同。因为大陆连年遭受自然灾害，人民生活艰难，粮食严重不足，市场供应十分紧张，国民经济处于严重困难时期。

这时，苏联又片面撕毁与中国签署的一切经济合同，撤走专家，中苏两国关系不断恶化。

由于大陆遭遇这许多困难，蒋介石认为这是反攻大陆的"天赐良机"，于是他打起精神，认真地进行反攻的各项准备。

这时，大陆也得到内部情报，蒋介石真的要发动进攻了。

蒋介石亲自主持召开国民党八届五中全会，通过了"光复大陆指导纲领"。他还亲自指导拟制反攻作战计划，成立了由陈诚等高级将领参加的"反攻行动委员会"，蒋介石亲自担任主任委员。

台湾"政务院"下令征收"国防"临时特别捐税，进行船舶、车辆动员编组；成立了"战地政务局"，作为指导战时地方动员工作；登陆成功后，作为在大陆建立政权的基础。

与此同时，国民党中央进行党员总登记，在国民党政工干校，临时开设了"战地政务班"，专门培训收复大陆后，派往各地的党政干部。

台湾"国防部"下达了征兵动员令，在军队中进行"反攻授旗仪式"，并且开始调兵遣将，加速进行临战训练。

"反攻圣战"已经迫在眉睫，只等蒋介石一声令下，立即出动了。

针对蒋介石进攻大陆的企图，中共中央军事委员会指示人民解放军各总部，立即行动起来，迅速做好各项战备工作；中央政府各部门、东南沿海各省也迅速行动起来，展开战前动员工作。

1962年6月10日，中共中央发出"准备粉碎国民党进犯东南沿海地区"的指示，要求全党全军和全国人民提高警惕，从各方面做好战备工作，随时准备投入战斗，决不让蒋介石的阴谋得逞。

人民解放军迅速投入了紧张的临战准备，制订作战计划，调整军事部署，命令作战部队开赴指定战区。同时，从驻内地各部队抽调近10万名老战士，作为战斗骨干，分别补充到参战各部队。

解放军各参战部队立即进入临战状态，紧急召回休假军官和一切外出人员；广泛深入地进行战备教育和思想政治动员。官兵们一致表示，坚决彻底歼灭一切敢于进犯大陆的国民党军。干部和战士们说，国民党军是我们的手下败将，台湾那几个老弱残兵即使倾巢出动，也不够我们打的，他们来多少，就歼灭多少，定叫他们"泥牛入海"有来无回。

兵马未动，粮草先行。东南沿海地区人民群众和民兵，在地方党委和政府领导下，积极投入支援前线的备战工作。各级政府筹集大批粮食、副食品和其他物资，运往预定作战地区。

各地人民群众支援前线的热情十分高涨，他们又像当年支援解放战争那样全力以赴。一致表示："要人有人，要物有物，只要解放军需要，我们保证及时运到，要多少，给多少。"

与此同时，新华通讯社发表评论，公开揭露国民党军队企图进攻大陆的狂妄野心，全国各报刊、广播电台同时大量报道各地军民、特别是东南沿海地区军民紧急备战、严阵以待的有关情况，警告敌人进攻大陆是死路一条。

台湾的国民党军毕竟力薄心虚，当他们了解到大陆军民已有充分准备时，官兵们心惊肉跳，惶恐不安。尤其是当年和解放军打过仗的那些老兵，更是心有余悸，谈虎变色。

这时，国民党当局也胆怯了。蒋介石获悉大陆已经有了全面准备，解放军正严阵以待，张开口袋，等他去钻了。

此时此刻，蒋介石不由得联想到十几年前在大陆屡遭惨败的噩梦，他长叹一声，暗暗思量：反攻计划只得忍痛放弃了。

需要指出的是，这次台湾的反攻计划所以成为泡影，还有一个重要因素，那就是美国害怕了。他们怕什么呢？一是怕和解放军打仗。一旦台湾和大陆打起来，蒋介石定败无疑。果真如此，美国管不管？不管，失信于《共同防御条约》，大丢面子；要管，又怕和解放军正面交锋，像朝鲜战争一样，陷入战争泥潭。二是，这时美国正策划入侵越南的战争，害怕蒋介石干扰他们占领越南的野心。

正当台湾军队的反攻准备进入高潮之时，美国总统肯尼迪沉不住气了。他公开表示，美国政府将奉行"决不会轻易陷入中国内战泥潭的原则，为了美国的国家利益，美国军人没有必要为台湾岛付出高昂的代价"。

美国总统肯尼迪的这个表态，够明确和无情的了。

可是，鬼迷心窍的蒋介石，出于政治上的需要，对于美国人的表态视而不见，充耳不闻，继续歇斯底里地大喊大叫反攻、复国。

无奈，美国总统肯尼迪于1962年8月1日，再次警告台湾当局和蒋介石："如果对大陆采取军事行动，那等于自杀。"肯尼迪还严厉地指出："如果台湾军队单独发动对大陆的进攻，是违反美国和台湾的《协防条约》基本原则的。"

稍有头脑的人一看便知，美国总统肯尼迪的言外之意是，如果你蒋介石真的敢于冒险，我们美国就爱莫能助了，所谓《协防条约》也就成为一纸空文了。

既然寄人篱下，就得听人家的话。在美国人的一再警告之下，蒋介石凉了半截，他深深感到，没有美国的支持，单靠自己，"反攻大陆、复兴党国"这条路恐怕是走不通了。他悲哀地承认，"反攻大陆实在是力难从心呀"。

就这样，蒋介石最后一次反攻大陆的计划胎死腹中了。

一场箭在弦上的台海战火，终于没有烧起来。

49. 被抛弃者的悲哀

在佛教的寺庙里，经常可以看到"法轮常转"四个大字。佛教用"法轮"比喻佛法。佛说："圆通无碍，运转不息，能摧破众生烦恼。"释迦牟尼成道之初，曾三度宣讲："苦、集、灭、道"四谛，佛家称之为"三转法轮"。《佛学源流》中说："佛家所说之教，不出四种法轮，'善静''方便''真实''无余'次第分明。"

由此可见，神仙菩萨还要随着"法轮"不停地"运转不息"，还讲究"圆通""真实""无余"，何况人呢！

可惜的是，蒋介石不信佛，他只信耶稣基督；同时他自称还信奉孙中山，说自己是"孙中山的信徒"，并以此自居。这就违背了佛家的"真实"。孙中山主张"联共"，蒋介石一生都在"反共"。更可悲的是，他违背了佛家的"圆通无碍"，也违背了"法轮常转"的道理，一辈子反共，一辈子死抱着美国洋人的大腿不放，不知灵活地转动一下，结果跌入"无边的苦海"。

这个小段子看似闲话，却非赘言，有史为证。

人类历史的车轮在不停地转动，它不以任何人的意志为转移。大凡逆历史潮流而动者，或不知与时俱进者，十有八九要被历史的车轮碾得粉碎。这也是人们常说的"螳臂当车"的下场。

20世纪70年代，中华人民共和国的国际地位进一步提高，中美关系开始改善，台湾当局意识到，自己有被抛弃的危险，如果一旦出现这种情况，反攻大陆的希望更为渺茫。

面对国际环境朝向有利于大陆、不利于台湾的急速转化，蒋介石不得不全面审视和调整各项方针政策。在军事方面，被迫从攻势战略转变为守势战略，确定采取"攻守兼备、攻防一体，以防为主、独立固守"的战略方针。

依据这个方针，国民党当局以台美《共同防御条约》为背景，制订了"乐成"作战计划，在此基础上，又制订了一个独立防守台湾的"固安"作战计划。为此，将台、澎、金、马等岛屿，划分为五个相对独立的作战区，强调"分区固守，独立作战"的指导方略。

后来，随着国际形势急剧变化，蒋介石时乖运塞，祸不单行。当他得知美国重量级人物基辛格访问北京时，神情恍惚，不思茶饭。没过几天，坏消息接踵而来。

1971年10月25日，第26届联合国大会，以76票赞成、36票反对、17票弃权的压倒多数，通过第2758号决议：恢复中华人民共和国在联合国的一切合法权利，并立即把蒋介石集团的代表从联合国及其所属一切机构中驱除出去。如此更坏的消息犹如晴天霹雳，把蒋介石和国民党大小官员，打得蒙头转向。

这个突然变化，等于在国际社会宣判了台湾统治集团的死刑，使其国际地位一下子跌到谷底，在世界上的活动空间急剧缩小。

当蒋介石还没有从这次打击中缓过神来，更大的打击再次降临他的头上，真是屋漏更遭连夜雨，船迟又遇打头风。1972年2月21日，美国总统尼克松访问北京，当天下午，毛泽东与尼克松实现了震动世界的历史性握手。

2月28日，中美两国政府在上海发表《中美联合公报》，即《上海公报》。在公报中，美方对台湾问题表明了自己的立场："美国认识到，在台湾海峡两边的所有中国人都认为只有一个中国，台湾是中国的一部分。美国政府对这一立场不提出异议。它重申它对由中国人自己和平解决台湾问题的关心。考虑到这一前景，它确认从台湾撤出全部美国武装力量和军事设施的最终目标。在此期间，它将随着这个地区紧张局势的缓和，逐步减少它在台湾的武装力量和军事设施。"

当蒋介石看到中美双方发表联合公报的新闻稿时，呆坐在沙发椅上许久说不出话来，事到如今，还有什么好说的呢。

自从尼克松到达北京，和毛泽东长时间握手这个电视画面传到台湾后，蒋介石就感觉到这个靠了几十年的靠山，现在终于靠不住了；洋大人为了他们自己的利益，要从台湾撤走了，今后靠谁呢？靠别人，哪个是靠得住的？到头来还得靠自己呀！

蒋介石耍码头、闯荡江湖一辈子，直到这时，他似乎才悟出了一个道理：靠自己。

用毛泽东的话来说，就是"自力更生，奋发图强"。共产党的《国际歌》有这样几句唱词："不靠神仙皇帝"，"全靠我们自己"。可以说，中国共产党的成功，这一条起了相当大的作用。

相反，国民党之所以失败，总是依靠美国，抱洋人的大腿，其结果是被人家抛弃。

蒋介石终于从沉睡中清醒过来，于是，他在1973年提出了"独立作战，自力更生，死里求生，坚持到底"的方针。

如此看来，蒋介石还真的下决心要自己干了，但这时他已经是87岁高龄了，而且多种疾病缠身，剩下的时间不多了。

蒋介石在近半个世纪的奋斗中依靠美国，反共打内战，按他当时的实力，对付共产党绰绰有余，可是由于他背叛孙中山的"联共"政策，逆潮流而动，破坏国共合作，搞民族分裂，卖国媚外，违反民意，其所作所为，遭到大多数人民反对，因此他总感觉力不从心，临战胆怯，不得不找美国洋大人做靠山，最后被洋大人一脚蹬开，方才明白过来，要自力更生，但为时已晚。

1975年4月5日，蒋介石因肺炎和心功能衰竭，救治无效死去，终年89岁。

蒋介石临死前七天，他口授遗嘱：余自束发以来，即追随总理革命，无时不以耶稣基督与总理信徒自居。

常言道，临死吐真言。然而，偏偏有极个别的人，临死也不吐真言。

蒋介石就是一个至死不吐真言的人，他说他追随孙中山革命并以孙中山信徒自居，这都是假话，对他干的背叛孙中山革命那些丑事却一字不提。

蒋介石在临死时仍然本能地要反攻大陆。他在遗嘱中说，要实践孙中山倡导的"三民主义"，还说他的"反共复国大业，方期日新月盛。"他仍然要坚守"光复大陆国土"的战斗决心。

真是至死不休，也算得上一位"至死不屈的英雄豪杰"。但是，他至死不知回头，反共到底，违背了佛爷的"圆通、真实、无余"，实在可悲可叹。

蒋介石的遗嘱虽然由宋美龄、严家淦、蒋经国等人签字生效，但是他们心里明白，反攻大陆是不可能的了，蒋介石的"遗愿"只能成为"遗恨"了。

蒋介石死后，蒋经国子承父业，掌握了国民党军政大权。在军事上，逐渐淡化了反攻大陆的陈词滥调，强调"独立固守"，后来又调整为"防卫固守，有效吓阻"。由于老蒋已经去世，国民党军不再向大陆主动挑衅，因此炮声隆隆的台湾海峡，逐渐平静下来。

50. 机遇一再丧失

对于如何使台湾与祖国大陆统一的问题，在过去长达几十年的时间里，随着国际国内形势的发展变化，中国共产党先后提出了"武力解放台湾""和平解放台湾""和平统一、一国两制""和平发展"等基本方针，由于种种原因，用武力解放台湾的计划早就被搁置起来，和平解放台湾的努力也未能实现，而"和平统一、一国两制"的设想又一再遭到台湾当局的拒绝，这不仅使"和平统一"的机遇一次又一次地丧失，而且使台湾问题越来越复杂化。

早在人民解放军横渡长江前夕，中共中央就已经估计到国民党集团逃离南京后有可能退守台湾，因此从那时起，就提出了最终要解放台湾的战略任务。

1949年3月15日，新华社受权发表《中国人民一定要解放台湾》的社论，指出："中国人民包括台湾人民，绝对不能容忍国民党反动派把台湾作为最后挣扎的根据地。中国人民解放军的任务就是解放全中国，直到解放台湾、海南岛和属于中国的最后一寸土地为止。"

社论最后提出："中国人民一定要解放台湾，一定要解放全中国！"

从1949年10月开始，人民解放军着手筹划解放台湾的各项工作，抓紧进行军事部署，成立了前线指挥部，由第三野战军副司令员粟裕任总指挥，加紧进行海、空军的组建和训练，以陆军一个兵团首先进行渡海登陆作战准备。

1949年12月31日，中共中央发表《告前线将士和全国同胞书》，明确提出，1950年的任务，是要解放包括台湾在内的全部国土，全歼蒋介石集团的最后残余势力。

然而，天有不测风云，国际形势瞬息万变。

1950年6月25日，朝鲜爆发战争。

6月27日，美国总统杜鲁门命令美国海军第七舰队进入台湾海峡，空军第十三航空队进驻台湾岛，公然以武力阻止中国人民解放台湾。

对于美国的侵略行径，周恩来发表严正声明："台湾属于中国的事实永远不能改变，我国人民必将万众一心，为从美国侵略者手中解放台湾而奋斗到底！"

后来由于"抗美援朝、保家卫国"，中国人民志愿军开赴朝鲜战场，人民解放军的战略重点由东南沿海转向东北地区，解放台湾的计划被迫搁置。

1953年7月朝鲜战争结束。台湾当局开始加紧与美国勾结，搞所谓"共同防御"。

1954年7月，中国共产党和中国政府，向全国人民和人民解放军再次提出解放台湾的任务，表示绝不能承认美国军事干涉和占领台湾。

美国政府不顾中国人民的强烈反对，于1954年12月2日，与蒋介石集团签订了《共同防御条约》，把台湾、澎湖列岛置于美国的"保护伞"下，阻挠中国统一。

对此，中国政府发表声明指出："所谓《共同防御条约》是非法的，无效的，一切关于所谓台湾和美国'共同防御'、台湾'独立国'、台湾'中立化'和'托管'台湾的主张，都是割裂中国领土，侵犯中国主权和干涉中国内政，都是中国人民绝对不能容忍的。"

中国政府重申，中国人民一定要解放台湾，完成自己祖国的完全统一。

为了表明中国人民一定要解放台湾等岛屿的坚定意志，1955年1月，人民解放军发起渡海战役，一举解放了一江山岛和大陈岛。

与此同时，中国共产党和中国政府开展了争取和平解放台湾的工作。一方面通过各种渠道与国民党当局取得联系，做蒋介石等人的工作，向他们提出了一系列和平解决台湾问题的倡议，争取国共双方坐下来谈判解决台湾问题；另一方面，敦促美国政府与中国政府谈判，缓和两国的紧张关系，缓和台湾海峡的紧张状态。

1955年4月，在亚非会议（即"万隆会议"）召开期间，周恩来发表声明指出："中国人民同美国人民是友好的。中国人民不要同美国打仗。中国政府愿意同美国政府坐下来谈判，讨论缓和远东紧张局势问题，特别是缓和台湾地区紧张局势问题。"

周恩来这一声明得到了美方的响应，由此促成了中美大使级会谈（日内瓦—华沙谈判）。

这一谈判，从1955年8月一直谈到1970年，历时15年，陆陆续续地谈了136次，核心就是台湾问题。

1955年4月下旬，周恩来在访问缅甸时，与吴努总理会谈，有意向美国和台湾当局传递信息，周恩来说，如果美军撤退，我们可能用和平的方式解放台湾；如蒋介石接受，我们欢迎他派代表来北京谈判，只要蒋介石同意中国的和平与统一，同意和平解决台湾问题，并且派代表来北京谈判，我们相信即使蒋介石本人，中国人民也可以宽恕他。

当年5月，周恩来在全国人大常委会第15次会议上，明确宣布，中国人民解放台湾有两种可能的方式，即战争的方式与和平的方式。中国人民愿意在可能的条件下，争取用和平的方式解放台湾。周恩来的讲话，是中国政府第一次公开提出"和平解放台湾"的主张。

连同前几次在国际场合的表态，为和平统一祖国创造了不可多得的机遇。

众所周知，朝鲜战争结束以后，中国进入全面社会主义建设时期，这不仅需要一个和平安定的环境，而且需要调动一切积极因素参加祖国的建设事业。在这样的历史背景之下，中国共产党进一步确立了争取用和平方式解放台湾的思路，并且明确提出，争取同国民党进行第三次合作。

1956年1月，毛泽东在最高国务会议上说，"古人有言，不咎既往"。只要现在爱国，国内国外一切可以团结的人都团结起来，为我们的共同目标奋斗。

毛泽东指出，比如台湾，那里还有一堆人，他们如果是站在爱国主义立场，如果愿意来，不管个别的也好，部分的也好，集体的也好，我们都要欢迎他们为我们的共同目标奋斗。

毛泽东明确表示，国共已经合作了两次，我们还准备进行第三次合作。

此后，毛泽东、周恩来在不同场合，进一步阐明和平解放台湾的具体方针政策，其中包括：

（一）省亲会友、来去自由。中国政府充分理解在台湾的国民党军政人员早日与家人团聚的心情和愿望，他们可以同在大陆的亲友通信，可以回到大陆省亲会友，各级人民政府保证来去自由，并提供各种方便和协助。

（二）既往不咎、立功授奖。凡是愿意走和平解放台湾道路的，不论先后，不论任何人，也不论过去犯有多大罪过，中国人民都将宽大对待，不咎既往；凡是在和平解放台湾中立了功的，中国人民将按照立功大小，给予应得的奖励和适当的位置。台湾只要与美国绝断关系，可以派代表回来参加全国人民代表大会和政协全国委员会，但外国军事力量必须撤离台湾海峡。

（三）国共合作、爱国一家。国民党和共产党合作过两次，第一次合作有国民革命军北伐的成功，第二次合作有抗日战争的胜利，这都是事实。和为贵，爱国一家，爱国不分先后。台湾问题是内政问题，中国共产党准备与国民党进行第三次国共合作。

（四）和平解放、互不破坏。和平解放台湾的可能性在增长。不但台湾同胞希望回到祖国怀抱，就是那些跑到台湾去的国民党军政人员，也有越来越多的人看到，只有实现统一，才是他们的唯一出路。如果台湾回归祖国，一切可以照旧，但是不要派特务来破坏，我们也不派"红色特务"去破坏他们。

中国共产党在处理台湾问题时，把同台湾当局之间的矛盾和与美国的矛盾区分开来，坚决反对外国势力的干预和插手。自从第一次炮击金门以后，美国政府为了其自身利益，一直逼迫蒋介石集团撤出金门、马祖，以造成海峡两岸"划峡而治"的局面。美国这一阴谋遭到了海峡两岸中国人的共同反对。

为了维护国家和民族的根本利益，中国共产党适时提出了"联蒋抵美"的策略。

从1960年开始，中国共产党对解决台湾问题，提出了许多重大原则和灵活的策略。

1960年5月22日，毛泽东主持中共中央政治局常委会议，讨论对台工作问题。他表示，台湾宁可放在蒋氏父子手里，不可落到美国人手中；对蒋介石我们可以等待，解放台湾的任务不一定要我们这一代完成，可以留交下一代人去办。

毛泽东指出，现在要蒋介石过来也有困难，逐步地创造些条件，一旦时机成熟就好办了。

毛泽东一再表示，台湾当局只要一天守住台湾，不使台湾从中国分裂出去，大陆就一天不改变目前的对台关系。

1963年，周恩来将中国共产党对台湾的政策归纳为"一纲四目"：

"一纲"就是台湾必须统一于中国。

"四目"就是：

（一）台湾统一于祖国后，除外交必须统一于中央外，台湾之军政大权、人事安排等悉委于蒋介石。

（二）台湾所有军、政以及经济建设，一切费用不足之数，悉由中央政府拨付（当时台湾每年赤字约8亿美元）。

（三）台湾的社会改革可以从缓，必俟条件成熟并尊重蒋介石的意见，协商决定后进行。

（四）双方互不派特务，不做破坏对方团结之举。

遗憾的是，中国第一代领导人毛泽东、周恩来对台湾当局这些真诚的期待，都石沉大海，没有得到对方的响应。

平心而论，中国共产党这种捐弃前嫌、不咎既往的善意和包容姿态，完全是出于中华民族的根本利益，本着爱国一家，爱国不分先后的原则，希望能够通过谈判的方式，实现国共第三次合作，和平解决台湾问题，使台湾回到祖国的怀抱，防止外国势力染指台湾。

任何不抱偏见的人，都会看到这是一次难得的机遇。

可是，蒋介石和国民党全然不顾民族大义，顽固地抱着一己、一党私利不放，坚持反共立场，眼睁睁地看着历史机遇一再丧失。

20世纪五六十年代，中国共产党提出了"和平解放台湾"的政策，如果说，这是实现祖国统一的一次很好的机会的话，那么，从20世纪70年代末期到90年代初期，以邓小平为核心的第二代领导人提出的"和平统一、一国两制"，则是完成祖国统一大业的最佳时机。

1978年12月，中国共产党十一届三中全会以后，实现了党和国家工作重心的转移，由以"阶级斗争为纲"，转变为以经济建设为中心，实行改革开放的政策。

这时，国际形势也发生了深刻变化，中美关系实现了正常化，从而为提出并确立和平解决台湾问题的方针创造了新的有利条件。在此背景下，中国共产党从国家和民族的根本利益出发，在毛泽东、周恩来关于"争取和平解放台湾"思路的基础上，确立了和平统一的大政方针。邓小平创造性地提出了"一国两制"的科学构想，在此基础上形成了"和平统一、一国两制"的基本方针。

早在中国共产党十一届三中全会之前，邓小平就曾经发出明确的信号，表明了解决台湾问题时要尊重台湾现实的思路。1978年10月8日，邓小平在会见日本朋友时表示，如果实现祖国统一，我们对台湾的政策将根据台湾的现实来处理。比如说，美国在台湾有大量投资，日本在那里也有大量的投资，我们正视这个现实。

此后不久，在中共十一届三中全会的公报中，首次用"希望台湾回到祖国怀抱，实现统一大业"来代替"解放台湾"的提法。

1979年元旦，全国人大常委会发表《告台湾同胞书》，郑重宣布关于台湾回归祖国、实现国家统一的大政方针。

《告台湾同胞书》一开头就饱含情意地说："今天是一九七九年元旦。我们代表祖国大陆的各族人民，向诸位同胞致以亲切的问候和衷心的祝贺。昔人有言：'每逢佳节倍思亲'。在这欢度新年的时刻，我们更加想念自己的亲骨肉——台湾的父老兄弟姐妹。我们知道，你们也无限怀念祖国和大陆上的亲人。这种绵延了多少岁月的相互思念之情与日俱增。"

《告台湾同胞书》接着语重心长地说："自从一九四九年台湾同祖国不幸分离以来，我们之间音讯不通，来往断绝，祖国不能统一，亲人无从团聚，民族、国家和人民都受到了巨大的损失。所有中国同胞以及全球华裔，无不盼望早日结束这种令人痛心的局面。"

《告台湾同胞书》接着指出："台湾自古就是中国不可分割的一部分。中华民族是具有强大的生命力和凝聚力的。尽管历史上有过多次外族入侵和内部纷争，都不曾使我们的民族陷于长久分裂。近三十年台湾同祖国的分离，是人为的，是违反我们民族的利益和愿望的，决不能再这样下去了。每一个中国人，不论是生活在台湾的还是生活在大陆上的，都对中华民族的生存、发展和繁荣负有不容推诿的责任。""早日实现祖国统一，不仅是全中国人民包括台湾同胞的共同心愿，也是全世界一切爱好和平的人民和国家的共同希望。""世界上普遍承认只有一个中国。""我们殷切期望台湾早日回归祖国，共同发展建国大业。""在解决统一问题时尊重台湾现状和台湾各界人士的意见，采取合情合理的政策和办法，不使台湾人民蒙受损失。"

《告台湾同胞书》指出：统一祖国"谁也不能回避，谁也不应回避，如果我们还不尽快结束目前这种分裂局面，早日实现祖国的统一，我们何以告慰于列祖列宗？何以自解于子孙后代？人同此心，心同此理，凡属黄帝子孙，谁愿成为民族的千古罪人？"

《告台湾同胞书》指出："我们寄希望于一千七百万台湾人民，也寄希望于台湾当局。""任何人都不应当拂逆民族的意志，违背历史的潮流。""台湾当局一贯坚持'一个中国'的立场，反对台湾独立。这就是我们共同的立场，合作的基础。我们一贯主张爱国一家，统一祖国，人人有责。希望台湾当局以民族利益为重，对实现祖国统一的事业作出宝贵的贡献。"

《告台湾同胞书》还提出了早日实现海峡两岸相互交流的建议："希望双方尽快实现通航通邮，以利双方同胞直接接触，互通讯息，探亲访友，旅游参观，进行学术文化体育工艺观摩。"希望双方"发展贸易，互通有无，进行经济交流。这是相互的需要，对任何一方都有利而无害。"

《告台湾同胞书》最后说："我们伟大祖国的美好前途，既属于我们，也属于你们。统一祖国，是历史赋予我们这一代人的神圣使命。时代在前进，形势在发展。我们早一天完成这一使命，就可以早一天共同创造我国空前未有的光辉灿烂的历史，而与各先进强国并驾齐驱，共谋世界的和平、繁荣和进步。让我们携起手来，为这一光荣目标共同奋斗！"

很明显，《告台湾同胞书》是新时期中国共产党和中央政府对台政策的重要宣示，它标志着对台政策的重大转变。态度是真诚的，是合情合理的。台湾方面本应该积极回应，俗话说，"投之以桃，报之以李"嘛，中华民族乃礼仪之邦，大面上总应该过得去吧。

然而，台湾当局却对大陆的一片良苦用心采取马耳东风、漠然置之的态度，把祖国同胞的善意呼唤，当作恶意的"统战"。他们站在顽固、僵硬的反共立场上，失去了应有的理智，说出了许多令人失望的话。

台湾当局发言人宣称，在任何情况下都绝不会同中国共产党进行任何形式的谈判。

蒋经国在国民党中常会上声称，国人必须提高警惕，洞悉中共统战策略。

国民党的"《中央日报》"也发表社论，大字标题赫然纸上："我们为何不与中共谈判"，用十分强硬的口气宣称："要达到铲除共党邪恶，摒绝赤色毒菌的目的，就应根本不与它有任何接触。"

就这样，中国政府出于民族大义，以诚恳的态度，伸出和解、友谊之手，但是，却被台湾当局断然拒绝；无情地顶了回来，而且又冒出一个"三不"来，即所谓"不接触，不谈判，不妥协"的"三不"政策。真是可悲可叹。

在采取和平方式解决台湾问题这件大事上，中国共产党向来是锲而不舍，一以贯之，尽管台湾当局对大陆这些努力一再无理拒绝，中国共产党并没有失去信心，而是继续本着"高情致远，相忍为国"的耐心、包容态度，再次向台湾当局伸出友情之手。

1981年9月30日，叶剑英对新华社记者发表谈话，又一次提出台湾回归祖国、实现和平统一的九条方针、政策。

被新闻媒体通称为"叶九条"：

（一）为了尽早结束中华民族陷于分裂的不幸局面，我们建议举行中国共产党和中国国民党两党对等谈判，实行第三次合作，共同完成祖国统一大业。双方可先派人接触，充分交换意见。

（二）海峡两岸各族人民迫切希望互通音讯、亲人团聚、开展贸易、增进了解。

我们建议双方共同为通邮、通商、通航、探亲、旅游以及开展学术、文化、体育交流提供方便，达成有关协议。

（三）国家实现统一后，台湾可作为特别行政区，享有高度的自治权，并可保留军队。中央政府不干预台湾地方事务。

（四）台湾现行社会、经济制度不变，生活方式不变，同外国的经济、文化关系不变。私人财产、房屋、土地、企业所有权、合法继承权和外国投资不受侵犯。

（五）台湾当局和各界代表人士，可担任全国性政治机构的领导职务，参与国家管理。

（六）台湾地方财政遇有困难时，可由中央政府酌情补助。

（七）台湾各族人民、各界人士愿回祖国大陆定居者，保证妥善安排，不受歧视，来去自由。

（八）欢迎台湾工商界人士回祖国大陆投资，兴办各种经济事业，保证其合法权益和利润。

（九）统一祖国，人人有责。我们热诚欢迎台湾各族人民、各界人士、民众团体通过各种渠道、采取各种方式提供建议，共商国是。

叶剑英对记者讲完这九条之后，接着指出："台湾回归祖国，完成统一大业是我们这一代人光荣、伟大的历史使命。中国的统一和富强，不仅是祖国大陆各族人民的根本利益所在，同样是台湾各族同胞的根本利益所在，而且有利于远东和世界和平。"

叶剑英恳切地说："我们希望广大台湾同胞，发扬爱国主义精神，积极促进全民族大团结早日实现，共享民族荣誉。"

叶剑英发出呼吁："我们希望国民党当局坚持一个中国、反对'两个中国'的立场，以民族大义为重，捐弃前嫌，同我们携起手来，共同完成统一祖国大业，实现振兴中华的宏图，为列祖列宗争光，为子孙后代造福，在中华民族历史上谱写新的光辉篇章！"

"叶九条"出来后，在海内外引起极大反响，因为它把大陆对台湾的方针、政策发展到一个新的高度，而且更加具体、务实。如果说两年多前发表的《告台湾同胞书》是新时期中国共产党和中国政府对台湾方针的重大转变，那么"叶九条"就是新时期对台湾方针的进一步深化与发展。

51. 历史留下的一个大问号

"叶九条"的核心是第三条和第四条,这两条的重大之处在于,它第一次正式提出了统一后台湾可作为特别行政区,享有高度自治权,现行社会、经济制度不变,并可以保留军队。当时虽然没有挑明"一国两制",而实际上这个方针已经提出来了。

1982年1月11日,邓小平在一次谈话中说:"'叶九条'方针是以叶剑英名义提出来的,实际上就是,'一个国家,两种制度'。"

邓小平在另一次谈话中还说:"我们希望台湾方面仔细研究一下叶剑英提出的九条方针政策的内容,消除误解。"

中国改革开放的总设计师邓小平,在祖国统一这个重大历史课题面前,怀有一种深情的历史责任感。他在指导改革开放和经济建设的同时,提出著名的"一个国家,两种制度",以此实现祖国统一的独特构想。这是邓小平的伟大历史功绩之一。

1983年6月26日,邓小平在会见美国新泽西州西东大学教授杨力宇时,针对如何解决台湾问题,再次向国民党建议,国共两党举行会谈,共同完成中华民族统一大业。

邓小平以他那特有的简洁、精准、高度概括的语言指出:"问题的核心是祖国统一。和平统一已成为国共两党的共同语言。但不是我吃掉你,也不是你吃掉我。我们希望国共两党共同完成民族统一,大家都对中华民族作出贡献。"关于统一后的自治问题,邓小平指出:"我们不赞成台湾'完全自治'的提法。自治不能没有限度,既有限度就不能'完全'。'完全自治'就是'两个中国',而不是一个中国。制度可以不同,但在国际上代表中国的,只能是中华人民共和国。我们承认台湾地方政府在对内政策上可以搞自己的一套。"

邓小平还说:"台湾作为特别行政区,虽是地方政府,但同其他省、市以至自治区的地方政府不同,可以有其他省、市、自治区所没有而为自己所独有的某些权力,条件是不能损害统一的国家利益。"邓小平还具体地谈了关于"台湾特别行政区"的设想:"祖国统一后,台湾特别行政区可以有自己的独立性,可以实行同大陆不同的制度。司法独立,终审权不须到北京。台湾还可以有自己的军队,只是不能构成对大陆的威胁。大陆不派人驻台,不仅军队不去,行政人员也不去。台湾的党、政、军等系统,都由台湾自己来管。中央政府还要给台湾留出名额。"

邓小平在谈到如何实现统一时指出,台湾当局主张的"所谓'三民主义统一中国',这不现实。""要实现统一,就要有个适当方式,所以我们建议举行两党平等会谈,实行第三次合作,而不提中央与地方谈判。双方达成协议后,可以正式宣布。但万万不可让外国插手,那样只能意味着中国还未独立,后患无穷。"

邓小平还说:"和平统一祖国的方针,是我们党的十一届三中全会以后制定的,有关政策是逐渐完备起来的,我们将坚持不变。"邓小平深情地说:"我们是要完成前人没有完成的统一事业。如果国共两党能共同完成这件事,蒋氏父子他们的历史都会写得好一些。当然,实现和平统一需要一定时间。如果说不急,那是假话,我们上了年纪的人,总希望早日实现。要多接触,增进了解。我们随时可以派人去台湾,可以只看不谈。也欢迎他们派人来,保证安全、保密。我们讲话算数,不搞小动作。"①

邓小平这些话,很快就传到了台湾当局领导人的耳朵里。

然而,已经继承其父蒋介石权位的蒋经国,虽然也坚持一个中国的原则,也主张用和平方式统一中国,但他却别有用心地坚持用所谓"三民主义统一中国",想以此统掉大陆的社会主义制度,而且始终坚持不肯做出让步,拒绝与共产党举行会谈,实际上他就是不想统一。因此,蒋经国最终没有作出符合历史潮流的抉择,向统一的道路迈出关键的一步,真是令人遗憾。

然而,历史发展又不像台湾当局想得那么简单,随着中国大陆改革开放和经济建设突飞猛进,成就辉煌,加之"和平统一,一国两制"的构想被越来越多的人所接受,祖国统一势在必行,人心所向,大势所趋。台湾当局对大陆的"三不"原则(不接触、不谈判、不妥协)不仅遭到台湾岛内许多人的反对,在国际上也引起不满。台湾当局日益感到形势逼人,因此对僵硬的大陆政策不得不做些调整,对限制台湾民众与祖国大陆人民交往的种种规定也不得不有所松动。

1984年月1月,台湾"行政院长"孙运璇宣布,台湾人士在国际学术、科技、体育、文化等方面的会议和活动中,可以与大陆人士接触。这是台湾当局对两岸

---

① 《邓小平文选》第三卷,人民出版社1993年版,第30~31页。

民间交流的首次公开表示松动。

1985年7月，台湾当局宣布对大陆的转口贸易不加限制。同时，在与大陆通邮和探亲问题上，也由原来的严厉禁止，转变为不过分干涉。

蒋经国在其执政的最后两年（1986年、1987年），亲眼看到大陆在各方面发展很快，在国际上的大国地位和威望稳步提高，而台湾在国际上的活动空间越来越小，促使他对大陆的看法逐渐转变，有意向大陆靠近。1986年在国民党召开的十二届三中全会上，在强调革新和开放的气氛中，一些原本属于禁忌的敏感话题，如"解禁""解除戒严"；还有什么统一呀，交流呀，大陆发展如何如何等等，这样一些过去只能凑在耳边偷偷说的话，也有人敢于在人群中说了，有的还成为热门话题，盼望加强同大陆的联系。

受这种思潮的影响，蒋经国在国民党中央全会上，作了《中国之统一与世界和平》的报告。在这个报告中，蒋经国承认"时代在变，环境在变，潮流在变"，并且代表国民党提出希望和平统一的主张。

1987年7月5日，蒋经国宣布解除台湾地区长达38年的戒严令，随后又宣布解除民众赴香港、澳门地区观光的限制。同年11月2日，又正式开放台湾民众赴大陆探亲。

蒋经国这一系列举措，是个突破性的进展，十分有利于海峡两岸的和解。

令人惋惜的是，蒋经国不幸在1988年1月因病去世。

蒋经国去世后，使这个刚刚开头的良好进程因失去权威动力而逐渐停顿下来。

在蒋介石和蒋经国主政的两蒋时代，虽然始终未能走向和平统一的光明大道，但起码还是在通往和平的路口徘徊了几十年。那时无论蒋介石如何叫嚷"反攻大陆、复兴党国"，无论蒋经国如何鼓噪"三民主义统一中国"，总还是都承认只有一个中国，虽然没有统一成功，但是好歹有个商量的基础。尤其是到了蒋经国晚年，台湾的僵硬政策曾一度出现松动。

糟糕的是，由于李登辉上台，掌握了台湾军政大权，这种松动没有能够继续发展成为一种有力的势头，中途转了向。

这个媚日亲美的李登辉，鄙视大陆，加之美国大量售台先进武器，使台湾当局与大陆的关系逐渐恶化。那时李登辉嚣张得不得了，甚至骂大陆是"巴儿狗"，只会叫，不会咬人。后来又冒出一个"小丑政客"陈水扁，他大搞"台湾独立""一边一国""去中国化"，结果使台湾海峡局势发生了新的危机。

为了扭转"台独"势力继续制造分裂的不利局面，江泽民同志于1995年1月

30日发表题为《为促进祖国统一大业的完成而继续奋斗》的讲话。

江泽民指出："值得所有中国人警惕的是，近年来台湾岛内分离倾向有所发展，'台独'活动趋于猖獗。某些外国势力进一步插手台湾问题，干涉中国内政。这些活动不仅阻碍着中国和平统一的进程，而且威胁着亚太地区的和平、稳定和发展。"

江泽民在这次讲话中提出了八项主张，主要内容如下：

（一）坚持一个中国的原则，是实现和平统一的基础和前提。中国的主权和领土决不容许分割。任何制造"台湾独立"的言论和行动，都应坚决反对；主张"分裂分治"、"阶段性两个中国"等等，违背一个中国的原则，也应坚决反对。

（二）对于台湾同外国发展民间性经济文化关系，我们不持异议。在一个中国的原则下，并依据有关国际组织的章程，台湾已经以"中国台北"名义参加亚洲开发银行、亚太经济合作会议等经济性国际组织。但是，我们反对台湾以搞"两个中国"、"一中一台"为目的的所谓"扩大国际生存空间"的活动。

（三）进行海峡两岸和平统一谈判，是我们的一贯主张。在一个中国的前提下，什么问题都可以谈，包括就两岸正式谈判的方式问题同台湾方面进行讨论，找到双方都认为合适的办法。我们曾经多次建议双方就"正式结束两岸敌对状态、逐步实现和平统一"进行谈判。在此，我再次郑重建议举行这项谈判，并且提议，作为第一步，双方可先就"在一个中国的原则下，正式结束两岸敌对状态"进行谈判，并达成协议。

（四）努力实现和平统一，中国人不打中国人。我们不承诺放弃使用武力，决不是针对台湾同胞，而是针对外国势力干涉中国统一和搞"台湾独立"的图谋的。我们完全相信台湾同胞、港澳同胞和海外侨胞理解我们的这一原则立场。

（五）面向二十一世纪世界经济的发展，要大力发展两岸经济交流与合作，以利于两岸经济共同繁荣，造福整个中华民族。我们主张不以政治分歧去影响、干扰两岸经济合作。我们将继续长期执行鼓励台商投资的政策。继续加强两岸同胞的相互往来和交流，增进了解和互信。两岸直接通邮、通航、通商，是两岸经济发展和各方面交往的客观需要，也是两岸同胞利益之所在，完全应当采取实际步骤加速实现直接"三通"。

（六）中华民族儿女共同创造的五千年灿烂文化，始终是维系全体中国人的精神纽带，也是实现和平统一的一个重要基础。两岸同胞要共同继承和发扬中华文化的优秀传统。

（七）两千一百万台湾同胞，不论是台湾省籍还是其他省籍，都是中国人，都是骨肉同胞、手足兄弟。我们欢迎台湾各党派、各界人士，同我们交换有关两岸关系与和平统一的意见，也欢迎他们前来参观、访问。凡是为中国统一作出贡献的各方面人士，历史将永远铭记他们的功绩。

（八）我们欢迎台湾当局的领导人以适当身份前来访问；我们也愿意接受台湾方面的邀请，前往台湾。可以共商国是，也可以先就某些问题交换意见，就是相互走走看看，也是有益的。中国人的事我们自己办，不需要借助任何国际场合。海峡咫尺，殷殷相望，总要有来有往，不能"老死不相往来"。

江泽民最后说："早日完成祖国统一，是中国各族人民的共同心愿，无限期地拖延统一，是所有爱国同胞不愿意看到的。""我们呼吁所有中国人团结起来，高举爱国主义的伟大旗帜，坚持统一，反对分裂，全力推动两岸关系的发展，促进祖国统一大业的完成。中华民族现代发展进程中这光辉灿烂的一天，一定会到来。"①

江泽民的讲话发表后，李登辉又玩弄他的"双刀法"。一方面他表示希望两岸加强交流，另一方面却暗中策划到美国进行所谓"私人访问"。正是李登辉这次访美活动，引发了一场中美之间的严重危机，严重地损害了中美关系，导致中国政府召回驻美大使，使中美关系再次降到冰点。

李登辉在美国大肆鼓吹"中华民国在台湾"，为"台独"寻求国际承认。极力宣扬所谓"台湾经验"。

李登辉访美及其一系列分裂祖国的言行，彻底暴露了他的"台独"野心，证明他就是"台独"的大老板。由于李登辉的地位之高，权力之大，政治影响之深，他的访美活动立即在台湾岛内外引起轩然大波。

李登辉访美的分裂行径，对台湾的民进党和其他台独分子来说，恰似打了一针兴奋剂，霎时间"台湾独立""台湾国""台湾共和国"等奇声怪调甚嚣尘上，海峡两岸的紧张关系进一步加剧。

现在回过头来看，假若蒋经国能够再多活几年的话，假若他不选错李登辉这个接班人的话，也许海峡两岸的问题会继续向好的方向发展下去，说不定蒋经国的历史真的可以写得好一点呢！

很可惜呀，历史是不能假设的，人们可以有这样那样良好的愿望，但能否成为现实，则是另外一回事了。

如今看来，对20世纪七八十年代出现的一系列和平统一机遇的丧失，实在

---

① 《江泽民文选》第一卷，人民出版社1997年版，第420～423页。

是太可惜了。

这再次证明，历史的发展是复杂多变的，它不以人们的意志为转移。

20世纪最后两个十年的历史已经过去，翻开21世纪新的一页，胡锦涛同志提出和平发展两岸关系的新方针。2008年，国民党赢得台湾地区的领导权之后，大陆与台湾及时把握两岸关系和平发展这个主题，以"九二共识"为基础，全面深化两岸经济交流合作，扩大两岸各界往来，反对和遏制"台独"分裂活动，为两岸同胞谋福祉，为中华民族开创未来，签署了多项经济协议，经过多方努力，两岸互信已经取得初步成果。

世界在变，台湾在变，海峡潮流在变，台湾民心也在变。2012年5月，国民党的马英九已连任台湾地区领导人，确认海峡两岸为"一国两区"。"台独"已经走进死胡同，现在民进党也不得不考虑与大陆改善关系。

但是，我们不能掉以轻心，两岸和平发展还有很长的路要走。许多台独分子和有分裂倾向的人仍然不死心；另外还有那么一些人，总想使台湾现状无限期地拖延下去，使之永久化，搞事实上的"台湾独立"。

特别要注意的是，美国仍然不撒手台湾，继续售台武器，把台湾纳入其"安全范围"，粗暴地干涉中国内政。

2012年4月13日，美国两个有影响的人物发表文章：《美国军方为什么需要台湾》。这两个人是美国智库2049项目（即关于亚太地区安全问题的研究项目）研究所执行所长马克·斯托克斯和该所高级研究员萧良其。他们声称："台湾的未来和美国对该地区安全事务的关注，存在密切的联系。"他们甚至说："事实上，台湾是美国的核心利益。"他们强调："台湾作为美国特定联盟的伙伴，在空海一体战、联合作战介入概念和亚太地区战略再平衡中，发挥着关键的作用。"他们还露骨地说："在美国所有潜在的联盟伙伴中，没有哪个伙伴的重要性能超过台湾。"

就在上述文章发表两个星期后，即4月28日，白宫官员声称：奥巴马政府将"认真考虑"向台湾出售新型F-16战斗机。说，"考虑到台湾所受到的不断增长的军事威胁，新战机出售值得认真考虑"；还说，"美国政府将与台湾就其全面防御战略和资源计划的发展进行合作"。

与此同时，美国国会授权的一个委员会，发表研究报告，声称"如果中国诉诸武力统一台湾，美国进行军事干涉时，中国不断增加的太空能力，能够破坏美国的军事反应能力"。因此，美国要大力发展反卫星武器。

人们不禁要问，海峡两岸正在和平发展的轨道上前进，美国白宫和国会如此一唱一和，其目的何在？这不是昭然若揭吗！

所以，对于美国一再插手台湾问题，台湾当局迟迟不想商谈统一问题，分裂势力仍然有活动空间。在这种局势下，台湾问题的结局究竟如何，以及何时才能实现和平统一，留给人们的仍然是一个大大的问号！

第七章
不为任何风险所惧

20世纪50年代初期，美国在朝鲜打了一场自己承认的"错误战争""失败的战争"之后，刚进入60年代，他们又到越南去打。再联系到近些年来美国连续发动的几场战争，更令人触目惊心。这个历史轨迹，值得我们警觉呀！

越南是中国的近邻，当他们遭到美国的侵略时，中国不怕引火烧身，勇敢地担起援越抗美的重任。那时毛泽东对越南领导人说，中国七亿人民，是越南人民的坚强后盾。中国辽阔的国土，是越南人民的可靠后方，为了支持越南人民夺取抗美战争的彻底胜利，中国人民准备承担最大的民族牺牲。

美国侵略越南，直接威胁中国的安全。为了援助越南抗击美国侵略者，为了保护我们自身的安全，中国不为任何风险所惧，毅然介入这场战争。周恩来说，如果美国狂人滥施轰炸，中国决不坐以待毙，他们从天上打过来，我们就要从地上打过去，轰炸就是战争，战争就不可能有界限。美国想单纯依靠轰炸解决战争问题，根本不可能。

毛泽东对越南领导人说，我们两党两国要合作，共同对敌。你们的事就是我们的事，我们两家无条件地共同对敌。

中国领导人对越南这种诚恳无私的支持，给了越南人民极大的鼓舞。

中国援越抗美这段历史，和抗美援朝一样可歌可泣，正像越南国家主席胡志明说的那样，中越两党两国在斗争中结下了"同志加兄弟"的友谊，它值得中越两国人民永远记取和珍惜！

52. "新月形包围"不灵

美国侵略朝鲜的战争结束七年后，他们又发动侵略越南的战争，并且采取"逐步升级战略"，把战争从南方扩大到北方，威胁中国西南地区的安全。

美国的企图是，征服越南，对中国构成所谓"新月形"的包围，也就是现在人们所说的"C形包围"。

中共中央政治局作出"援越抗美"的战略决策，决心打破美国从西南方向包围中国的企图。

但是，这次中国采取的方法与抗美援朝不同，中国军队不与美国军队直接交锋，而是用后方支援的方法（包括防空作战），帮助越南克服困难，战胜美国侵略者。

越南人民的领袖胡志明，运用游击战术，大打人民战争，使美国人深深地陷入丛林战的泥潭，吃尽了陷阱和竹扦的苦头，最后以彻底失败而告终。

美国侵越战争的惨败，令其举国上下头疼不已，成为美国人的永久恶梦。

中国在同美国的多次较量中得出结论：美国强大的军事力量并不那么可怕，它是可以打的，而且是可以打败的。中国人民解放军敢于同美军交锋，具有胜利信心，这是打出来的本领，是从长期斗争中获得的经验。

那时，美国扼制中国的战略目标，是想最终形成一个由东北亚到中南半岛的"新月形包围圈"，可是他们处处碰壁，总不能得手。1950年，美国侵略朝鲜，想从朝鲜半岛威胁中国，结果碰得头破血流。接着，又把手伸进台湾海峡，想霸占台湾，从东南方向威胁中国，结果被人民解放军炮击金门的绞索套住，想打不敢打，想缩缩不回。最后又侵略越南，想从西南方向威胁中国，结果深陷泥潭，被中越两国人民打得丢盔卸甲，落荒而逃。

这段历史说起来话长。

南亚的三国，即越南、老挝、柬埔寨，过去一直是法国殖民主义者的势力范围。

法国侵略军被越南人民打败后，法国政府被迫于1954年7月在日内瓦协议上签字，确认越、老、柬三国独立，并从三国领土上撤走其"远征军"。

法国殖民主义者从越南撤军后，美国乘机取而代之。

　　1961年5月，美国为了挽救濒临灭亡的（南越）西贡吴庭艳集团，派出"特种部队"进入越南南方，直接参加南越的"反游击战战争"，阴谋变南越为美国殖民地，阻挠越南南北统一。

　　美国介入南越战争是违背"日内瓦协议"的。

　　1954年7月召开的日内瓦会议，有中国、美国、苏联、法国、英国、越南等国参加，以中、苏、越为一方，美、法、英为另一方。经过与会各国协商，就"恢复印度支那和平"达成协议，法国同意撤军。

　　法军从越南撤走后，以北纬17度线为界，把越南划分为南、北两方。南越是由美国支持的吴庭艳集团统治，西贡是他们的"首都"。越南民主共和国（北越）是由胡志明主席领导的共产党执政，首都是河内市。

　　《日内瓦会议最后宣言》向世界宣布："日内瓦会议的每个与会国家，在对柬埔寨、老挝和越南三国的关系上，保证尊重上述各国的主权、独立、统一和领土完整，并对其内政不予任何干涉。"

　　但是，美国政府却拒绝在会议最后宣言上签字。这说明，美国虽然参加了会议，但它并没有安什么好心，表面上做做样子，内心却另有自己的图谋。

　　美国自以为比法国强大，入侵南越后声称，只需18个月就可以解决整个越南问题，并且打算在越南北方建立军事基地。

　　1962年2月，美国将原驻南越军事援助顾问团，改组为"美国驻南越军事援助司令部"，负责统一指挥南越伪军和美国特种部队。同时，美国派往南越的武装部队和军事人员增至11300多人。

　　南越伪军和美军"特种部队"相互勾结，大肆屠杀南越人民。他们以"诉共""灭共"为由，大量抓捕、监禁热爱越南祖国的人士和无辜民众。

　　越南南方人民忍无可忍，奋起反抗。在南越民族解放阵线的领导下，南方游击队迅速发展壮大，展开了轰轰烈烈的抗美自卫战争。

　　美国的"特种部队"和南越伪军深陷越南人民游击战争的汪洋大海。

　　对于美国入侵越南南方的罪恶行为，中国政府从一开始就表明了坚决反对的原则立场，并郑重声明，中国政府严重关切美国这一步骤所造成的危险形势。

　　1961年9月11日，毛泽东在致越南领导人胡志明的电报中表示："我们完全同情和坚决支持越南人民为反对美帝国主义的侵略、反对南越卖国集团的恐怖统治、争取祖国和平统一的爱国正义斗争。"

　　1962年夏，中越两国领导人在北京举行会晤，共同分析了美国可能扩大侵越战争的企图，并且估计，美国很有可能进一步袭击越南北方。

中国政府应越南方面的要求,双方商定,第一步先由中国迅速向越南提供装备230个步兵营的武器弹药。

同年九十月间,毛泽东先后两次会见以阮文孝为团长的越南南方民族解放阵线代表团和以武元甲为团长的越南军事代表团,再次对越南人民抗美救国斗争表示坚决支持和帮助。

1963年3月,时任中国人民解放军总参谋长罗瑞卿率领中国军事代表团访问越南,与越南人民军领导人商讨中国政府如何支援越南抗美斗争的有关事项,并且商讨了如果敌人向北越进攻,中国将以实际行动援助越南的具体步骤,以及中越两军如何配合作战等问题。

同年5月,刘少奇和陈毅访问越南,代表中国政府向胡志明等越南领导人表示:"我们同你们是站在一起的,打起仗来,你们可以把中国当成你们的后方。"

1963年8月29日,毛泽东发表《反对美国—吴庭艳集团侵略越南南方和屠杀越南南方人民的声明》,严正指出:"美帝国主义破坏了第一次日内瓦会议的协议,阻挠越南的统一,对越南南方公开地进行武装侵略,打了多年的所谓特种战争。美帝国主义又破坏了第二次日内瓦会议的协议,对老挝进行了露骨的干涉,企图在老挝重新挑起内战。"

声明指出:对于美帝国主义的干涉和侵略,"除了存心欺骗人们或者十分天真的人们以外,谁也不会相信,一纸条约会使美帝国主义放下屠刀,立地成佛,或者变得稍为规矩些。"①

毛泽东郑重表示:"我们中国人民坚决支持越南南方人民的正义斗争!"

1964年6月24日,毛泽东在北京会见越南人民军总参谋长文进勇时说:"我们两党两国要合作,共同对敌。你们的事就是我们的事,我们的事就是你们的事。就是说,我们两家无条件共同对敌。"②

毛泽东这种诚恳和毫无保留的支持,给越南人民以极大的鼓舞。

随着越南南方人民反美斗争的深入进行,中国对越南南方人民武装力量的援助也在不断增加。

越南劳动党领导人黄文欢曾经这样说过:"越南南方解放军和游击队的全部武器装备,除了一部分是从敌人手中缴获的之外,几乎都是中国提供的。"

那时,为了运送大量军援物资,中国拿出巨额款项,开辟了通过柬埔寨到达

---

① 《建国以来毛泽东军事文稿》下卷,军事科学出版社、中央文献出版社2009年版,第187页。
② 《建国以来毛泽东军事文稿》下卷,军事科学出版社、中央文献出版社2009年版,第236页。

越南南方的运输线,并且在海南岛建立了一个秘密港口,从海上向越南运送援助物资。此外,中国每年还向越南提供几千万美元现金,供越南向国际市场购买所需物资。

人们可曾知道,那时中国几乎没有什么外汇储备,有一点外汇,也是用劳动人民的血汗换来的。

中国援助越南南方的大量武器弹药和其他军用物资,是通过三条秘密通道运往越南南方的。

第一条秘密通道是从广西、云南运到越南北方,然后通过著名的"胡志明小道"运往南方。

第二条秘密通道是海上通道。这是一条从中国海南岛横穿北部湾直接到达越南南方的秘密通道。许多军用物资和武器弹药,在海南岛港口装上"工作船"(内部保密代语,这些船都是一般的渔船),于夜间运往越南南方,天亮前必须靠岸,然后交给接应的越南南方解放军或地方党政人员。

第三条秘密通道是通过柬埔寨运入越南南方。这条通道是把中国援助的军用物资,先用轮船秘密运到柬埔寨某个秘密港口,然后通过柬方与中、越友好人士的安排,由柬埔寨北方与越南毗连的山区直接运入南越。

这三条秘密通道在各方积极努力下,运输效率很高。

值得称赞的是,这三条秘密运输通道的保密工作做得非常成功。在很长时间内,敌人一直摸不清这三条运输通道的详细情况。其原因除越南的山岳丛林利于隐蔽外,主要是保密工作做得好。那时,每一批武器弹药和其他军用物资,在整个运输过程中都有严谨、周详的安排,从双方总参作战部和有关部门,以及有关军区下达指令,到装车、装船、起运、途中运行、卸载、倒运,一直到抵达目的地,每一个环节都有专人单线联系,暗中操作,一切都是悄悄地、有条不紊地高效运作。

另一个值得称道的是那条闻名于世的、神秘的"胡志明小道"。所谓"胡志明小道",是越南进行人民战争的标志之一。越南人民在胡志明领导下,在山地丛林中开辟了一条从北方到南方的以人力(主要是自行车、手推车、骡马)为主的秘密运输通道。成千上万的越南军民,每天像蚂蚁搬家一样,昼夜不停地往返于这条深山老林中的秘密小道上。许多武器包括一些重型武器(如大口径火炮)和大量弹药,都是通过这条小道运往南方的。为了把一些山炮、野炮、榴弹炮等重型武器运往南方,他们把大炮拆开,用骡马驮运、人抬、手推车载运等方法,一个零件一个零件地运到南方,然后再装配起来去打击敌人。

53. 不怕"逐步升级战略"

越南南方民族解放阵线在越南北方和中国的全力支援下，以人民战争对付美国的"特种战争"。尽管美国派往南越的特种部队到1963年已增至16000人，加上南越的伪军38万人，但是南越解放军愈战愈强，不断获得新的胜利。

美国特种部队和南越伪军采取了十分残酷和灭绝人性的战争行为，例如运用"机载进攻"（即用武装直升飞机进行快速、猛烈的打击），实施"焦土战"（投掷大量凝固汽油弹，把游击队活动地区烧成一片焦土），大搞"闭锁轰炸"（即对可能驻有解放武装力量的村庄、山林，从空中进行毁灭性轰炸），进行大面积的"化学战"等等，企图使南越人民和解放军屈服，同时采用军事和政治宣传手段，妄图把解放武装力量和人民群众隔离开来。

越南人民永远不能忘记的是，美国特种部队在越南大搞化学战的罪行，他们为了使丛林丧失隐蔽功能，造成越南游击队无法利用丛林藏身，美国空军用飞机大量喷洒化学落叶剂、除草剂，不仅造成大片森林枯死，也使许多农田受害，更使水土遭受深度污染，造成大量新生儿畸形，直至多年后的今天，越南的畸形儿还在增加。

可是，现在越南有些人却忘记了这段历史，认敌为友，和美国人打得火热。

那时，美国特种部队虽然挖空心思，想方设法运用各种手段，打击越南南方人民武装力量，但是效果仍然不大。

越南南方人民在民族解放阵线的领导下，依托山岳丛林有利条件，广泛开展人民战争，大打游击战，广大军民英勇奋战，打得美国侵略军狼狈不堪。

当时南越人民创造了一种"陷阱战法"。他们用过去捉野兽的方法，在敌人必经之路挖了许多深坑，坑底插上若干削得像尖刀一样锋利的竹扦，陷阱上面巧妙地覆盖好伪装，然后诱敌前来。当那些傻乎乎的美国大兵只顾追赶游击队或年轻妇女时，一脚踏上去，翻身落入陷阱，被竹扦穿破肚皮，刺透胸膛，疼痛难忍，九死一生。越南军民运用这种战法，杀伤敌人，捉俘虏，缴武器，搞得那些美国大兵心惊肉跳，谈阱色变，以致许多美国官兵得了"恐陷症"，不敢轻易出动。

在三年多的时间里，越南南方解放武装力量共歼敌22万余人，其中有美军

3500人，击落敌机200余架（大部为直升机），攻克、摧毁敌人据点1391处，捣毁敌人控制的"战略村"7659个。所谓"战略村"，是敌人为了隔绝南越解放军与人民群众的联系，把许多山区小村庄捣毁，将那里的民众驱赶到由伪军控制的、围有铁丝网、电网的与世隔绝的"大村庄"内，不准自由出入。这种"战略村"类似过去日本侵略中国时搞的"集家并村"。

越南南方武装力量在战斗中不断发展壮大，一度达到20多万人，并且占领了越南南方五分之四的土地，解放了三分之二的人口，从而对美军和南越当局构成了巨大威胁。

由于美国在越南南方搞的"特种战争"遭到失败，而且他们发现，南方的胜利，主要是由北方不断输送武器弹药，并且直接派遣部队进入南方作战，这些部队装备精良，不仅有大量自动武器，还有许多山炮和榴弹炮。因此美国开始考虑扩大战争，轰炸北越，妄想迫使越南改变抗美救国路线，以挽救南越败局。

1964年3月，美国总统约翰逊决定轰炸北越。

据此，太平洋美军总司令部很快制订出代号为"37-64"的军事计划。

同年6月1日，美国政府再次召开"檀香山会议"，进一步讨论对北越轰炸问题。并分析北越和中国可能作出的任何反应，以及相应的对策。

就是在这次会议中，美国参谋长联席会议正式确定了"南打北炸"的扩大战争计划。

6月20日，美国总统约翰逊任命威斯特摩兰出任美国驻南越军事援助司令官。

7月初，约翰逊又任命泰勒出任美国驻南越大使。美国总统挑选泰勒出任驻南越大使，是为了扩大侵越战争所做的人事安排，因为泰勒曾经当过参谋长联席会议主席。

这两个重要人物都曾经参加过朝鲜战争，与中国人民志愿军打过仗。约翰逊选择这两个人到南越任职，一是为了确保战争升级行动顺利实施，二是万一中国介入越南战争，这两个人可以发挥某种作用。

1964年7月30日，驻南越美国海军派遣突击队乘炮艇从岘港出发，开始执行代号为"34A—行动计划"。

美国海军突击队悄然驶入北部湾越南民主共和国领海，于午夜袭击了越南人民军驻守的麦岛和湄岛。与此同时，美国派遣两艘驱逐舰驶入北部湾，执行针对北越的侦察任务，对越南海军挑衅，寻找借口，伺机扩大侵略战争。

8月2日，越南海军向靠近其领海的美国军舰发出警告。美国军舰置之不理，继续在越南海面进行挑衅和侦察活动。越南海军被迫采取行动，3艘鱼雷快艇迅速出击，顿时炮声轰鸣，越南3艘快艇被美国驱逐舰击沉1艘、击伤2艘。

这就是震惊世界的"北部湾事件"。

本来，这次海战越南海军是吃了亏的。美国海军无理侵犯越南领海，又占了便宜，乖乖地离开也就算了，但由于美国对这次行动早有预谋，因此当消息传到白宫后，美国总统约翰逊立即命令在香港的"星座"号航空母舰火速开往北部湾，与原在那里的另一艘航空母舰"提康德罗加"号会合。

接着，美国总统约翰逊于华盛顿时间8月4日下午，主持国家安全委员会会议，决定立即对北越的鱼雷艇基地和荣市附近的油库实施所谓"报复性轰炸"。

8月4日晚11时36分，美国总统约翰逊向全国发表电视讲话，正式宣布："美国战斗机开始轰炸北越。"

但同时约翰逊又故作姿态，声称："美国这种反应是'有限度的'，'恰如其分的'"，想用这种虚伪的言辞欺骗世界舆论；尤其是想以此欺骗中国，不用担心，更不要介入越南战争。

几乎与约翰逊发表讲话的同时，64架美国战斗轰炸机分批从"星座"号和"提康德罗加"号航空母舰上起飞，对越南进行大规模猛烈轰炸。首批轰炸的目标主要是城市、交通枢纽、海军鱼雷快艇基地、油库等。

当约翰逊做出轰炸越南的决定之后，美国国防部部长麦克纳马拉立即宣布向西太平洋增兵的六项措施：

（一）增调一个攻击航母特混舰队到西太平洋。

（二）把一个战斗机和轰炸机联队调到泰国。

（三）把一个轰炸机大队调到菲律宾。

（四）从美国本土调遣战斗机和轰炸机到西太平洋前进基地。

（五）把反潜艇特种部队调到南中国海海域。

（六）命令经过挑选的海军陆战队和陆军部队进入警戒状态，随时准备开赴越南作战。

稍有军事常识的人一看便知，美国如此大规模增调军队，显然是对中国可能介入战争的预先准备和吓阻。

美国国会众议院、参议院在非常紧张的气氛中通过了《东京湾决议》："赞成和支持约翰逊总统作为三军总司令所要采取的一切必要措施，以击退对美国部队的任何武装进攻。"

这是美国扩大侵略越南战争的一次严重升级。

从这时起，越南战争的战火由南方烧到北方，也烧到更加临近中国的地方。

中国立即做出反应。8月6日，周恩来批发《中共中央关于支持越南人民反对美帝国主义武装侵略的示威活动的指示》。同日，中国政府发表声明指出："侵略越南民主共和国的战火是美国点燃的。美国既然这样做了，越南民主共和国就取得了反侵略的行动权利，一切维护日内瓦协议的国家也取得了支援越南民主共和国反侵略的行动权利。"

中国政府郑重声明："越南民主共和国是中国唇齿相依的邻邦，越南人民是中国人民亲如手足的兄弟，美国对越南民主共和国的侵犯，就是对中国的侵犯，中国人民决不会坐视不救。"①

在此之后，周恩来指示有关部门：援助越南是我们的头等任务。对越南提出的要求都要严肃、认真、积极地对待，给予越南的武器装备，要便于使用，便于携带，便于隐蔽，便于运送。

8月9日，在北京天安门广场举行有10万人参加的"支持越南人民反对美国武装侵略"群众大会，并通过了致胡志明主席的公开信。随后，上海、广州、呼和浩特、拉萨、海南岛等地相继举行了共有2000万人参加的援越抗美示威活动。

8月13日，毛泽东会见前来访问的越南领导人黎笋，表明了中国方面对越南抗美斗争的坚决支持，并与黎笋一起认真分析了美国是否会派遣地面部队进攻北越的问题，一致认为，暂时可能性不大。

黎笋怀着感激的心情对毛泽东说："我们的人民和军队情绪这么高，打得这么英勇，就是心里时时刻刻都想到后面有中国的支持。"

美国空军在对越南实施轰炸的同时，还肆意对中越陆地边境和海南岛沿岸，以及北部湾中国沿海地区进行骚扰和侦察活动。在这种情况下，中国人民解放军空军、海军和广州、昆明军区部队奉命进入临战状态。中央军委命令各部队，时刻准备战胜美国的侵略。

越南战争和朝鲜战争有许多不同的特点：

第一个特点是，在越南，美国首先从南方介入，然后实行"逐步升级战略"，逐渐扩大战争规模。从开始向南越派遣军事顾问、技术人员和提供武器援助，到直接在越南南方参加地面作战；从最初派遣几千人，逐步增加到几万

---

① 中共中央文献研究室编：《周恩来年谱》中卷，中央文献出版社1997年版，第663页。

人、几十万人；并且把战火从南方扩大到北方。美国之所以这样做，主要是为了使国际社会在心理上有一个逐渐适应的过程；当然也有其对战争估计不足的一面。而在朝鲜战争中，美国一下子就出兵几十万人，陆、海、空军全力以赴，并且从南方不停顿地向北方进攻，很快就打到中朝边境，严重威胁中国的安全，迫使中国直接出兵保家卫国。

第二个特点是，美国对越南北方只进行空中轰炸，不搞地面进攻，以避免其陆军陷入战争泥潭，同时也可避免过分刺激中国。

第三个特点是，越南人民基本上是依靠自己的力量取得胜利，只需要中国在防空、后方保障和物资方面给予大力支援，不需要中国出动地面部队直接参加作战，这样就避免了中国再次与美国直接交锋。

毛泽东根据美国侵略越南战争的特点，看穿了美国的企图，及时作出了准确的判断。他在8月13日会见前来访问的越南领导人黎笋时指出，看样子美国马上从地面进攻北方的可能性不大。毛泽东的判断很重要，他使越南领导人心里有了底。

从中国本身来说，当然更不希望战争扩大。毛泽东为了把这个底向美国方面透露一下，他于1965年1月9日特意安排会见美国记者斯诺。毛泽东对斯诺指出，我们不会打出去，只有美国打进来，我们才打出去。这一点有历史可以作证。我国忙自己的事还忙不过来，为什么要打出去？越南根本不需要我们去，他们自己可以对付。

显然，毛泽东是想让斯诺传话给美国决策者，以便使美国在侵越战争中有所收敛，并且适可而止，不要再继续升级，更不要派地面部队进入越南，直接威胁中国的安全。否则，中国就要打出去。这既是一种策略，也是警告。

然而，美国政府却在越南得寸进尺，进一步扩大战争，从而使中美之间的对抗进一步加剧。

54. 不怕美国恫吓

1965年2月7日，越南南方民族解放武装力量袭击美军在南越的重要空军基地波莱古机场，取得了著名的"波莱古大捷"，共击毁、击伤美国飞机31架，打死、打伤美军230多人，摧毁和严重破坏了美军机场指挥、加油等设施和人员住所等52处。

美国总统约翰逊以此为借口，下令实施早已制订好的所谓"火箭行动"轰炸计划，对越南北方再次进行报复性的猛烈轰炸，每天从关岛起飞数架B-52型战略轰炸机，大肆轰炸越南首都河内等重要城市。

中国方面立即作出强烈反应。2月9日，中华人民共和国政府发表声明指出："美国对越南民主共和国的侵犯，就是对中国的侵犯，六亿五千万中国人民绝对不会置之不理，而且是做好了准备的！"

2月10日，毛泽东、刘少奇等中国领导人亲自出席了在北京天安门广场举行的有150万人参加的声讨美国侵犯越南民主共和国、支持越南人民抗美斗争的集会示威，向全世界显示了中国支持越南抗美斗争的姿态和坚强决心。

可是，美国不把中国作出的强硬姿态放在眼里。3月2日，美国总统约翰逊下令实施"滚雷计划"，即对北越进行持续的战略轰炸，目的是以此来切断越南从中国获得补给，然后再毁灭其国内军事设施和工业基地。

这是美国在侵越战争中的又一次升级。

从1965年3月到当年年底，美国出动包括B-52型战略轰炸机在内的多种作战飞机55000架次，投掷炸弹33000吨，使用了大量各种先进武器，其中包括当时最新型的激光制导炸弹，对河内、海防等大城市和主要交通枢纽狂轰滥炸，并且进行极其惨酷的"地毯式轰炸"。

与此同时，美国海军陆战队3500人，于3月上旬在南越岘港登陆。从此，美国地面部队开始大规模进入越南南方作战。

这是美国在越南战场上的再次升级。

越南战争从此由只限于南越的"特种战争"，发展到包括越南北方在内的"局部战争"。

从这时起，侵越美军逐渐增加到54.3万人。

随着战争的扩大，美军的伤亡人数也随之增加，到1968年下半年，美军每周平均死亡200多人，仅这一年，美军死在越南战场上的人数，就达到14590人。

美国在越南实行"逐步升级战略"的同时，也对中国进行露骨的战争威胁和挑衅，除了派军用飞机不断侵入中国领空侦察、投掷炸弹之外，美国还大造舆论，进行恐吓宣传，说什么他们"在越南战争中将不再有朝鲜战争中那样的所谓'庇护所'，美国军队将对支持越南斗争的中国人实行'穷追战术'"。

中国不怕美国这一套，这些威胁性的语言，只可能对胆小的国家产生某种作用，而对久经战争考验的中国，则不起任何作用。如果说有作用的话，那就是更加激起中国人民反对美国侵略的决心。

不怕鬼、不信邪的中国领导人，对于美国的虚声恫吓，针锋相对，毫不示弱。

3月12日，中国政府发表声明，严厉指出："我们警告美国侵略者，中国人民不怕这一套，我们从来不把自己的安全建立在美国不来侵略的善心上。我们是有准备的。中国人民将坚定不移地采取一切可能的措施，支持越南人民和印度支那人民，把反对美国侵略者的斗争进行到底！"

中国政府对于美国把战火烧到中国的可能性，以及有可能发生的最坏的情况，都做了充分的估计和充分的准备。

3月19日，毛泽东在同外宾的谈话中指出，可不可能美国和苏联共同对中国开战呢？他们看到用和平方法对付不了中国，可不可能试图用战争方法来消灭我们呢？我们对这一点是做了准备的。如果美、苏合作，再加上印度、日本、菲律宾、南朝鲜以及台湾的蒋介石一起来，我们也是做了准备的！

4月2日，正在巴基斯坦访问的周恩来，根据毛泽东的提议，请巴基斯坦总统阿尤布·汗向美国总统约翰逊转告以下几点信息：

（一）中国不主动挑起战争。

（二）中国人说话是算数的，所承担的国际义务是要履行的。

（三）中国是做好了准备的。

周恩来指出，中国的这些政策既是谨慎的，又是有准备的，因此是有把握的。同时，还可以加上第四点，即如果美国狂人滥施轰炸，中国决不坐以待毙，他们从天上打来，我们就要从地上打过去，轰炸就是战争，战争就不可能有界限。美国想单纯依靠轰炸政策解决战争问题根本办不到。

与此同时，中国对美国的挑衅在军事方面也作出反应，断然采取了强硬措施。

4月8日，美军"F-4型鬼怪式"战斗机几次入侵中国海南岛上空。4月9日上午，美国战斗机继续侵犯我海南岛上空。当总参谋部主管作战的杨成武副总参谋长向毛泽东报告敌机入侵情况，并请示打不打？

毛泽东当即坚定而又风趣地对杨成武说，他真的要来呀，好啊，他要来那有什么办法，天要下雨，娘要嫁人。来了，请！（这个史实细节，是笔者亲耳听到杨成武传达的，当时我在总参作战部工作。）

接着，毛泽东又指示杨成武：美机入侵海南岛，应该打，坚决打，海军航空兵和空军应该统一指挥，海军和空军应该很好地配合起来打！

为了适应准备打仗的需要，中共中央于4月12日召开政治局扩大会议，讨论关于加强备战工作问题。周恩来在发言中提出，我们的基本方针是：后发制人，留有余地。

周恩来指示中央军委各部门，要把当前的紧急备战与长期计划结合起来，如果有矛盾，要服从当前的紧急备战。

有关部门请示，关于"援越抗美"的口号问题，周恩来主张晚一点提，他说，我们现在是支援越南反美斗争，还是以越南为主。

毛泽东于4月13日批示，同意周恩来呈报的《中央关于加强备战的指示》。《指示》中说："中央认为在目前形势下，应当加强备战工作。在全党县委以上的干部中，应当加强备战思想，密切注意越南战局的发展。要估计到敌人可能冒险。我们在思想上和工作上应当准备应付最严重的情况。"

《战备指示》强调："我们对小打、中打以至大打，都要有所准备。"

美国对越南北方的轰炸再度升级后，给越南的工业生产、交通运输设施造成极大破坏。同时也给中国和对南越的支援带来极为严重的困难，许多重要交通线和生产基地，一度处于瘫痪状态。在这种情况下，越南主要领导人频频访华，与中国领导人商谈进一步扩大援助问题。

1965年4月上旬，越南劳动党第一书记黎笋受胡志明的委托，率越南党政代表团访华，请求中国扩大援助，并向越南派出支援部队，主要是一些工程技术人员，包括公路、桥梁抢修方面的人员。

刘少奇代表中国政府表示，援助越南的抗美斗争是中国应尽的义务。我们的方针是，凡是你们需要的，我们有的，我们尽力援助。你们不请，我们不去；你们请我们哪一部分，我们哪一部分去，主动权完全掌握在你们手里。

经过双方协商后，中越两国签订了中国向越南派出支援部队的有关协定。

4月20日，全国人大常委会作出相应的决议，号召全国人民做好充分准备，在美国继续扩大侵略战争，在越南人民需要的时候，派出自己的人员，同越南人民一起共同战斗，赶走美国侵略者。

此后不久，正当美国飞机对越南首都河内市进行狂轰滥炸之时，周恩来和陈毅冒着极大的危险秘密访问河内（因担心安全问题，毛泽东曾经劝说周恩来不要亲自去越南），与越南领导人详细讨论了安排援越物资的品种、数量和运输等有关问题。

5月，越南民主共和国主席胡志明秘密访华，与毛泽东再次商讨中国援助越南问题。

胡志明是中国人民真诚的朋友，他把中国与越南的关系，称为"同志加兄弟"。早在中国国内革命战争时期，胡志明就曾经参与中国共产党的革命活动，并且参加了中国的抗日战争。毛泽东、周恩来等中国领导人与胡志明私人感情很深。

这次胡志明秘密来访，毛泽东正在长沙，两个人见面后谈得十分亲切。毛泽东说：你来自越南，我来自湖南，咱们一家子嘛，你们有什么困难，只管说，要人有人，要物有物。

胡志明提出三点希望和要求：

（一）请中国帮助修建12条公路。

（二）希望派遣防空部队和工程兵部队，担负后方防空和抢修、抢建任务。

（三）要求中国空军协助训练越南飞行员。

毛泽东当即全部答应了胡志明的要求。

经过国内各部门、各单位一系列紧张的筹备和组织工作，所有援越项目准备就绪。

9月1日，毛泽东致电胡志明：中国已经做好一切必要准备，决心同越南人民一道，为挫败美帝国主义的侵略而并肩战斗到底。

刘少奇也发表声明：中国七亿人民，是越南人民的坚强后盾。中国辽阔的国土，是越南人民的可靠后方，为了支持越南人民夺取抗美战争的彻底胜利，中国人民准备承担最大的民族牺牲。

此后，毛泽东一直关注越南战场形势的发展变化。10月20日，他在会见越南党政代表团时指出，不要怕美国人，美国人是可以打的，而且是可以打败它的。毛泽东还指出，你们和美国谈判谈了些什么问题，我还没有留意到。我只注意如何打美国人，怎样把美国人赶出去。到一定的时候也可以谈判，但总是不要把调子降下来，要把调子提得高一点。要准备敌人欺骗你们。毛泽东还表示，我们支持你们取得最后的胜利。胜利的信念是打出来的，是从斗争中间得出来的。

根据中越两国领导人多次会谈达成的协议，随着越南战争的逐步升级，两国政府和军队陆续达成了一系列关于中国援助越南具体协议，根据这些协议，中国人民和人民解放军展开了规模巨大的援越抗美斗争。

从1965年6月至1973年8月，在8年多的时间里，中国人民解放军陆续派出防空、工程、铁道、后勤、扫雷等部队，到越南北方担负防空作战和工程建设及海上扫雷等项任务。除此之外，在整个越南抗美战争时期，中国为越南提供了大量的武器装备和其他作战物资；帮助越军培训了数千名干部和技术人员、数千名汽车司机和修理技术工人；协助越军组建了首批空军歼击机团，并培训了200余名飞行员和机务人员。

根据中越两军协议和越军总参谋部的请求，中国人民解放军高射炮兵部队奉命入越，主要担负三条铁路线和一个钢铁基地的防空作战任务，计有：

（一）河内至友谊关铁路线的北宁至谅山路段。

（二）河内至老街铁路线的安沛至老街路段。

（三）新建的克夫至太原铁路线。

（四）太原钢铁基地。

同时这些防空部队还要掩护中国援越工程部队的施工。

55. 兵出友谊关，中美两国打了一场心照不宣的对抗战

1965年8月1日，首批中国援越高炮部队第六十一、第六十三支队，分别由云南、广西入越。至1968年3月，先后赴越轮战的高射炮兵部队和配属各援越工程支队的防空部队，共有16个高射炮兵支队，辖63个团以及数十个独立高射炮兵营、高射机关枪连和勤务分队，总计15万余人。

美军在侵越战争中使用了许多新式空袭武器，而中国援越高炮部队的主要装备仍然是老式的37毫米和85毫米高射炮。指战员们不怕技术先进的美国飞机，他们发扬一不怕苦，二不怕死的革命精神，克服困难，勇敢战斗；同时针对美机的活动特点，想方设法发挥旧式武器的威力，击落美军性能先进的作战飞机。

高射炮兵第六十一支队，于1965年8月5日抵达安沛市附近，用人力将数吨重的高射炮拉到山上，连夜挖好阵地，做好伪装，严阵以待。

8月9日午后，2架美军F-4型鬼怪式战斗机大摇大摆地飞来，当进入我射击空域时，指挥员一声令下，十几门37高射炮同时射击，几门85高射炮也一齐开

火，1架敌机中弹坠毁，另1架则仓皇逃走。首战告捷，极大地鼓舞了士气，增强了战胜敌人的信心。

8月23日，进驻克夫地区的高射炮兵第六十三支队也旗开得胜，击落击伤敌机各1架。

初战获胜，对援越高炮部队鼓舞很大。各部队发扬军事民主，不断改进战术技术，积极打击来犯的敌机。

高射炮兵第六十一支队第六〇一团五连，创造了以8发炮弹击落1架美国RF-101型侦察机的纪录；高射炮兵第三十三支队也创造了多种先进的射击方法，先后击落RF-101、F-105、F-4和F-8等5架型号不同的美军飞机。

当美军发现中国高射炮兵部队入越参战后，对中国援越部队的空袭日益加剧。但是我军各高炮部队再接再厉，不惧艰险，发扬英勇顽强的光荣传统和连续作战的优良战斗作风，给予美军飞机以更加有力的打击。

10月5日，19架美军战斗机，对清化铁路桥梁实施轮番攻击。负责掩护该桥的高射炮兵第六十三支队第六〇九团二营当即开炮，激战69分钟，击落敌机5架，击伤1架，俘虏美军飞行员1名。

1966年5月31日，美军飞机30批109架次对安沛市狂轰滥炸。早已作好迎战准备的高射炮兵第六十七支队第六〇七、第六一九团，用集中火力、打近战的方法与美机展开激战。当时气温高达40摄氏度，战斗伤亡和中暑的人员不断增加，多数高射炮因连续射击而超过发射极限，但指战员们想尽各种办法克服困难，继续坚持战斗。

高射炮兵第六一九团第四连连长桑家贵头部负伤，血流满面，仍继续指挥战斗，直至生命的最后时刻还发出"狠狠打"的口令。

高射炮兵第六〇七团第五连班长黄永龙，临危不惧，敌机投下的炸弹落在他身边，弹片穿进小腹，他仍然坚持战斗80分钟，直至壮烈牺牲。

第四连副班长陈永林被炸弹打穿腹腔，他一只手捂着伤口，一只手排除火炮故障，并且在20多米的距离内往返多次，抢运炮弹和其他器材，最后壮烈牺牲在阵地上。

我高射炮兵第六十七支队，经过长达3个多小时的激烈战斗，共击落美军战机16架，击伤10架，俘虏美军飞行员4名。胜利地完成了保卫安沛市的防空任务。

战后，该支队受到中共中央军委的通令嘉奖。

1967年3月10日和11日，美军共出动33批107架次飞机，轰炸太原钢铁基地。

我严阵以待的高射炮兵第六十二支队，在两天的战斗中，共击落敌机18架，击伤5架，俘虏美军飞行员10名。圆满地完成了掩护大型钢铁厂的任务，使保卫目标完好无损。

高射炮兵第六十二支队的全体指战员不仅作战勇敢，而且十分机智。3月11日下午，4批16架F–105型美军战斗机，分4路向我高射炮阵地发起攻击。美军战机先向我炮瞄雷达发射3枚"百舌鸟"反雷达导弹。在千钧一发的关键时刻，雷达紧急关机，敌人的"百舌鸟"导弹因失去雷达信号而偏离攻击目标。

我雷达紧急关机后，各高射炮随即依靠光学瞄准设备，迅速捕捉目标，集中火力连续射击，一举击落敌机5架。

为了更有效地打击美军飞机，我援越高射炮兵部队，在实施对固定目标重点掩护的同时，还向美军飞机往返必经的空域，派出机动兵力，运用打伏击的战法，9个支队，在援越期间的机动伏击作战中，共击落美军飞机125架，占击落美军飞机总数的20%。

中国援越各高射炮兵部队，在越南3年9个月的时间里，共作战2153次，击落美军飞机1707架，击伤1608架，俘虏美军飞行员42名，沉重地打击了美国侵略者，有力地支援了越南的抗美救国战争。

这个事实说明，美国空军虽然技术先进，他们的飞行员驾驶技能高超，但是在英勇善战的中国人民解放军防空部队面前，照样被一个一个地打下来。正像毛泽东说的那样，"美国人是可以打的，而且是可以打败的"。这就是"中国不怕"的物质和思想基础。

美军对越南北方的轰炸重点，大都是在铁路和公路上。越南的铁路运输陷入瘫痪状态。这给越南的交通运输造成极大的困难。为了帮助越南人民打破敌人封锁，改善运输条件恶劣、紧张状况，根据中越两国政府的协议，中国人民解放军向越南先后派出以铁道兵、工程兵为主的中国后勤部队4个支队共10余万人，担负保障河内以北铁路运输的任务，同时担负修建7条重要公路的任务。

在美军飞机对越南北方狂轰滥炸的紧急关头，中国从国内各铁路建设工地紧急抽调正在施工的铁道兵部队，率先组成中国后勤部队第一支队，于1965年6月23日赶赴越南前线，执行对河内以北地区铁路的抢建、抢修任务。

后勤第一支队到达越南后，在抢修被美军飞机轰炸中断的铁路线的同时，集中主要力量抢建新铁路线和改造旧铁路线。

我后勤第一支队克服美机轰炸、酷热多雨、洪水泛滥以及材料供应不足等困难，于1970年6月5日提前完成了各项工程。共计新建铁路117公里，改建铁路362公里，抢建铁路战备工程98公里，新建铁路桥梁30座、隧道14条，新建和扩建各种铁路站段20个，架设通信线路1023对公里，敷设水底通信电缆8公里。

在完成新建铁路任务后，为确保铁路畅通，后勤第一支队决定将援越重点转移到反空袭作战中的抢修和抢建任务。第一支队全体指战员发扬英勇顽强的战斗作风，连续作战，随炸随修。他们运用抗美援朝作战的经验，决心在援越抗美战场上，再创建一条"打不烂、炸不断的钢铁运输线"。

1967年1月19日，同模车站被美军飞机炸毁。该支队第九团迅速集中兵力抢修，只用了8个多小时就修复通车。

同年8月，全长1680米的龙边铁路桥被炸断。负责抢修的指战员，奋战18天，使这座越南北方最长的大桥恢复通车。

从1965年8月至1969年2月，我后勤第一支队抢修被美机炸毁的铁路设施达1778处（次），排除定时炸弹3100余枚，修复铁路157公里。

从1965年9月开始，担负援越修筑公路任务的后勤第四、第五、第六支队（辖16个团、1个民工部队、25个测量设计队和4个钻探队，配属6个高射炮兵营），共约8万人，在修路指挥部的率领下相继入越，担负新建和改建友谊1号、3号、7号、8号、10号、11号、12号等7条公路的任务，总长约1200余公里，其中新建660余公里。这些施工工地大部为山岳丛林地带，部队刚进入工区时，从仓库搬运笨重的施工器材到工地，全靠肩扛背驮，往返一次常常要走四五十公里。测量设计人员跋山涉水，披荆斩棘，对每个路段都反复进行踏勘，力求制订出最佳设计方案。

我军各施工部队发扬革命英雄主义精神，克服种种困难，修筑了一条条使"越南人民满意，上级满意，自己满意"的优质公路。

表仪至坂质的1号公路，是法国统治越南时期曾经动工修建好几年，终因沿路山高林密、工程难度大、流行疾病多而中途停工。我后勤第四支队第十二、第三〇三团的指战员，不畏艰险，仅用20个月，就将这个停建多年的半拉子1号公路建成，交付越方使用。

3号公路北段和南段有两段难啃的"硬骨头"。一是北段的别莱坡路段，全长28.7公里，其中最艰巨的地段是坡长64米的路堑。我军修路指挥部要求在11天内打通。

后勤第四支队第三〇一团第四十四连的指战员，苦干加巧干，仅用9天就完成了任务。

　　另一个难啃的硬骨头是3号公路南段,有一块长8米、宽3米、高6米的巨石,约成40度俯角压向公路中央,威胁着行车安全,被战士们称为"老虎嘴"。负责该路段改建工程的第三〇一团第四十五连,决定以爆破手段将其排除。二排长李科宏带领全排从上往下实施分段爆破。有一次爆破后,他发现有个哑炮,立即只身前去排除。就在他掏出炸药的瞬间,头顶上方的岩石突然断裂滚落下来。在此危急时刻,他指挥下边的几个战士迅速躲开,自己却被一块巨大的石头砸中,当场壮烈牺牲。战士们忍痛节哀,忘我奋战,终于炸掉了这个"老虎嘴"。

　　中国援越筑路部队,从1965年9月入越,至1968年10月回国,按协议为越南新建和改建了7条干线公路及其附属防护设施,共计公路1206公里、桥梁305座(总长6854米)、涵洞4441座(总长46938米),完成土石方3050万立方米。

　　美国在轰炸越南的同时,为了封锁越南的海上通道,在沿海地区布设了大量水雷,为协助越南打破美国的水雷封锁,中国海军由12艘扫雷艇、4艘保障艇、共318人组成的"中国海军扫雷工作队",自1972年5月28日起,陆续进入越南海域,担负海防港至东北群岛海区航道的扫雷任务。到1973年5月,扫雷工作全部结束。

　　越南海军对有关海区的航道检查后认为,中国海军扫雷工作队任务完成得很好,达到了清扫的目的。当年8月,中国海军扫雷工作队胜利回国。中国海军扫雷队,在越南的一年零三个月的时间里,共出海586艇次,航程2.78万海里,其中扫雷526艇次,航程近1.75万海里,共扫除各种水雷46枚,疏通了越南北方海防、鸿基、锦普等港口至东北群岛的各航道,清扫面积达201平方公里,并多次引导中越运输船只安全进出上述各港湾,为越南海军打破美军海上封锁作出了卓越贡献。

　　此外,中国后勤和工程部队,还帮助越南完成了构筑国防工事、修建机场和飞机洞库、铺设野战输油管、架设通信线路等项任务。

　　越南抗美战争,在中国直接支援下,长期浴血奋战,使美国深陷战争泥潭,被打得丢盔卸甲,落荒而逃。

　　1975年4月,越南人民终于打败了美国侵略者,推翻了由美国扶植的西贡伪政权,取得了战争的最后胜利,解放了南方,实现了越南的统一。

　　这一伟大胜利,是英雄的越南人民长期艰苦斗争的结果。

　　在越南处于最困难时期,中国人民为了支援越南人民抗美救国战争,节衣缩食,向越南人民无偿提供了大量物资援助,派出人民解放军与越南军民并肩战斗，为越南人民坚持抗战和夺取最后胜利承担了巨大的民族牺牲。

在此期间，中国无偿向越南提供飞机170架，舰船140艘，坦克500辆，汽车16000辆，火炮37000门，各种枪216万支（挺），枪炮弹12.8亿发，粮食500万吨，棉布2亿米，汽油200万吨，输油管3000公里，援建军工企业100多个；此外，还有几亿美元的现汇。总计援助金额200多亿美元。

对中国给予越南的大力援助，越南党和政府曾经作出高度评价。越南领导人黎笋在赞扬中国援越部队的功绩时说："我们一直认为，中国跟我们是最亲近的，中国给我们的援助是最大的，也是最充分的。如果你们不给我们这些热心的支援，我们恐怕要多牺牲在美国炸弹之下二三百万人，而且要晚几年才能取得胜利。"

在越南人民最困难、战斗最激烈的时刻，中国派往越南的支援部队共32万人。在整个援越抗美战争中，中国援越部队共有1070人壮烈牺牲，4200人身负重伤。

越南战争结束后，越南共产党和政府，为牺牲的中国援越人员建造了多处墓地，并且将这些墓地命名为"世代知恩"烈士墓。

这些"世代知恩"烈士墓，就是这段历史的永恒见证。

然而，现在越南有一些人，似乎忘记了这段历史，似乎忘记了美国侵略、残杀越南人民的血泪史，似乎忘记了为援助越南而做出民族牺牲的中国的"同志加兄弟"。

由于中国在越南战争中对美国采取坚定的原则立场，并且采取了正确的策略，既坚持了援越抗美，又在出兵援越的形式和规模上谨慎行事，因此成功地把越南战争控制在越南有限的范围内，迫使美国不敢派地面部队直接出兵侵入越南北方，避免了中美两国的地面部队在越南战场上再次直接交锋。

中越两国人民的抗美斗争，沉重地打击了美国的侵略气焰。据美国官方公布的数字（2011年4月29日，越战36周年《美军新闻网站》文章），在越战期间美军共伤亡36万人，其中被打死58267人，失踪1711人，被打伤30多万人。其实，失踪的1711人，36年后仍无下落，也应算为被打死者，所以死亡人数应是59978人。

越战的彻底失败，促使美国不得不在内外交困的形势下实行战略收缩，改变其顽固敌视中国的政策。

这是后来中美关系得以改善的一个重要因素。

中国政府及时抓住美国在越南战场上失败的有利时机，打开了中美关系。

在中国和美国谈判过程中，中国政府始终坚持要美国撤出越南，并把它作为中美关系正常化的一个重要条件。

所有这一切，充分反映了中国政府高度的原则性，更反映了中国反对美国干涉别国内部事务，反对美国对中国的包围和遏制政策。这种斗争，必将长期、坚定地坚持下去!

回顾这段历史，我们可以得到这样几点启发：

（一）美国确实很强大，他们在战争行为上很放肆，也很凶残，但是他们在中国面前，也保持了相当程度的谨慎，不敢毫无顾忌地贸然扩大战争。

（二）对美国的斗争，关键是要有勇气，不怕他，敢于和他打，敢于和他拼，没有这一条什么也谈不到。

（三）美国对中国这个庞然大物，他尽管可以包围、遏制、恫吓、威胁、挑衅，但是他真要动手，还是有所顾忌的，他们怕中国什么呢? 想想吧。

第八章
中国、美国究竟谁在威胁谁？

中国、美国究竟谁在威胁谁？这话似乎有点多余。美国在中国周边设立军事基地、结盟拉伙，围堵中国；美国的侦察飞机，长年累月地在中国边境附近侦察飞行；他们的军舰在中国家门口肆意游荡、挑衅、大搞军事演习；并且时不时地侵犯中国的核心利益，卖给台湾大量军火；甚至派飞机轰炸中国驻南联盟大使馆等等，美国威胁中国的事实罄竹难书，那为什么还要明知故问呢？这是因为，那些威胁中国的人总在不厌其烦地喊中国威胁了他们，并且编造了一套"中国威胁论"的理由。

对于"中国威胁论"的由来和它的欺骗性，可能有许多人还不那么清楚。

所谓"中国威胁论"，鼓噪者和炒作者主要来自美国国会、国防部、军火利益集团、右翼智库、某些媒体等传统反华亲台势力，如国防部的中国军事研究中心、国会中的两大"涉华委员会"及"台湾小组"、传统基金会、企业研究所、"美国新世纪"计划、史汀生军控研究中心等保守思想库，此外还有《旗帜周刊》《华盛顿时报》等右翼媒体等等。站在前台的，是军方鹰派人物、国会反华亲台议员，以及因"志同道合"而拼凑在一起的所谓"蓝队"成员。

早在60多年前，新中国成立之初，美国也曾经炒过一阵"中国威胁论"，即所谓中国革命的胜利可能在东南亚引起多米诺骨牌效应，从而对美国构成"红色威胁"。那时，美国给新中国扣上"红色威胁"的帽子，其中一个很大的因素，是因为中国革命最终赶跑了美国等西方侵华势力。至于这会不会在东南亚国家引起多米诺骨牌效应，绝非由中国决定，那是由其本国人民做出选择的事情。给新中国扣上"红色威胁"的帽子，这是一种欺骗宣传。

如今，"中国威胁论"已经司空见惯，现代意义上的"中国威胁论"，主要起自冷战结束后，大的背景是苏联对美国的威胁消失了，而改革开放的中国，正快速走向繁荣富强。于是，他们认为这是对美国的威胁。

在1992年至1993年之间，美国媒体发表文章《正在觉醒的巨龙：亚洲的真正威胁来自中国》，哈佛大学教授亨廷顿的专著《文明的冲突与世界秩序的重建》也同时问世。前者渲染中美军事冲突不可避免；后者断言，儒教文明与伊斯兰教文明的结合，将是西方文明的"天敌"。在这些言论的鼓噪下，美国各媒体也推波助澜，于是"中国威胁论"在世界上广为传播，闹得满城风雨。

此后，凡遇风吹草动，就会掀起一阵"中国威胁论"狂潮。如，1995年至1996年间，因台海危机而引起的美国国内对华政策大辩论，说"中国对台湾海峡的和平与稳定构成威胁"、"香港的回归意味着自由民主世界将受到专制制度的威胁"等不绝于耳，与此同时，美国《时代》周刊大造舆论，其两名记者抛出《即将到来的美中冲突》一书，把"中国威胁论"推向高潮。

1998年，美国推出《考克斯报告》，同时编造谎言诬蔑中国，从而引起中美冲突的政治风波；某些政客、媒体趁机火上浇油，出版歪曲事实、攻击中国的新书，以此大造中国威胁的舆论，把攻击矛头直接指向一个敏感话题，即"中国对美国国家安全构成重大威胁"，鼓噪所谓"中国窃取美国核机密"、"利用华人科学家和学生在美国广泛收集情报"、"企图收买美国政府"等反华言论。

此后的十几年来，他们又一再宣称，美国经过实地考察、跟踪有关中国情报，在深度分析后得出"经得起推敲"的结论：中国大陆军费大幅度增加，军力急剧增强，而且很不透明，它不仅对中国台湾、对周边国家构成威胁，同时也对美国安全构成直接威胁。

与早期的"中国威胁论"相比，在内容上跳出了简单的"指控"和意识形态纠缠，直接触及中国军力的发展，公开指责对华"接触政策"，从而使"中国威胁论"达到登峰造极的地步。

所有这一切的实质，都是为了欺骗宣传，用以达到制造"敌人"的目的。

如今的"中国威胁论"，实际上早已成为威胁中国的武器；成为打压中国的大棒，成为反华欺骗宣传的工具，成为围堵中国的借口；更成为美国反华政客、军火利益集团、好战分子、某些媒体捞选票、争资金、得好处的利器。

56. 新"中国威胁论"

美国政客们装腔作势，把"中国威胁论"炒作了20多年，早已味同嚼蜡，连他们自己也打不起精神来再炒这些早已变味的剩饭。但是又不能不炒，因为他们害怕没有敌人，对于这些人来说，"敌人"就是救命的强心剂。

既然要继续炒作"中国威胁论"，可是又没有新花招，怎么办呢？

戏还是要演下去的，无非是换换脸谱而已。

说到这里，想起了鲁迅先生的一篇杂文，题目是《宣传与做戏》，该文收在《二心集》里。

鲁迅说："过去日本人做文章，说中国的国民性，有一条叫做'善于宣传'。可是看他的说明，这'宣传'二字，却是'对外说谎'的意思。我把它称之为'做戏'。"

鲁迅接着说："在中国，做戏有两种，一种是假做戏，一种是真做戏。真做戏是只有一时；戏子做完戏，也就恢复为平常人的状态。比如，著名京剧演员杨小楼，扮演关云长，做'单刀赴会'，他只有在戏台上的时候，是关云长，下台就成了普通的人。倘若他扮演一回关云长之后，就永远提着青龙偃月刀，以关老爷自命，怪声怪气，唱来唱去，那就是热昏了。"

鲁迅指出："不幸的是，在那'天地大戏场'之中，假做戏者，就很难有下台的时候，他们提着青龙偃月刀一路唱下来，进了后台还不肯放下，一路唱回了自己的家里。"

依笔者看，80多年前鲁迅说的假做戏者，与今天美国那些大演"中国威胁论"的政客们十分相像。他们把"中国威胁论"这个戏演了20多年，手里的"青龙偃月刀"还不肯放下，至今仍然还要大砍大杀地再演下去。当然，行头、脸谱总是要换一下的。

正因为如此，笔者把美国人从2011年9月开演的反华大戏，叫做"新'中国威胁论'"。

这回，美国的一些反华政客们，利用"9·11"事件10周年的机会，又大做"中国威胁论"的文章。

国外有媒体报道称："后'9·11'，中国是美国下一个敌人。"报道指出："正当全球聚焦'9·11'事件10周年、回忆与泪水交织之际，美国政治观察家却已经把注意力转移到亚洲。"美国《时代》周刊指出，中国将是美国在后"9·11"时期必须面对的最大挑战，这也是未来美国所要面对的新局势。

在"9·11"事件10周年的前两天（2011年9月9日），美国《时代》周刊网站发表文章，题目是：《"9·11"事件10年之后，害怕中国的时代到来了吗？》。文章指出，"'9·11'事件后，美国专注围剿恐怖分子，在中东和阿富汗进行了10年昂贵的冒险战争，其决策脱离了亚洲新现实，减少了对中国的压力，造就中国过去10年的发展契机。现在令人恐惧的，并非意识形态或恐怖主义威胁，而是中国。中国海军和陆军的现代化，是直接用来挑战美国在世界的主导地位。过去由美国主导的全球自由民主秩序，未来将由中国霸主掌控"。

在《时代》周刊网站发表文章的同一天，《美国新闻与世界报道》周刊网站也发表文章，标题是《为什么美中战争也许不可避免》。文章露骨地说："作为美国军国主义者，它所赞颂的无止境战争中的一个重点，即中东战区的分量已经降低，与竞相反思'9·11'事件同时出现的，是战争猎犬们，要求与中国开战的嚎叫。"

与此同时，《纽约时报》也发表署名文章说："为把中国龙困在巢穴里，美国纳税人必须支付一切所需的代价。"

这些美国大媒体，如此大造威胁中国的舆论，唱的是什么戏？

其实，"好戏"还在后头。

在"9·11"事件10周年的前两天，美国《大西洋》月刊网站也发表文章，借用《21世纪的亚洲联盟》新报告，用煽动性的语言说，中国在东中国海、南中国海上的嚣张气焰，以及越来越不中听的外交政策言辞，让人有强烈的理由感到担心。我们对此应该做些什么呢？应当在亚洲建立一个以美国为首的、整合程度远远提高的联盟，并且建议，美国在亚洲编织一个更有凝聚力的军事联盟。

文章接着威胁说，美国和这一地区的其他主要军事参与者，需要向中国发出一个统一的信息，要北京坐下来商谈行事规则，确切地说，是海上的规则，否则的话，中国将面对"21世纪的亚洲联盟"。

更离奇的是，在"9·11"事件10周年之际，美国媒体把中国的改革发展模式，也作为威胁他们的理由。

美国《华盛顿季刊》2011年秋季号文章说："中国的发展模式正在经历巨变。中国共产党不再单纯依靠廉价劳动力来制造出口，正以截然不同的方式更新其发展模式。中国更新发展模式，反映了他们有不同的动机，不同的政策和含义。所有这些趋势都是新的，新到无法给其下确切的定义。"

《华盛顿季刊》文章说到此处，把话锋一转，新的发展模式，"会对中国的政治、经济发展，以及它的国际社会关系，产生重大影响。中国成功更新模式，将为他们的未来设定新的方案：一个现代化的，但仍不民主的国家。这对那些害怕中国崛起的人而言，令人担忧。"

接着，文章又大放厥词，尽管中国在这样做时，常常表现得很笨拙，但它对美国，对其他许多国家，构成了挑战。这并非都是零和斗争，假如中国成功地更新了其发展模式，这将对美国在中国推动"自由、民主"的目标，构成新的挑战。美国对华政策，一直都假定中国向"自由、民主"过渡。如果中共成功提高了生活水平和管理质量，这将遏制中国"自由民主"改革的热情，使那些以为中国的"自由民主"很快就要实现的人受挫。更直截了当地说，更新的中国模式，可能会加剧美国对国家安全的恐惧。

真是岂有此理，中国改革自己的发展模式，这是对中国人民、对包括美国在内的世界各国都有好处的事情，咋就成了对美国国家安全的威胁了呢？真不知美国某些政客和媒体演的什么戏，手里拿的是什么刀。

更无聊的是，某些美国媒体竟然拿中国增加一个导弹旅大做文章，说这造成了对美国的威胁。

在"9·11"事件10周年的第二天（2011年9月13日），美国《防务新闻》周刊网站报道，题目是：《中国增加一个洲际弹道导弹旅》。报道说："根据设在华盛顿的'2049项目研究所'（即亚太地区安全问题研究项目）今天公布的报告，中国新增加了一个公路机动导弹旅，该旅装备的'东风-31A'型导弹，射程1.12万公里，能打到美国大陆任何地方。"

这篇报道接着威胁说："重要的是，中国要明白，美国将努力确保地区稳定，五角大楼的弹道导弹防御系统，也可以拦截中国的导弹。"

美国在发出威胁的同时，却又贬低中国的导弹，说："目前，每枚'东风-31A'型导弹，仅能携带一枚核弹头，因而导弹的有效性受到限制。但中国一直在研究分导式多弹头重返大气层导弹技术。"

众所周知，美国有几千枚核导弹，而按美国公布的数字，中国只有几十枚核导弹，一目了然：这究竟是谁威胁了谁！

在这样的事实面前，美国媒体竟然拿中国增加一个导弹旅说事，不感到无聊吗？！

中国有个成语："只准州官放火，不许百姓点灯"，套用在美国身上是十分恰当。你美国可以保持几千枚核导弹，我中国只有几十枚核导弹却不行，这真是霸道至极！

有的美国政客，为了渲染"中国威胁论"，不惜制造一些虚假的所谓"报告"，来为自己的宣传和做戏找材料。

美国众议院军事委员会主席巴克·麦基翁，利用"9·11"事件10周年这个敏感的日子，向美国智库企业研究所人员发表演讲，他劈头就点出中国的三个"威胁"，说："中国试图在军事实力上与美国匹敌；并且每天对美国政府的电脑进行黑客攻击；他们还陶醉于自己的经济实力。这事实上，让我们的海军将领们夜不能寐。"

奇怪！麦基翁为什么说中国让美国的海军将领们睡不着觉呢？

麦基翁揭开了这个谜底，他说："我领导的军事委员会，最近收到来自军方的报告，对中国不断增强的海军实力发出警告：中国的海军规模已经超过美国！"

对于这种胡扯瞎掰的人，中国老百姓有一句俗话，叫"大白天，睁着俩眼说瞎话"。

要是说，中国海军有所发展，那是事实；但是说，中国的海军规模已经超过美国，那就是别有用心了。

美国反华政客、媒体大唱"中国威胁论"的戏，靠的是虚张声势、无中生有。这种不费脑筋、不费力气的戏，今后还必然会继续唱下去，他们手里的青龙偃月刀是不会放下的。

随着中国的改革发展，越来越被美国右翼势力视为最恐惧的"敌人"。因此，中国的一举一动，必然比以前更多地引起美国一些人的"自然心理反弹"，他们也必然会集中火力攻击中国。

57. 天有不测风云

一个失去平衡的世界格局，不可能风平浪静；任由一个超级大国搞霸权主义，必然是利害纷争，不得安宁。

历史的发展有其必然性可循，同时也会有出乎人们意料之外的偶发事件。但是所谓偶然发生的事件，也不是无缘无故地凭空而来，这就叫做偶然寓于必然之中。

远的不说，就拿进入21世纪前后这三年来说，我们中国就出了两大"突发事件"：一个是，1999年，美国轰炸中国驻南联盟大使馆，往中国人头上扔炸弹；另一个是，2001年，美国侦察机撞毁我军战机事件。

这两个突发事件，都是按照同样的历史规律成为现实的，其背后都有必然现象可寻。

严酷的现实告诉我们，必须丢掉各种不切实际的幻想，对现实和未来有一个更加清醒的认识。

过去，毛泽东曾经说过这样的话，要准备霸权主义者在世界上闹事。谁晓得世界将会怎样变化，我们又不是那几个大国的参谋长。

后来，邓小平又强调指出，霸权主义有疯狂性，不知道它们在什么地方制造一件什么小事情，就可以挑起战争。大战固然可能推迟，但是一些偶然的、局部的情况是难以完全预料的。发达国家欺侮落后国家的政策没有变。世界上希望我们好起来的人很多，想整我们的人也有的是。我们要保持警惕，放松不得。

如今，由于没有足够的力量制约美国，它比过去更加肆无忌惮了，动不动就出兵侵略、轰炸一些弱小国家，至于干涉别国内政，这早已经成为家常便饭。

1999年，对于中国人来说，是个五彩缤纷、普天同庆的祥和之年。新年伊始，人们就准备迎接新中国成立50周年和澳门回归的庆典盛会。然而，当举国上下正在欢欣鼓舞之时，几个突如其来的美国炸弹扔在了中国人的头上，一下子把人们打入悲恸、愤慨的旋涡。

1999年5月8日凌晨，由美国本土起飞的一架B-2隐形战略轰炸机，直飞南斯拉夫，用5枚精确制导炸弹轰炸中国驻南联盟大使馆，造成我骨肉同胞3人牺牲,20多人受伤,馆舍严重损坏,惨不忍睹。

事件发生后,美国政府声称是"误炸"。

中国人民愤怒了!

同时,人们也在思考:这到底是怎么回事?是"误炸"吗?绝不是误炸,那么美国为什么无缘无故往中国人头上扔炸弹?这件事对我们来说意味着什么?

所谓"误炸",这样的谎言连美国自己都不能自圆其说。

最初,北约发言人说是由于涉及"防务机密"问题,所以不能说明"误炸"的真实原因。

第二天,美国国防部部长科恩说,是由于"原定目标错误"而造成的。他说本来是要轰炸贝尔格莱德的"武器采购与供应总部",结果把中国大使馆当成了这个武器供应总部,因此造成了误炸。

此言一出,立即引起国际社会的批驳。舆论认为,这个编造的谎言不能令人信服,因为那个"武器供应总部"与中国大使馆不在一个街区。"武器供应总部"位于艺术大街。中国大使馆却在樱花大街,中间有宽阔的列宁大街隔开。"武器供应总部"的建筑规模和外形与中国大使馆差别很大。

众所周知,任何驻外使馆都有本国的明显标志,如国旗、国徽等,而"武器供应总部"则不可能有这样的标志。这样两个位置、性质、特征完全不同的目标,怎么可能相互错位呢?

几天之后,美国又解释说,这次误炸是因为导弹偏离方向所致。由于中国大使馆距离美国轰炸机要打的目标很近。但是,这种解释更不能自圆其说,因为美国使用的轰炸系统是高技术武器,可以说是"百发百中",不可能偏离目标几百米。而且事实证明,是5枚制导炸弹从不同角度击中使馆的(其中2枚未爆炸),这不是什么"偏离方向",而是准确地击中了目标。

随后,美国国防部长科恩和中央情报局又改口说:"造成这次错误是因为使用了过时的旧地图。那个地图是1992年出版的,中国大使馆没有标在上面。"

这种说法更不会有人相信,明眼人一看就知道这是一个破绽百出的谎言。

第一,像美国这样技术先进的国家,在这样大规模的高技术战争中,不可能使用过时的地图。

第二,美国一贯奉行全球战略,巴尔干地区属于世界热点地区之一,美国和北约集团早就介入该地区的政治和军事冲突,不可能没有南联盟的最新地图。

第三,如果说真的使用了旧地图,也绝不会仅仅炸错了中国大使馆这一个目标，为什么在此之前轰炸贝尔格莱德那么多目标都没有炸错呢？莫非轰炸别的目标使用的是新地图，而到了轰炸中国大使馆时又找来一份旧地图？

可是，后来美国国防部和中央情报局又几次坚持说，"误炸"就是由于使用过时的旧地图造成的。

这种不能自圆其说的"误炸"理由，引起了国际舆论的嘲笑，甚至有的新闻媒体说，这种解释是愚蠢的。国际舆论认为，美国不可能犯这样的错误，他们具有先进的技术，国防部的地图更新换代很及时。中国大使馆是1993年建成的，并立即搬了进去，在此之前，那里是一片空地，旧地图上不会显示任何东西，美国飞机的炸弹怎么会往平地上扔呢？

在关键时刻，美国国家地图局忍耐不住了，他们终于站出来说话了，因为这关系到这个部门的声誉问题。美国国家地图局郑重声明："美国国家地图局发行的正式地图，每年都要进行修改，都是很精确的，连极小的错误都不会有。地图局发行的南斯拉夫首都贝尔格莱德的地图，中国大使馆的位置毫无错误。我们不可能把1992年的旧地图拿给五角大楼使用，我们的地图是1997年修改、1998年再次审查后印制的。"

美国国家地图局郑重指出："国防部和中央情报局的说法纯属捏造，与事实不符！"

对于美国国防部编造的种种谎言，世界舆论、包括美国一些有正义感的舆论，纷纷发表评论，给予无情的批驳和揭露。

英国《泰晤士报》5月10日报道（记者：迈克尔·埃文斯）称："驻南联盟首都的所有使馆，他们的建筑的正式名单上，都注明了中国大使馆的地址，所以，要说确定目标的情报人员把'武器供应总部'安在了樱花大街（中国大使馆也在这条大街上）错误的一侧，这有点令人难以置信。根据北约的政策，选定的目标是应当反复核实的，把所有新情报输入目标系统，使盟国的每一架轰炸机的电脑数据库都能在发动空袭前补充最新数据。"

美国《政企首要情报评论》周刊5月21日刊登迪安·埃德罗米达斯的文章："问起美国怎么会犯下把炸弹投到中国大使馆这样的'错误'时，一位退休的将军坦率地说：'你听着，这样的错误是不会发生的。在巴格达、尼加拉瓜、巴拿马和越南的河内，从未发生过大使馆意外被炸的事情。这种事是不会发生的。'这位将军在军队任职20多年，参加过越南战争、中美洲的战争和波斯湾战争。"

迪安·埃德罗米达斯的文章指出："人们只能认为，国防部长科恩把轰炸中国大使馆的责任归咎于'机构故障'的做法，是掩盖事实的极为拙劣的口实。中央情报局硬说它们没有得到中国新大使馆馆址的通知，这是赤裸裸的谎言，也是荒唐可笑的。"

迪安·埃德罗米达斯的文章强调："由于轰炸一个国家的大使馆是战争行为，这是最先考虑要避开的目标。大使馆的位置在哪儿是主管这次轰炸的那些人的职责。甚至在伊拉克也是如此。在伊拉克，投下的炸弹比在贝尔格莱德投下的要多得多，但是却没有一颗炸弹击中外国大使馆。在塞尔维亚，情况无疑也是这样。""根本没有什么使用老地图这种事。空军的任何一名驾驶员，上飞机前的第一个任务，就是检查他所携带地图的日期，地图的印制时间不能超过30天。我们能相信指定这些轰炸任务时使用的是几年前的旧地图吗？"

哥伦比亚《时代报》5月13日刊登文章指出："有没有人想过，地球上第一大强国的情报机构——中央情报局错误的'地图'意味着何种危险？靠一幅贝尔格莱德的'旧地图'导航的美国飞行员，轰炸了中国驻南联盟首都的大使馆，这使全世界深感震惊。据华盛顿官方解释，地图是由中央情报局提供给美国国防部的，而国防部又把它交给了北约。但是，人们都忽视了一个细节：早在4年前，中国政府就为它驻南联盟大使馆建造了新的馆舍。可笑的是，几年来，美国驻贝尔格莱德的外交官们，包括武官，都曾经到中国大使馆参加过各种活动。这个使馆的位置甚至在城市旅游图上都标明了的。据新闻界向我们提供的信息，花2.8美元，任何人都可以在贝尔格莱德买到一张这样的旅游图，上面确切地标明了中国大使馆的位置。"

以上这些都是外国舆论、媒体对"误炸"的评论。它们都说明不是误炸，既然不是误炸，那就说明是有意的。

对于这次所谓"误炸"，在中国一开始有许多人感到奇怪。但是当我们翻开历史一看，就觉得不奇怪了，原来"误炸"是美国曾经一再使用过的骗人伎俩。他们在狂妄的霸权主义心态支配下，只要认为在政治或军事上需要，就炸你一家伙，然后找个借口搪塞一下，实在赖不过去，就玩弄"误炸"把戏。

1950年8月27日，侵略朝鲜的美国战斗机4批12架次，先后侵入我国东北辑安、安东（今丹东）上空，盘旋侦察，并对铁路线、桥梁等扫射3次共15分钟，造成中国铁路员工死伤多人。

当天，周恩来代表中国政府致电美国国务卿艾奇逊，抗议美国军用飞机犯下的严重罪行，并要求美国赔偿损失，惩办有关肇事人员。

对此，美国政府答复说，他们对飞行员曾经特别交待过要谨慎、避免这类事件发生。

显然，美国国务卿艾奇逊这样的解释，是一种不负责任的搪塞行为。

几天后，美国战机同样的空袭行动又发生了，中国政府再次提出抗议。两天后，美国飞机第三次侵入我安东市上空，盘旋扫射，造成多人伤亡，数座房屋损坏。

中国政府再次向美国提出严重抗议。

随后美国官方宣称：是飞行员搞错了目标，那是一次"误炸"。

众所周知，安东是鸭绿江岸边的一座不小的城市，目标十分明显，在它的对岸朝鲜一侧，没有同等规模的城市，况且，那时使用的F-51型战斗机是单螺旋桨低空作战飞机，附冲扫射、投弹时的高度多在二三百米左右，这样的飞行条件，飞行员不可能把目标搞错。很明显，他们当时轰炸中国城镇是有意所为，是美军作战计划的一个组成部分，其真实目的，在政治上，是试探中国政府对其侵略行为的反应；在军事上，是封锁中朝边境的重要交通线，阻截朝鲜人员向中国撤退，并防止中国的军队和物资运入朝鲜境内。

无独有偶，1952年在朝鲜停战谈判期间，又发生了一次美军飞机"误炸"事件。

当停战谈判因美国飞机轰炸中国志愿军代表团驻地而中断两个月之后，刚刚恢复谈判的第二天，即1951年10月11日上午，双方联络官正在板门店会议帐篷里举行会议时，美方为了向中朝方面施加压力，再次炫耀他们的空中优势，派飞机在会场区上空盘旋，并向会议帐篷附近扫射，致使朝鲜一名12岁的儿童被炸死。

当天，双方派出联络官进行现场调查，死者的父亲抓住美方人员的胳膊哭喊着说："你们打死了我的儿子，你们有罪，我要儿子！"

美方联络官面对人证物证，无言以对，只好答应上报现场调查情况。第二天，"联合国军"总司令李奇微致电金日成、彭德怀，承认昨天发生的事件是他们的责任，但同时他又说这是"误炸"，表示道歉。

后来，这位美国陆军上将李奇微在他写的回忆录《朝鲜战争》一书中说："谈判几乎刚一恢复，就被联合国军飞机对板门店的'一次空袭'破坏了。这一次不是编造的'空袭'，而确实是一次'误炸'事件。为此，我们承担了责任，并表示歉意。"

李奇微短短数语，道出了真情：前边说是"一次空袭"，接着又说是"误炸"，反正我是炸了你。

历史是一面镜子，人们透过美国两次三番地所谓"误炸"，一切都明白了。

美国的"误炸"何其多。天晓得，以后他们还会在什么时间、什么地点，又冒出一个什么样的"误炸"呢？它使人们余悸难消。这是美国式的国际恐怖主义，这是美国的人权记录！

美国人平白无故地往中国人头上扔炸弹，已经是一而再、再而三了。冰冻三尺，非一日之寒。中美关系演变成这个样子，有其深刻的历史根源。

中国和美国有着不同的历史，不同的社会制度，不同的价值观念。中国一百多年来饱受美、英、法、德、意、俄、日等帝国主义的侵略和压迫；美国一直是侵略和压迫别人的国家，他们有一种根深蒂固的霸道、强权思想，一切只能听他们的，照他们的样子去做。

中国人民已经站起来半个多世纪了，改革开放已经三十多年了，冷战也在多年前就结束了，可是在美国总有那么一些人，顽固地坚持反共、反华立场，他们的思维方式仍然停留在冷战时期，任意歪曲事实，鼓吹中国威胁论。明明是他们在威胁中国，却反咬一口，说中国威胁了他们，岂有此理。

谁都知道，中国威胁不了美国，中国也没有做过任何直接伤害美国的事，可是他们却始终把中国作为敌对者看待，他们把中国的每一步发展和在国际上每一个与他们不同的声音，都看成是对他们的挑战和威胁，因此千方百计地加以遏制，直至往你头上扔炸弹，这就是中美两国关系复杂、曲折的根本原因。

58. 真相大白

美国轰炸中国驻南联盟大使馆这件事，美国所说的"误炸"谎言，那是欲盖弥彰。谁都明白，只有那些想要掩盖见不得人的事实真相的人，才会编造一大堆谎言来欺骗别人。

"误炸"的事实真相到底是什么呢？

真正要揭开这个谜团，从美国的特点和以往的经验来看，只能等待十几年、甚至几十年之后，才会慢慢地露出水面。但是，现在有一点可以肯定，在"误炸"的背后，有一股反华势力在暗中活动。他们搬弄是非，制造阴谋诡计，或直接指挥操纵，或给以暗示、或者搞某些小动作，这些都是不能排除的。

作出上述这样的分析是有道理的：在贝尔格莱德有那么多外国使馆，为什么偏偏只有中国使馆挨炸？这是因为，自从以美国为首的北约集团大肆轰炸南联盟以后，中国一直坚决反对这种侵略行为，并且支持南斯拉夫人民为保卫自己的国家而进行的斗争。对此，美国一直怀恨在心，必然要以明的或暗的某种形式对中国进行所谓惩罚和压制，并试探中国的反应。

世界舆论明确指出，美国袭击中国使馆是个大阴谋，是美国某些反华、好战分子有意制造新冷战。

1999年5月13日，据新华社华盛顿电讯（记者：袁炳忠）：美国国际行动中心华盛顿办事处负责人马尔科姆·坎依接受了记者专访。坎依认为："袭击中国大使馆是美国一个故意的犯罪行为，绝不是'失误'或者'事故'。美国和北约在解释这次事件的原因时前后是不一致的。他们先是说北约是在瞄准使馆附近的另一个目标，导弹偏离方向，因为中国使馆离北约要打的目标很近。但是事实证明，这3枚导弹是从不同角度袭击中国使馆的。"

坎依指出："袭击中国使馆是一个大阴谋，是美国的战略，这一战略不仅向中国政府，同时也向世界其他支持南联盟的国家发出信号：不要支持南联盟，否则我们将轰炸你们的使馆、你们的领土和居民。这也是对俄罗斯的警告。"

坎依同时还指出："美国发出的另一个信号是：亚洲国家要听我美国的话。否则，你那里就会成为美国的新战场，朝鲜和中国可能会成为美国的下一个目标。在台湾和西藏问题上，美国已经在干涉中国内部事务，美国完全可能以同样的借口，像对付南联盟一样对付中国。美国还想使北约变成为美国服务的'国际警察局'，以它的名义袭击任何敢于不听美国摆布的国家。"

美国加州政策研究所的杰出东亚学者查默斯·约翰逊，以电子邮件公开发表对美国袭击中国使馆的看法。他认为："美国轰炸中国大使馆，除了是想破坏联合国居间调停的欧洲和平，还与共和党右翼分子联手，有意破坏中美关系，以期在东亚激化新的冷战局面。其目的不外乎使得美国的军事工业能顺利获得对台湾推销武器的计划，以帮助得克萨斯州州长布什坐上白宫的宝座。"

约翰逊指出："他提出这些问题，是从中国人的角度审思。中国从20世纪的国际关系经验中领教到的最重要教训是，不受控制的美国军方做的是一套，而他们的政府说的是另一套。从1931年发生在东北的九一八事变开始，接着1933年的入侵内蒙古，乃至1937年的卢沟桥事变，日本政府始终掩饰一个事实，即日本军方擅自指示关东军策划对中国发动战争。这个模式在朝鲜战争期间再度出现，盟军最高统帅、美国的麦克阿瑟将军，不理会他授命的联合国，硬是越权在1950年指挥美军打过'三八线',还声称要使用核武器对付中国,而当时美国政府喋喋不休地大谈打局部战争。麦克阿瑟跟日本关东军没有什么两样,都是不把自己的政府放在眼里,以致当时在位的杜鲁门总统不得不下令解除麦克阿瑟的军权。"

约翰逊指出:"今天,无论美国国防部,还是中央情报局,他们下令发射导弹轰炸中国大使馆,中国必定认为这是最可信的解释。20世纪30年代、40年代与50年代日本与美国曾经对中国做过的事,可能再次重演。当代中国领导阶层,不可能忘记这些前尘旧事。"

1999年3月,以美国为首的北约集团开始入侵南联盟。当时,已经退役的陆军中校班尼特,因为"标示目标情报的技能很好",被中央情报局相中,当上美军的轰炸目标制定官,成为北约78天空袭行动的核心人物之一。

同年5月的一天,中央情报局接到了美国空军高官的电话,说美军准备轰炸南联盟的补给与采购局总部,要求中情局人员马上标出所要轰炸的目标方位。这个任务,落实到班尼特的头上。

5月7日,空袭警报再次在贝尔格莱德城区响起。

可是,硝烟过后,被轰炸的不是南联盟的政府部门,而是中国驻南联盟的大使馆,致使3名中国记者遇难,20多人受伤。这一事件震惊了全世界。

美国总统克林顿坐不住了,他对中国驻美大使李肇星说:"这是一次误炸,我们会处分相关的负责人。"

2000年4月,美国国务院正式向中国驻美国大使馆通报了中央情报局的处理决定:"负责袭击目标选定的官员被开除或处分,特别是那个在袭击目标上打'X'的人,被勒令离开中情局。"

但是他们拒绝透露受处分人的姓名和具体情况。

对此,美国国际行动中心华盛顿办事处负责人马尔科姆·坎依曾经分析,袭击中国使馆是一个大阴谋!

本文开头说的"真相大白",其实只"白"了一半。人们只是明白了美国飞机轰炸中国大使馆不是误炸,而是有预谋、有计划的,那些所谓被处分的人,只是计划的执行者,他的背后是谁呢? 策划这次轰炸的最高官员又是谁呢? 这仍然是个谜。

59. 中国的"六大核心利益"不容侵犯

对于任何一个国家来说，巩固的国防和经常性的战备是不可缺少的，特别是像我们这样一个国家尚未完全统一，台湾问题一直悬在那里，而且仍然受霸权主义和强权政治的威胁，更不能忽视这个问题，必须保持高度警惕，加强国防建设。

2012年12月，中共中央总书记、中共中央军委主席习近平在会见驻穗部队师以上领导干部时特别指出，必须按照打仗的标准搞建设抓准备，确保我军始终能够召之即来、来之能战、战之必胜。[①]

就目前而言，我们国家的安全形势总体是稳定的，但是由于国家长期处于和平环境，麻痹思想滋生，国防观念淡化，因此安全形势并不乐观。国家安全的复杂性、多变性日趋加深；西方敌对势力、特别是美国不断对我国进行"西化"、"分化"，借口"人权"问题进行煽动、攻击，使我国安全的不稳定、不确定因素明显增多，"台独"、"藏独"、"东突"势力的分裂、破坏活动十分猖獗。

不管美国人嘴巴上怎么说，他们遏制中国的政策没有变。现在仍然有许多美国人认为中美两国爆发冲突是不可避免的，美国哈佛大学教授尼尔·弗格森说："今天，当我们在对美中关系进行研究时，不妨提出这样一些问题，美中间的经济合作伙伴关系会持续存在吗？如果它消失了，那么它将被什么东西所取代？是对手之间的简单竞赛？还是某些更严重的东西？甚至是冲突？"

尼尔·弗格森接着指出："西方国家与中国之间出现对立显然是不可避免的。这一点丝毫不出人们的意料，因为现代历史上出现的冲突大多数与重要资源有关。如16世纪和17世纪，人们为黄金和白银而战，18世纪为食糖和香料而战，19世纪为煤炭而战，到了20世纪则是为了石油而战。正因为如此，我对中美两国始建于1972年的外交关系会终结丝毫不感到惊讶。目前，我们正目睹它的分解。"

现在国际社会有一种舆论，期望中美两国能建立新型的、和谐的大国关

---

① 《习近平：富国和强军相统一　巩固国防和强大军队》，2012年12月12日，见http://www.gov.cn/ldhd/2012-12/12/content_2288879.htm。

系, 这自然很重要。但是能不能做到呢? 著名国际关系专家阎学通回答得好: "中国官方定义的大国关系, 是相互尊重对方核心利益, 但是有人不尊重你的核心利益, 大国关系怎么能和谐呢? "

值得注意的是, 本·拉登死后, 美国和西方一些舆论鼓吹把军事重点转向中国, 即所谓 "后拉登时代美国须转变安全战略"。2011年5月6日, 美国《世界政治评论》网站发表文章说, 美国应停止对中东地区的过度投入, 有必要将重点调整到专注于美国在亚太地区的利益。现在争夺资源的舞台已准备好, 关键问题是大国的崛起对美国的威胁更大, 还是失败的弱国的增多对美国的威胁更大? 我们也许会重新回到曾经有过的世界, 即美国必须着手阻止与遏制具有全球影响力的对手的世界。是进行有限的接触? 或者为下一个苏联的出现做好准备。

类似的论调还有许多, 对于他们这种预测, 不管有多大的可能性, 我们宁可从最坏处着想, 作好应变的准备。

总而言之, 我们国家的安全不容忽视, 尤其是非传统安全威胁呈上升趋势, 这对于维护国家的主权、安全和国家的发展利益提出了新的要求, 从而使我国军民捍卫国家主权和国家发展利益的任务十分艰巨, 所以必须加强国防建设, 深化国防教育, 凝聚全民族的国防意志和力量。

2011年9月发表的《中国的和平发展》白皮书, 对中国的核心利益做了完整的解答, 中国的核心利益包括: 国家主权, 国家安全, 领土完整, 国家统一, 中国宪法确立的国家政治制度和社会大局稳定, 经济社会可持续发展的基本保障。

《中国的和平发展》白皮书强调, 中国坚决维护国家的核心利益。中国政府和人民在核心利益问题上, 有着不可妥协、不可让步和不容侵犯的最高原则。六大核心利益的明确提出, 不仅给今后维护国家核心利益指明了方向, 也向世界各国表明了中国政府和人民的坚定立场。这对我们维护国家安全、制定并完善国家安全战略, 具有重大的理论和实践意义。

白皮书明确指出: "推进国防现代化, 是中国合理的国家安全需求, 是中国实现和平发展的必要保障。"

可喜的是, 中央发出关于加强国防教育的指示后, 各地军民积极响应: 人民解放军加大训练力度, 预备役部队也进一步加强整备, 东部和中部有些城市进行了人民防空演习。

现在人们常说的 "军事斗争准备", 其实就是国防建设和战争准备。它涵盖了为保卫国家核心利益的所有内容。

对于国防建设和战备这件事，毛泽东、邓小平等老一辈领导人，可以说是月月讲，天天讲，才有了我们今天这样巩固的国防。但是，国防建设和战备工作并非一劳永逸，必须始终坚持不懈，一刻也放松不得。

毛泽东曾经说过这样一段发人深省的话：我们应该了解，帝国主义势力还是在包围着我们，我们必须准备应付可能的突然事变。今后帝国主义如果发动战争，很可能像第二次世界大战时期那样，进行突然的袭击。因此，我们在精神上和物质上都要有所准备，当这突然事变发生的时候，才不至于措手不及。毛泽东指出，从最坏的可能性着想，总不吃亏。不论任何工作，我们都要从最坏的可能性来想，来部署。无非是这些坏得不得了的事：帝国主义者发动新的世界大战，只要我们都先准备好了，就不怕了，没有什么了不起，我们都估计到了。

当然，包括毛泽东在内，谁也不愿意看到那种可怕的战争再次降临到我们的头上。然而，战争与和平并不是随着人们的主观愿望而转移的。

20世纪70年代初，周恩来在一次讲话中曾经讲到战争与和平的辩证关系问题。他指出，战争一时打不起来，但是不能疏忽。因为形势还在发展，战争危险还存在，所以要有准备。战争来了，我们准备好了，不怕你打。如果不打，你要谈判，我们也可以谈。我们对战争与和平有两句话：第一，敢战，才能言和。战争都不敢打，谁和你谈呢？谈就压你投降。第二，要和，更需备战。我们备战，不怕，他就要同你谈。这是我们的原则。

四十多年前，周恩来说的这些话，今天读来仍然令人耳目一新。他告诉我们，你准备好了，敌人就不敢轻举妄动，一旦有人要打，我们也不怕；我们腰杆子也硬实，说话有分量，人们常说的，弱国无外交，就是这个道理。

中国共产党和新中国的几代领导人，他们的一贯思想是有备无患。毛泽东曾多次指出，要准备打仗，准备没有坏处，你不准备人家就欺负你。你准备好了，敌人就可能不敢来，它打来了也不怕，有办法对付。

美国遏制、包围、威胁中国，并非始于今日，几十年前，毛泽东就多次谆谆告诫我们，要准备美国在世界上闹事，决不相信他们说的持久和平。他指出，你晓得世界怎么变化，我们又不是那几个大国的参谋长，所以我们要准备打仗，做好各项战备工作。

毛泽东为什么反复强调要准备打仗呢？这是因为他察觉到在长期的和平环境中，人们会慢慢地对战争失去应有的警惕性。许多人看不到像美国这样的超级大国天天在准备打仗，他们的指挥机关，他们的海军、空军、陆军、导弹核武器始终保持高度戒备状态,可以做到说动就动,说打就打。而我们在霸权主义威胁下,如果思想麻痹,不做好战争准备,一旦发生突然事变,就必然会被动挨打。历史的教训恰恰是在人们忘战图安,不思战备的时候,战争就来了,这几乎成了一种规律。

古今中外,任何一个国家,在长期的和平盛世之中,真正保持举国上下常备不懈是很不容易做到的。随着社会物质、精神生活的不断提高,人们往往滋生对战争的淡漠感。在旧中国历史上,曾经有许多统治者由于在思想上解除武装,把国防、战备抛到九霄云外,忘记了还有敌人存在,忘记了还有战争危险的存在,于是刀枪入库,马放南山,结果敌人乘虚而入,被打得落花流水,国破家亡。

鉴于一些历史教训,毛泽东在一次讲话中指出,实践证明,不扔炸弹,做好战争准备,疏散人口,都是空话。胡宗南进攻陕北,炸弹一扔,一个晚上,延安那么多人就开走了,不扔炸弹,谁走。不要以为天下太平,我们要准备打仗,各省、市的领导和中央的都要注意抓军事,抓战备。

20世纪80年代初,邓小平也曾经明确指示全党全军,一定要全面做好战备工作。他指出,战争可能延缓爆发,可是我们不能只看到这一方面,因为霸权主义者有疯狂性,不知道它们在什么地方制造一件什么小事情,就可能挑起战争。大战固然可能推迟,但是一些偶然的、局部的情况是难以完全预料的。我们应该想到,如果现在敌人打来怎么办?

邓小平和毛泽东一样,对于美国的战争威胁,对于美国的包围、遏制,对于美国反华势力的嚣张气焰,他从来不怕,而且有一套对付的办法。

把毛泽东、周恩来、邓小平过去讲过的这些话,作为今天我们战胜各种敌对势力的思想武器,就会增强我们的力量。有了这样的思想武器,还有什么可怕的呢?即使出现再大的困难和压力,照样可以顶住。

毛泽东、周恩来、邓小平这些老一代领导人,他们身经百战,出生入死,在硝烟弥漫的战场上度过了大半生,对战争有切身感受,他们几十年前说的这些话,具有很强的现实意义。这些年发生的以美国和"北约"为首的多国集团对南联盟、伊拉克、阿富汗、利比亚的狂轰滥炸,证明了毛泽东、邓小平说的这些话是一个真理。特别是苏联解体后,美国称霸世界的野心越来越狂妄了,谁知道他们今后还要在什么地方、制造什么样的事端来挑起战争或军事冲突呢?

有一些人对过去搞的某些战备工程,因为多年没有用上,往往有这样那样的抱怨之声,说是"浪费",这是不对的。

我们必须克服许多人常犯的一个毛病，国际关系稍有缓和就麻痹，一旦紧张就恐慌。

古人说，"养兵千日，用兵一时"，就是这个道理。用得上时，人们是一种心态；用不上时，人们可能是另一种心态。这就是战争准备所特有的两重性。

今天我们重温这些至理名言，使我们清醒地认识到，在这种错综复杂、动荡不安的现实世界里，在霸权主义者的强权政治、炮舰外交越来越难以控制的形势下，我们必须保持常备不懈，做到有备无患。

后 记

写这本书的过程，正处在国际形势发生剧烈动荡之时。因此，完成初稿之后，在联系出版社期间又反复修改、补充，前后延续了一年多，今年9月下旬才算最后定稿。现在《中国不怕》这本书终于和广大读者见面了。

首先，感谢人民出版社领导大力支持，感谢责任编辑张文勇主任、高寅、于璐、史伟和特约编辑黄慎如、于俊道同志为本书的出版付出了辛勤劳动。

还要特别感谢罗援和徐光裕同志慷慨地为本书写了序文。

我的助手董军，为该书的出版做了许多工作。

2013年9月